INSTITUT FÜR KLASSISCHE PHILOLOGIE, MITTEL- UND NEULATEIN
DER UNIVERSITÄT WIEN

ÖSTERREICHISCHE AKADEMIE DER WISSENSCHAFTEN
KOMMISSION FÜR ANTIKE LITERATUR
UND LATEINISCHE TRADITION
KIRCHENVÄTER-KOMMISSION

Wiener Studien

Zeitschrift für Klassische Philologie, Patristik
und lateinische Tradition

BAND 118

VERLAG
DER ÖSTERREICHISCHEN AKADEMIE DER WISSENSCHAFTEN
WIEN 2005

WIENER STUDIEN

Zeitschrift für Klassische Philologie, Patristik
und lateinische Tradition

In Verbindung mit
Herbert Bannert, Georg Danek, Eugen Dönt,
Christine Harrauer, Paul Lorenz, Hildegund Müller, Adolf Primmer,
Christine Ratkowitsch, Franz Römer, Hans Schwabl, Walter Stockert,
Erich Woytek, Klaus Zelzer

herausgegeben von
Kurt Smolak

Herstellung:
Institut für Klassische Philologie, Mittel- und Neulatein
der Universität Wien
Layout: Andrea Duchac

Zuschriften und Manuskripte erbeten an: Wiener Studien, Institut für Klassische
Philologie, Mittel- und Neulatein der Universität Wien, Dr.-Karl-Lueger-Ring 1,
A-1010 Wien. Eingesandte Manuskripte können nicht zurückgeschickt werden.
Bei der Redaktion einlangende wissenschaftliche Werke werden in Kurzanzeigen
besprochen.

Die verwendeten Papiersorten sind aus chlorfrei gebleichtem Zellstoff
hergestellt, frei von säurebildenden Bestandteilen und alterungsbeständig.

Druck und Bindung: Druckerei Ferdinand Berger & Söhne Ges.m.b.H.
3580 Horn, Wiener Straße 80

http://hw.oeaw.ac.at/3510-6
http://verlag.oeaw.ac.at

INHALT

WIENER STUDIEN, Band 118/2005, 5–20

GEORG DANEK / WIEN

Antenor und die Bittgesandtschaft

Ilias, Bakchylides 15 und der Astarita-Krater[*]

Gegen motivgeschichtliche Untersuchungen in der Homerforschung wurde eingewendet, dass ihre Ergebnisse für das Textverständnis irrelevant seien: Das ursprüngliche Publikum hätte jeden epischen Text als eigenständige Repräsentanz der Tradition rezipiert und somit keine Differenz zwischen dem jeweiligen Text und der darin zitierten Erzähltradition wahrgenommen.[1] Auch in narratologischen Untersuchungen wird als Gegenstand der Betrachtung die Abfolge jener Informationen definiert, die in einem narrativen Text selbst erteilt werden, ohne außerhalb dieses Textes liegende Faktoren zu berücksichtigen.[2] Im Gegensatz dazu wird in textsemiotischen Ansätzen das Vorauswissen des Publikums als notwendige Voraussetzung für jedes Textverständnis qua Sprachverständnis erachtet: Der ‚Sinn' eines Textes entsteht erst im Bewusstsein der einzelnen Rezipienten, die die sprachlichen Zeichen dank ihrer sprachlichen, sachlichen und kulturellen Kompetenz zueinander in Beziehung setzen und mit Bedeutung erfüllen.[3]

Dass dieses Prinzip auch für traditionelle epische Dichtung gilt, hat John Foley gezeigt, der den in solchen Texten gültigen Verweisgestus auf die Erzähltradition als ‚traditional referentiality' bezeichnet.[4] Während Foley

---

[*] Eine Analyse aller Auftritte von Antenor und seiner Familie in der Ilias vor dem Hintergrund der hier erreichten Ergebnisse bleibt einem Teil II vorbehalten.

[1] Vgl. Ø. Andersen, Allusion and the Audience of Homer, in: M. Païsi-Apostolopoulou (ed.), Homerica. Proceedings of the 8th International Symposium on the Odyssey (1–5 September 1996), Ithaca 1998, 137–149.

[2] Vgl. I. de Jong, A Narratological Commentary on the Odyssey, Cambridge 2001, viii.

[3] Neben rezeptionstheoretischen Ansätzen verweise ich auf U. Eco, Lector in fabula. La cooperazione interpretativa nei testi narrativi, Milano 1979.

[4] J. M. Foley, Immanent Art. From Structure to Meaning in Traditional Oral Epic, Bloomington - Indianapolis 1991.

sich nur auf die generischen Erzählelemente (Formel, Szene, plot) konzentriert, lässt sich sein Prinzip auch auf die Domäne der Neoanalyse ausweiten: Der epische Text erzeugt für das traditionelle Publikum Bedeutung, indem er explizit, aber auch implizit Beziehungen herstellt zu konkreten Bestandteilen der Erzähltradition, also zu konkreten Geschichten.[5]

Für das Paradebeispiel der Neoanalyse, die Aithiopis-These, heißt das: Die Aithiopis als Modell und ‚Quelle der Ilias' hat nicht nur für jene Forscher Relevanz, die die Genese der Ilias rekonstruieren wollen, sondern auch für die Rezipienten, denen durch das Wissen um die vorausliegende Mythentradition eine zusätzliche Bedeutungsebene der Ilias erschlossen wird. Die Ilias verwendet demnach die Aithiopis nicht als Steinbruch anonymer übertragbarer Motive, sondern zitiert und überschreibt deren konkreten Erzählgang.[6]

Dasselbe gilt für das Motiv vom ‚Plan des Zeus': Der Zeusplan der Ilias, der innerhalb des Textes zunächst scheinbar nur in der Erfüllung der Thetis-Bitte und somit in der Unterstützung der Troer besteht, ist für das vorinformierte Publikum von Beginn an als Adaptation, Erweiterung und Umdeutung des traditionellen Zeusplanes zu deuten, dessen Hauptziel noch immer in der Zerstörung Troias besteht. Durch den Verweis auf die Διὸς βουλή im Proömium wird der Zorn des Achilleus vor dem Hintergrund der Vernichtung des Heroengeschlechts erzählt.[7]

Vor diesen Erwägungen bietet sich die Figur des Antenor für eine motivgeschichtliche Untersuchung an: Die spärlichen Informationen der Ilias lassen nicht erkennen, in welchem Verhältnis sie zu dem später bezeugten Mythos stehen, wonach Antenor die Gesandten Menelaos und Odysseus rettet, beim Fall Troias von den Griechen verschont wird und nach seiner Flucht zum Gründer von Padua wird. Ich werde daher die Erwähnungen der Figur in der Ilias zunächst vor einem rein textimmanenten Verständnis lesen. Hierauf soll gefragt werden, welche Kenntnis des My-

---

[5] Grundlegend W. Kullmann, Oral Poetry Theory and Neoanalysis in Homeric Research, GRBS 25 (1984), 307–323 (= W. Kullmann, Homerische Motive. Beiträge zur Entstehung, Eigenart und Wirkung von Ilias und Odyssee, hg. von R.J. Müller, Stuttgart 1992, 140–155). Vgl. G. Danek, Traditional Referentiality and Homeric Intertextuality, in: F. Montanari - P. Ascheri (Hgg.), Omero tremila anni dopo. Atti del Congresso di Genova 6–8 luglio 2000, Roma 2002, 3–19.

[6] Zur Beziehung zwischen Ilias und Aithiopis vgl. zuletzt K. Dowden, Homer's sense of Text, JHS 114 (1996), 47–61.

[7] Vgl. dazu W. Kullmann, Ein vorhomerisches Motiv im Iliasproömium, Philologus 99 (1955), 167–192 (= Kullmann 1992 [o. Anm. 5], 11–35); G. Danek, Achilles and the Iliad, in: M. Païsi-Apostolopoulou (ed.), Eranos. Proceedings of the 9th International Symposium on the Odyssey (2–7 September 2000), Ithaca 2001, 165–179.

thos beim Publikum vorausgesetzt war und wie sich durch diese Vor-
kenntnisse das Verständnis des Texts ändert. Für die Rekonstruktion der in
der Ilias vorausgesetzten traditionellen Geschichte werden sich zwei weitere Fassungen des Mythos (der Antenoriden-Dithyrambos des Bakchylides,
15, und die bildliche Darstellung auf dem ‚Astarita-Krater‘) als grundlegend erweisen. Dabei wird sich zeigen, dass wir durch die Rekonstruktion der (bzw. einer) vorhomerischen Variante auch diese beiden ‚Texte‘
besser verstehen können.

Antenors Auftritte in der Ilias sind rasch aufgezählt.[8] Im 3. Buch gehört
er zu den troischen Greisen der ‚Mauerschau‘ (3, 148). Bei der Erwähnung
des Odysseus erzählt er, wie Odysseus und Menelaos beim Ausbruch des
Krieges in der Troerversammlung Helena zurückforderten, und erwähnt,
dass er selbst die beiden Griechen als ξένοι aufgenommen habe (3, 203 –
224). Danach fungiert er als stummer Begleiter des Priamos, als dieser auf
dem Schlachtfeld den eidlichen Vertrag für den Zweikampf zwischen Menelaos und Paris abschließt (3, 262 = 312). Im 7. Buch ergreift er schließlich in der Troerversammlung das Wort und fordert (vergeblich) dazu auf,
Helena und die Schätze zurückzugeben; als Begründung führt er an, dass
die Troer (seit der Niederlage des Paris und dem Pfeilschuss des Pandaros,
wie wir ergänzen müssen) den Krieg als Eidbrecher führen (7, 347 – 360).

Antenor ist damit in der Ilias als eine Figur ohne ein ausgeprägtes per-
sönliches Schicksal präsentiert. Er gehört zur Führungsschicht der Troer,
bringt als Ratgeber seine Meinung ein, wobei er immer zur Rechtlichkeit
mahnt, kann jedoch aufgrund der Machtstrukturen in Troia die politischen
Entscheidungen (und somit den Gang der Handlung) nicht beeinflussen.
Antenor verleiht der Handlung eine größere Tiefenschärfe, ohne dass für
ihn selbst eine relevante Rolle im Troia-Mythos sichtbar würde.

Dasselbe gilt für die Auftritte der Mitglieder seiner Familie. Antenors
Frau, die Athene-Priesterin Theano, wird in der Ilias dreimal erwähnt, tritt
aber nur einmal selbst auf: Sie empfängt im 6. Buch die Opferprozession
der troischen Frauen zum Athene-Tempel und vollzieht das Bittritual, die
Weihung des Peplos und das Gebet, das von Athene jedoch nicht erhört
wird (6, 297 – 312).

Die zahlreichen Söhne des Antenor fungieren als Anführer von Kontin-
genten oder einfach als ‚Kleine Kämpfer‘. Sie zeichnen sich durch Tap-

---

[8] Zugrunde gelegt ist durchgehend die Darstellung bei W. Kullmann, Die Quellen
der Ilias (Troischer Sagenkreis), Wiesbaden 1960, 177 – 180; 275 – 278. Ausführliche
Besprechung sämtlicher Stellen und Literatur bei I. Espermann, Antenor, Theano,
Antenoriden. Ihre Person und Bedeutung in der Ilias, Meisenheim am Glan 1980. Auf
die ausschließlich analytische Fragestellung dieses Buchs wird hier nicht eingegangen.

ferkeit aus und gelten bei den Griechen als hochrangige Gegner. Darüber hinaus werden sie wiederholt in Beziehung zu den Göttern gesetzt.

Auch die Geschichte seiner Familie lässt also keine Rückschlüsse auf eine Funktion des Antenor im Troia-Mythos zu, die über die Ilias hinausgreift. Antenor und seine Familie scheinen in der Ilias nur die Funktion zu haben, innerhalb der Gesellschaft von Troia ein Gegengewicht zu Paris zu bilden und damit eine kritische Position zum Grundfaktum des Krieges, dem Raub der Helena, hinzuzufügen. Antenor selbst taucht zwar in Kontexten auf, die über die Handlung der Ilias hinausweisen, seine Funktion ist aber streng in jene Motivik eingebunden, die von der Ilias selbst definiert wird: Er hat Menelaos und Odysseus als ξένοι aufgenommen und sich damit implizit in einen Gegensatz zu Paris gestellt, der die von Zeus beschützte ξενία des Menelaos missbraucht hat; und er schließt und verteidigt die Eide, die ebenfalls unter dem Schutz des Zeus stehen.

Wie der erste Schlachttag mit dem formellen Zweikampf von Paris und Menelaos und dem Bruch der Eide durch den Pfeilschuss des Pandaros auf einer symbolischen Ebene den Beginn des Krieges (Raub der Helena) wiederholt und die Unrechtsposition der Troer innerhalb der Iliashandlung erneut hervorhebt, so greift Antenor nur auf dieser Wiederholungsebene in die Handlung ein, ohne sie beeinflussen zu können. Auch beim einzigen Auftritt der Theano erinnert der Erzähler zwar an den Raub der Helena, setzt aber Theano selbst nicht direkt dazu in Beziehung: Die Frauen weihen Athene einen Peplos, der von Frauen aus Sidon gewirkt wurde, die Paris von seiner Fahrt nach Griechenland mitgebracht hat (6, 289–292).

Eine Geschichte, die Antenor eine Funktion im Troia-Mythos zuweist, wird für uns erst in literarischen Quellen des 5. Jh. greifbar (Pindar, Sophokles, Bakchylides).[9] In ihr erhält Antenor ein Eigenleben und wird eng mit den Eckdaten der Troia-Geschichte vernetzt, dem Raub der Helena und dem dadurch bedingten Fall Troias: Antenor rettet den griechischen Gesandten Menelaos und Odysseus das Leben, als man in der Troer-Versammlung versucht, sie zu ermorden; aufgrund dessen wird er bei der Eroberung Troias von den Griechen verschont und kann mit seiner Familie überleben, sei es indem er in Troia bleibt oder eine neue Heimat findet.[10]

---

[9] Ausführlich zu den Quellen und Varianten des Antenor-Mythos vgl. A. Wlosok, Die Göttin Venus in Vergils Aeneis, Heidelberg 1967, 42–52.

[10] Vgl. etwa Schol. D zu Il. 3, 206: πρὸ δὲ τοῦ στρατεῦσαι τοὺς Ἕλληνας εἰς Τροίαν ἦλθον πρέσβεις Ὀδυσσεὺς καὶ Μενέλαος ἀπαιτοῦντες τὴν Ἑλένην. τῶν ἄλλων οὖν μεθ᾽ ὕβρεως αὐτοὺς ἀποδιωξάντων μόνος ὁ Ἀντήνωρ ξενίζει φιλοφρόνως καὶ δολοφονεῖσθαι μέλλοντας σῴζει. ὅθεν μετὰ τὴν Τροίας ἅλωσιν Ἀγαμέμνων ἐκέλευσε φείσασθαι τῶν οἰκείων Ἀντήνορος, παρδάλεως δορὰν ἐξάψας πρὸ τῶν οἴκων αὐτοῦ.

Diese traditionelle Geschichte, die nur in nachhomerischen Versionen vorliegt, ist in unseren mythographischen Zusammenfassungen deutlich von den Angaben der Ilias geprägt, lässt sich aber auch auf die Ilias selbst zurück projizieren: Wir erfahren dort, dass Antimachos, von Paris bestochen, in der Versammlung vorgeschlagen hat, Helena nicht zurückzugeben, sondern Menelaos zu töten (11, 123 – 141). Diese Information ist in der Ilias zwar nicht direkt mit der Figur des Antenor verbunden, da wir über sein Agieren in der Troerversammlung nichts erfahren. Verknüpft man jedoch die verstreuten Informationen der Ilias zu einer sinnhaften Geschichte, so lässt sich schon hier eine pointierte Aussage extrahieren: Antenor hat den griechischen Gesandten Menelaos und Odysseus während der stürmischen Versammlung in Troia (zumindest implizit) das Leben gerettet, weil er sie als seine ξένοι behandelt hat.

Fragt man nun nach dem Verhältnis zwischen den Angaben der Ilias und dem Antenor-Mythos, wie er ab dem 5. Jh. bezeugt ist,[11] so könnte man postulieren, dass die später gängige Mythenversion einfach aus den verstreuten Informationen der Ilias abgeleitet und weitergesponnen, während die Gestalt des Antenor selbst erst für die Ilias erfunden sei. Gegen diese Annahme spricht jedoch eine wichtige Beobachtung: In sämtlichen literarischen Gestaltungen des Antenor-Mythos im 5. Jh. tritt die Figur des Antenor selbst in den Hintergrund, während die entscheidenden Aktionen der Handlung von seiner Frau Theano und den Antenoriden gesetzt werden. Es schimmert damit eine von der Ilias unabhängige Möglichkeit durch, den Mythos zu erzählen,: Pindar erwähnt nur die Antenoriden, nicht Antenor selbst, als mythische Besiedler von Kyrene.[12] Strabon berichtet, dass bei Sophokles die Griechen das Haus des Antenor verschont hätten; auch hier kommt die wichtige Rolle der Antenoriden zum Ausdruck.[13]

---

[11] Ob der Mordanschlag und Antenors Eingreifen schon in den (nachhomerischen) Kyprien erzählt waren, lässt der knappe Wortlaut der entsprechenden Passage im Proklos-Referat nicht erkennen (§ 38 Kullmann): καὶ διαπρεσβεύονται πρὸς τοὺς Τρῶας τὴν Ἑλένην καὶ τὰ κτήματα ἀπαιτοῦντες. ὡς δὲ οὐκ ὑπήκουσαν ἐκεῖνοι, ἐνταῦθα δὴ τειχομαχοῦσιν. Zum Verhältnis zwischen Ilias und Kyprien vgl. zuletzt J. S. Burgess, The Non-Homeric Cypria, TAPhA 126 (1996), 77–99.

[12] Pind. P. 5, 82–85: ἔχοντι τὰν (scil. Κυράνας πόλιν) χαλκοχάρμαι ξένοι / Τρῶες Ἀντανορίδαι· σὺν Ἑλένᾳ γὰρ μόλον, / καπνωθεῖσαν πάτραν ἐπεὶ ἴδον / ἐν Ἄρει κτλ. Nach den Scholien wurden die Antenoriden (auch hier wird Antenor nicht erwähnt) nach dem Fall Troias gemeinsam mit Menelaos und Helena nach Libyen verschlagen. Zum Hintergrund der kultischen Verehrung der Antenoriden in Kyrene vgl. E. Krummen, Pyrsos Hymnon. Festliche Gegenwart und mythisch-rituelle Tradition als Voraussetzung einer Pindarinterpretation, Berlin - New York 1991, 117–130.

[13] Strab. 13, 1, 53: περιγενέσθαι γὰρ δὴ τοῦτόν (scil. Aineias) φασιν ἐκ τοῦ πολέμου διὰ τὴν πρὸς Πρίαμον δυσμένειαν …, τοὺς δὲ συνάρχοντας Ἀντηνορίδας καὶ αὐτὸν τὸν

Als komplexer erweist sich die Einordnung des Dithyrambos 15 des
Bakchylides, „Die Antenoriden, oder Die Rückforderung Helenas"[14]: Von
den 63 Versen des Liedes sind nur die letzten 27 zur Gänze erhalten, während wir am Beginn nur die Grundkonstellation erahnen können; und der
dargestellte Mythos wird sichtlich so erzählt, dass die zugrunde liegende
Geschichte selbst als bekannt vorausgesetzt ist. Man erkennt zu Beginn,
dass Theano in ihrer Funktion als Athene-Priesterin den beiden Griechen
Menelaos und Odysseus begegnet und sie anspricht. Nach einer langen
Lücke werden die beiden von den Antenoriden zum Versammlungsplatz
geführt, während Antenor dem Priamos und dessen Söhnen (also vor allem
Paris)[15] das Anliegen der Griechen übermittelt.[16] In der rasch einberufenen
Volksversammlung ergreift Menelaos „als erster" das Wort. Nach seiner
Rede, die nur in einem Appell zu Δίκη und einer Warnung vor Ὕβρις be-
steht, lässt Bakchylides jedoch mit der für ihn charakteristischen Ab-
bruchstechnik die Erzählung enden: Weder die konkrete Forderung der
Griechen noch der weitere Verlauf der Versammlung sind ausgeführt.

Bei Bakchylides spielen Theano und die Antenoriden für die Aufnahme
der griechischen Gesandtschaft eine prominente Rolle. Antenor fungiert
hingegen in den erhaltenen Versen nur als diplomatischer Vermittler, nicht
als Beschützer der Griechen, wobei seine Rolle als Berater des Priamos
von der Darstellung der Ilias inspiriert sein könnte. Das Ende der Episode
ist gekappt, so wie auch in der Ilias der Verlauf und der Ausgang der Versammlung nicht erzählt werden. Auch der Beginn des Liedes in medias res
setzt den Mythos als bekannt voraus.[17] Deutlich wird durch die Präsenz

---

Ἀντήνορα διὰ τὴν Μενελάου παρ' αὐτῷ ξενίαν. Σοφοκλῆς γοῦν ἐν τῇ ἁλώσει τοῦ Ἰλίου
παρδαλέαν φησὶ πρὸ τῆς θύρας τοῦ Ἀντήνορος προτεθῆναι σύμβολον τοῦ ἀπόρθητον
ἐαθῆναι τὴν οἰκίαν. τὸν μὲν οὖν Ἀντήνορα καὶ τοὺς παῖδας μετὰ τῶν περιγενομένων
Ἐνετῶν εἰς τὴν Θρᾴκην περισωθῆναι κἀκεῖθεν διαπεσεῖν εἰς τὴν λεγομένην κατὰ τὸν
Ἀδρίαν Ἐνετικήν. Was Strabon als Ἰλίου Ἅλωσις bezeichnet, wird heute bald als Ἀντη-
νορίδαι, bald als Ἑλένης Ἀπαίτησις identifiziert (vgl. Radt in TGF 4, ad locc.).

[14] Vgl. H. Maehler, Die Lieder des Bakchylides, 2: Die Dithyramben und Fragmente. Text, Übers. und Komm., Leiden 1997, 129–136; ders., Bemerkungen zu Bakchylides' ‚Antenoriden'-Dithyrambus (15), in: C. F. Collatz - J. Dummer - J. Kollesch - M.-L.
Welitz (Hgg.), Dissertatiunculae criticae. FS G. C. Hansen, Würzburg 1998, 109–121.

[15] Bakchylides zitiert damit sichtlich eine Stilfigur der Ilias: s. u. Anm. 37.

[16] Vers 38 πάντα σάμαινεν … μῦθον Ἀχαιῶν. Ob damit zusammengefasst ist, was
Odysseus in den nicht erhaltenen Versen gegenüber Theano vorgebracht hat (so
Maehler ad loc.), oder ob das Wissen um das Anliegen der Griechen wie in der
folgenden Rede des Menelaos stillschweigend vorausgesetzt ist, muss offen bleiben.

[17] Das erinnert an Bakch. 17, wo der zugrunde gelegte Konflikt (die Opferung der
athenischen ἠΐθεοι durch Minos) stillschweigend vorausgesetzt ist und das aus der Handlung resultierende Hauptfaktum des Mythos (die Bezwingung des Minotaurus durch

und das Eingreifen Theanos, dass es sich um einen rituellen Kontext handelt: Der Kontakt zwischen den beiden Griechen und Theano, die als Frau keine Verhandlungspartnerin der politischen Gesandten sein kann, lässt sich ausschließlich durch ihre Funktion als Athene-Priesterin erklären. Die einzig sinnvolle Deutung muss demnach lauten: Odysseus und Menelaos haben im Bereich des Athene-Tempels bzw. des Athene-Altars Zuflucht gesucht; Theano nimmt die beiden Griechen in den Schutz des von ihr verwalteten Kultbereichs auf.

Die Darstellung bei Bakchylides ist somit zwar mit den Angaben der Ilias vereinbar, enthält aber Elemente, die nicht aus dieser abgeleitet sind und, wenn man die analogen Tendenzen bei Pindar und Sophokles berücksichtigt, auch nicht als von der Ilias ausgehende Variationen erklärt werden können. Es entsteht vielmehr der Eindruck, dass die drei Autoren damit auf ein und dieselbe, von der Ilias unabhängige Tradition zurückgreifen.

Dafür, dass wir mit einer solchen Traditionslinie rechnen müssen, besitzen wir ein eindrucksvolles Zeugnis, nämlich die Darstellung auf dem sogenannten Astarita-Krater (um 560 v. Chr.),[18] die wir dank der Namensbeischriften als mythologische Szene deuten können (siehe Abb. 1, nach S. 16): Menelaos, Odysseus und Talthybios sitzen auf Stufen. Ihnen gegenüber steht Theano, hinter ihr zwei Mädchen und eine Trophos. Dahinter folgen 15 Männer auf Pferden und zwei weitere zu Fuß. Sechs von ihnen sind bezeichnet, zwei davon sind anderweitig als Antenoriden belegt (Glaukos und Eurymachos).

Die Deutung der Szene, die Beazley in der Erstpublikation gibt, ist von dem Bestreben gezeichnet, die dargestellte Szene in größtmöglicher Übereinstimmung mit den Angaben der Ilias und dem Handlungsablauf bei Bakchylides zu erklären.[19] Beazley erfindet dazu eine komplizierte Konstruktion der vom Maler zugrunde gelegten Mythenversion: Die Griechen haben soeben Troia betreten und warten auf ihre offizielle Aufnahme. Die Stufen, auf denen die griechischen Gesandten sitzen, befinden sich an der Innenseite der Stadtmauer. Theano in Begleitung der Antenoriden nimmt

---

Theseus aufgrund der Liebe Ariadnes) nur durch das Geschenk der Aphrodite an Theseus als Pointe impliziert ist: So R. Scodel, The Irony of Fate in Bacchylides 17, Hermes 112 (1984), 137–143 (142f. zu Bakch. 15); A. Rengakos, Zu Bakchylides' Erzähltechnik, in: A. Bagordo-B. Zimmermann (Hgg.), Bakchylides. 100 Jahre nach seiner Wiederentdeckung, München 2000, 101–112.

[18] Spätkorinthischer schwarzfiguriger Krater, Vatikan Astarita A 565. Erstpublikation: J. D. Beazley, Ἑλένης ἀπαίτησις, PBA 43 (1957), 233–244. Verzeichnis von Illustrationen bei M. I. Davies, The Reclamation of Helen, AK 20 (1977), 73–85 (73 Anm. 2). Farbabbildung unter www.christusrex.org/www1/vaticano/ETb1-Krater.jpg

[19] Beazley (o. Anm. 18), 241–244.

sie in der dargestellten Szene in das ξενία-Verhältnis auf, während Antenor
(ungefähr entsprechend dem Ablauf bei Bakchylides) gerade Priamos von
der Ankunft der Griechen unterrichtet und sich für sie einsetzt. Theano
handelt laut Beazley als Privatperson im Auftrag ihres Mannes, der aufgrund seiner friedlichen Einstellung für das Anliegen der Griechen eintritt.

Die Verlegenheit von Beazley, die Abwesenheit des Antenor zu erklären, ist unübersehbar. Einen großen Fortschritt stellt demgegenüber die
Interpretation von Davies dar,[20] der erstmals auf die Attribute hinweist, die
Theano als Athene-Priesterin auszeichnen: Theano handelt somit in der
Szene in ihrer kultischen Funktion. Davies erklärt die Stufen, auf denen die
griechischen Gesandten sitzen, als die Stufen eines Altars, und demnach
den Status der Griechen als ἱκέται; auch die ausgestreckte Hand des Talthybios kann als der rituelle Bittgestus gedeutet werden. So wie Beazley versteht aber auch Davies die Szene als die Aufnahme der Griechen in das
ξενία-Verhältnis durch Theano unmittelbar nach deren Eintreffen in der
Stadt, und auch er benötigt komplizierte Zusatzannahmen für die Rekonstruktion der dargestellten Geschichte: Demnach sind die Griechen unter
dem Schutz einer Gottheit (Athene?) unsichtbar in die Stadt gelangt und
bis zum Athene-Tempel vorgedrungen, wo sie erstmals wahrgenommen,
von der Athene-Priesterin Theano empfangen und an die Antenoriden wei-
tergegeben werden. Bei den Reitern handelt es sich für Davies um eine
Prozession, die soeben zum Tempel unterwegs ist. Da Theano in der genannten Funktion in der Ilias nicht erwähnt wird, vermutet Davies, dass
dieser Zug des Mythos erst in den Kyprien eingeführt worden sei. Auf der
anderen Seite könne die Szene nicht die Flucht der Griechen aus der
Versammlung an den Altar darstellen, weil eine solche in der Ilias nicht
erwähnt sei.

Die Interpretation von Davies ist bei Maehler in einem kleinen Detail
modifiziert:[21] Die berittenen Antenoriden seien eher Kämpfer als Prozes-
sionsteilnehmer; sie hätten als Spähtrupp vor der Stadt die griechische
Gesandtschaft aufgegriffen und aus Sicherheitsgründen bis zum Tempel
geleitet, wo sie von Theano in Empfang und Schutz genommen würden.

Die drei genannten Interpreten sind in ihrer Auslegung der Bildszene um
Harmonisierung mit Ilias und Bakchylides bemüht. Sie setzen für das Bild
das in der Ilias hervorgehobene ξενία-Verhältnis mit Antenor voraus und suchen daher nach einer Erklärung, warum Antenor selbst auf dem Bild nicht
aufscheint. Sie postulieren andererseits eine schriftliche Quelle, die dem

---

[20] Davies (o. Anm. 18), 78–81.
[21] Maehler 1997 (o. Anm. 14), 131–133.

Maler als Vorlage gedient habe: die (nachhomerischen) Kyprien oder Arion.[22] Doch sie können die im Bild zugrunde gelegte Konstellation im Mythos nicht plausibel situieren und die Rolle der Reiter nicht mit der Rolle der Theano in Übereinstimmung bringen. Das gilt auch für Bérard, der die Reiter als Repräsentanten der politischen Troerversammlung erklärt.[23]

Ein wichtiger Schritt weg von dieser engen Auffassung der mythischen Tradition findet sich in einer knappen Bemerkung bei Kullmann:[24] „Eine Art symbolischer Wiederholung der Gesandtschaft der Achaier nach Troia zum Zwecke der friedlichen Beilegung des Streits (vgl. Γ 205ff., Proklos 38, Apollod. Epit. 3, 28.29, korinth. Astarita-Krater) ist der Zweikampf zwischen Paris und Menelaos in Γ 58ff.; die Situation der Gesandtschaft klingt in Ζ 297ff. und Η 345ff. nach; der Athenetempel war Schauplatz des Geschehens, Theano als Athenepriesterin gehört dazu, Antenors Rede im Η wiederholt seinen Vorschlag von damals."

Nach Kullmann reflektiert das Bild also dieselbe Tradition, die schon in der Ilias vorausgesetzt ist: Die Troerversammlung hatte als Schauplatz den Athene-Altar, Antenor machte in der traditionellen Geschichte von der Gesandtschaft bereits denselben Vorschlag wie im 7. Buch, nämlich Helena zurückzugeben. Der Ilias geht es nicht um die Wiedergabe der traditionellen (einfachen) Geschichte; vielmehr zitiert, benutzt und überschreibt sie diese im Sinne ihrer eigenen Darstellungsabsicht. Damit zeigt sich, dass ein neoanalytisches Ilias-Verständnis auch das Verhältnis zwischen der Ilias und der von ihr beeinflussten späteren Tradition erhellen kann: Nur wenn man davon ausgeht, dass die Ilias die Geschichte von der Gesandtschaft nicht ex nihilo erschaffen hat, sondern auf eine ihrem Publikum bekannte Geschichte verweist, kann man das Verhältnis der nachhomerischen Mythenversionen zur Tradition klären.

Dabei kann man noch einen Schritt weiter gehen. Kullmann lässt in seiner knappen Bemerkung ja offen, wie der Zusammenhang zwischen der Versammlung und der Aufnahme in den Schutz der Athene zu denken sei,

[22] Davies (o. Anm. 18), 77 Anm. 23.

[23] C. Bérard, Architecture et politique: réception d'une ambassade en Grèce archaïque, Études de Lettres 10 (1977), 1–25 (15). Bérard erklärt das Bild als Darstellung zweier unterschiedlicher Phasen der Geschichte, der Aufnahme der Gesandten durch Theano sowie ihrer Präsentation vor der Versammlung auf der (durch die Stufen gekennzeichneten) Rednerbühne.

[24] W. Kullmann, Ergebnisse der motivgeschichtlichen Forschung zu Homer (Neoanalyse), in: J. Latacz (Hgg.), 200 Jahre Homerforschung – Rückblick und Ausblick, Stuttgart 1991, 425–455 (zitiert nach Kullmann 1992 [o. Anm. 5], 101–134: 112).

und er erklärt auch nicht ausdrücklich die Präsenz der Antenoriden auf dem Bild (und ihre Funktion in der traditionellen Geschichte).

Für die Rekonstruktion der traditionellen Geschichte ist es notwendig, sich von den in der Ilias referierten Fakten zu emanzipieren: Wir wissen, dass in der Ilias traditionelle Stoffe bisweilen bis zur Unkenntlichkeit assimiliert sind. Das trifft besonders auf die ‚poetische Vergangenheit' der Ilias-Handlung zu, wie sie Kullmann beschrieben hat.[25] Einige Beispiele für diese Vorgehensweise sind bekannt, vor allem was das mythologische Exemplum betrifft. So bleiben in Nestors Erzählung von seiner Teilnahme an der Kentauromachie (1, 260 – 273) die wichtigsten für den Mythos konstitutiven Details ausgeblendet. Eine lange Forschungsgeschichte weist auch die Adaptation des Meleager-Mythos an die Umstände der Ilias-Handlung auf (9, 524 – 599).[26] Umstritten bleibt hingegen die Bewertung von Rückerinnerungen von Figuren der Handlung, die man nicht unmittelbar als mythologische Exempla bezeichnen kann. So kann das Spatzenwunder von Aulis (2, 301 – 330) als ein an die Situation der Ilias angepasstes Ersatz-Motiv für das Orakel von der Notwendigkeit der Opferung der Iphigenie verstanden werden; erst die Einführung dieses Motivs hat dann dazu geführt, dass in den schriftlichen Kyprien der Versuch unternommen ist, beide Versionen – das traditionelle Motiv und das daraus abgeleitete modifizierte Motiv der Ilias – miteinander zu kombinieren;[27] auch die Geschichte von der Fesselung des Zeus und seiner Befreiung durch Thetis (1, 396 – 406) schiebt sich wohl über die traditionelle Geschichte vom verhinderten Liebesverhältnis zwischen Thetis und Zeus.[28] Die Ilias tendiert also gerade bei Rückerinnerungen von Figuren dazu, die traditionellen Geschichten stark im Sinn ihrer eigenen Darstellungsabsicht zu verändern.

Vor diesem Hintergrund scheint die Annahme berechtigt, dass die Ilias auch die Geschichte von der griechischen Gesandtschaft und von Antenors Rolle in der Troerversammlung nicht einfach unverändert aus der Tradition

---

[25] W. Kullmann, Vergangenheit und Zukunft in der Ilias, Poetica 2 (1968), 15 – 37 (= Kullmann 1992 [o. Anm. 5], 219 – 242).

[26] Für die beiden Exempla vgl. zuletzt M. Alden, Homer Beside Himself: Para-Narratives in the Iliad, Oxford 2000, 76 – 82; 229 – 253.

[27] Anders Kullmann (o. Anm. 24), 110, der das Spatzenwunder auf die vorhomerische Kyprien-Tradition zurückführt. Vgl. jedoch seine Wertung, 111: „Die Prophezeiung bezüglich Iphigenies Opferung muß also die ‚Tat' des Kalchas sein, deretwegen der Seher in der Ilias wiederkehrt. Das Spatzenorakel reicht zu seiner ‚Legitimierung' als Sagengestalt nicht aus."

[28] Vgl. L.M. Slatkin, The Power of Thetis. Allusion and Interpretation in the Iliad, Berkeley 1991 (mit etwas anderer Gewichtung).

übernommen hat. Als eine Möglichkeit, die zugrunde liegende Tradition zu rekonstruieren, bietet sich an, eine Version zu entwerfen, die die dem Mythologem inhärente Handlungslogik auf den Punkt bringt, also die sämtlichen uns erhaltenen Versionen vorausgehende ‚einfache Geschichte'.[29] Dabei kann man exempli gratia zu folgendem Ergebnis gelangen:

Menelaos und Odysseus treffen als offizielle Gesandte in der Stadt ein und stellen vor der Versammlung der Troer ihre Forderungen. Es erfolgt der Versuch, die Griechen zu ermorden, und zwar nicht nur, wie in der Ilias, als Aufforderung des Antimachos, sondern als konkreter aggressiver Akt, der vielleicht von Paris selbst ausgeht. Daraufhin flüchten die Griechen an den Athene-Altar, der sich in unmittelbarer Nähe des Versammlungsplatzes befindet.[30] Dort stehen sie automatisch im Schutz der Athene-Priesterin Theano, die das rituelle Anrecht der Griechen auf Unverletzlichkeit verbürgt. Sie garantiert für die Immunität der ἱκέται und ihre Eskortierung aus der Stadt. Für den hiefür notwendigen Geleitschutz vom sicheren Asyl-Platz des Altars bis ins Griechenlager werden die Antenoriden als eine große geschlossene Gruppe junger Kämpfer herangezogen.[31] Antenor selbst ist für diesen Handlungsablauf somit nicht notwendig; eine gastliche Aufnahme in Antenors Haus bleibt geradezu ausgeschlossen.

Trifft diese Rekonstruktion der ‚einfachen Geschichte' zu, so ist in der Darstellung des Astarita-Kraters die Essenz der mythischen Erzählung eingefangen: Die Griechen haben sich soeben an den Altar geflüchtet, wobei Talthybios sowohl ihren Status als offizielle Gesandtschaft markiert als auch durch seine ausgestreckte Hand die ἱκεσία versinnbildlicht;[32] die zuständige Priesterin tritt auf sie zu, und zwar, wie Davies passend bemerkt,

---

[29] Die einfache Geschichte ist als Grundmuster zu verstehen, das innerhalb der Erzähltradition immer nur in der Gestalt von Allomorphen auftaucht, das jedoch die ‚Idee' bildet, auf die sich sämtliche Versionen zurückbeziehen. Vgl. U. Hölscher, Die Odyssee. Epos zwischen Märchen und Roman, München ³1990, 25–34, und G. Danek, Epos und Zitat. Studien zu den Quellen der Odyssee, Wien 1998 (im Index, s. v. ‚einfache Geschichte'). Für eine exemplarische Anwendung des Konzepts vgl. G. Danek, Odysseus between Skylla and Charybdis, in: A. Hurst - F. Létoublon (édd.), La mythologie et l'Odyssée. Hommage à G. Germain, Genève 2002, 15–25.

[30] Kullmann (o. Anm. 24), 112: „Der Athenetempel war Schauplatz des Geschehens." In der Ilias ist der Versammlungsort der Troer vor dem Palast des Priamos ἐν πόλει ἄκρῃ (7, 345f.). Der Athene-Tempel ist ebenfalls ἐν πόλει ἄκρῃ (6, 297).

[31] Zur rituellen Bedeutung der Antenoriden vgl. Krummen (o. Anm. 12), 126–130.

[32] Talthybios ist also nicht als Bestandteil der ‚einfachen Geschichte' zu werten. Er erscheint auf dem Bild als Visualisierung der Idee ‚offizielle Gesandtschaft'.

aus dem Tempel, der den Altarstufen gegenüberliegt. Ihre Anwesenheit signalisiert, dass die Griechen sich jetzt in Sicherheit befinden.

Doch was haben die Reiter, die Theano folgen, in dieser Szene zu suchen? Wenn Theano eben aus dem Tempel tritt, so können sie nicht ihr Gefolge bilden. Ihre Anwesenheit kann also nicht ‚realistisch' erklärt werden. Hier hilft eine Beobachtung der Darstellungskonventionen in der spätgeometrischen und archaischen Kunst weiter. Man hat seit langem beobachtet, dass oft in ein und demselben Bild unterschiedliche Momente der Handlung abgebildet sind, die zeitlich voneinander getrennt liegen.[33] Diese Darstellung der Nicht-Gleichzeitigkeit ist in besonders eindrucksvoller Weise auf der bekannten lakonischen Schale mit der Blendung des Polyphem gegeben, die ungefähr zur selben Zeit wie der Astarita-Krater entstanden ist:[34] Polyphem hält die Beine des letzten verspeisten Gefährten in beiden Händen; Odysseus überreicht ihm mit der rechten Hand den Weinbecher, hält in der linken Hand aber schon den Spieß, den er gemeinsam mit drei Gefährten gegen das Auge des Kyklopen richtet. Der Maler hat also die ‚Aussage' der Geschichte als die Summe dreier verschiedener Phasen in ein und demselben Bild verdichtet.

In analoger Weise lässt sich die Komposition auf dem Astarita-Krater deuten: Die Griechen haben sich eben auf die Altarstufen gesetzt, und Theano tritt auf sie zu, womit der rituelle Schutz seine volle Wirkung entfaltet. Zugleich sieht man aber auch schon die Antenoriden, die die ἱκέται nach ihrer rituellen Aufnahme aus der Stadt hinauseskortieren werden. Das auf dem Bild dargestellte scheinbar gleichzeitige Eintreffen der Athene-Priesterin Theano und der Geleittruppe der Antenoriden muss also vom Betrachter in ein Nacheinander der dargestellten Geschichte aufgelöst werden.

Wenn wir die einfache/traditionelle Geschichte so rekonstruieren, können wir auch die Darstellungsweise bei Bakchylides besser verstehen: Der Dichter hat die wichtige Rolle von Theano und den Antenoriden aus der Tradition beibehalten, aber die Handlung in Anlehnung an die Ilias umgedeutet und in zwei voneinander abgesetzte Szenen geteilt. In der ersten

---

[33] Vgl. C. Robert, Bild und Lied. Archäologische Beiträge zur Geschichte der griechischen Heldensage, Berlin 1881, 4ff.; L. Giuliani, Laokoon in der Höhle des Polyphem. Zur einfachen Form des Erzählens in Bild und Text, Poetica 28 (1996), 1–47 (33–47).

[34] Paris, Cabinet des Médailles (Inv. 190), um 560 v. Chr.; vgl. dazu A. Snodgrass, Homer and the Artists. Text and Picture in Early Greek Art, Cambridge 1998, 55–57, mit Abb. 23 (mit weiteren Beispielen). Ausführlich zur Einordnung dieser Darstellungstechnik jetzt L. Giuliani, Bild und Mythos. Geschichte der Bilderzählung in der griechischen Kunst, München 2003 (zu diesem Bild: 159–164). Farbabbildung unter http://www.kzu.ch/fach/as/gallerie/myth/odysseus/od_pages/od_22.htm

Abb. 1: Korinthischer Krater, um 560 v. Chr. Vatikan, Museo Gregoriano Etrusco

Abb. 2: Lakonische Schale, um 560 v. Chr. Paris, Cabinet des Médailles

muss Theano die Gesandten bereits unmittelbar nach ihrem Eintreffen in Troia angesprochen und Odysseus geantwortet haben (ξενία-Motiv); die zweite enthält fast nur die Rede des Menelaos (Versammlungs-Motiv); das ἱκεσία-Motiv ist nur dadurch angedeutet, dass die Griechen innerhalb von Troia durch die Antenoriden begleitet werden; Antenor fungiert nur als diplomatischer Vermittler. Der Clou der Geschichte ist für das wissende Publikum vorangedeutet, aber gekappt, so wie das Bakchylides auch mit dem Theseus-Mythos (17) und mit der Meleager-Geschichte (5) tut: Menelaos wird mit seiner abstrakt gehaltenen Warnung recht behalten, da Paris noch während der Versammlung das Prinzip der ὕβρις (Vers 59) in die Tat umsetzen und damit den Fall Troias (βαθὺν φθόρον, Vers 61) endgültig besiegeln wird.

Blicken wir zurück auf die Ilias, so könnten wir vor dem Hintergrund der so rekonstruierten ‚einfachen Geschichte' sämtliche Stellen, an denen Antenor oder ein Mitglied seiner Familie erwähnt wird, einer detaillierten Analyse unterziehen.[35] Ich will hier jedoch nur die wichtigsten Tendenzen hervorheben.

In der Ilias ist der traditionelle Antenor-Mythos in mehrfacher Hinsicht umgedeutet: Aus dem Motiv der ἱκεσία am Athene-Altar wird das Motiv der ξενία/ὅρκοι; damit wird statt Athene Zeus zuständig; von Theano und den Antenoriden verschiebt sich das Interesse auf Antenor; aus einem konkreten physischen Akt (dem Anschlag auf Menelaos) wird eine politische Szenerie: Paris besticht seinen Parteigänger Antimachos, gegen die Herausgabe Helenas und für die Ermordung des Menelaos zu plädieren, d. h. politisch zu agieren. Auch Antenors Bedeutung liegt nicht in einer konkreten Aktion, sondern in seiner politischen Haltung, die an Handlungsprinzipien, also an moralischen Wertungen orientiert ist.

Eine Motivverschiebung liegt auch der Theano-Szene zugrunde: Der Schauplatz ihres Auftritts ist identisch mit dem ihres seinerzeitigen Eingreifens für die griechischen Asylanten; der Peplos, den sie Athene opfert, erinnert aber an den ersten Übergriff des Paris, den Raub der Helena; Athene lehnt somit gerade jenes Geschenk ab,[36] das den Frevel gegen Zeus symbolisiert.

Was die Figur des Antenor selbst betrifft, so bieten seine Auftritte in der Ilias eine konsequente Umdeutung der Funktion seiner Figur hin zur Motivik ξενία/ὅρκοι. Antenor erscheint als ξενοδόκος der griechischen Gesandten, fungiert im Zweikampf zwischen Menelaos und Paris als

---

[35] Dies soll an einer anderen Stelle geschehen.
[36] Il. 6, 311, ἀνένευε δὲ Παλλὰς Ἀθήνη.

Garant für die Geltung der ὅρκοι[37] und setzt sich in der Troerversammlung
für die Einhaltung dieser Eide ein. Dass die Bereiche der ξενία und der
ὅρκοι in den Zuständigkeitsbereich des Zeus fallen, wird im Umfeld des
ersten Antenor-Auftritts mehrfach betont.[38]

Mit der durch Antenors Auftritte hergestellten Fernbeziehung zwischen
dem dritten und dem siebten Buch[39] wird der erste Schlachttag, der gewissermaßen den Beginn des Krieges ‚wiederholt‘, unter das Großmotiv „Externe wie interne Kriegsschuld als Schuld gegenüber Zeus" gestellt. Damit
illustriert die Handlung des ersten Schlachttages, warum Zeus Achills Bitte
nach Unterstützung der Troer nicht uneingeschränkt erfüllen kann: Zeus ist
aufgrund des Helena-Raubes, eines Delikts, das für die Ilias in der Verlet-
zung des Gastrechts besteht, der Garant für den Fall Troias. Er kann daher
die μῆνις des Achilleus nicht um ihrer selbst willen exekutieren, sondern
muss darauf achten, dass dabei sein größeres Ziel, der Fall Troias, nicht ge-
fährdet wird. Der Plan des Zeus in der Ilias besteht daher darin, den Zorn des
Achilleus zu einem Mittel zu machen, um die Endphase des Krieges und
die Eroberung Troias einzuleiten: Die μῆνις führt über die Not der Griechen
und die Patroklie zum neuerlichen Eingreifen des Achilleus und zum Tod
Hektors, der den Tod des Achilleus, aber auch den Fall Troias bewirkt.

Der erste Schlachttag suspendiert also nicht das im ersten Buch formulierte Versprechen des Zeus, die Troer zu unterstützen. Vielmehr blendet er
den traditionellen Hintergrund der Iliashandlung ein, der die Komplexität
des Zeusplanes der Ilias erst verständlich werden lässt. Er erläutert so gewissermaßen, was Zeus während seines berühmten Schweigens gegenüber
Thetis überlegt hat, bevor er ihr endlich die Erfüllung ihrer Bitte zugesagt
hat,[40] und er begründet, warum Zeus ‚erst‘ am zweiten Schlachttag sein
Versprechen sichtbar in die Tat umsetzt.

---

[37] Menelaos verlangt nach Priamos als Eidschließer, da seine Söhne ὑπερφίαλοι καὶ
ἄπιστοι seien (3, 106). Der Plural ist rhetorisch zu fassen: Der Tadel zielt auf Paris.
Ähnlich Heras Formulierung, ihre Mühe bedeute „Unheil für Priamos und seine Söhne",
4, 28 (K. Reinhardt, Das Parisurteil, in: Tradition und Geist, Göttingen 1960, 16−36
[28 mit Anm. 14]; Kullmann [o. Anm. 8], 239); ebenso mutmaßt Athene, Aphrodite
habe „eine der Achaierinnen" veranlasst, den Troern zu folgen (5, 422−425). Allgemein zu diesem rhetorischen Plural vgl. Latacz (Hg.) ad Il. 1, 106−108.

[38] Die Διὸς ὅρκια (3, 107) werden vor Zeus geschlossen (3, 276; 298); der Eidbruch
durch Pandaros zieht für Agamemnon automatisch die Bestrafung der Troer durch Zeus
nach sich (4, 158−168). Menelaos fordert von Zeus die Bestrafung des Paris wegen des
Verstoßes gegen das Gastrecht (3, 351−154).

[39] Vgl. M. Reichel, Fernbeziehungen in der Ilias, Tübingen 1994, 240f., zum
Rückverweis der Antenor-Rede in 7, 351−353 auf den dritten und vierten Gesang
(Zweikampf Paris - Menelaos; Pfeilschuss des Pandaros).

[40] Vgl. Danek (o. Anm. 7).

Was ergibt sich daraus für die poetische Technik der Ilias? Sowohl Antenor als auch die Gesandtschaft von Menelaos und Odysseus sind beim Publikum der Ilias als bekannt vorausgesetzt.[41] Die Ilias erzählt diese traditionelle Geschichte aber unter konsequenter Verschiebung der Motive. Die Signale dafür sind die markante Auslassung (Antenor berichtet nicht vom Ausgang der Gesandtschaft), die ad hoc-Erfindung (die sidonischen Frauen) oder die ‚Wiederholung‘ von Erzählelementen an einem ‚unpassenden‘ Zeitpunkt (Rückgabe Helenas im zehnten Kriegsjahr). Durch diese Verschiebungen wird der Zuhörer aufgefordert, sich an die ‚ursprünglichen‘ Motive und deren ‚natürlichen‘ Sitz im Mythos zu erinnern. Der Charakter des Zitats bzw. der Anspielung wird dadurch vom Text forciert, der Verweis auf Erzählelemente, die außerhalb des Textes liegen, wird durch die Differenz hervorgehoben.

Die Ilias bildet nun mit dieser Darstellungsweise zweifellos einen Sonderfall im Rahmen des Prinzips der ‚traditional referentiality‘, das John Foley als konstitutiv für traditionelles episches Erzählen definiert hat.[42] Wenn Foley davon ausgeht, dass jeder epische Vortrag als ‚pars pro toto‘ für die jeweils traditionelle Geschichte zu verstehen sei, so gilt das für den durchschnittlichen Sänger einer jeden Tradition. Homer hingegen – so wie auch etwa die besten Sänger der südslawischen Tradition[43] – bemüht sich in der Form des Großepos, die Tradition auf höchster Ebene zu verinnerlichen und in ihrer Gesamtheit zu repräsentieren. Damit ist allerdings für die Hörer das Prinzip der ‚traditional referentiality‘ noch nicht außer Kraft gesetzt. Die Bezugnahme auf den traditionellen Hintergrund lässt vielmehr, auch wenn sie zumeist wohl nur unterbewusst wahrgenommen wird, die Subtilität der Darstellung umso stärker hervortreten.[44]

Wie die Rezeptionsgeschichte zeigt, entfaltet sich die literarische Wirkung der Ilias auch ohne ein Verständnis ihres traditionellen Hintergrundes. Damit wird jedoch eine Lesart, die die Tradition mit einbezieht,

---

[41] Vgl. Kullmann (o. Anm. 8), 177, Anm. 1; 275f. Wenn Antenor seine Erzählung vom Auftreten des Odysseus mit den Worten beginnt ἤδη γὰρ καὶ δεῦρό ποτ᾽ ἤλυθε δῖος Ὀδυσσεύς (3,205), so wird durch das rhetorische ποτε auf ein konkretes einmaliges Ereignis hingewiesen.

[42] Foley (o. Anm. 4).

[43] Zur Technik der mythologischen Anspielung in der bosnischen Ependichtung vgl. jetzt Z. Čolaković - M. Rojc-Čolaković, Mrtva glava jezik progovara, Podgorica 2004, 169, Anm. 7 (s. dazu u. S. 278–282).

[44] Ähnlich jetzt R. Fowler, The Homeric Question, in: R. Fowler (ed.), The Cambridge Companion to Homer, Cambridge 2004, 220–232 (227–230); zusammenfassend: „The whole question of archaic intertextuality needs further work, and could throw much light on the character of these texts at the time of their recording." (230).

noch nicht ausgeschlossen. Die Interpretation des Bakchylides-Liedes und des Bildes auf dem Astarita-Krater macht deutlich, dass auch für die Interpretation anderer Bereiche der mythologischen Darstellung eine solche Lesart notwendig ist, um ein adäquates Verständnis herstellen zu können. Der Blick auf die Ilias hat, wie ich hoffe, gezeigt, dass eine solche Lesart auch unser Verständnis der Ilias nicht reduziert, sondern bereichert.

Nachweis der Abbildungen:

Abb. 1: Korinthischer Kolumnenkrater, um 560 v. Chr., Vatikan, Museo Gregoriano Etrusco (vormals Sammlung Astarita). Abbildung unter:
www.christusrex.org/www1/vaticano/ETb1-Krater.jpg

Abb. 2: Lakonische Schale, um 560 v. Chr., Paris, Cabinet des Médailles, Inv. 190. Abbildung unter:
http://www.kzu.ch/fach/as/gallerie/myth/odysseus/od_pages/od_22.htm

WIENER STUDIEN, Band 118/2005, 21–30
© 2005 by Österreichische Akademie der Wissenschaften Wien

HERBERT BANNERT / WIEN

Drei Textstellen in den Choephoren des Aischylos

1. Vers 124 und Vers 165

Die Rede der Elektra, ihr Gebet an Hermes, das dem Gebet des Orestes am Beginn der Tragödie entspricht, beginnt mit einer Textstörung und einer Lücke. Seit Gottfried Hermann (1814)[1] stellen die Herausgeber Vers 165 vor den verstümmelten Vers 124 und lassen die Rede, mit der von Klausen (1834) vorgeschlagenen Ergänzung ἄρηξον am Anfang des Verses, so beginnen:

165 κῆρυξ μέγιστε τῶν ἄνω τε καὶ κάτω

124 ⟨ἄρηξον,⟩ Ἑρμῆ χθόνιε, κηρύξας ἐμοί …

West setzt, Wilamowitz folgend, an den Beginn der Rede eine zusätzliche Lücke von einem Vers (Wilamowitz selbst fügt den verlorenen Vers als Schlussvers an die vorausgehende Stichomythie).[2] Ich glaube nicht, dass die Umstellung von Vers 165 an die Stelle vor Vers 124 notwendig

---

[1] G. Hermann, Opuscula II, Leipzig 1827, 79f. (mit der Ergänzung ἄκουσον in Vers 124). Vgl. auch West, Studies in Aeschylus (u. Anm. 7), 394.

[2] Ausgaben: Aeschyli Tragoediae, rec. A. Sidgwick, Oxonii [2]1902; Aeschyli septem quae supersunt tragoediae, rec. G. Murray, Oxonii [2]1955 (1966; [1]1938); Aeschyli septem quae supersunt tragoedias ed. D. Page, Oxonii 1972; Aischylos, Die Orestie. Griech. und deutsch von U. v. Wilamowitz-Moellendorff. Zweites Stück: Das Opfer am Grabe, Berlin 1896; The Choephori of Aeschylus, with critical notes, commentary, translation and a recension of the scholia by T. G. Tucker, Cambridge 1901; Aischylos' Choephoren. Erklärende Ausgabe von F. Blass, Halle/Saale 1906; Aeschyli tragoediae, ed. U. de Wilamowitz-Moellendorff, Berolini 1914; The Oresteia of Aeschylus, ed. with Introduction and Commentary, in which is included the work of the late Walter Headlam, by George Thomson. 2 Bde., Amsterdam-Prag [2]1966/[1]1938; Aeschylus, Choephori. With introduction and commentary by A. F. Garvie, Oxford 1986/[2]1987 (mit dem Text von Page, 1972); Aeschyli tragoediae cum incerti poetae Prometheo, ed. M. L. West, Stutgardiae et Lipsiae [2]1998 ([1]1990); dieser Text liegt auch der neuesten Gesamtausgabe der Tragödien des Aischylos zu Grunde: Eschilo, Le tragedie. Traduzione, introduzioni e commento a cura di Monica Centanni, Milano 2003.

und gut ist, und ich halte auch die Herstellung des Verses 124 nach Klausen, die von den Herausgebern im allgemeinen übernommen wird, nicht für die beste Lösung. Denn es gibt andere Möglichkeiten.

Zuerst zu Vers 124.[3] Der Vers, mit einer Lücke am Anfang oder aber nach χθόνιε (letzteres festgestellt von Canter), ist sehr gut in der Form, die A. E. Housman ihm gegeben hat (erwähnt von Tucker, Murray, erwogen von Garvie, 75)[4]:

Ἑρμῆ χθόνιε, ⟨γένοιο⟩ κηρύξας ἐμοὶ
125   τοὺς γῆς ἔνερθε δαίμονας κλυεῖν[5] ἐμὰς
        εὐχάς, πατρῴων δωμάτων ἐπισκόπους,
        καὶ Γαῖαν αὐτήν, κτλ.

„Hermes der Unterwelt, walte für mich als Überbringer und mach',
dass die Götter unter der Erde erhören meine
Bitten, die über das Haus der Väter wachen,
und die Erde selbst ...“

Das Hermes-Gebet der Elektra ist, ohne dass die Geschwister schon voneinander wissen, in dieser Abfolge der Verse ganz parallel gebaut zu den Worten des Orestes vom Beginn der Choephoren, wie er in den Fröschen des Aristophanes überliefert ist (1126–1128): ein Hinweis auf den Gleichklang der Meinungen, der unbewusst in den Bitten an den Gott zum Ausdruck kommt:

1   Ἑρμῆ χθόνιε, πατρῷ' ἐποπτεύων κράτη,
     σωτὴρ γενοῦ μοι ξύμμαχός τ' αἰτουμένῳ·
     ἥκω γὰρ ἐς γῆν τήνδε καὶ κατέρχομαι ...
     ⟨...⟩

---

[3] Im Cod. M (Laurentianus Mediceus pl. 32.9, Mitte oder zweite Hälfte des 10. Jh.) folgen die Verse 123 und 124, jeder mit einer Paragraphos versehen, unmittelbar aufeinander. Ich benütze die diplomatische Abschrift des codex M, die R. Merkel 1871 publiziert hat: Aeschyli quae supersunt in codice Laurentiano veterrimo quoad effici potuit et ad cognitionem necesse est visum typis descripta. Ed. R. Merkel, Oxonii 1871 (die Stelle in der Mitte von p. 37). – Vgl. J. H. Quincey, Textual Notes on Aeschylus, Choephoroi. RhM 120 (1977), 138–145; L. Battezzato, Note critico-testuali alle Coefore di Eschilo. Studi Classici e Orientali 42 (1992), 63–94 (63f.); Garvie, 75f.

[4] The Classical Papers of A. E. Housman. Collected and edited by J. Diggle - F. R. D. Goodyear, 1–3, Cambridge 1972, I 190f. – West im app. crit. verweist nur auf die Placierung der Lücke durch Canter.

[5] Der Aorist κλυεῖν (eingesetzt von Wilamowitz, 1914) ist hier und auch an anderen Stellen besser als das Präsens κλύειν; vgl. Garvie, 50 (zu Vers 5), und M. L. West, Tragica V, BICS 28 (1981), 61ff.; Tragica VII, BICS 31 (1984), 172ff.; und in der praefatio der Ausgabe (o. Anm. 2), p. XLVIII.

4   τύμβου δ᾽ ἐπ᾽ ὄχθῳ τῷδε κηρύσσω πατρὶ
        κλυεῖν, ἀκοῦσαι …

Die eigentliche Störung der Überlieferung in der einzigen Hs., dem
Codex Laurentianus Mediceus 32.9 (M), liegt im Bereich der Verse 164–
166: es ist, nach den Versen des Chores,[6] kein Sprecherwechsel angezeigt,
Vers 164 ist entstellt überliefert und erst von Turnebus hergestellt (γαπότους statt ἀπό του), und 165 gehört vor 164. Die Verteilung von μὲν in
Vers 164 und δὲ in 166 zeigt den Gedankengang der Sprecherin: Elektra
beginnt die Stichomythie mit der Chorführerin, und schließt gleichzeitig
die Opferhandlung ab mit einer neuerlichen Anrufung des Gottes nach dem
Kokytos (150) des Chors:[7]

165   κῆρυξ μέγιστε τῶν ἄνω τε καὶ κάτω,
164   ἔχει μὲν ἤδη γαπότους χοὰς πατήρ·
166   νέου δὲ μύθου τοῦδε κοινωνήσατε.

Das Gebet wird rasch beendet, denn mit Vers 166 wird eine völlig neue
Situation angekündigt: während der Chor das Opfer darbringt und den
Kokytos anstimmt (152–163), sucht Elektra die Grabgegend ab – und
plötzlich entdeckt sie die Locke (168), und sie teilt dies dem Chor mit
(166); alles Bisherige tritt zurück, verblasst vor der großen Neuigkeit, dem
νέος μῦθος.[8]

Die Hoffnungen und die innigen Wünsche der Geschwister entsprechen
einander in den Gebeten: Vers 124, der Beginn des Hermes-Gebets der
Elektra, ist so verschränkt mit dem Gebet des Orestes am Beginn der Tragödie, und der Abschluss der Gebets- und Opferhandlung mit einer neuerlichen Anrufung des Gottes (165) geht zusammen mit den Bitten des Chors.
Dies ist die wohl richtige Abfolge der Ereignisse und der Verse.

2. Verse 329–331 (Kommos)

Überliefert ist:

     πατέρων τε καὶ τεκόντων
330   γόος ἔνδικος ματεύει
     τὸ πᾶν ἀμφιλαφὴς ταραχθείς.

---

[6] Vgl. V. Citti, Aesch. *Choe.* 152–163. Eikasmos 12 (2001), 63–76.

[7] Im folgenden gibt es in M noch ein Umstellungsproblem bei Vers 170f. (nach
Vers 175); vgl. M. L. West, Studies in Aeschylus, Stuttgart 1990 (Beiträge zur Altertumskunde 1), 238, dazu M. Davies, Class. Rev. 42 (1992), 258.

[8] Vgl. auch U. v. Wilamowitz-Moellendorff, Aischylos Interpretationen, Berlin 1914,
203f.; West, Studies in Aeschylus, 231.

Das überlieferte τε in Vers 329, das auch West in den Text nimmt, kann nicht durch Hermanns δέ ersetzt werden:[9] Es ist das τε, das eine Reihe beendet, deren frühere Glieder mit καί oder δέ verbunden sind.[10] In Vers 330 ist jedes Wort korrekt, und doch wurde jedes einzelne geändert: γόος zu νόος (Schütz), ἔνδικος zu ἐνδίκως (Enger), ματεύει zu ματεύειν (Sier[11]). Zu γόος, ‚Totenklage' im eigentlichen Sinn, hat Albin Lesky angemerkt:[12] „Diese Klage sucht nach etwas (ματεύει), aber nicht vergeblich, sondern τὸ πᾶν ἀμφιλαφὴς ταραχθείς, so aufgerührt, daß sie das, was sie sucht, ganz und gar (ringsum) umfaßt, findet."[13] Und er übersetzt (41): „Um Väter und Erzeuger rechtmäßig erhobene Klage sucht (diese), so aufgerührt, daß sie ganz und gar ihr Ziel erreicht." Kurt Sier (53) liest ματεύειν und übersetzt: „Um Väter und Erzeuger erhobene Klage hat das Recht, ihn aufzuspüren, aufgewühlte Klage, die ganz und gar Besitz ergreift." A. F. Garvie (133): „The γόος will embrace the dead and bring him up to the light."

Es fehlt das Objekt zu ματεύει(ν), und so haben manche versucht, τὸ πᾶν zu ändern: ποινάν Schütz (Page), τἄποιν' Bothe,[14] ῥοπάν Hermann, u. a. m. Das Verbum μα(σ)τεύειν[15] erscheint zuerst bei Homer mit sinngemäß ergänztem Objekt: ἐγγὺς ἀνήρ, οὐ δηθὰ ματεύσομεν sagt Diomedes zu Agamemnon (Il. 14, 110).[16] Und auch an unserer Stelle ist klar, was das Ziel des γόος ist, was aufgespürt, umfasst und aufgewirbelt werden soll: das Einverständnis und die Unterstützung des Getöteten bei der Rache.

Orestes hat in der ersten Strophe, am Beginn des Kommos den Vater angerufen, mit der eindringlichen Frage, „was soll ich dir sagen oder was soll ich mit meinem Opfer tun, um dich zu erreichen dort, wo du festgehalten bist?" (315–319). Und weiter:

321   χάριτες δ' ὁμοίως
322   κέκληνται γόος εὐκλεὴς
323   προσθοδόμοις Ἀτρείδαις.

---

[9] Hermann hat es gelegentlich selbst zurückgenommen; vgl. Wilamowitz, Das Opfer am Grabe, 193. – West, im app. crit. (vgl. praefatio, p. XXIIff.), führt Johannes Auratus (1508–1588) als vermutlichen Urheber der Änderung an.

[10] Garvie, 132; vgl. Denniston, Greek Particles, 500.

[11] K. Sier, Die lyrischen Partien der Choephoren des Aischylos. Text, Übersetzung, Kommentar, Stuttgart 1988 (Palingenesia 23), 113.

[12] A. Lesky, Der Kommos der Choephoren, Wien 1943 (Sitzber. der Akad. d. Wiss. Wien, phil.-hist. Kl. 221, 3), 39.

[13] Lesky, 39; vgl. Wilamowitz, Das Opfer am Grabe, 193.

[14] „false metre", Headlam-Thomson, 143.

[15] Vgl. LSJ s. v. (I); zur Schreibweise West, praefatio, p. XLVIII, Garvie, 99 zu Vers 219 (mit weiteren Hinweisen).

[16] In den Choephoren gibt sich Orestes Elektra so zu erkennen (219): ὅδ' εἰμί· μὴ μάτευ' ἐμοῦ μᾶλλον φίλον. (Das Gegenteil übrigens bei Soph., Oid. Kol. 210f.)

„denn Freude und Glanz zugleich
heißt ein Klaglied voll Ruhm
im weiland Haus der Atriden."

Die Chorführerin antwortet, dass das φρόνημα des Toten nicht durch „des Feuers verderblichen Zahn" (324–326) beschädigt wird, ein γόος also nicht bloß Freude, Anmut und Glanz bedeutet, sondern ‚richtig‘, das heißt rituell durchgeführt, mit Sicherheit spätere Vergeltung bewirken kann. Denn (327/328):

327 ὀτοτύζεται δ' ὁ θνῄσκων,
328 ἀναφαίνεται δ' ὁ βλάπτων.

„Denn wird bejammert der Verstorbene,[17]
erscheint auch der Schadenbringer."

Es folgen, als Erklärung und Ausführung dieser Feststellung, die Verse 329–331, mit einem fast beschwörenden Sprachgestus der Chorführerin, die Klage intensiv und umfassend zu gestalten, um die Mithilfe des Toten zu gewährleisten. Beachtet man in ματεύει das konative Praesens, wird dies noch deutlicher: „Die Totenklage sucht[18] … (und sie wird finden, wenn sie intensiv und bezwingend ist)." Wilamowitz hat das empfunden, wenn er schreibt: „ταραχθείς, condicionales particip, ‚wenn er aufgeregt ist‘."[19]

Der γόος ἔνδικος (331) entspricht, mit fester Überzeugung von der Chorführerin gesagt, dem γόος εὐκλεής des willigen, aber noch unsicheren Orestes; der Chor bestätigt, dass intensive, allumfassend empfundene und zum Ausdruck gebrachte, berechtigte Klage, wie sie im Kommos dann später auch formal erhoben und durchgeführt wird, ihren Weg zur Vergeltung sucht und findet. Der Scholiast hat den Sinn des Satzes so verstanden und das Fehlen eines Objekts zu ματεύει nicht vermerkt. Es heißt in den Scholien:[20] (ματεύει) ὅμως οὐκ ἠρεμεῖ ἡ ψυχή· ζητεῖ γὰρ παντελῶς ταρασσομένη τὴν ἐκδίκησιν, und dann noch: ζητεῖ τὸ ἀντιτιμωρεῖσθαι. Ich glaube, dass dies die richtige Erklärung ist.[21]

329 πατέρων τε καὶ τεκόντων
330 γόος ἔνδικος ματεύει
331 τὸ πᾶν ἀμφιλαφὴς ταραχθείς.

---

[17] Vgl. Garvie, 131 z. St.
[18] So auch in den Scholien paraphrasiert, s. u.
[19] Wilamowitz, Das Opfer am Grabe, 193.
[20] Scholia in Aeschylum, Pars I scholia in Agamemnonem Choephoros Eumenides Supplices continens, ed. Ole Langwitz Smith, Lipsiae 1976.
[21] Vgl. Wilamowitz, Das Opfer am Grabe, 192f. – Für die Präzisierung der Übersetzung danke ich Hans Schwabl (Wien).

„Um Väter, um die, die uns gezeugt[22]
erhobene Klage, die auf Recht beruht, weiß aufzuspüren,
wenn sie voll und ganz, wirklich umfassend aufgerührt ist."

3. Vers 359 (Kommos)

Überliefert ist:

354   φίλος φίλοισι τοῖς ἐκεῖ καλῶς θανοῦ-
          σιν κατὰ χθονὸς ἐμπρέπων,
       σεμνότιμος ἀνάκτωρ
       πρόπολός τε τῶν μεγίστων
358/59 χθονίων ἐκεῖ τυράννων·

360   βασιλεὺς γὰρ ἦν, ὄφρ᾽ ἔζη, κτλ.

Der Satz in den Versen 354–359 hat kein finites Verbum. Der Scholiast und mit ihm einige Herausgeber nehmen an,[23] dass die hypothetische
Aussage des Orestes mit ἂν εἶχες aus Vers 351, also aus der vorhergehenden Strophe, vom Chor weitergeführt wird und daher das Part. ἐμπρέπων
darauf zu beziehen ist.[24] Doch dies ist ganz singulär, begegnet im Kommos
nur hier, und ist in den Chorliedern des Aischylos ohne Parallele. Eine
solche Form stört zweifellos den nach einem klaren Plan ablaufenden Aufbau des Kommos. Es muß also eine andere Erklärung des Satzes gesucht
werden, die Verse 354–359 benötigen ein finites Verbum, und manche
Herausgeber übernehmen daher Heimsoeths Konjektur ἐμπρέπει für ἐμπρέπων in Vers 356.[25] Doch auch dieser Eingriff kann nicht überzeugen, und
es bleibt außerdem eine zunächst scheinbar davon unabhängige weitere
Schwierigkeit bestehen: In den Versen 354 und 359 steht zweimal ἐκεῖ,
allerdings einmal auf Troja bezogen, das andere Mal auf die Unterwelt.

Zuerst ist aber noch ein zusätzliches Problem zu lösen. Für die Gesamt-
beurteilung hängt viel davon ab, ob man annimmt, dass in dieser Strophe
der Chor über den Toten in der 2. oder 3. Person spricht. Die Überlieferung
hilft nicht weiter: Im codex Mediceus stehen in Vers 360 beide Personen:
βασιλεὺς γὰρ ἦν (mit zwischen ἦ und ν und einem Einfügungszeichen

---

[22] Die Verbindung ist nicht tautologisch, wie Garvie zu Recht betont (132); vgl.
auch 681f. 690.

[23] Tucker, Murray, Headlam-Thomson, Sier, dagegen Sidgwick, Wilamowitz, Lesky
(49ff.), auch West (o. Anm. 2). Vgl. auch F. M. Pontani, Maia 3 (1950), 203ff.

[24] Zum Textverständnis des Scholiasten vgl. Sier, 120f., und ausführlich Blass,
114f. (o. Anm. 2).

[25] Wilamowitz (1896 und 1914), Blass, vgl. Lesky, 48ff.

darübergeschriebenem σ), ὄφρ᾽ ἔζῃς.[26] Man kann also wählen, und die
Herausgeber tun dies auch: Abresch hat zu ᾖσθ᾽ korrigiert, Hermann zu
ἔζῃ. Tucker, Murray, Headlam-Thomson, Page haben sich für die 2. Pers.
entschieden, Wilamowitz, Sidgwick, Lesky (51), Garvie (138), Sier und
West für die 3. Pers. Der Schreiber ist unsicher, auch wegen der unklaren
Sprecherverteilung, denn der Kommos ist ja in M nicht in erkennbare
Strophen gegliedert, und es fehlen zumeist Paragraphoi zur Angabe des
Sprecherwechsels (es könnte Orestes als Sprecher angenommen werden);
ein besonders klares Beispiel für solche Verwirrung findet sich in Vers
439, wo in der Hs. ἐμασχαλίσθης steht (vom Chor zu Agamemnon gesagt!),
und gleich anschließend ὡς τόδ᾽ εἰδῇς (zu den Geschwistern). Der
Schreiber ist also nicht immer auf der Höhe des Textes (im eben erwähnten
Vers 439 hat allerdings der Scholiast den Text richtig gelesen und paraphrasiert mit einer Anrede an Orestes).

Doch welche Person ist zu schreiben? Der Chor spricht den Toten im
Kommos nicht in der 2. Pers. an, der Chor kommentiert, versichert, gibt
Gründe für Hoffnungen, fasst zusammen und kontrastiert damit deutlich
Elektra und Orestes, die den toten Vater mit beschwörenden direkten Anre-
den rufen. Erst in der eigentlichen Totenbeschwörung, dem Höhepunkt am
Ende des Kommos, wenn Elektra und Orestes auf dem Grabhügel stehen
und Chor und Chorführerin einen Kreis um das Grab bilden, erst in diesem
Augenblick höchster Konzentration verwendet auch der Chor die Anrede
in der 2. Person: ἄκουσον εἰς φάος μολών, ξὺν δὲ γενοῦ πρὸς ἐχθρούς
(459/460). Die Wirkung dieser Beschwörung, in die am Schluss auch die
Frauen des Chors einbezogen werden, wäre doch wesentlich geringer,
wenn der Chor, eigentlich ohne besonderen Grund, schon früher zwischen-
durch einmal den Toten direkt in der 2. Person anspräche.[27]

Mit der Entscheidung, in der Strophe des Chors in Vers 360 die 3. Person zu lesen, ist eine Basis geschaffen für die Lösung der Textprobleme
des Satzes 354–359.[28] Schon Herwerden hat im zweiten ἐκεῖ (359) das
Verbum des Satzes vermutet und πέλει gelesen.[29] Der Weg, den Herwerden
gewiesen hat, ist richtig, doch sollte der Eingriff in den Text mehr am Überlieferten bleiben.

---

[26] S. oben Anm. 3. Genauer dargestellt z. B. bei Garvie, 138, Sier, 123, oder West
im app. crit. Vgl. auch V. Citti, Aesch. *Choe.* 360ss. Eikasmos 11 (2000), 73–76 (73).

[27] Vgl. Garvie, 138 („second" bezieht sich dort auf die ‚zweite Möglichkeit').

[28] Mein Vorschlag WSt. 109 (1996), 281 ist entsprechend zu modifizieren (dort ἔτ᾽
εἶ für ἐκεῖ).

[29] Bei F. H. M. Blaydes, ed. Eumenidum (1900), nach R. D. Dawe, Repertory of
Conjectures on Aeschylus, Leiden 1965, 134.

Die Verse 354 – 359 lauten in der überlieferten Textfassung:

354 „Freund unter Freunden, die dort schön
355 gefallen sind, unter der Erde ausgezeichnet (ist er),
356 als ehrwürdiger Gebieter
357 und Gefährte der größten
358/59 Herrscher dort unter der Erde:
360 Denn König war er, solange er lebte, …"

Der Satz könnte noch mehr den Wunsch des Chors ausdrücken, auf das Andauernde, Unveränderliche der Würde des Königs hinzuweisen. Der Tote ist und bleibt ausgezeichnet unter den Toten, ist und bleibt König auch im Kreis der Abgeschiedenen, ungeachtet der Umstände seines eigenen Todes. „Ist und bleibt König" will der Chor mit Nachdruck sagen; ändert man in Vers 359 ἐκεῖ zu ἔχει, kommt dies in Verbindung mit ἐμπρέπων deutlich zum Ausdruck.[30]

Die Umschreibung einer finiten Verbalform transitiver und intransitiver Verben mit ἔχω und dem Partizip des Aorists (seltener des Perf.), seit Hesiod belegt, ist eine Art sprachlicher Mode im Athen des späteren 5. Jh. v. Chr. und besonders beliebt bei Sophokles, Herodot, Thukydides und Euripides.[31] Für das Part. Praes. gibt es zwei Parallelstellen, und beide sind sehr bezeichnend:[32]

In den Trachinierinnen des Sophokles geben die Mädchen aus Trachis, die den Chor bilden, im Zweiten Stasimon ihrer Freude über die erwartete endliche Rückkehr des Herakles Ausdruck. Vers 647 – 649:

647 ὃν ἀπόπτολιν εἴχομεν πάντα
δυοκαιδεκάμηνον ἀμμένουσαι
χρόνον, πελάγιον, ἴδριες οὐ-
δέν· κτλ.

---

[30] Walther Kraus (28. 12. 1902 – 5. 11. 1997) dachte (in einem Brief vom 20. 3. 1995) an μένει; vgl. auch W. Kraus, Strophengestaltung in der griechischen Tragödie, I. Aischylos und Sophokles, Wien 1957 (Sitzber. der Akad. d. Wiss. Wien, phil.-hist. Kl. 231,4), 100 Anm. 2 (angeführt von Garvie, 138).

[31] Die Stellen sind ausgeschrieben bei Kühner-Gerth II 2 (1955), 61f. [11]; vgl. auch Sophokles, erkl. von F. W. Schneidewin - A. Nauck. Achtes Bändchen: Anhang, zusammengestellt von E. Bruhn, Berlin 1899, 62 § 111 (dort kein Part. Praes.), und weiter W. J. Aerts, Periphrastica. An Investigation into the Use of εἶναι and ἔχειν as auxiliaries or pseudo-auxiliaries in Greek from Homer up to the present day, Amsterdam 1965 (den Hinweis gibt M. Davies, Trachiniae 127 zu Vers 403; s. unten Anm. 34).

[32] Kühner-Gerth II 2 (1955), 62 (Mitte der Seite), und A. C. Moorhouse, The Syntax of Sophocles, Leiden 1982 (Mnemosyne Suppl. 75), 207.

647   „auf den (Herakles) – als er fern der Stadt! – wir ausharrend überall[33]
       einen Zeitraum von zwölf Monaten gewartet haben,
       und er war auf hoher See, wir wussten
       nichts: …

Die Umschreibung εἴχομεν … ἀμμένουσαι gibt dem quälenden Warten die erwünschte Intensität des Ausdauerns, und die Sperrung mit der dazwischen gesetzten Zeitspanne unterstreicht diesen Eindruck zusätzlich.[34]

Bei Euripides, Troades 317 sagt Kassandra zu Hekabe:

315   … σύ, μᾶτερ, …
316   γόοισι τὸν θανόντα πατέρα πατρίδα τε
317   φίλαν καταστένουσ᾽ ἔχεις, …

Ein Glossator vermerkt dazu, ohne sich über das Part. Praes. zu wundern, ἀντὶ τοῦ καταστένεις· Ἀττικὸν τὸ σχῆμα, und so ist es tatsächlich: die für das Attische bezeichnende Umschreibung dient, mit dem Part. Aor., zum anschaulichen Ausdruck des Resultats einer punktuellen Handlung; wird das Part. Praes. verwendet, ist das andauernd Dauernde einer Verbalhandlung verstärkt: „Du, Mutter, mit Klagen beweinst du andauernd und ohne Ende den toten Vater und dein Land" (– ‚während ich mir die Fackeln für meine Hochzeit selbst anzünden muss'), sagt Kassandra in den Troerinnen.

Die Aussage des Chors im Kommos der Choephoren des Aischylos passt, auch mit der gesperrten Wortstellung,[35] gut zu den beiden Stellen bei Sophokles und Euripides: „Er ist und bleibt unter der Erde als ehrwürdiger

---

[33] Zu πάντᾳ s. die Erklärungen bei T. C. W. Stinton, Heracles' Homecoming and Related Topics: The Second Stasimon of Sophocles' *Trachiniae* (1985), in: Collected Papers on Greek Tragedy, Oxford 1990, 402–429 (421–423), und bei Davies, Trachiniae (Anm. 34), 173f. z. St.

[34] Dazu auch Moorhouse (o. Anm. 32), 207; zur Beurteilung der Stelle Stinton (o. Anm. 33), 423, und weiter: Sophocles, Trachiniae. With introduction and commentary by M. Davies, Oxford 1991, 172–174 z. St. – Vgl. auch Sofocle, Le Trachinie, con introduzione e commento a cura di G. Schiassi, Firenze 1955, und H. Lloyd-Jones - N. G. Wilson, Sophoclea. Studies on the Text of Sophocles, Oxford 1990, 164, jeweils z. St.

[35] Ein Hyperbaton mit einem Partizipium steht auch in der Rhesis der Klytaimestra im Agamemnon, 292f., und die Stelle kann besonders dann zum Vergleich herangezogen werden, wenn man, wie Fraenkel und andere, φῶς … μολόν als das Subjekt des Satzes ansieht: ἑκὰς δὲ φρυκτοῦ φῶς ἐπ᾽ Εὐρίπου ῥοὰς / Μεσσαπίου φύλαξι σημαίνει μολόν. Vgl. Aeschylus, Agamemnon. Edited with a commentary by E. Fraenkel, Oxford ²1962, II 157 z. St. Weitere Hinweise finden sich in der materialreichen Untersuchung von A. M. Devine - L. D. Stephens, Discontinuous Syntax. Hyperbaton in Greek, Oxford 2000, 132.

Gebieter und Gefährte der größten Herrscher der Unteren ausgezeichnet für alle Zeit." Ich möchte daher folgenden Text vorschlagen:

354   φίλος φίλοισι τοῖς ἐκεῖ καλῶς θανοῦ-
        σιν κατὰ χθονὸς ἐμπρέπων
        σεμνότιμος ἀνάκτωρ
        πρόπολός τε τῶν μεγίστων
358/59 χθονίων ἔχει τυράννων·
360   βασιλεὺς γὰρ ἦν, ὄφρ' ἔζη, κτλ.

Die Sperrung ἐμπρέπων ... ἔχει, in die der Chor ehrfurchtsvoll die wesentlichen Charakteristika der früheren und der auch jetzt, unter den Toten, noch währenden herausragenden Stellung des Agamemnon einfügt, gibt auch bei Aischylos der Aussage zusätzliche Intensität.[36]

---

[36] Für Diskussion und kritische Beratung danke ich Paul R. Lorenz, Hans Schwabl und Walter Stockert (Wien).

WIENER STUDIEN, Band 118/2005, 31–47
© 2005 by Österreichische Akademie der Wissenschaften Wien

ANDREAS PRONAY / BASEL

Die Echtheit der Aristotelischen Kategorienschrift

1. Die Einheit der Kategorienschrift

Die Frage nach der Echtheit der Kategorienschrift hängt eng mit der Betrachtung ihrer problematisch erscheinenden Einheitlichkeit zusammen.[1] Diese Schrift zeigt sich deshalb schon auf den ersten Blick als wenig homogen, weil sie aus Erörterungen besteht, die sich oft auf jeweils nur einen einzigen zu explizierenden Begriff beziehen.[2] Dies ist vor allem in den Abschnitten zu beobachten, die auf die eigentliche Behandlung der Kategorien folgen (11b17–15b32). Diese Teile der Schrift sind in ihrem Aufbau und in ihrer methodischen Eigenart dem Buch Δ der aristotelischen Metaphysik, welches bekanntlich eine Art philosophisches Wörterbuch ist,[3] auffallend ähnlich. Aristoteles fasst in ihnen den jeweils zu explizierenden Begriff meist als einzelnes Wort, dessen Verwendungsweisen und Bedeutungen er im Rahmen eines vorgegebenen Sprachgebrauches zu erklären versucht. Dabei legt er auf die Verschiedenheit der einzelnen Komponenten größeres Gewicht als auf die Grundbedeutung, durch welche die Verwendungsweisen des Wortes sich miteinander verbinden ließen. Dementsprechend bestehen diese Kapitel mehr aus aneinander gereihten Begriffs-

---

[1] Dies ist mit Recht besonders betont von M. Frede, Titel, Einheit und Echtheit der aristotelischen Kategorienschrift, in: Zweifelhaftes im Corpus Aristotelicum. Studien zu einigen Dubia, Akten des 9. Symposium Aristotelicum (Berlin 1981), Berlin-New York 1983, 3ff. Frede stützt seine Argumentation (zugunsten der Echtheit) auf die Betrachtung der Einheitlichkeit der Kategorien.

[2] Die von A. Ermano, Substanz als Existenz, eine philosophische Auslegung der πρώτη οὐσία, Hildesheim 2000, 45 festgestellten Unterschiede zwischen einer „didaktisch bedachten Gliederung" einer „elementar-begrifflich strukturierten Unterteilung" und einer „textgenetisch geschichteten Redaktion" in der Kategorienschrift sind für mich nicht erkennbar.

[3] Zum Zusammenhang zwischen Cat. 11b17–15b32 und dem Buch Delta der Metaphysik s. Frede (o. Anm. 1), 21f.

bestimmungen, als dass sie ein durchgehendes Thema systematisch erörterten.[4]

Diese Eigentümlichkeit lässt sich gut beobachten an den Bedeutungsanalysen von ἔχειν Met. 1023a8–25 einerseits und Cat. 15b17–32 andererseits, zwei Abschnitten, die inhaltlich in vielen Punkten miteinander übereinstimmen und als klassifikatorische Vorarbeiten zum späteren Werk (in der Form von διαιρέσεις) auch chronologisch auf einer gleich frühen Stufe stehen.[5]

In beiden Abschnitten hält Aristoteles die bereits vorgeprägten Gebrauchsweisen des Wortes, wie sie in nicht-philosophischer Sprache vorkommen, sorgfältig auseinander: τὸ ἔχειν λέγεται πολλαχῶς, ἕνα μὲν τρόπον τὸ ἄγειν κατὰ τὴν αὑτοῦ φύσιν ἢ κατὰ τὴν αὑτοῦ ὁρμήν, διὸ λέγεται πυρετός τε ἔχειν τὸν ἄνθρωπον καὶ οἱ τύραννοι τὰς πόλεις καὶ τὴν ἐσθῆτα οἱ ἀμπεχόμενοι (Met. 1023a8ff.). [τὸ ἔχειν λέγεται] ὡς τὰ περὶ τὸ σῶμα, οἷον ἱμάτιον ἢ χιτῶνα (Cat. 15b 21f.). Wohl lässt er in beiden Aufzählungen diejenigen Anwendungsweisen des Wortes, die bei ihm selbst zu eigentlichen Termini geworden sind, nicht aus (so Cat. 15b 18f. ἕξις und διάθεσις als Weisen des ἔχειν, Met. 1023a 11ff.: ἕνα δ' [sc. τρόπον τὸ ἔχειν λέγεται] ἐν ᾧ ἄν τι ὑπάρχῃ ὡς δεκτικῷ, οἷον ὁ χαλκὸς ἔχει τὸ εἶδος τοῦ ἀνδριάντος), aber diese Anwendungsweisen haben keine besonders hervorgehobene Stellung im Kontext. Bezeichnenderweise hält Aristoteles an der Form der bloßen Aneinanderreihung auch dann fest, wenn er Varianten der eigenen Terminologie erörtert: so zum Beispiel, wenn er die vier Arten der ἀντίθεσις, nämlich τὰ πρός τι, τὰ ἐναντία, στέρησις καὶ ἕξις und κατάφασις καὶ ἀπόφασις (Cat. 11b 17ff.)[6] expliziert; Begriffe also, die vereinzelt schon in den platonischen Dialogen auftauchen und überhaupt allgemeines Gedankengut der Akademie gewesen sein dürften, aber zur Einheit der begrifflichen ἀντίθεσις erst von Aristoteles zusammengefasst worden sind.[7]

---

[4] Näheres zur Thematik und zum Aufbau dieses Teiles der Kategorienschrift s. Frede (o. Anm. 1), 6f.

[5] So urteilten z. B. I. Düring, Aristoteles, Darstellung und Interpretation seines Denkens, Heidelberg 1966, 49; P. Gohlke, Aristoteles, Kategorien und Hermeneutik, hsg., übertr. und in ihrer Entstehung erläutert, Paderborn 1951, 17; zur Sonderstellung von 11b10–16 innerhalb der Kategorienschrift s. K. Oehler, Aristoteles, Kategorien, übers. und erl., Darmstadt 1984, 111f.

[6] Eine gute Zusammenfassung des Inhalts gibt Ermano (o. Anm. 2), 47. – In der Beantwortung der Echtheitsfrage schließt sich Ermano ohne Vorbehalte dem Standpunkt Fredes (o. Anm. 1) an.

[7] Zum aristotelischen Begriff der ἀντίθεσις vgl. ferner Met. 1018a20ff.; Top. 113b 15, und Ermano (o. Anm. 2), 47.

2. Der Aufbau der Kategorienschrift

Wir geben nun einen kurzen Überblick über den Aufbau der Schrift: Ein erster Teil (1a1 – 1b24) vor der eigentlichen Darstellung der einzelnen Kategorien umfasst folgende in sich geschlossene Abschnitte: Erklärung der Begriffe ὁμώνυμα, συνώνυμα, παρώνυμα (1a1 – 15); die κατὰ συμπλοκήν und ἄνευ συμπλοκῆς λεγόμενα (1a16 – 19); eine mittels des Begriffspaares καθ᾽ ὑποκειμένου λέγεσθαι (Prädikation) und ἐν ὑποκειμένῳ εἶναι (Inhärenz)[8] durchgeführte Aufteilung der ὄντα in vier Gruppen (1a20 – b24). Die eigentliche Darstellung des Hauptteils beginnt mit der Aufzählung der zehn Kategorien (1b25 – 2a4); die ersten der Reihe werden dann (in der Reihenfolge dieser Aufzählung)[9] im folgenden Text ausführlich erörtert: οὐσία (2a11 – 4b19), ποσόν (4b20 – 6a35), πρός τι (6a36 – 8b24) und ποιότης (8b25 – 11a19). Den störenden Umstand, dass die Kategorienanalyse im Abschnitt über ποιεῖν und πάσχειν plötzlich (11b8) abbricht, versucht der Verfasser von 11b10 – 16 zu erklären; die Gründe allerdings, die er dafür angibt, überzeugen kaum.[10] Der Hauptteil, bestehend aus den Analysen der einzelnen Kategorien, bildet allerdings insofern keine bloße Aneinanderreihung, als er einerseits durch einen einleitenden, die Kategorien selbst zusammenfassenden Abschnitt (1b25 – 2a10), andererseits durch die wiederholte Anwendung von einheitlichen Gesichtspunkten, unter denen jede einzelne Kategorie untersucht wird, eine gewisse innere Geschlossenheit erhält. Den dritten Teil (11b17 – 15b32) bildet schließlich ein Begriffskatalog: die vier Arten der ἀντίθεσις (11b17 – 14a25), der Begriff des πρότερον (14a26 – b23), des ἅμα (14b24 – 15a12), der κίνησις (15a13 – b16) und von ἔχειν (15b17 – 32).

Die seit der Scholastik übliche Dreiteilung der Schrift in die ‚Anteprädikamente', ‚Prädikamente' und ‚Postprädikamente'[11] hat insofern ihre Berechtigung, als der Gesamttext, wie dargestellt, in der Tat in drei inhaltlich

---

[8] καθ᾽ ὑποκειμένου λέγεσθαι und ἐν ὑποκειμένῳ εἶναι werden im folgenden, außer in Fällen, wo sie grammatikalisch relevant sind, mit κ. υ. λ. und ε. υ. ε. abgekürzt und auch durch ‚Prädikation' und ‚Inhärenz' wiedergegeben; diese Ausdrücke sollen unabhängig von ihren bisherigen Bedeutungen nur den Sinn haben, mit dem sie Aristoteles in den Kategorien verbindet und der im folgenden genauer bestimmt wird. Zur Sache vgl. A. Pronay, Untersuchungen zu ὑποκείμενον bei Aristoteles, Diss. Basel 1980 (43ff.).

[9] Von der Reihenfolge der 1b25ff. aufgezählten Kategorien οὐσία, ποσόν, ποιόν, πρός τι usw. weicht Aristoteles im folgenden Text nur insofern ab, als er ποιόν an vierter Stelle und πρός τι an dritter Stelle behandelt.

[10] Vgl. Düring (o. Anm. 5), 54f. mit Anm. 15.

[11] Noch E. Rolfes, Kategorien, Lehre vom Satz. Übers. mit Anm., Hamburg 1925, 41 hält an diesem Schema fest; ebenso in neuerer Zeit J. L. Ackrill, Aristotle's Categories and De interpretatione, transl. with notes, Oxford 1963, 69.

disparate Haupteinheiten zerfällt. Allerdings besteht zwischen der Beziehung des ersten und derjenigen des dritten Teiles zum mittleren Hauptteil ein augenfälliger Unterschied: die Postprädikamente, die in der Form von διαιρέσεις verfasst sind, haben inhaltlich und terminologisch mit dem Hauptteil im ganzen wenig Gemeinsamkeit, während die Anteprädikamente mit dem mittleren Teil als dessen begriffsanalytische Vorbereitung eng zusammengehören: beinahe jeder der im ersten Teil erörterten Begriffe wird 2a11 – 11b8 als Mittel zur Erklärung der Kategorien verwendet.[12]

3. Die Echtheitsfrage

Wir wenden uns nun der Untersuchung der Echtheit zu; diese Ausführungen gliedern sich in zwei Teile: (a) die Echtheit der Anteprädikamente und Prädikamente und (b) die Echtheit der Postprädikamente.

(a) Anteprädikamente und Prädikamente (1a1 – 11b8): Der oben gegebene Überblick dürfte gezeigt haben, dass die Kategorienschrift hinsichtlich ihres Aufbaus ein merkwürdig uneinheitliches Gebilde ist. Dies und andere Eigentümlichkeiten haben seit der Mitte des neunzehnten Jahrhunderts eine intensive Auseinandersetzung über die Echtheit der Schrift hervorgerufen,[13] nachdem die Authentizität der Kategorien seit der Spätantike hie und da angezweifelt, aber nicht sorgfältig genug untersucht worden war.[14]

---

[12] Siehe z. B. κ.υ.λ. – ε.υ.ε. 1a20 im ersten Teil und 2a11ff. im Hauptteil. – Die explizite Unterscheidung κ.υ.λ. – ε.υ.ε. findet sich außer in den ersten Kapiteln der Kategorienschrift nur noch Top. 127b1 – 4, während die Sachverhalte, für welche die beiden Ausdrücke stehen, in fast allen logischen und metaphysischen Schriften des Aristoteles zentral sind; dagegen liegt diese Unterscheidung in De int. nicht vor. In den Hss. Ambrosianus 93 und Marcianus 201 steht nach dem Satz (16b9f.): [τὸ ῥῆμα] ἀεὶ τῶν ὑπαρχόντων σημεῖόν ἐστιν, οἷον τῶν καθ᾽ ὑποκειμένου noch ἢ ἐν ὑποκειμένῳ. Diese Wendung wurde noch von Waitz, Organon (Leipzig 1844 – 1846) in den Text aufgenommen; mit Recht hat L. Minio-Paluello, Aristotelis Categoriae et Liber de Interpretatione, Oxford 1949, der die beiden Hss. für De int. verwendet, ἢ ἐν ὑποκειμένῳ ausgeschieden, da Porphyrios den Ausdruck noch nicht gelesen hat. Dieser ist zuerst bei Ammonios bezeugt.

[13] Eine knappe Darstellung dieser Auseinandersetzung gibt H. J. Krämer, Aristoteles und die akademische Eidoslehre, Arch. f. Gesch. d. Philos. 55 (1973), 122 – 124; umfassender orientiert über die Geschichte der Echtheitsfrage im Rahmen der gesamten Philosophiegeschichte, in der die Kategorienschrift eine einzigartige Rolle gespielt hat, Frede (o. Anm. 1), 1ff. Vgl. ferner Oehler (o. Anm. 5), 110ff.; J. Brunschwig, Dictionnaire des Philosophes Antiques, Paris 1989 (s. v. Aristote), 491, und zuletzt R. Bodéüs, Aristote Catégories, Paris 2001, 90ff. Bodéüs erörtert vor allem die (Schein)gründe, die viele Autoren seit der Antike immer wieder zur Unechtheitserklärung der Kategorienschrift geführt haben. Vgl. ferner P. Moraux, La Critique d'authenticité chez les commentateurs grecs d'Aristote, in: Mélanges Mansel, Ankara 1974, 265ff.

[14] Vgl. Olympiodoros, Proleg., CAG XII (1), 22, 38; Schol. 33a28ff. Brandis.

L. Spengel und C. Prantl in ihren Besprechungen von Th. Waitz' kommentierter Ausgabe des Organon (Leipzig 1844–1846)[15] erklärten als erste die Kategorienschrift für unecht. Als Hauptargumente führten sie Wörter und Wendungen an, die nur in den Kategorien vorzukommen scheinen, und die Tatsache, dass die Schrift von Aristoteles (im Gegensatz zu seinen anderen Werken) nirgends mit Titel zitiert wird. Zudem glaubten beide, eine zum Teil „unerträglich breite" (Prantl) Gedankenführung mit vielen unnötigen Wiederholungen festzustellen. – Nachdem allerdings E. Zeller[16] und H. Maier[17] sich für die Authentizität des Werkes bzw. seiner beiden ersten Teile ausgesprochen hatten,[18] wurden neue Argumente gegen die Echtheit nur noch vereinzelt vorgebracht, so von E. Dupréel[19] und von S. Mansion.[20] Beide stützen sich auf inhaltliche Argumente und versuchen, auf Grund der Abweichungen in der Auffassung der οὐσία, die sich einerseits in den Kategorien und andererseits in den allgemein als aristotelisch anerkannten Schriften (vor allem der Metaphysik) feststellen lassen,[21] die Schrift als Arbeit eines philosophisch unbedeutenden, anonymen Peripatetikers zu erweisen. Diese Abweichungen fasst Mansion in drei Punkten zusammen:[22] „1) ce qui mérite aux choses le nom de substances, c'est ne pas le fait qu'elles ne sont pas dans un sujet (= Auffassung der Substanz in der Kategorienschrift), c'est leur nature d'être par soi, le fait qu'elles sont

---

[15] L. Spengel, Münchener Gelehrte Anzeigen 20 (1845), 41ff.; C. Prantl, Zeitschr. für Alterthumswissenschaft 4 (1846), 646ff.

[16] E. Zeller, Die Philosophie der Griechen in ihrer geschichtlichen Entwicklung II 2, Leipzig [3]1879, 68.

[17] H. Maier, Die Syllogistik des Aristoteles II 2, Tübingen 1896, 290ff.

[18] Zeller, Die Philosophie der Gr. (o. Anm. 16), 69: „Aber doch trägt die Schrift im ganzen ein überwiegend aristotelisches Gepräge, sie ist namentlich der Topik an Ton und Inhalt verwandt und auch die äusseren Zeugnisse sprechen entschieden zu ihren Gunsten. Ich glaube daher nicht, dass sie als Ganzes unterschoben ist, und möchte mir das, was uns an ihr als unaristotelisch auffällt, lieber durch die Annahme erklären, ihr ächter Grundstock reiche nur bis c. 9 (11b7), das Weitere aber sei in der uns allein erhaltenen Recension weggelassen und durch die kurze Bemerkung c. 9 (11b8–14) ersetzt worden."

[19] E. Dupréel, Aristote et le Traité des Catégories, Arch f. Gesch. d. Philos. 22 (1909), 230ff.

[20] S. Mansion, La première doctrine de la substance: la substance selon Aristote, Rev. Philos. de Louvain 44 (1946), 349ff.; La doctrine aristotélicienne de la substance et le Traité des Catégories, Proc. of the 10. Intern. Congr. of Philosophy, Amsterdam 1949, 1097ff.

[21] Zu den Abweichungen in der Auffassung des Substanzbegriffes vgl. vor allem Frede (o. Anm. 1), 25ff., Oehler (o. Anm. 5), 117ff. und (mit der ausführlichsten Darstellung) Bodéüs, Catégories (o. Anm. 13), XCIVff.

[22] Mansion (o. Anm. 20), 1099.

de véritables essences (= Substanz in den anderen Schriften des Aristoteles). 2) Les essences sont des individus de ce monde-ci, mais eux seuls subsistent. Aristote dénie formellement à l'universel toute substantialité. C'est justement parce que l'essence des substances d'ici-bas leur appartient par identité qu'il est superflu et erroné d'accorder aucune existence séparée aux universaux (dies tut nach der Auffassung Mansions der Autor der Kategorienschrift). 3) La relation d'inhérence de l'accident à la substance est conçue de façon beaucoup plus métaphysique (sc. als in der Kategorienschrift). L'attribut accidentel appartient réellement et pas seulement nominalement à son sujet. C'est ce sujet qui e s t l'accident. L'homme est blanc."

Dies ist, man möchte es nicht bestreiten, im ganzen richtig; doch ist zu Punkt (2) zu bemerken: Ist mit dem Satz: μὴ οὐσῶν οὖν τῶν πρώτων οὐσιῶν ἀδύνατον τῶν ἄλλων [sc. die Universalien εἴδη und γένη einerseits und τὰ ἐν ὑποκειμένῳ ὄντα andererseits] τι εἶναι nicht auch die Unmöglichkeit einer „existence séparée" der Universalien betont? Zu Punkt (3): Auch in der Kategorienschrift finden sich Formulierungen, welche die (Teil-)Identität zwischen Substanz und Akzidens zum Ausdruck bringen. Dafür sei nur ein Beispiel genannt: Das ἐν ὑποκειμένῳ ὄν wird 1a24f. bestimmt: ἐν ὑποκειμένῳ δὲ λέγω ὃ ἔν τινι μὴ ὡς μέρος ὑπάρχον ἀδύνατον χωρὶς εἶναι τοῦ ἐν ᾧ ἐστίν. Mit der Untrennbarkeit des ἐν ὑποκειμένῳ ὄν von der Substanz, die hier ausgesprochen ist, ist doch genau derselbe Sachverhalt gemeint, den die Autorin nur in der Metaphysik erblicken möchte: „L'attribut accidentel appartient réellement et pas seulement nominalement à son sujet. C'est ce sujet qui est l'accident."

Ferner ist aber ganz allgemein zu fragen: Wieweit sind die von Mansion (und Dupréel) herausgearbeiteten Divergenzen für die Frage nach der Echtheit relevant?[23] J. Husik, ein amerikanischer Gelehrter, hat bis weit ins letzte Jahrhundert hinein als erster und einziger dem Sprachgebrauch der Kategorien ernsthafte Aufmerksamkeit geschenkt. Husiks Ansichten sind in Europa bis vor kurzem weitgehend unbekannt geblieben,[24] trotz eines Gedankenaustausches mit W. D. Ross,[25] der die Auffassung Husiks bestätigt und kurz auf die Frage nach der Zugehörigkeit der letzten fünf Kapitel

---

[23] Zur Antwort auf diese Frage vgl. weiter unten S. 41.

[24] Erst Frede (1983) hat in seinem sehr sorgfältig durchdachten Aufsatz (o. Anm. 1), 25 mit A. 90, die Wichtigkeit des sprachlichen Ansatzes von Husiks Untersuchungen gewürdigt; ihm folgt darin Oehler in seiner Übersetzung und seinem Kommentar der Kategorien (o. Anm. 5, 117f.).

[25] J. Husik - W. D. Ross, The Authenticity of Aristotle's Categories, Journal of Philosophy (New York) 26 (1939), 427ff.

zur Schrift eingeht. Husik hatte[26] gegen Prantl und Spengel ausführlich und mit Hilfe von bedeutend mehr Belegstellen gezeigt, dass die Art und Weise der Argumentation manchmal auch in der Topik ebenso umständlich ist wie in einigen Partien der Kategorienschrift[27] und dass die als unaristotelisch bemängelten sprachlichen Eigentümlichkeiten auch in der zweifellos aristotelischen Topik begegnen: κατηγορία in der Bedeutung (logisches) Prädikat ist im aristotelischen Gesamtwerk selten[28] und in der Verbindung κατηγορεῖσθαι ἀπό τινος erscheint das Wort Cat. 3a34ff.: πᾶσαι γὰρ ἀπὸ τούτων [sc. ἀπὸ τῶν οὐσιῶν καὶ τῶν διαφορῶν] κατηγορίαι ἤτοι κατὰ τῶν ἀτόμων κατηγοροῦνται ἢ κατὰ τῶν εἰδῶν, ἀπὸ μὲν γὰρ τῆς πρώτης οὐσίας οὐδεμία ἐστὶ κατηγορία, ferner nur noch Top. 109b4f.: ἀπ᾽ οὐδενὸς γὰρ γένους παρωνύμως ἡ κατηγορία κατὰ τοῦ εἴδους λέγεται.[29] Husik (o. Anm. 26) zieht am Anfang seines Aufsatzes (518) den – wohl etwas verfrühten – Schluss: „κατηγορία with the combination of ἀπό as above is sufficiently striking to argue identity of authorship."

Doch bildet der Gebrauch von κατηγορία[30] nicht die einzige Verbindung zwischen beiden Schriften: die Bezeichnung für die Mitte zwischen zwei ἐναντία ist in den Werken des Aristoteles fast immer (τὸ) μεταξύ;[31] nur in den Kategorien (z. B.: 12a2. 17; b28, 13a7. 8. 13) und Top. (z. B. 123b23; 124a6f.; 158b7. 22. 38) ist es (τὸ) ἀνὰ μέσον.[32] Der Gegensatz zum Begriff der αὔξησις wird Cat. 15a13ff. und Top. 122a28 mit μείωσις ausgedrückt; in den anderen Schriften ist φθίσις die terminologisch verfestigte Bezeichnung dafür.[33] Der Ausdruck ἐπιδέχεσθαι τὸ ὄνομα (Top. 109b7) für lautliche Identität, beziehungsweise ἐπιδέχεσθαι τὸν λόγον für

---

[26] J. Husik, On the Categories of Aristotle, The Philosophical Review (New York) 13 (1904), 514ff.

[27] Vgl. Husik (o. Anm. 26), 517, der eine lange Reihe von Belegstellen (allerdings ohne stilistische Detailinterpretation) bietet.

[28] Vgl. Aristotelis Opera 5 (= Index Aristotelicus) ed. H. Bonitz, Berlin 1870, 377b51ff.

[29] Zu Cat. 3a34ff. vgl. Ackrill (o. Anm. 11), ad loc., der κατηγορία im gleichen Sinne wie Bonitz deutet; zu Top. 109b4 und Cat. 3a34ff. s. auch Düring, Aristoteles, RE Suppl. 11 (1968), 204.

[30] Zu κατηγορία in der Kategorienschrift vgl. Oehler (o. Anm. 5), 113 und vor allem J. J. Duhot, L'Authenticité des „Catégories", Revue de Philosophie Ancienne 12 (1994), 109ff., der den Nachweis für die Echtheit der Kategorienschrift auf die begriffliche Entwicklung von κατηγορία selbst innerhalb der Kategorien stützt. Näheres zu Duhots Argumenten s. unten S. 42f.

[31] Vgl. Bonitz, Index 461a3ff.

[32] Vgl. Husik (o. Anm. 26), 519 mit weiteren Belegen aus der Kategorienschrift und der Topik.

[33] Husik (o. Anm. 26), 519; vgl. auch Düring, RE (o. Anm. 29), 204.

begriffliche (Teil-)Identität (Top. 107b7; 143b21; Cat. 3b2) ist bei Aristoteles sehr selten;[34] er gebraucht beide Ausdrücke nur in den Kategorien und in der Topik; statt des ersten Ausdrucks verwendet er sonst andere verbale Verbindungen mit κοινὸν (oder τὸ ἓν) ὄνομα,[35] statt des zweiten das technisch gebrauchte ὑπάρχειν τινί (oder μετέχειν τινός). Ebenso trennt die Topik und die Kategorien von den anderen Schriften die Terminologie in der Behandlung der Arten der ἀντικείμενα.[36]

Die von Husik gesammelten Belege (und meine Beobachtungen) zum Sprachgebrauch des Aristoteles zeigen also die enge Verbindung zwischen beiden Teilen der Kategorienschrift sehr klar.[37] Ferner gelingt es aber Husik nachzuweisen, dass Begriffe und Argumentationen, die in der Kategorienschrift meist ausführlich erörtert, beziehungsweise genau durchgeführt werden, an mehreren Stellen der Topik nur kurz erwähnt und als bekannt vorausgesetzt sind.[38] Cat. 1a20 – b9 werden die Ausdrücke καθ᾽ ὑποκειμένου λέγεσθαι und ἐν ὑποκειμένῳ εἶναι genau und anhand zahlreicher Beispiele erklärt, und der Ausdruck ἐν ὑποκειμένῳ εἶναι wird 1a24f. regelrecht definiert. – Im Rahmen einer Typologie der Fehler, die man in einer philosophischen Diskussion machen kann, tauchen beide Ausdrücke Top. 127b 1 – 4 wieder auf: ἔτι εἰ ἐν ὑποκειμένῳ τῷ εἴδει τὸ ἀποδοθὲν γένος λέγεται καθάπερ τὸ λευκὸν ἐπὶ τῆς χιόνος, ὥστε δῆλον ὅτι οὐκ ἂν εἴη γένος· καθ᾽ ὑποκειμένου γὰρ τοῦ εἴδους μόνον τὸ γένος λέγεται. Die Bedeutung der beiden Ausdrücke ist dieselbe wie in den Kategorien; ihre knappe terminologisch-technische Verwendung, die Tatsache, dass sie nunmehr selbst als Leitfaden eines Topos fungieren, lassen darauf schließen, dass Aristoteles sie als bekannt voraussetzt.[39] Weitere Übereinstimmungen in der Form von „direct allusions" (sc. auf die Kategorien in der Topik) findet Husik in der analogen Behandlung der ὁμώνυμα, συνώνυμα und παρώνυμα in den einleitenden Kapiteln der Kategorienschrift einerseits und in der Topik andererseits.[40]

Düring[41] führt eine weitere Übereinstimmung dieser Art an: Top. 146b 3f. sagt Aristoteles über den Begriff der Relation: παντὸς γὰρ τοῦ πρός τι ἡ

---

[34] Vgl. Bonitz, Index 270b50ff.

[35] Vgl. Bonitz, Index 515a11ff.

[36] Näheres dazu bei Husik (o. Anm. 26), 526f.

[37] Vgl. Husik (o. Anm. 26), 519f.

[38] Vgl. Husik (o. Anm. 26), 520f.

[39] Husik (o. Anm. 26), 521; Düring, RE (o. Anm. 29), 204; unabhängig von Husik und Düring gelangte auch P. Gohlke, Topik, Paderborn 1952, ad loc. zum gleichen Ergebnis.

[40] Husik (o. Anm. 26), 519f.

[41] Düring, RE (o. Anm. 29), 204.

οὐσία πρὸς ἕτερον, ἐπειδὴ ταὐτὸν ἦν ἑκάστῳ τῶν πρός τι τὸ εἶναι ὅπερ πρός τί πως ἔχειν. Durch die Gleichsetzung von τὸ πρός τι mit τὸ πρός τί πως ἔχειν mittels des Imperfekts ἦν verweist Aristoteles offenkundig auf eine frühere Stelle. Der Ausdruck τὸ πρός τί πως ἔχειν kommt Cat. 8a31 vor: ἔστι τὰ πρός τι οἷς τὸ εἶναι ταὐτόν ἐστι τῷ πρός τί πως ἔχειν. Dürings Annahme eines direkten Bezuges zu den Kategorien scheint auf den ersten Blick nicht zwingend; auch in demselben Buch der Topik (142a28f.) kommt die oben erwähnte Gleichsetzung vor: darauf könnte sich Aristoteles im engen Kontext beider Stellen beziehen. Andererseits sind 142a28f. sowohl πρός τι wie auch τὸ πρός τί πως ἔχειν mehr beiläufig, in einem mit γάρ eingeleiteten Satz erwähnt, und ihre Gleichsetzung dient als Stütze der Argumentation. Cat. 8a31 hingegen liefert Aristoteles eine Begriffsbestimmung des πρός τι mittels des Ausdrucks τὸ πρός τί πως ἔχειν und erörtert die Definition weiter bis 8b3. Der Abschnitt 8a31 – b3 bildet einen Teil einer Untersuchung (Kap. 7), in deren Mittelpunkt die Kategorie des πρός τι selbst steht. Es ist also wahrscheinlicher, dass Aristoteles Top. 146b3f. mit ἦν und ἐπειδή (‚da ja') auf die Behandlung des πρός τι in der Kategorienschrift als auf etwas Bekanntes und Selbstverständliches hinweist.

Die Forschung hat erst in den letzten zwei Jahrzehnten die von Husik betretenen Bahnen wieder eingeschlagen. M. Frede hat in seinem Aufsatz „Titel, Einheit und Echtheit der aristotelischen Kategorienschrift" (1983) im ersten und zweiten Hauptteil der Schrift, der vielfach für unecht gehalten worden war, gemeinsame sprachliche Eigentümlichkeiten aufgewiesen, die nur in diesen beiden Partien vorkommen, sonst aber im Corpus Aristotelicum nicht zu belegen sind.[42] Diese Beobachtung ist für Frede kaum anders zu erklären als dadurch, dass es sich bei Cat. 1a1 – 11b8 einerseits und bei 11b17 – 15b32 andererseits um Teile einer und derselben Schrift handeln muss; die von Frede überzeugend herausgearbeitete Einheitlichkeit der Kategorienschrift ist für ihn zugleich Stütze der Argumentation zugunsten der Echtheit dieser Schrift.

Zu diesen von Husik, Düring und Frede beobachteten Übereinstimmungen, welche erstens den engen Zusammenhang zwischen beiden Werken und zweitens die zeitliche Priorität der Kategorien zeigen, würde auch die Vermutung passen, dass die unter Nr. 59 im alexandrinischen Katalog mit τὰ πρὸ τῶν τόπων α′ betitelte Schrift mit den Kategorien identisch ist.[43] L. M. De Rijks im Jahre 1951 veröffentlichter Aufsatz über die Echtheit

---

[42] Näheres dazu vgl. Frede (o. Anm. 1), ab 20.

[43] Düring, RE (o. Anm. 29), 204 verweist dafür auf die Diskussion bei P. Moraux, Les listes anciennes des ouvrages d'Aristote, Louvain 1951, 58 – 64.

der Kategorienschrift[44] ist, wie Husiks Arbeiten, lange Zeit wenig beachtet geblieben. De Rijk setzt sich (139ff.) mit den erwähnten Auffassungen Mansions und Dupréels auseinander[45] und hält abschließend fest, dass die von den beiden Forschern beobachteten Unterschiede in der Auffassung der οὐσία, welche die Metaphysik und die Kategorienschrift als miteinander unvereinbar erscheinen lassen, nicht zwingend als Widersprüche zu betrachten seien (149); man könne sie im Gegenteil, wie dies De Rijk (139–149) ausführlich begründet, als Indizien für eine „continuous line of thought running from the Categories to the definitive doctrine about οὐσία (in Met. Z 17)" ansehen.[46] Einen anderen Hauptgrund für seine Ansicht (einen Punkt, den die Früheren meist übergangen haben) führt De Rijk in eingehender Interpretation der Belegstellen an: Keiner der zahlreichen antiken Kommentatoren des Aristoteles hat sich gegen die Authentizität der Schrift ausgesprochen.[47] Die Art und Weise, wie etwa der Kommentator, der Aristoteles zeitlich am nächsten steht, Porphyrios, den Text behandelt, zeigt, dass Aristoteles für ihn als Autor galt (vgl. z. B. in Cat. Prooem., CAG IV 57,8–10: αὐτός τε [sc. Ἀριστοτέλης] ῥητῶς ἔφη [sc. Cat. 1b25] „τῶν κατὰ μηδεμίαν συμπλοκὴν λεγομένων ἕκαστον ἤτοι οὐσίαν σημαίνει" … κτλ. Man kann aber auch in Erweiterung der Argumente Husiks gegen Prantl und Spengel zeigen, dass einige Eigentümlichkeiten des Sprachgebrauches der Kategorien, welche beide Forscher als nichtaristotelisch bemängelten, nur scheinbar bestehen und dass sie außer in der

---

[44] L. M. De Rijk, The Authenticity of Aristotle's Categories, Mnemosyne 4 (1951), 129ff.

[45] Die Tatsache, dass weder Dupréel noch Mansion die Aufsätze Husiks gekannt haben, entwertet in gewissem Sinn ihre Thesen. Dies hebt Krämer (o. Anm. 13), 122 hervor.

[46] De Rijks Ergebnis ist in neuerer Zeit durch E. D. Harter, Aristotle on Primary ΟΥΣΙΑ, Arch. f. Gesch. d. Philos. 7 (1975), 1–57 bestätigt worden; auch Harter hält auf Grund inhaltsbezogener Überlegungen die Kategorien für echt. Es gelingt ihm, eine konsequente Entwicklung des Begriffes οὐσία von den Kategorien an bis zu den späten Teilen der Metaphysik nachzuweisen. Harter sind in der Deutung des οὐσία-Begriffs seit 1975 weitere Autoren gefolgt: Frede zeigt in: Titel, Einheit und Echtheit (o. Anm. 1), 15ff. eine anscheinend konsequente Entwicklungslinie – vom Lehrer Platon weg und teilweise in Opposition zu diesem – von der frühen Kategorienschrift (Topik) bis hin zu den späteren Büchern der Metaphysik. – Zu ähnlichen Resultaten gelangt Oehler (o. Anm. 5), 117ff. (der allgemein in vielem Frede folgt) und zuletzt Bodéüs (o. Anm. 13), 93ff.

[47] Auf diese Tatsache weist nachdrücklich Ross (Husik-Ross, o. Anm. 25, 430) hin; früher schon E. Zeller, Die Philosophie der Griechen in ihrer geschichtlichen Entwicklung, Tübingen ³1896, II 1,69. Zu den Ansichten der antiken Kommentatoren in der Echtheitsfrage vgl. o. Anm. 13.

Topik auch in anderen als echt anerkannten Werken des Aristoteles bestens bezeugt sind. Hier sei nur ein Beispiel erwähnt: Prantl[48] hält den Ausdruck δοκεῖ, so wie er Cat. 3b33 verwendet ist, für „unentschieden" und „unaristotelisch". Dagegen ist festzuhalten: δοκεῖ ist gerade an dieser Stelle nicht Ausdruck von Unentschiedenheit; der mit δοκεῖ eingeleitete Satz δοκεῖ δὲ ἡ οὐσία οὐκ ἐπιδέχεσθαι τὸ μᾶλλον καὶ τὸ ἧττον wird im folgenden durch eine ausführliche und im Rahmen der Kategorienschrift evidente Argumentation (3b34–4a9) bewiesen: δοκεῖ hat also hier den gnoseologisch neutraleren Sinn von ,es zeigt sich'. Auch in anderen Schriften des Aristoteles ist dieser Gebrauch von δοκεῖν zu beobachten. δοκεῖ drückt die Evidenz einer communis opinio aus: Met. 1028b8 δοκεῖ δ' ἡ οὐσία ὑπάρχειν φανερώτατα ... τοῖς σώμασιν. Top. 105b10 ἔτι ὅσα ἐπὶ πάντων ἢ τῶν πλείστων φαίνεται, ληπτέον ὡς ἀρχὴν καὶ δοκοῦσαν θέσιν.[49] So ist δοκεῖν sehr oft, z. B. De an. 402a4 und An. Post. 76b24, verwendet. Hier ist δοκεῖ überall weder unentschieden noch unaristotelisch.

Folgende Frage ist für die Lösung des Echtheitsproblems wichtig: Wie weit sind die sprachlichen Übereinstimmungen zwischen der Topik und den Kategorien sowie die Zeugnisse der antiken Kommentatoren oder die von Mansion und Dupréel festgestellten inhaltlichen Unterschiede zwischen der Kategorienschrift und den übrigen Werken des Aristoteles relevant? Sie lässt sich so beantworten: Es ist im allgemeinen nicht schwer, Widersprüche inhaltlich-terminologischer Art im Gesamtwerk zu finden, vor allem, wenn man von der irrigen Voraussetzung ausgeht, dass das ganze Corpus Aristotelicum (oder auch eine ganze einzelne Schrift des Aristoteles) ein widerspruchfreies Ganzes sein müsse.[50] Mansions und Dupréels Argumente, die sich vor allem auf die Sonderstellung der Kategorien bezüglich der Verwendung von (πρώτη) οὐσία stützen, reichen nicht aus, um die Unechtheit der Schrift zu erweisen,[51] zumal da es zumindest möglich ist, eine folgerichtige Entwicklung des οὐσία-Begriffs von den Kategorien bis zu den zentralen Büchern der Metaphysik aufzuzeigen.[52] Würde man

---

[48] Rez. Waitz, Organon (o. Anm. 15), 648.

[49] Brunschwig, Aristote, Topiques 1, livres I–IV, texte établi et trad., Paris 1967, ad loc. übersetzt den Ausdruck treffend mit „une thèse admise".

[50] Sehr gut (und ganz im Sinne unserer Ausführungen) äußert sich zu diesem Punkt Ermano (o. Anm. 2), 47 mit Anm. 9.

[51] Stark betont ist der Vorrang der sprachlichen Betrachtungsweise vor Spekulationen über inhaltliche (Schein-) Widersprüche bei Bodéüs 110; zu einer sehr ähnlichen (ablehnenden) Auffassung von Mansions und Dupréels These über die (angeblichen) Widersprüche des οὐσία-Begriffes gelangten in letzter Zeit Frede (o. Anm. 1), 25ff. und Ermano (o. Anm. 2), 48.

[52] Vgl. die Arbeiten De Rijks, Harters, Fredes und Oehlers (o. S. 39f.).

den Auffassungen der beiden Gelehrten zustimmen, so ergäben sich Unge-
reimtheiten vor allem hinsichtlich des Autors der Kategorienschrift: er
müsste „some shallow and obscure person" sein,[53] jemand, der die aristote-
lische Theorie von Materie und Form überhaupt nicht kennen würde,
sondern nur von der πρώτη οὐσία, so wie sie in der Metaphysik aufgefasst
wird, etwas gehört, aber ihre Bedeutung missverstanden hätte. Es ist sehr
unwahrscheinlich, dass der Autor, der – wie die Kategorien es beweisen –
als Peripatetiker mit zentralen Begriffen und Argumenten des Schulgrün-
ders vertraut ist, die Lehre von εἶδος und ὕλη, die sich im Zusammenhang
mit der οὐσία geradezu aufdrängt, nicht gekannt (oder jedenfalls konsequent ausgeklammert) haben sollte.

Jean-Joël Duhot geht in seiner scharfsinnigen, aber m. W. zu wenig beachteten Abhandlung über „l'Authenticité des Catégories"[54] von einem originellen Ansatz, nämlich vom Gebrauch des Wortes κατηγορία selbst und
der damit verbundenen Vorstellung in der Kategorienschrift aus und sieht
innerhalb dieser Schrift eine deutliche Entwicklungslinie, die mit deren Anfang beginnt und mit deren Schluss endet: Zunächst (ab 1a20) zeigt sich
der (später außer in der Topik nicht mehr gebräuchliche) Gegensatz zwischen einem καθ' ὑποκειμένου λέγεσθαι („être dit d'un sujet") und einem ἐν
ὑποκειμένῳ εἶναι („être dans un sujet").[55] Die erste Relation beschränkt sich
hier aber auf die Kategorie der Substanz: καθ' ὑποκειμένου λέγεσθαι meint
die Prädikation einer Gattung von einer Art (bzw. einer Art von einem
Individuum) a u s s c h l i e ß l i c h in der Kategorie der Substanz. Die so
eingeschränkte Bedeutung von λέγεσθαι κ α τ ά verhindert zunächst geradezu die Entstehung von κατηγορία im Sinne der neun nicht-substanziellen
Kategorien, da Aristoteles hier das Verhältnis zwischen Substanz und den
übrigen neun Kategorien einseitig und lediglich als ein ε ἶ ν α ι ἐ ν ὑ π ο κ ε ι -
μ έ ν ῳ auffasst und nicht berücksichtigt, dass auch die Kategorien des ποσόν,
ποιόν, πρός τι usw. von der Substanz ausgesagt werden (κ α τ -η γ ο ρ ε ῖ σ θ α ι)
könnten und sich somit eigentlich auch als κ α τ -η γ ο ρ ί α ι bezeichnen ließen. Aristoteles gibt aber im Verlaufe des Gedankenganges der Schrift
diese Einschränkung auf, und es erscheint dann (ab 3a35) – über mehrere

---

[53] Husik (Husik - Ross, The Authenticity, o. Anm. 25, 430).

[54] J. J. Duhot, L'Authenticité des Catégories, Revue de Philosophie ancienne 12
(1994), 109ff.

[55] Zu diesem Gegensatz vgl. Ch. H. Chen, On Aristotle's Two Expressions καθ'
ὑποκειμένου λέγεσθαι and ἐν ὑποκειμένῳ εἶναι, Phronesis 2 (1957), 148ff.; A. Pronay,
Untersuchungen zu ὑποκείμενον bei Aristoteles, Diss. Basel 1980 (mit weiterer
Literatur), und zuletzt A. Graeser, Aspekte der Ontologie in der Kategorienschrift, in:
Zweifelhaftes im Corpus Aristotelicum, Studien zu einigen Dubia, Berlin 1983, 30–56.

Zwischenglieder (s. dazu Duhot, o. Anm. 30, 112ff.) – κατηγορία in der nicht auf das Verhältnis Gattung-Art eingeschränkten Bedeutung, eben als ‚Aussage', ‚Kategorie' im Sinne der zehn Kategorien. Und gerade diese Entwicklungslinie innerhalb der Kategorien ist für Duhot ein starkes Indiz für die Echtheit dieser Schrift: Weder eine nacharistotelische Fälschung noch die Schrift eines mysteriösen voraristotelischen Autors hätte nach Duhot Grund gehabt, den Leser gewissermaßen an der Geburtsstunde des Begriffes ‚Kategorie' (mit allen Unsicherheiten und Schwankungen) teilnehmen zu lassen: „S'il s'agissait d'un texte postérieur, le mot [κατηγορία] serait employé au sens banalisé qu'il prend rapidement chez Aristote. L'aristotélisme du corpus rendait impossible la production d'un opuscule comme celui-ci, avec sa progression et ses incertitudes. Cette nécessaire antériorité des Catégories exclut toute attribution autre qu'à Aristote: c'est après qu'on réalise les faux, et non avant. Il serait singulier d'imaginer un faux Aristote avant Aristote, sauf à supposer un mystérieux auteur dont il se serait inspiré. Quant à l'hypothèse d'un faux légèrement postérieur à Aristote, elle n'a pas de sens puisqu'elle supposerait un auteur ignorant et redécouvrant tout seul un concept aussi banal dans le corpus que celui de catégorie … Il peut sembler paradoxal de tirer argument de la singularité de l'opuscule pour en prouver l'authenticité, c'est que cette singularité même lui assigne une place par rapport au reste du corpus, et que cette place ne peut être qu'aristotélicienne."

Wichtiger noch als diese begrifflich-inhaltlichen Interpretationsfragen aber sind allerdings die Fakten, welche Husik (und in seinem Gefolge Düring und Frede) aufweisen konnten: Die Übereinstimmungen zwischen den Kategorien und der Topik im sprachlichen Detail sind auffallend und zahlreich. Sie ergeben zwar noch keinen zwingenden Beweis für die Echtheit, aber der Nachweis von vielen inhaltlichen Berührungspunkten in der Topik ist darum entscheidend, weil man, wie oben gezeigt, diese aus sprachlichen Gründen nur auf die Kategorienschrift beziehen kann. Ferner ist festzuhalten: De Rijk hat seinem Aufsatz (o. Anm. 44) den antiken Kommentatoren mit Recht viel Beachtung geschenkt: Zwar trennen den ersten erhaltenen Kommentar einige Jahrhunderte von Aristoteles' Zeit, aber die Tatsache, dass Porphyrios die Kategorien mit Selbstverständlichkeit als originale Schrift des Philosophen behandelt und dass keiner der Kommentatoren sich gegen die Echtheit ausspricht, vermögen wenigstens indirekt und e silentio den Echtheitsnachweis zu stützen.

In den letzten drei bis vier Jahrzehnten scheint sich eine communis opinio über diese Frage gefestigt zu haben, nach welcher die Kategorienschrift aristotelisch ist.[56] Die neueren Herausgeber, Kommentatoren und Übersetzer gehen auf das Echtheitsproblem nur sehr kurz[57] oder überhaupt nicht mehr ein.[58] Gleiches gilt für einige Abhandlungen über Fragen und Begriffe, die in den Kategorien zentral sind. Kurt von Fritz etwa[59] hält die Frage, ob die Schrift von Aristoteles oder von einem Aristotelesschüler verfasst sei, für zweitrangig im Vergleich zu ihrem philosophischen Gehalt, und Chen,[60] der über die nur in den Kategorien und in der Topik vorkommenden Ausdrücke καθ' ὑποκειμένου λέγεσθαι und ἐν ὑποκειμένῳ εἶναι handelt, setzt die Echtheit der Kategorienschrift implicite voraus. Eine (kurze) Zusammenfassung der communis opinio gibt I. Düring.[61]

(b) Postprädikamente (11b17–15b32): Die schon einmal[62] hervorgehobene Tatsache, dass die Postprädikamente mit dem (mittleren) Hauptteil

---

[56] Die letzten Zweifel in der Echtheitsfrage sind – meist allerdings nur scheinbar – (noch) nicht ausgeräumt, und die letzten Unsicherheiten nicht ganz geklärt. Gerade sprachliche und sprachstatistische Beobachtungen, die zuletzt R. Bodéüs (der letztlich doch an die Echtheit glaubt) in seiner Ausgabe der Kategorien (o. Anm. 13, ab CVII) zusammengetragen hat, scheinen der Schrift eine merkwürdige Sonderrolle zuzuweisen: mehr als 23 Prozent der in der Kategorienschrift vorkommenden Wörter kommen in der zweifellos frühen Topik nicht vor. Dies scheint gegen die Echtheit der Kategorien zu sprechen. Allerdings überzeugt Bodéüs' Argumentation nicht in allem: Die Tatsache, dass Aristoteles in der Kategorienschrift zur Erläuterung eines Teils der zehn Kategorien – mit δίπηχυ, τρίπηχυ, χθές, ἐν Λυκείῳ usw. (1b25ff.) – andere Beispiele gebraucht als in der Topik (103b20ff.), kann beabsichtigte variatio sein, und immerhin verwendet Aristoteles top. 103b33 auch πηχυαῖον μέγεθος, was von δίπηχυ, τρίπηχυ usw. nicht allzu weit entfernt ist. Auch die angeführte Reihe von (eher seltenen) Wörtern wie ἀνάκλισις, ἀναμφισβητήτως, ὁπωσδήποτε, παλαιστρικός usw. (CIX), die nur in den Kategorien vorkommen, scheinen Bodéüs Zweifel über die Authentizität nur sehr bedingt zu bestätigen. In jedem aristotelischen (oder nicht-aristotelischen) Werk lassen sich ein paar hapax legomena finden. Ihr Vorhandensein spricht an sich nicht für oder gegen die Echtheit des sie enthaltenden Werkes.
[57] Minio-Paluello, Categoriae (o. Anm. 12), praef. 5; Gohlke (o. Anm. 5), Einl. 7.
[58] Ackrill, Categories (o. Anm. 11).
[59] K. v. Fritz, Der Ursprung der aristotelischen Kategorienlehre, Arch. f. Gesch. d. Philos. 40 (1931), 488ff.
[60] Chen (o. Anm. 55).
[61] Düring, Aristoteles (o. Anm. 5), vor allem 55 mit Anm. 15 und RE (o. Anm. 29), 203ff., und der letzte Gelehrte, der ausführlich über die Kategorien gehandelt hat, R. Bodéüs, muss sich nach der Aufzählung einiger Schwierigkeiten vor allem sprachlicher Art (vgl. o. Anm. 56), welche die Echtheitsfrage kompliziert machen, letztlich doch – alles in allem – zu der Echtheit bekennen: „Malgré ces doutes sur l'authenticité de l'ouvrage, l'éditeur, nous semble-t-il, reste donc autorisé à imprimer celui-ci sous l'autorité traditionnelle d'Aristote."
[62] Vgl. oben S. 34.

der Schrift wenig Gemeinsamkeit haben,[63] macht die Echtheitsfrage bei den Postprädikamenten zu einem Sonderproblem. Von dieser Diskrepanz ausgehend haben seit Waitz und Zeller manche die Echtheit oder wenigstens die ursprüngliche Zugehörigkeit dieses Teils der Schrift angezweifelt: in neuerer Zeit etwa Gigon in seiner Übersetzung der Einführungsschriften des Aristoteles, der den Text ab 11b10 nicht mehr übersetzt.[64] Düring (o. Anm. 5, 55) beruft sich auf Andronikos, der als erster Herausgeber des uns überlieferten Corpus Aristotelicum erkannt hatte, dass die Postprädikamente sekundär an die eigentlichen Kategorien angeschlossen wurden.[65] Dass aber auch die Postprädikamente von Aristoteles verfasst sein könnten, hat Andronikos nicht bestritten, und da auch er schon die beiden ersten Teile als Einheit vorfand, ist mit Düring[66] anzunehmen, dass die drei Teile des Werkes schon von einem direkten Schüler oder von einem Mitarbeiter des Aristoteles zu einem Ganzen zusammengefügt wurden;[67] die überleitende Bemerkung über die in den beiden ersten Teilen der Schrift nicht behandelten Kategorien ποτέ, κεῖσθαι usw. (11b10–16) dürfte somit auch von diesem Bearbeiter stammen, der es für nötig hielt, die beiden Hauptteile 1a1–11b8 und 11b17–15b32 nachträglich miteinander zu vereinigen.

Der recht große Mangel an Einheitlichkeit scheint allerdings – auf den ersten Blick – gegen die Echtheit der Schrift zu sprechen. Nun betrachtet aber M. Frede in seinem Aufsatz über Titel, Einheit und Echtheit der aristotelischen Kategorienschrift (o. Anm. 1), der die Forschung in letzter Zeit um ein gutes Stück vorangebracht hat, g e r a d e die mangelnde Einheitlichkeit und das sich daraus ergebende sehr individuell aussehende Bild der Kategorien als wichtiges Indiz dafür, dass die Schrift zumindest keine Fälschung sein kann und dass es uns Heutigen angesichts des fragmentarischen Charakters der Kategorien zwar nicht mehr möglich ist, die Schrift

---

[63] Vgl. allerdings die wenigen, aber für die Echtheitsfrage der Postprädikamente entscheidenden Übereinstimmungen und den Zusammenhang zwischen dem Gebrauch von ὑποκεῖσθαι Cat. 2b15–22 und dem speziellen Sinn des Ausdruckes πρότερον εἶναι in den Postprädikamenten und dazu Pronay (o. Anm. 8 und 55), 68ff.

[64] So auch in letzter Zeit Duhot (o. Anm. 30), 109 (mit Anm. 1), der die Zugehörigkeit der Postprädikamente zur Kategorienschrift in einer kurzen Anmerkung ohne Begründung verneint; rund zweihundert Jahre vorher urteilte J.G. Buhle, Aristotelis Opera, vol. 1, 1791, 436: „Sed fac esse Postpraedicamenta spuria, non idem tamen de Categoriis statuendum est."

[65] Vgl. Simpl. in Cat. CAG VIII 379, 8ff.

[66] Düring (o. Anm. 5), 54f., RE (o. Anm. 29), 205.

[67] Ross (Husik-Ross, o. Anm. 25, 432f.) hält die Postprädikamente für eine zwar authentische, aber etwas später als die übrige Kategorienschrift abgefasste, selbständige Arbeit.

als eine Einheit zu sehen, dass dies aber es nicht ausschließe zu vermuten, dass es ursprünglich eine solche Einheit gegeben haben könnte. Auch gelingt es Frede, die Sprachbetrachtung Husiks fortsetzend,[68] einerseits die enge Verwandtschaft zwischen der Topik und der Kategorienschrift nachzuweisen, andererseits aber auch eine enge sprachliche Verbindung zwischen den beiden Hauptteilen der Kategorienschrift herzustellen.[69]

Wir können also die Diskussion über die Authentizität zusammenfassend und unsere Ausführungen über sie abschließend feststellen: Die Kategorienschrift ist sowohl in sprachlicher als auch in inhaltlich-begriffsgeschichtlicher Hinsicht echt, und die früheren Versuche, sie in ihrer Ganzheit oder Teile von ihr als unecht zu erklären, tun dies auf Grund inhaltlich oder methodisch unrichtiger Voraussetzungen.

4. Die Entstehung der Kategorienschrift

Die Entstehung der Anteprädikamente und Prädikamente einerseits und der Postprädikamente andererseits dürfen nicht allzu weit voneinander entfernt sein; denn die von Husik, Düring und anderen beobachteten sprachlichen und begrifflichen Berührungspunkte mit der anerkanntermaßen frühen Topik sind gerade auch in den Postprädikamenten festzustellen. Diese Berührungspunkte sind vor allem: der Gebrauch von ἀνὰ μέσον statt μεταξύ,[70] μείωσις statt φθίσις[71] und die Einteilung der ἀντικείμενα.[72] Damit steht die Tatsache im Einklang, dass die Postprädikamente, wie auch (teilweise) die beiden ersten Teile der Kategorien,[73] ferner die mittleren (älteren) Bücher II–VII der Topik[74] ihrer Anlage nach begriffsklassifikato-

---

[68] Frede (o. Anm. 1), 19ff. (aber auch Oehler, o. Anm. 5, 116).

[69] Frede (o. Anm. 1), 20.

[70] Vgl. oben S. 37.

[71] Vgl. oben S. 37.

[72] Vgl. oben S. 38.

[73] Ph. Merlan, Beiträge zur Geschichte des antiken Platonismus, Philologus 89 (1934), 35ff. weist darauf hin, dass die Kategorien der Substanz, der Qualität, der Relation und der Quantität unter einem ordnenden Gesichtspunkt untersucht werden. Dies sind die Fragen, ob die zur jeweiligen Kategorie gehörenden Gegenstände ein ἐναντίον haben und sie ein μᾶλλον und ἧττον zulassen; wie Merlan nachweisen kann, stammen diese Fragen in ihrer konstanten Anwendung aus der Akademie. So urteilt auch K. Bärthlein, Zur Entstehung der aristotelischen Substanz-Akzidens-Lehre, Arch. f. Gesch. d. Philos. 50 (1968), 196ff.

[74] So Brunschwig, Topiques, (o. Anm. 49), Intr. 72ff., der für die „livres périphériques" (1 und 8) eine spätere Entstehungszeit annimmt; vgl. auch 73 Anm. 1 mit der Nennung der Vertreter dieser heute einigermaßen anerkannten Auffassung.

rische Arbeiten sind,[75] die zum Teil ähnlich angelegt sind. Ihre Vorbilder sind wohl die bekannten διαιρέσεις in den späten ontologischen Dialogen Platons (Sophistes und Politikos).

Da Aristoteles in seiner Akademiezeit neben seinen Dialogen sich Materialsammlungen (συναγωγαί, διαιρέσεις) anlegte und Begriffseinteilungen (in der Form von θέσεις, διαιρέσεις) verfasste,[76] dürfen wir mit Zeller[77] und Düring[78] die erste Hälfte der fünfziger Jahre als Entstehungszeit aller drei heute vorliegenden Teile der Kategorienschrift (sowie der Bücher 2 – 7 der Topik) annehmen.

---

[75] Düring, RE (o. Anm. 29), 332; Brunschwig, Topiques (o. Anm. 49), Intr. 72 unterscheidet im Hinblick auf die Differenz in den Argumentationsmethoden in Top. 2 – 7 einerseits und in 1 und 8 andererseits zwischen einer „manière additive" und einer „manière systématique": die erste Bezeichnung gilt meiner Ansicht nach im ganzen auch für a l l e Teile der Kategorien und für das Buch Delta der Metaphysik.

[76] Düring, RE (o. Anm. 29), 332.

[77] Zeller, Die Philosophie der Griechen³, II 2 (o. Anm. 16), 69.

[78] Düring, RE (o. Anm. 29), 332; ebenso urteilt Krämer (o. Anm. 13), 122. Düring bezeichnet die von ihm herausgearbeitete relative Chronologie als Hypothese; doch der sorgfältige Vergleich der aristotelischen Schriften mit den Spätdialogen Platons, den Düring (mit z. T. ausführlicherer Behandlung des Chronologieproblems) durchgeführt hat, macht gerade seine Ergebnisse über die Frühwerke einleuchtend (o. Anm. 5, 48ff.).

WIENER STUDIEN, Band 118/2005, 49–65
© 2005 by Österreichische Akademie der Wissenschaften Wien

THEOKRITOS KOUREMENOS / THESSALONIKI

Aristotle's argument against the parallel between the Timaeus cosmogony and geometric διαγράμματα (Cael. 279b32 – 280a2)

In Cael. 1.10 Aristotle attacks those who think that the cosmos always exists but set out a cosmogony as if they were οἱ τὰ διαγράμματα γράφοντες, i. e. not because they believe that the cosmos did come to be but merely in order to enhance understanding and for the sake of instruction (Cael. 279b32 – 280a2):

ἣν δέ τινες βοήθειαν ἐπιχειροῦσι φέρειν ἑαυτοῖς τῶν λεγόντων ἄ-
φθαρτον μὲν εἶναι γενόμενον δέ, οὐκ ἔστιν ἀληθής· ὁμοίως γάρ φασι
τοῖς τὰ διαγράμματα γράφουσι καὶ σφᾶς εἰρηκέναι περὶ τῆς γενέσεως,
οὐχ ὡς γενομένου ποτέ, ἀλλὰ διδασκαλίας χάριν ὡς μᾶλλον γνωρι-
ζόντων, ὥσπερ τὸ διάγραμμα γιγνόμενον θεασαμένους.

Commenting on this passage, Simplicius notes that Aristotle argues against Xenocrates and other Platonists who took the Timaeus cosmogony as a fictional account (In Cael. 303.34/35 Heiberg).[1] The Timaeus cosmo-

---

[1] In De animae procreatione in Timaeo 1013A6–B4 (= Xenocrates, fr. 68 Heinze) Plutarch attributes this interpretation of the Timaeus cosmogony to Xenocrates and Crantor as well as to those who adopted the views of Xenocrates or Crantor on the creation of the world-soul in the Timaeus: ὁμαλῶς δὲ πάντες οὗτοι χρόνῳ μὲν οἴον-
ται τὴν ψυχὴν μὴ γεγονέναι μηδ᾽ εἶναι γενητήν, πλείονας δὲ δυνάμεις ἔχειν, εἰς
ἃς ἀναλύοντα θεωρίας ἕνεκα τὴν οὐσίαν αὐτῆς λόγῳ τὸν Πλάτωνα γιγνομένην
ὑποτίθεσθαι καὶ συγκεραννυμένην· τὰ δ᾽ αὐτὰ καὶ περὶ τοῦ κόσμου διανοούμενον
ἐπίστασθαι μὲν ἀίδιον ὄντα καὶ ἀγένητον, τὸ δ᾽ ᾧ τρόπῳ συντέτακται καὶ διοι-
κεῖται καταμαθεῖν οὐ ῥᾴδιον ὁρῶντα τοῖς μήτε γένεσιν αὐτοῦ μήτε τῶν γενητικῶν
σύνοδον ἐξ ἀρχῆς προϋποθεμένοις ταύτην τὴν ὁδὸν τραπέσθαι. Speusippus also
took this view of the Timaeus cosmogony according to a scholium on Cael. 279b 32–
280a2 in Cod. Paris. Graec. 1853 (E) (= Speusippus, fr. 61b Taran): ὁ Ξενοκράτης καὶ
ὁ Σπεύσιππος ἐπιχειροῦντες βοηθῆσαι τῷ Πλάτωνι ἔλεγον ὅτι οὐ γενητὸν τὸν
κόσμον ὁ Πλάτων ἐδόξαζεν ἀλλὰ ἀγένητον, χάριν δὲ διδασκαλίας καὶ τοῦ γνω-
ρίσαι καὶ παραστῆσαι αὐτὸ ἀκριβέστερον ἔλεγε τοῦτο γενητόν.

gony, argued the Platonists, does not entail that the cosmos came to be, just as τὰ διαγράμματα of the geometers do not entail that geometric objects come to be. As a geometer constructs a triangle (cf. Euclid's El. 1.1) simply in order to elucidate how a 'platonic' geometric object that always exists is constituted by its component parts (lines or planes respectively), similarly the Platonists set out the Timaeus cosmogony in order to explain how the always existing cosmos is constituted by its elements (Simpl. In Cael. 304.3 – 15 Heiberg):[2]

οὗτοι οὖν γενητὸν καὶ ἄφθαρτον λέγοντες τὸν κόσμον τὴν γένεσιν οὐχ ὡς ἀπὸ χρόνου φασὶ δεῖν ἀκούειν, ἀλλ' ἐξ ὑποθέσεως εἰρημένην διδασκαλίας χάριν τῆς τάξεως τῶν ἐν αὐτῷ προτέρων τε καὶ συνθετωτέρων. ἐπειδὴ γὰρ τῶν ἐν τῷ κόσμῳ τὰ μὲν στοιχεῖά ἐστι, τὰ δὲ ἐκ τῶν στοιχείων, οὐκ ἦν ῥάδιον γνῶναι τὴν τούτων διαφοράν, καὶ ὅπως ἐκ τῶν ἁπλουστέρων γίνεται τὰ σύνθετα, τὸν μὴ ἀναλύσαντα τῇ ἐπινοίᾳ τὰ σύνθετα εἰς τὰ ἁπλᾶ καὶ σκοποῦντα, πῶς, εἰ τὰ ἁπλᾶ καθ' αὑτὰ ἦν, ἐξ ἀρχῆς ἀπ' αὐτῶν ἂν ἐγεγόνει τὰ σύνθετα, ὥσπερ ἐπὶ τῶν διαγραμμάτων οἱ μαθηματικοὶ τὴν φύσιν αὐτῶν ζητοῦντες τὰ σύνθετα εἰς τὰ ἁπλᾶ ἀναλύουσι, καὶ ὅπως ἐξ ἐκείνων ἐγένετο ἄν, εἴπερ ἐξ ἀρχῆς ἐγίνετο, σκοποῦσιν, οἷον ὅτι τὸ τρίγωνον ἐκ τριῶν εὐθειῶν κατὰ γωνίας συντιθεμένων, ὁ δὲ κύβος ἐκ τετραγώνων ἓξ κατὰ γωνίας καὶ γραμμὰς ἀλλ' οὐχὶ κατὰ τὰ ἐπίπεδα συντιθεμένων.[3]

---

[2] That for Simplicius geometric objects are not subject to generation is evident from his rejoinder to Aristotle (In Cael. 305.10 – 12 Heiberg): ἐπὶ δὲ τῶν μαθημάτων, κἂν ἀδύνατον τὸ γένεσιν εἶναι σχημάτων, ἀλλὰ διὰ τὸ συνυπάρχειν ἀεὶ τὰ ἁπλᾶ τοῖς συνθέτοις πρὸς ὑπόθεσιν οὐκ ἔστιν ἀδύνατον ἡ γένεσις.

[3] Cf. Proclus, In primum Euclidis elementorum librum commentarii 77.15 – 78.8 Friedlein (= Speusippus fr. 72 Taran): ἤδη δὲ τῶν παλαιῶν οἱ μὲν πάντα θεωρήματα καλεῖν ἠξίωσαν, ὡς οἱ περὶ Σπεύσιππον καὶ Ἀμφίνομον, ἡγούμενοι ταῖς θεωρητικαῖς ἐπιστήμαις οἰκειοτέραν εἶναι τὴν τῶν θεωρημάτων προσηγορίαν ἢ τὴν τῶν προβλημάτων, ἄλλως τε καὶ περὶ ἀϊδίων ποιουμέναις τοὺς λόγους. οὐ γάρ ἐστι γένεσις ἐν τοῖς ἀϊδίοις, ὥστε οὐδὲ τὸ πρόβλημα χώραν ἐπὶ τούτων ἂν ἔχοι, γένεσιν ἐπαγγελλόμενον καὶ ποίησιν τοῦ μήπω πρότερον ὄντος, οἷον ἰσοπλεύρου τριγώνου σύστασιν, ἢ τετραγώνου δοθείσης εὐθείας ἀναγραφήν, ἢ θέσιν εὐθείας πρὸς τῷ δοθέντι σημείῳ. ἄμεινον οὖν φασι λέγειν, ὅτι πάντα ταῦτά ἐστι, τὰς δὲ γενέσεις αὐτῶν οὐ ποιητικῶς ἀλλὰ γνωστικῶς ὁρῶμεν ὡσανεὶ γιγνόμενα λαμβάνοντες τὰ ἀεὶ ὄντα, ὥστε καὶ πάντα θεωρηματικῶς ἐροῦμεν ἀλλ' οὐ προβληματικῶς λαμβάνεσθαι. What is implicit here is Plato's memorable comment on the tension between the nature of geometric objects and the means employed for their investigation: as he explains in Rep. 527a1 – b8, the geometers necessarily rely on constructions in order to obtain knowledge about geometric objects which are, though, exempt from coming to be and passing away (cf. below, n. 30). For a sane discussion of this passage see M. F. Burnyeat, Plato on Why Mathematics is Good for the Soul, in: T. Smiley (ed.), Mathe-

Simplicius' interpretation of the term διάγραμμα as a geometric construction is widely accepted in discussions of Aristotle's objection to Xenocrates and the other Platonists; modern scholars, moreover, tend not to distinguish a geometric construction from the diagram that represents the construction (the lettered diagram is one of the most pervasive features of Greek geometry).[4] On this interpretation οἱ τὰ διαγράμματα γράφοντες are 'those who produce geometric constructions' and thus the Platonists, whose reading of the Timaeus cosmogony Aristotle attacks in Cael. 1.10, likened the Timaeus cosmogony to a geometric construction. The term διάγραμμα, however, is never used in Greek mathematics for a construction or for a diagram.[5] Aristotle uses it either for a geometric proposition or for its proof. He uses, moreover, the cognate verb γράφω not only in the sense 'to draw' but also in the sense 'to prove a geometric proposition'. οἱ τὰ διαγράμματα γράφοντες should, therefore, be understood as 'those who prove geometric propositions' or 'those who carry out geometric proofs'.[6] Thus the Platonists, against whom Aristotle inveighs in Cael. 1.10, likened the Timaeus cosmogony not to a geometric construction but to a geometric proof.

1. The meaning of διάγραμμα and γράφω in Aristotle

That Aristotle does not use the term διάγραμμα for a geometric construction, or for the representation thereof, can be clearly seen from Met. 1051a21–30:

εὑρίσκεται δὲ καὶ τὰ διαγράμματα ἐνεργείᾳ· διαιροῦντες γὰρ εὑρίσκουσιν. εἰ δ' ἦν διῃρημένα, φανερὰ ἂν ἦν· νῦν δ' ἐνυπάρχει δυνάμει ... διὰ τί ἐν ἡμικυκλίῳ ὀρθὴ καθόλου; διότι ἐὰν ἴσαι τρεῖς, ἥ τε βάσις δύο καὶ ἡ ἐκ μέσου ἐπισταθεῖσα ὀρθή, ἰδόντι δῆλον τῷ ἐκεῖνο εἰδότι. ὥστε φανερὸν ὅτι τὰ δυνάμει ὄντα εἰς ἐνέργειαν ἀγόμενα εὑρίσκεται.

---

matics and Necessity (Oxford 2000), 38–41 (in 41 n. 58 Burnyeat relates Rep. 527a1–b8 to Proclus' report about the views of Menaechmus and Amphinomus on the nature of geometric propositions as well as to Cael. 279b32–280a2).

[4] See e. g. S. Leggatt, Aristotle: On the Heavens I and II (Warminster 1995), 209 and J.J. Cleary, Mathematics and Cosmology in Aristotle's Philosophical Development, in: W. Wians (ed.), Aristotle's Philosophical Development: Problems and Prospects (Lanham 1996), 208/209. Neither Leggatt nor Cleary distinguish a geometric construction from the diagram accompanying it.

[5] Cf. R. Netz, The Shaping of Deduction in Greek Mathematics (Oxford 1999), 36.

[6] Commenting on Cael. 279b34, Leggatt (above, n. 4), 211 translates τοῖς τὰ διαγράμματα γράφουσι as 'those who construct geometric figures' but notes that it might also mean 'those who prove their propositions'.

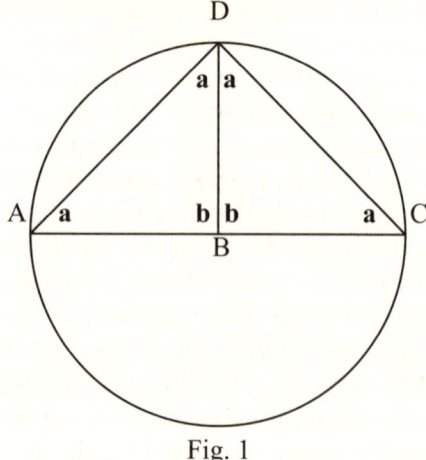

Fig. 1

In Met. 1051a21–30 Aristotle illustrates a philosophical point (that actuality is prior to potentiality; see Met. 1051a4/5) with the proof of the proposition that an angle in a semicircle is right.[7] He points out rather cryptically that an angle ADC in a semicircle (Fig. 1) is right because DB = AB = BC, two of these equal segments (AB, BC) make up the base of the semicircle and DB is erected on AC at right angles (διότι ἐὰν ἴσαι τρεῖς, ἥ τε βάσις δύο καὶ ἡ ἐκ μέσου ἐπισταθεῖσα ὀρθή, ἰδόντι δῆλον τῷ ἐκεῖνο εἰδότι): he means that, if in Fig. 1 DB is erected on AC at right angles, then DB = AB = BC[8] so that the triangles DAB, DBC are isosceles and, therefore, the angles **a** are equal;[9] each angle **b**, however, is a right angle because DB is constructed on AC at right angles so that $\mathbf{a} = R/2$[10]

---

[7] This proposition is the first part of Euclid's El. 3.31. Aristotle alludes to a pre-Euclidean proof reconstructed in T. L. Heath, Euclid: The Thirteen Books of the Elements (New York 1956; reprint of the Cambridge [2]1926 edition), vol. 2, 63/64; cf. Heath, Mathematics in Aristotle (Oxford 1949), 73/74; J. A. Novac, A Geometrical Syllogism: Posterior Analytics, II, 11, Apeiron 12 (1978), 26–33 has argued that Aristotle presupposes the Euclidean proof; see, however, Th. Kouremenos, Aristotle on Syllogistic and Mathematics, Philologus 142 (1998), 232 n. 50.

[8] DB, AB, BC are radii of a circle.

[9] Two of the four angles **a** are base angles of the isosceles triangle DAB and the other two are similarly base angles of the isosceles triangle DBC: the base angles of an isosceles triangle are equal (El. 1.5) and, since the isosceles triangles DAB and DBC are equal by construction and have all their angles equal, the four angles **a** are equal.

[10] The interior angles of a triangle are equal to 2R (El. 1.32). Since the sum of the interior angles of the isosceles triangle DAB or DBC is **b** + 2**a**, it is 2**a** = R, for **b** = R, and thus **a** = R/2. The application of the theorem about the interior angles of a triangle is alluded to in An. Post. 71a19–21 (cf. Kouremenos [above, n. 7], 235/236): ὅτι μὲν γὰρ πᾶν τρίγωνον ἔχει δυσὶν ὀρθαῖς ἴσας, προῄδει· ὅτι δὲ τόδε τὸ ἐν τῷ ἡμικυκλίῳ

and, since ADC = 2**a**, ADC is a right angle (the result holds for any angle in the semicircle because all angles in the same segment of a circle are equal; see Euclid El. 3.21). The proof depends on drawing DB in Fig. 1 and, when Aristotle says that the geometers obtain τὰ διαγράμματα they seek by 'dividing' (εὑρίσκεται δὲ καὶ τὰ διαγράμματα ἐνεργείᾳ· διαιροῦντες γὰρ εὑρίσκουσιν), he means that τὰ διαγράμματα are obtained via constructions like drawing DB which divides the triangle ADC in Fig. 1 into two triangles DAB, DBC.[11] The division of the triangle ADC or the perpendicular DB is potential (νῦν δ' ἐνυπάρχει δυνάμει) and thus has to be actualized or drawn by a geometer. It is, however, clearly a means by which the geometers obtain a διάγραμμα, the end of geometric inquiry, and thus this term cannot denote the drawing of the perpendicular DB in Fig. 1.[12]

In Met. 998a25 – 27 τὰ διαγράμματα are geometric propositions from among which Aristotle singles out those he calls the 'elements', i. e. those fundamental διαγράμματα whose proofs are implicit in the proofs of all or most other διαγράμματα (cf. Cat. 14a35 – b2):

καὶ τῶν διαγραμμάτων ταῦτα στοιχεῖα λέγομεν ὧν αἱ ἀποδείξεις ἐνυπάρχουσιν ἐν ταῖς τῶν ἄλλων ἀποδείξεσιν ἢ πάντων ἢ τῶν πλείστων.

τρίγωνόν ἐστιν, ἅμα ἐπαγόμενος ἐγνώρισεν. τῷ ἐκεῖνο εἰδότι in Met. 1051a21 – 30 hints at this step in the proof (ἐκεῖνο is the theorem about the interior angles of a triangle – its proof is sketched a few lines above, in Met. 1051a24 – 26); see W. D. Ross, Aristotle's Metaphysics (Oxford 1924), vol. 2, 271.

[11] See Heath (above, n. 7) 1949, 216/217: "διαιροῦντες, 'dividing up', is evidently meant in a non-technical, and even literal sense, and there is no reference to the method of mathematical *analysis*. The dividing up is effected by inserting additional lines, etc. Given a figure in which it is required to prove a certain relation, our ordinary procedure is to join certain points by straight lines, to draw perpendiculars from certain points to certain points, to bisect certain angles, to draw certain circles, and the like, all in the hope that certain relations will then emerge, the use of which will lead to the result desired."

[12] From εἰ δ' ἦν διῃρημένα, φανερὰ ἂν ἦν· νῦν δ' ἐνυπάρχει δυνάμει Ross (above, n. 10), 268/269 concludes that τὰ διαγράμματα are constructions thus foisting on Aristotle a bizarre view: by proving that an angle in a semicircle is right a geometer ultimately seeks to construct something as simple as dropping the perpendicular DB! Ross argues that to make the construction intelligibly is to see the proof but the intelligibility of the construction in a proof of a theorem is not contingent on seeing the proof of this theorem for the simple reason that the knowledge of producing the construction in question is taken for granted (cf. An. Post. 71a19 – 21 quoted above, n. 10). Whereas the subject of φανερὰ ἂν ἦν is clearly τὰ διαγράμματα, the subject and the object of the participles διῃρημένα and διαιροῦντες respectively can only be a particular geometric object on which constructions are carried out (cf. again An. Post. 71a19 – 21). See also below, n. 14.

In Met. 1014a35–b3 Aristotle rephrases the point he makes in Met. 998a25–27 but here τὰ διαγράμματα are undoubtedly proofs of geometric propositions whose elements, like the elements of the proofs in any other science, are assumed to be first figure syllogisms:

παραπλησίως δὲ καὶ τὰ τῶν διαγραμμάτων στοιχεῖα λέγεται, καὶ ὅλως τὰ τῶν ἀποδείξεων· αἱ γὰρ πρῶται ἀποδείξεις καὶ ἐν πλείοσιν ἀποδείξεσιν ἐνυπάρχουσαι, αὗται στοιχεῖα τῶν ἀποδείξεων λέγονται· εἰσὶ δὲ τοιοῦτοι συλλογισμοὶ οἱ πρῶτοι ἐκ τῶν τριῶν δι' ἑνὸς μέσου.[13]

τὰ διαγράμματα are, therefore, proofs of geometric propositions in Met. 1051a21–30 too, for they are what the geometers seek to obtain or what answers to the question διὰ τί (e. g. ἐν ἡμικυκλίῳ ὀρθὴ καθόλου).[14] In An. Post. 79a17–22 Aristotle (in)famously claims that all or most geometric proofs, i. e. all or most διαγράμματα in the light of Met. 1014a35–b3, are universal first figure syllogisms (as is also the case with proofs in all other branches of mathematics).[15] It is not, therefore, surprising that in An. Pr. 41b13–22 he uses a διάγραμμα to illustrate the need for a universal premise in syllogistic deduction.

---

[13] Cf. Meteor. 375b16–19: ὅτι δ' οὔτε κύκλον οἷόν τε γενέσθαι τῆς ἴριδος οὔτε μεῖζον ἡμικυκλίου τμῆμα, καὶ περὶ τῶν ἄλλων τῶν συμβαινόντων περὶ αὐτήν, ἐκ τοῦ διαγράμματος ἔσται θεωροῦσι δῆλον. The term διάγραμμα does not refer to the lettered diagram of the geometric configuration Aristotle describes in 375b19–29 – it can only refer to the proof, the main part of which is an elaborate synthesis of a locus problem, that follows in 375b29–376b22. The diagram of the configuration in question cannot make one understand that the rainbow is not greater than a semicircle: this follows only from the proof which presupposes the diagram but is by no means identical with it.

[14] Cf. Heath (above, n. 7) 1949, 216. Aristotle's conclusion in Met. 1051a21–30, i.e. ὥστε φανερὸν ὅτι τὰ δυνάμει ὄντα εἰς ἐνέργειαν ἀγόμενα εὑρίσκεται, refers not to potential constructions actualized by a geometer but to potential proofs (διαγράμματα) brought to actuality by a geometer through the actualization of potential constructions. For the potential knowledge of propositions see An. Post. 86a23–30: ... τῶν προτάσεων τὴν μὲν προτέραν ἔχοντες ἴσμεν πως καὶ τὴν ὑστέραν καὶ ἔχομεν δυνάμει, οἷον εἴ τις οἶδεν ὅτι πᾶν τρίγωνον δυσὶν ὀρθαῖς, οἶδέ πως καὶ τὸ ἰσοσκελὲς ὅτι δύο ὀρθαῖς, δυνάμει, καὶ εἰ μὴ οἶδε τὸ ἰσοσκελὲς ὅτι τρίγωνον· ὁ δὲ ταύτην ἔχων τὴν πρότασιν τὸ καθόλου οὐδαμῶς οἶδεν, οὔτε δυνάμει οὔτ' ἐνεργείᾳ. καὶ ἡ μὲν καθόλου νοητή, ἡ δὲ κατὰ μέρος εἰς αἴσθησιν τελευτᾷ. Having potential knowledge of a proposition means having potentially a proof of this proposition from actually known premises; cf. An. Pr. 67a9–14: ... εἰ ᾧ τὸ Β, παντὶ τὸ Α ὑπάρχει, τὸ δὲ Β τῷ Γ παντί, τὸ Α παντὶ τῷ Γ ὑπάρξει. εἰ οὖν τις οἶδεν ὅτι τὸ Α, ᾧ τὸ Β, ὑπάρχει παντί, οἶδε καὶ ὅτι τῷ Γ. ἀλλ' οὐδὲν κωλύει ἀγνοεῖν τὸ Γ ὅτι ἔστιν, οἷον εἰ τὸ μὲν Α δύο ὀρθαί, τὸ δ' ἐφ' ᾧ Β τρίγωνον, τὸ δ' ἐφ' ᾧ Γ αἰσθητὸν τρίγωνον. Cf. J. Barnes, Aristotle: Posterior Analytics (Oxford [2]1994), 85/86, on An.Post. 71a17.

[15] I discuss Aristotle's claim in Kouremenos (above, n. 7).

As one expects from the context, in An. Pr. 41b13–22 Aristotle does not, and indeed cannot, regard a construction or a diagram thereof as belonging to the διάγραμμα – the latter is conceived as an inference based on a construction which is taken for granted. In the light of An. Post. 79a17–22, this inference is implicitly tantamount to a universal first figure syllogism (otherwise Aristotle would not use a διάγραμμα in order to make a point about syllogistic deduction):

μᾶλλον δὲ γίνεται φανερὸν ἐν τοῖς διαγράμμασιν, οἷον ὅτι τοῦ ἰσοσκελοῦς ἴσαι αἱ πρὸς τῇ βάσει. ἔστωσαν εἰς τὸ κέντρον ἠγμέναι αἱ Α Β. εἰ οὖν ἴσην λαμβάνοι τὴν Α Γ γωνίαν τῇ Β Δ μὴ ὅλως ἀξιώσας ἴσας τὰς τῶν ἡμικυκλίων, καὶ πάλιν τὴν Γ τῇ Δ μὴ πᾶσαν προσλαβὼν τὴν τοῦ τμήματος, ἔτι δ' ἀπ' ἴσων οὐσῶν τῶν ὅλων γωνιῶν καὶ ἴσων ἀφῃρημένων ἴσας εἶναι τὰς λοιπὰς τὰς Ε Ζ, τὸ ἐξ ἀρχῆς αἰτήσεται, ἐὰν μὴ λάβῃ ἀπὸ τῶν ἴσων ἴσων ἀφαιρουμένων ἴσα λείπεσθαι.[16]

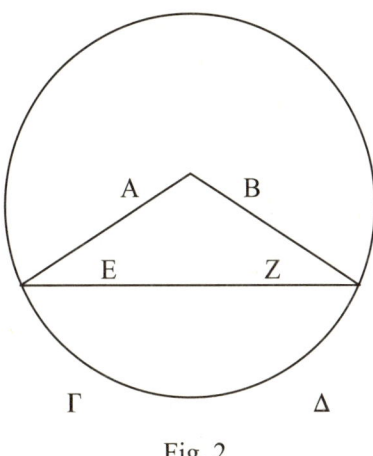

Fig. 2

To show that the base angles E, Z of an isosceles triangle are equal Aristotle assumes that the equal sides of a given isosceles triangle are the

---

[16] That the base angles of an isosceles triangle are equal is demonstrated by Euclid in El. 1.5. In An. Pr. 41b13–22 Aristotle presupposes an evidently pre-Euclidean proof of this proposition; see Heath (above, n. 7) 1956 vol. 1, 252–254 and 1949, 23/24. The most striking feature of Aristotle's proof is the use of 'mixed angles', that is 'angles of semicircles' (τὰς τῶν ἡμικυκλίων) between the diameter of a circle and the circumference as well as 'angles of segments' (τὴν τοῦ τμήματος) between chords of a circle and the parts of the circumference bounded by those chords. In Euclid's Elements 'the angle of a semicircle' and the 'angle of a segment' appear only in 3.16 and Def. 3.7 respectively, both remnants of pre-Euclidean Elements; cf. Heath (above, n.7) 1956 vol. 2, on El. Def. 3.7.

radii A, B of a circle (Fig. 2); the cord joining the extremities of A, B is the base of the triangle. The diameters of the circle whose halves are the radii A, B are subtended by the circumferences of the semicircles Γ, Δ respectively and the radii A, B form with the curvilinear segments Γ, Δ the mixed angles AΓ, BΔ which Aristotle calls 'angles of semicircles'. The letters Γ, Δ are used also for two other mixed angles, called by Aristotle 'angles of segments':[17] these angles are formed at either end of the base of the triangle by the base itself and the segment of the circle it subtends. As it is, E = AΓ − Γ and Z = BΔ − Δ by construction but, since the 'angles of semicircles' are equal and the 'angles of segments' are also equal, AΓ − Γ = BΔ − Δ because, if equals are subtracted from equals, the remainders are equal (this is the third Euclidean common notion): therefore, E = Z.

In this proof, Aristotle points out, one cannot assume only that AΓ = BΔ , Γ = Δ and AΓ − Γ = BΔ − Δ. Since the equality of the base angles is true of any isosceles triangles, it cannot be inferred only from what is true of the particular configuration in Fig. 2 without captatio petendi: the equality of the base angles can be shown to hold of any isosceles triangle only if it is assumed that any two angles of semicircles as well as any two angles of segments are equal and that, if equals are subtracted from any equals, the remainders are equal. It is clear, Aristotle concludes from the διάγραμμα, that there must be a universal premise in any syllogism and that, if the conclusion in a syllogism is universal, it must be deduced from terms belonging universally (An. Pr. 41b22–26). Given, therefore, his thesis in An. Post. 79a17–24 that all or most διαγράμματα are first figure universal syllogisms, the equality of any isosceles triangle's base angles is by implication the conclusion in a syllogism A a B, B a Γ ⊦ A a Γ where A stands for 'a pair of equal magnitudes', B for 'a pair of magnitudes which are remainders from equals when equals are subtracted' and Γ for 'base angles of isosceles triangles'; B a Γ is, moreover, the conclusion of a first figure universal syllogism B a Δ, Δ a Γ ⊦ B a Γ where the middle term Δ stands for 'remainders from angles of semicircles when angles of segments are subtracted'.[18]

---

[17] For the lettering of the diagram Aristotle presupposes in An. Pr. 41b13–22 see Heath (above, n. 7) 1949, 24.

[18] As I argue in Kouremenos (above, n. 7), 239 n. 74, for Aristotle only the equalities E = AΓ − Γ = BΔ − Δ = Z admit of syllogistic formalization; these equalities are conclusions from the inspection of Fig. 2 but Aristotle does not think that inferring these conclusions proceeds through middle terms. A a B, i. e. 'equal' belongs to all 'remainders from equals when equals are subtracted', translates syllogistically the third Euclidean common notion. B a Δ, i. e. 'remainders from equals when equals are sub-

The formalization of a geometric proposition as a syllogistic proposition A *a* Γ, in Aristotle's terms τὸ Α ὑπάρχει παντὶ τῷ Γ, which is deducible via a middle term Β is explicit in An. Post. 94a28–35. The geometric proposition in question is once again that the angle in a semicircle (Γ) is right (Α).[19] Although Aristotle translates syllogistically this geometric proposition as τὸ Α ὑπάρχει τῷ Γ without the quantifier παντὶ (cf. An. Pr. 24a16–20) which is required by his thesis in An. Post. 79a17–24, the absence of the quantifier can be easily explained.[20] According to An. Post. 73b32–74a3 a geometric property belongs to all subjects of a certain kind if shown to hold of an arbitrarily chosen subject of this kind: Aristotle's example is 'having interior angles equal to two right angles' which holds universally of 'triangle' if shown to hold of an arbitrarily chosen triangle. The same must apply to Α, i. e. 'being a right angle' and Γ, i. e. 'angle in a semicircle', in An. Post. 94a28–35: Α holds universally of Γ, i. e. τὸ Α ὑπάρχει παντὶ τῷ Γ or Α *a* Γ, if Α is shown to hold of a randomly chosen Γ, i. e. if τὸ Α ὑπάρχει τῷ Γ (and if, one must add in the light of An. Pr. 41b22–26, Α is shown to hold of a randomly chosen Γ from a universal premise Α *a* Β, where Β belongs to the randomly chosen Γ).[21] As it is, by translating a geometric proposition in An. Post. 94a28–35 as τὸ Α ὑπάρχει τῷ Γ without the quantifier παντὶ Aristotle simply states the condition for τὸ Α ὑπάρχειν παντὶ τῷ Γ to obtain:

διὰ τί ὀρθὴ ἡ ἐν ἡμικυκλίῳ; τίνος ὄντος ὀρθή; ἔστω δὴ ὀρθὴ ἐφ' ἧς Α, ἡμίσεια δυοῖν ὀρθαῖν ἐφ' ἧς Β, ἡ ἐν ἡμικυκλίῳ ἐφ' ἧς Γ. τοῦ δὴ τὸ Α τὴν ὀρθὴν ὑπάρχειν τῷ Γ τῇ ἐν τῷ ἡμικυκλίῳ αἴτιον τὸ Β. αὕτη μὲν γὰρ τῇ Α ἴση, ἡ δὲ τὸ Γ τῇ Β· δύο γὰρ ὀρθῶν ἡμίσεια. τοῦ Β οὖν ὄντος ἡμίσεος δύο ὀρθῶν τὸ Α τῷ Γ ὑπάρχει (τοῦτο δ' ἦν τὸ ἐν ἡμικυκλίῳ ὀρθὴν εἶναι). τοῦτο δὲ ταὐτόν ἐστι τῷ τί ἦν εἶναι, τῷ τοῦτο σημαίνειν τὸν λόγον.

---

tracted' belongs to all 'remainders from angles of semicircles when angles of segments are subtracted' translates syllogistically a conclusion that follows from the inspection of Fig. 2. Δ *a* Γ, i. e. 'remainders from angles of semicircles when angles of segments are subtracted' belongs to all 'base angles of isosceles triangles', translates syllogistically the equalities Ε = ΑΓ – Γ and Ζ = ΒΔ – Δ which are two more conclusions from the inspection of Fig. 2.

[19] In An. Post. 94a28–35, however, Aristotle presupposes a different proof of this proposition from the one he alludes to in Met. 1051a21–30; for the reconstruction of the proof which is implicit in An. Post. 94a28–35 see Heath (above, n. 7) 1949, 72/73.

[20] This absence has been mistakenly viewed as indicative either of careless formalization on Aristotle's part or of the difficulty to express geometric inferences syllogistically; see R. D. McKirahan, Principles and Proofs (Princeton 1992), 152.

[21] For further discussion see Kouremenos (above, n. 7), 238–240.

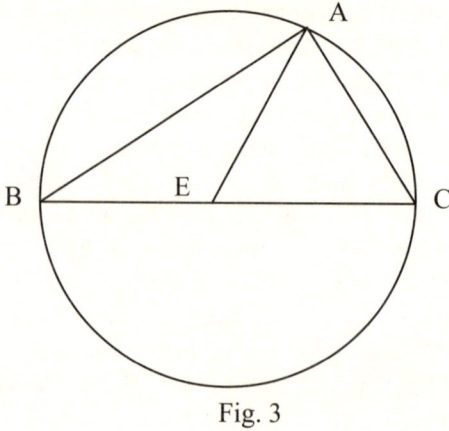

Fig. 3

To show that the angle in a semicircle is a right angle (R) Aristotle considers an angle BAC inscribed in a semicircle and draws AE, E being the center of the diameter BC (Fig. 3). The exterior angle AEC of the triangle ABE is equal to the sum of the triangle's interior angles BAE, ABE (El. 1.32) and, since AE = BE (they are radii of the circle), the angles BAE and ABE are equal (because the triangle is isosceles) so that AEC = 2BAE. In the same manner it follows that the angle AEB is equal to 2EAC. But BAC = BAE + EAC and, moreover, AEC + AEB = 2BAE +2EAC and AEC + AEB = 2R (because of El. 1.13) so that BAE + EAC = R and, therefore, BAC = R. In view of the above, it is the self-evident inference BAC = 2R/2 = R that is explicitly formalized by Aristotle as a first figure universal syllogism A a B, B a Γ $\vdash$ A a Γ where A stands for 'right angle', the middle term B for 'half of two right angles' and Γ for 'angle in the semicircle'. Although in An. Post. 94a28–35 Aristotle does not characterize the proof of the proposition that the angle in a semicircle is right as a διάγραμμα, this passage bears out the above syllogistic formalization of the geometric proof with which Aristotle illustrates in An. Pr. 41b13–22 the need for universal premises in syllogistic deduction. Explicitly characterized as διάγραμμα, the proof in An. Pr. 41b13–22 leaves no doubt that the term διάγραμμα means not only 'geometric proposition' but also 'geometric proof' as well as 'geometric proof' (or rather a fragment thereof, not necessarily the most important one from a geometric point of view) 'as a formal deduction', i. e. as a first figure universal syllogism.

If we now turn to the cognate verb γράφω, it does occur at Met. 1078a 14–21 in the sense 'to draw a figure' in a geometric proof.[22] However, it also means 'to prove a geometric proposition', as can be seen from An. Pr. 64b34–65a7 where Aristotle offers a geometric example of circular proof:

ἀλλ' ἐπεὶ τὰ μὲν δι' αὑτῶν πέφυκε γνωρίζεσθαι τὰ δὲ δι' ἄλλων (αἱ μὲν γὰρ ἀρχαὶ δι' αὑτῶν, τὰ δ' ὑπὸ τὰς ἀρχὰς δι' ἄλλων), ὅταν μὴ τὸ δι' αὑτοῦ γνωστὸν δι' αὑτοῦ τις ἐπιχειρῇ δεικνύναι, τότ' αἰτεῖται τὸ ἐξ ἀρχῆς ... οἷον εἰ τὸ Α δεικνύοιτο διὰ τοῦ Β, τὸ δὲ Β διὰ τοῦ Γ, τὸ δὲ Γ πεφυκὸς εἴη δείκνυσθαι διὰ τοῦ Α· συμβαίνει γὰρ αὐτὸ δι' αὑτοῦ τὸ Α δεικνύναι τοὺς οὕτω συλλογιζομένους. ὅπερ ποιοῦσιν οἱ τὰς παραλλήλους οἰόμενοι γράφειν· λανθάνουσι γὰρ αὐτοὶ ἑαυτοὺς τοιαῦτα λαμβάνοντες ἃ οὐχ οἷόν τε ἀποδεῖξαι μὴ οὐσῶν τῶν παραλλήλων.

Although Α, Β and Γ are usually term-variables in Aristotle's syllogistic, in An. Pr. 64b34–65a7 they are used as propositional variables[23] and the target of Aristotle's criticism, i. e. οἱ τὰς παραλλήλους οἰόμενοι γράφειν, are charged with carrying out a circular proof Α ⊢ Γ ⊢ Β ⊢ Α: Aristotle attacks geometers who think that they prove a proposition A about parallels whereas they actually deduce A from A itself without realizing it.[24] Thus in Met. 1078a14–21 the verb γράφω means 'to draw a figure' in a geometric proof but in An. Pr. 64b34–65a7 it means 'to prove a geometric proposition' (through drawn figures).[25] Since, therefore, Aristotle uses the noun διάγραμμα either for a geometric proposition or for the proof of such a proposition, οἱ τὰ διαγράμματα γράφοντες in Cael. 1.10 can only be 'those who prove geometric propositions' or, equivalently, 'those who carry out geometric proofs'. If this is so, in their attempt to show how the Timaeus cosmogony is not at odds with their belief that the cosmos always exists the Platonists Aristotle criticizes in Cael. 1.10 likened the Timaeus cosmogony to a geometric proof.

---

[22] ὁ δ' αὐτὸς λόγος καὶ περὶ ἁρμονικῆς καὶ ὀπτικῆς· οὐδετέρα γὰρ ᾗ ὄψις ἢ ᾗ φωνὴ θεωρεῖ, ἀλλ' ᾗ γραμμαὶ καὶ ἀριθμοί (οἰκεῖα μέντοι ταῦτα πάθη ἐκείνων), καὶ ἡ μηχανικὴ δὲ ὡσαύτως, ὥστ' εἴ τις θέμενος κεχωρισμένα τῶν συμβεβηκότων σκοπεῖ τι περὶ τούτων ᾗ τοιαῦτα, οὐδὲν διὰ τοῦτο ψεῦδος ψεύσεται, ὥσπερ οὐδ' ὅταν ἐν τῇ γῇ γράφῃ καὶ ποδιαίαν φῇ τὴν μὴ ποδιαίαν· οὐ γὰρ ἐν ταῖς προτάσεσι τὸ ψεῦδος.

[23] Cf. Barnes (above, n. 14), 108 on An. Post. 72b38.

[24] What proposition Aristotle alludes to is by no means clear; see Heath (above, n. 7) 1949, 27–30.

[25] That γράφειν often has logical import is noted by W. Knorr, The Evolution of the Euclidean Elements (Dordrecht 1975), 69–75.

2. Why the Platonists and οἱ τὰ διαγράμματα γράφοντες are incomparable

This is also suggested by Aristotle's argument in Cael. 280a2–10 that the Platonists and οἱ τὰ διαγράμματα γράφοντες are incomparable:

Τοῦτο δ' ἐστίν, ὥσπερ λέγομεν, οὐ τὸ αὐτό· ἐν μὲν γὰρ τῇ ποιήσει τῶν διαγραμμάτων πάντων τεθέντων εἶναι ἅμα τὸ αὐτὸ συμβαίνει, ἐν δὲ ταῖς τούτων ἀποδείξεσιν οὐ ταὐτόν, ἀλλ' ἀδύνατον· τὰ γὰρ λαμβανόμενα πρότερον καὶ ὕστερον ὑπεναντία ἐστίν· ἐξ ἀτάκτων γὰρ τεταγμένα γενέσθαι φασίν, ἅμα δὲ ἄτακτον εἶναι καὶ τεταγμένον ἀδύνατον, ἀλλ' ἀνάγκη γένεσιν εἶναι τὴν χωρίζουσαν καὶ χρόνον· ἐν δὲ τοῖς διαγράμμασιν οὐδὲν τῷ χρόνῳ κεχώρισται.

Aristotle argues that the Platonists who adopt the cosmogony in Plato's Timaeus and οἱ τὰ διαγράμματα γράφοντες are incomparable because ἐν τῇ ποιήσει τῶν διαγραμμάτων πάντων τεθέντων εἶναι ἅμα τὸ αὐτὸ συμβαίνει, ἐν δὲ ταῖς τούτων ἀποδείξεσιν οὐ ταὐτόν, ἀλλ' ἀδύνατον (Cael. 280a3–5). Aristotle uses the verb ποιεῖν with ἀπόδειξιν or συλλογισμόν as object in the sense 'to carry out a proof' (An. Pr. 28a23, 30a10, 44b26) and what is the case ἐν τῇ ποιήσει τῶν διαγραμμάτων suggests that τὰ διαγράμματα are proofs, for it alludes to the definition of proof in An. Pr. 24b18–20:

συλλογισμὸς δέ ἐστι λόγος ἐν ᾧ τεθέντων τινῶν ἕτερόν τι τῶν κειμένων ἐξ ἀνάγκης συμβαίνει τῷ ταῦτα εἶναι.

Picking out the articulation of a proof into premises and conclusion, τεθέντων τινῶν ἕτερόν τι τῶν κειμένων ἐξ ἀνάγκης συμβαίνει resembles what is the case ἐν τῇ ποιήσει τῶν διαγραμμάτων, namely that πάντων τεθέντων εἶναι ἅμα τὸ αὐτὸ συμβαίνει. If this verbal parallel is not a mere accident, it can only suggest that ἡ ποίησις τῶν διαγραμμάτων is not producing geometric constructions or drawing their diagrams but carrying out geometric proofs: Aristotle points out that, if all statements in the premises of a geometric proof are assumed to be true at the same time (πάντων τεθέντων εἶναι ἅμα), the conclusion is unaffected (τὸ αὐτὸ συμβαίνει).

That ἡ ποίησις τῶν διαγραμμάτων means 'carrying out geometric proofs' and not 'producing geometric constructions' or 'drawing diagrams' is also suggested by Aristotle's emphatic contrast between ἐν τῇ ποιήσει τῶν διαγραμμάτων and ἐν ταῖς τούτων ἀποδείξεσιν. The ἀποδείξεις in question are evidently certain proofs the Platonists under attack put forth and, if ἡ ποίησις τῶν διαγραμμάτων means 'producing geometric constructions' or 'drawing diagrams', Aristotle contrasts two incomparable things: it is, therefore, preferable to understand the phrase in question as 'carrying out geometric proofs' in order to obtain a plausible contrast between comparable things, namely geometric proofs and platonist proofs. Aristotle argues that, if all statements in the premises of a platonist proof are assumed to be true at the same time, there obtains an absurdity because τὰ λαμβανόμενα πρότερον καὶ ὕστερον ὑπεναντία ἐστίν (Cael. 280a5/6) but the conclusion in a geometric proof is not affected, i. e. there obtains no absurdity, if all statements in its premises are assumed to be true at the same time. Since Aristotle very often uses the participle λαμβανομένη to qualify a statement (πρότασις) qua premise (see e. g. An. Pr. 33b36–40, 35a25–28), τὰ λαμβανόμενα can be understood as two statements in the premises of the platonist proofs he has in mind, the adverbs πρότερον and ὕστερον distinguishing the first premise from the second. Being contrary (ὑπεναντία), these statements cannot both be true at the same time and thus the absurdity which, as Aristotle thinks, arises from their contrariety drives home the fact that each of the two statements in question cannot be true at the time the other is true.

If in Cael. 280a2–10 Aristotle argues that the Platonists he criticizes and οἱ τὰ διαγράμματα γράφοντες are not comparable because geometric proofs and certain proofs the Platonists put forth differ crucially, in their attempt to show that the Timaeus cosmogony is compatible with their belief that the cosmos always exists the Platonists invoked an analogy between the Timaeus cosmogony and geometric proofs, not geometric constructions or their diagrams; as seen above, this is exactly what one expects in view of Aristotle's usage of the term διάγραμμα outside Cael. 1.10. In Cael. 280a2–10 Aristotle clearly assumes that the Platonists must be committed to certain proofs in virtue of their subscribing to the Timaeus cosmogony. His point is that, if the Platonists adopt the Timaeus cosmogony, they cannot hold on to their thesis that the cosmos exists always on account of the analogy they adduce, for the proofs they are committed to differ from geometric proofs in this respect: in the premises of the platonist proofs there are contrary statements which can both be true at the same time only on pain of absurdity but this is not the case with geometric proofs.

3. The platonist proofs Aristotle compares with geometric proofs

The premises of the platonist proofs contain contrary statements, argues Aristotle, because the Platonists assume that what was initially disorderly

became orderly (Cael. 280a7: ἐξ ἀτάκτων γὰρ τεταγμένα γενέσθαι φασίν). This is a clear allusion to the disorderly motions of the elements
before the order-imposing intervention of the Demiurge (Tim. 30a2–6):

βουληθεὶς γὰρ ὁ θεὸς ἀγαθὰ μὲν πάντα, φλαῦρον δὲ μηδὲν εἶναι
κατὰ δύναμιν, οὕτω δὴ πᾶν ὅσον ἦν ὁρατὸν παραλαβὼν οὐχ ἡσυχίαν
ἄγον ἀλλὰ κινούμενον πλημμελῶς καὶ ἀτάκτως, εἰς τάξιν αὐτὸ ἤγα-
γεν ἐκ τῆς ἀταξίας, ἡγησάμενος ἐκεῖνο τούτου πάντως ἄμεινον.

Since Aristotle alludes to this passage in order to back up his contention
that two statements in the premises of certain proofs the Platonists under
attack put forth are contrary, he implicitly assumes that Tim. 30a2–6
encapsulates a number of proofs. That a (trivial) explanation of an event
like the establishment of cosmic order by the Demiurge in Tim. 30a2–6
proceeds for Aristotle through a middle term is evident from An. Post.
95b16–23 where the variables A, Γ and Δ range over events (see An. Post.
95b13–15):

οἷον τὸ Α γέγονεν, ἐπεὶ τὸ Γ γέγονεν (ὕστερον δὲ τὸ Γ γέγονεν, ἔμ-
προσθεν δὲ τὸ Α· ἀρχὴ δὲ τὸ Γ διὰ τὸ ἐγγύτερον τοῦ νῦν εἶναι, ὅ ἐστιν
ἀρχὴ τοῦ χρόνου). τὸ δὲ Γ γέγονεν, εἰ τὸ Δ γέγονεν. τοῦ δὴ Δ γενομένου ἀνάγκη τὸ Α γεγονέναι. αἴτιον δὲ τὸ Γ· τοῦ γὰρ Δ γενομένου τὸ
Γ ἀνάγκη γεγονέναι, τοῦ δὲ Γ γεγονότος ἀνάγκη πρότερον τὸ Α γεγονέναι. οὕτω δὲ λαμβάνοντι τὸ μέσον στήσεταί που εἰς ἄμεσον, ἢ ἀεὶ
παρεμπεσεῖται διὰ τὸ ἄπειρον;

Let A = 'the disorderly motion of the elements for a period up to t_0', Γ
= ' the desire of the Demiurge at t_0 to make everything good or orderly', Δ
= 'the orderly motion of the elements after t_0'. In Tim. 30a2–6 Plato claims
that event A happened because event Γ happened and that event Γ happened if event Δ happened. Γ is the middle term explaining the connection
between the two terms A and Δ – if event Δ happened, event Γ occurred and,
if event Γ occurred, event A occurred. Events A and Δ cannot have happened at the same time. If A and Δ stand for the statements 'the elements
moved in a disorderly fashion for a period up to t_0' and 'the elements
moved in an orderly fashion after t_0' (the action sentences involving the
events for which A and Δ are used above), one can remove the reference to
t_0 and assume that these statements are true at the same time only on pain
of absurdity because the same thing, elemental motion, cannot be both
orderly and disorderly (in the same respect) at the same time: as Aristotle
notes, the orderly and disorderly state of a subject must be separated by
time, for order comes to be from disorder (Cael. 280a7–9: ἅμα δὲ ἀτακ-

τον εἶναι καὶ τεταγμένον ἀδύνατον, ἀλλ' ἀνάγκη γένεσιν εἶναι τὴν χωρίζουσαν καὶ χρόνον). By endorsing, therefore, the Timaeus cosmogony and its crucial assumption in Tim. 30a2–6 the Platonists Aristotle criticizes in Cael. 1.10 are committed to a number of similar proofs, for the above explanation applies as much to elemental motion in general as to the motion of each element in particular.

4. The platonist analogy between the Timaeus cosmogony and geometric proofs

Unlike the contrary statements A and Δ in the platonist proof, any two statements in the premises of a geometric proof are true at the same time according to Aristotle. Let A in A a B, B a Γ $\vdash$ A a Γ stand for 'right angle', the middle term B for 'half of two right angles' and Γ for 'angle in the semicircle': as seen above, these are the values Aristotle assigns to the term-variables A, B, Γ in An. Post. 94a28–35 where he formalizes syllogistically the proof that the angle in the semicircle is right. A and B could not be predicated universally of B and Γ if they were predicated of all B and Γ at some times and not at others, in which case A a B and B a Γ might not be true at the same time.[26] That these statements are true at the same time, however, does not mean that they are true now or at another time. As Aristotle points out in An. Pr. 34b7–11, A holds of all B in a universal premise A a B not now or at another time but simpliciter (ἁπλῶς).[27] If simpliciter here means that the present 'holds' in a universal premise is timeless, i. e. that the truth of the premise is not relative to a given time,[28] A a B and B a Γ are timelessly true or, in the light of Aristotle's peculiar construal of timelessness, true at all times:[29] thus they are true at the same time not in the sense that they are true now or at another time but in the sense that, being timelessly true, they are true at any time.

Thus by pointing out against the Platonists that the statements A and Δ cannot both be true at the same time Aristotle in effect points out that these statements cannot both be always true, unlike what is the case with any two statements in a geometric proof. Since for Aristotle this brings out the

---

[26] See An. Post. 73a28/29: κατὰ παντὸς μὲν οὖν τοῦτο λέγω ὃ ἂν ᾖ μὴ ἐπὶ τινὸς μὲν τινὸς δὲ μή, μηδὲ ποτὲ μὲν ποτὲ δὲ μή ...

[27] δεῖ δὲ λαμβάνειν τὸ παντὶ ὑπάρχον μὴ κατὰ χρόνον ὁρίσαντας, οἷον νῦν ἢ ἐν τῷδε τῷ χρόνῳ, ἀλλ' ἁπλῶς· διὰ τοιούτων γὰρ προτάσεων καὶ τοὺς συλλογισμοὺς ποιοῦμεν, ἐπεὶ κατά γε τὸ νῦν λαμβανομένης τῆς προτάσεως οὐκ ἔσται συλλογισμός.

[28] See Barnes (above, n. 14), 112, on An. Post. 73a28.

[29] See R. Sorabji, Time, Creation and the Continuum (London 1983), 125–127.

untenability of the analogy by which the Platonists attempted to idio-
syncratically square the Timaeus cosmogony with their belief that the
cosmos always exists, the platonist analogy can be fleshed out as follows.
What is always true of the everlasting cosmos (e. g. that the motions of the
elements are orderly) becomes true after a certain time in the Timaeus
cosmogony, as if the cosmos did come to be, but in a geometric proof too
what is always true of non-sensible and eternal geometric objects becomes
true after a certain time, as if these objects were subject to generation. For
Plato geometric knowledge is of what is always true (Rep. 527a1–b8), i. e.
about intelligible objects as turns out from Rep. 510d5–511a2. From this
passage, however, it also turns out that geometric knowledge is obtained
via reasoning about sensible instances of the non-sensible geometric
objects: what is always true of the non-sensible geometric objects cannot,
therefore, but become true of the sensible instances of these objects after a
certain time, i. e. after these sensible instances have been produced in a
construction or assumed in a proof or after a theorem about them has been
demonstrated.[30] Thus in geometry what is always true of everlasting
objects appears to become true after a given time, as if these objects were
subject to generation, when a geometer attempts to understand the objects
under study and their relations or impart this understanding to others. By
the lights of the Platonists whom Aristotle criticizes in Cael. 1.10 what is
always true of the everlasting cosmos appears to become true after a given

---

[30] In Rep. 527a1–b8 Plato claims that geometric knowledge is not of what comes
to be at a certain time and passes away (τοῦ ποτέ τι γιγνομένου καὶ ἀπολλυμένου)
but of what is always (τοῦ ἀεὶ ὄντος). That geometric knowledge is of what is always
can only be a particularization of Plato's thesis in Rep. 477b10/11 (cf. 478a6/7) that
knowledge is set over what is (always, as it turns out from 479e7–9). Following the
construal of what is in Rep. 477b10/11 by G. Fine, Knowledge and Belief in Republic
5–7, in: G. Fine (ed.), Plato 1: Metaphysics and Epistemology (Oxford 1999), 217–
220, I understand what is always in Rep. 527a1–b8 as what is always true, i. e. as
propositions that are always true. What, therefore, comes to be at a certain time and
passes away is what becomes true at a certain time and then ceases to be true: it
corresponds to the opposite of what is in Rep. 477b10/11, i. e. to what is and is not
(true), or to the object of belief (see 478d5–e6; what comes to be and passes away, τὸ
γιγνόμενόν τε καὶ ἀπολλύμενον, is implicitly characterized as the object of belief in
508d6–9). In Rep. 527a1–b8 Plato contrasts geometric constructions like squaring,
applying an area and adding with the knowledge of what is always true. In the light,
therefore, of Rep. 510d5–511a2 what comes to be true and then stops being true can be
plausibly understood as propositions which, though always true of abstract geometric
objects, come to be true of transient sensible instances of these objects when these instances are produced in a construction or assumed in a proof as well as when a theorem
about them is demonstrated.

time in the Timaeus cosmogony, as if the cosmos did come to be, but this is simply an attempt to understand the cosmos or impart this understanding to others. The Platonists' belief that the cosmos always exists is, therefore, compatible with the Timaeus cosmogony. Aristotle objects that the platonist analogy between a cosmogony and a geometric proof does not hold for a very simple reason. When a geometric proof is being carried out, the statements in it apply truly to geometric particulars after certain times, as these objects are constructed and manipulated by the geometer, but any two of them can be safely assumed to describe truly the same abstract and immutable object at any time without any absurdity. A cosmogony, on the other hand, by definition contains statements about the elements of an evolving system and pairs of such statements are unavoidably contrary, which means that they cannot both be true at any time, as if they were statements about the abstract and immutable objects of geometry, without patent absurdity.[31]

[31] I would like to thank Dr. Paul Lorenz (Vienna) for his suggestions on an earlier draft of this paper.

WIENER STUDIEN, Band 118/2005, 67–80
© 2005 by Österreichische Akademie der Wissenschaften Wien

ERICH WOYTEK / WIEN

Von Vogelsang und Vogelfang
Ein neuer Text für Plautus, Bacchides 37f. und 51[*]

Der Anfang der plautinischen ‚Bacchides‘ ist in den Codices bekanntlich nicht überliefert und wird durch maximal 21 aus den einleitenden
Szenen bei antiken Grammatikern, Lexikographen und Scholiasten erhaltene Fragmente[1] nur recht unzulänglich repräsentiert.[2] Da deren Umfang
insgesamt lediglich etwas über 30 Verse bzw. Versteile beträgt – manche
Bruchstücke bestehen sogar nur aus einem Einzelwort –, wird der Einsatz
der direkten handschriftlichen Überlieferung, die bis zum Hinzutreten des
Ambrosianischen Palimpsests mit Vers 476 des Stückes im wesentlichen
nur durch die Palatini erfolgt,[3] in unseren Editionen als Vers 35 gezählt.
Unmittelbar danach findet sich auch schon die erste Textstelle, die einer
näheren Behandlung bedarf, und zwar in anderer Art als durch Otto
Zwierlein: Zu den insgesamt nicht weniger als 465 aus 1215 bzw., nach
seiner eigenen Kalkulation, 464 aus 1181 von ihm athetierten Versen der

---

[*] Nach einem im April 2002 an der Eötvös-Loránd-Universität von Budapest gehaltenen Gastvortrag. Ich danke an dieser Stelle Herrn Prof. Tamás Adamik noch einmal
für die freundliche Einladung.

[1] So die Ausgaben von A. Ernout (Paris 1933, 3. Aufl. 1957), C. Questa (Firenze
1975) und J. Barsby (Warminster 1986), in denen das Wort *noenum* (vgl. Prisc. GLK 3,
58) als eigenes Fragment XXI aufscheint; die Standardeditionen Friedrich Leos und
Wallace M. Lindsays verzeichnen nur 20 Bruchstücke.

[2] Neuere Rekonstruktionsversuche bei B. Bader, Der verlorene Anfang der plautinischen ‚Bacchides‘, RhM 113 (1970), 304–323 und K. Gaiser, Die plautinischen ‚Bacchides‘ und Menanders ‚Dis exapaton‘, Philol. 114 (1970), 51–87; vgl. auch die einschlägigen Bemerkungen in der ‚Nota introduttiva‘ Questas (13–16) und im Kommentar
Barsbys (94–97), vor allem aber A. Primmer, Handlungsgliederung in Nea und Pal-
liata: Dis exapaton und Bacchides, Wien 1984 (SB ÖAW, phil.-hist. Kl. 441), 27–32.

[3] Für die Verse 35–80 stehen punktuell auch Lesarten aus dem codex Turnebi
(fragmenta Senonensia) zur Verfügung, die für die Problematik der in diesem Aufsatz
zu behandelnden Stellen jedoch ohne Belang sind.

‚Bacchides'[4] gehören nämlich auch 36–38, die der Autor als „einfältige[n] Verse ... für sicher unplautinisch" erklärt, unter anderem deshalb, weil die Sprecherinnen „munter Belanglosigkeiten austauschen" und sich dabei „unplautinisch" ausdrücken;[5] die Überlieferungsproblematik spielt in Zwierleins Überlegungen keinerlei Rolle. Nur darauf aber wollen und dürfen wir uns auch konzentrieren, da die Echtheit der betreffenden Verse für uns wie für alle anderen jüngeren Editoren und Interpreten nicht zur Debatte steht: Wer die Verse wie Zwierlein nicht zuletzt deshalb tilgen will, weil ihr Inhalt szenisch nicht weiter ausgewertet wird,[6] könnte – was dieser Autor in der Tat ja auch macht – aus dem Plautustext mit demselben fragwürdigen Argument unzählige Stücke unbestritten echten Dialogs herausschneiden, die als Perlen plautinischen Humors an der betreffenden Stelle einfach für sich und für den Augenblick wirken sollen; auch die sprachlichen Anstöße Zwierleins sind alles andere als schwerwiegend oder gar beweiskräftig für seine These.[7] Somit stellt sich uns ausschließlich die Aufgabe, die Überlieferung der Verse 37 und 38 von den offenkundigen Korruptelen zu befreien, die der Passage mit dem Metrum auch ihren logischen Aufbau und damit auch einiges an Reiz geraubt haben. Ihr Inhalt ist im wesentlichen aber auch so noch gut erkennbar geblieben. Es handelt sich um einen a parte-Dialog der beiden Bacchides: Die ‚athenische' (BA.) teilt zunächst ihrer eben aus Samos zurückgekehrten Schwester (SO.) eine grundsätzlich passive Rolle bei dem unmittelbar bevorstehenden Gespräch mit Pistoclerus zu, den es zu becircen gilt; als diese sich besorgt zeigt, der ihr zugedachten Funktion einer Einspringerin im Notfall nicht gewachsen zu sein, reagiert die resolute Schwester darauf mit einem anschaulichen, aus der Tierwelt genommenen Vergleich. Ich präsentiere zunächst die Para-

---

[4] O. Zwierlein, Zur Kritik und Exegese des Plautus IV: Bacchides, Stuttgart 1992 (Mainzer Ak. Wiss. Lit., Abh. d. geistes- und sozialwiss. Kl. 1992, 4), 339.

[5] Alle Zitate ibid. 139f.

[6] „Von all dem in der folgenden Szene keine Spur": Zwierlein 140 unter Hinweis auf Ussings Tilgung von Vers 37 mit dem Argument „nec cogitari potest, quo adiumento egeat Bacchis in suis ipsa rebus commemorandis", das insofern aber gar nicht zieht, als es in der Tat ja um die Angelegenheiten der Schwester geht. Ganz davon abgesehen ist Plautus aber wohl bald ein Grund recht, wenn er für eine ihm vorschwebende Pointe eine Basis sucht.

[7] Ich kann nicht nachvollziehen, inwiefern das bei Plautus hier einmalige Vorkommen des Ausdrucks *me fugiet memoria* – „für uns nicht vor Cicero zu belegen" (ibid.) – und der Umschreibung *facito ut subvenias* gegenüber neunmal belegtem *subveni* oder der Umstand, daß das Wort *lusciniola* „sonst frühestens bei Varro belegt (ist)" (ibid. 141), taugliche Argumente für eine Athetese darstellen sollen: Unter diesem Aspekt wäre ja jedes einzelne plautinische Hapax von vornherein der Unechtheit zu verdächtigen.

dosis und dazu, der größeren Übersichtlichkeit halber, auch gleich einen einigermaßen detaillierten textkritischen Apparat, der eindeutig zeigt, daß die uns beschäftigenden Verse schon vor, aber auch nach Zwierlein durch viele, zum Teil ganz massive Texteingriffe mit letzten Endes aber durchwegs unbefriedigendem Resultat manche Unbill erlitten haben. Den letzten mir bekannten Versuch, diesen *locus vexatissimus* zu heilen, unternahm ohne Bezugnahme auf Zwierleins Athetese H. Zehnacker,[8] dessen Artikel meines Erachtens nicht unwidersprochen bleiben darf. Er bietet uns den aktuellen Anlaß, die betreffende Partie noch einmal vorzunehmen und einer Lösung zuzuführen. Hier aber vorerst das Faktische:

(I) 35-39 in.

35 BA. *quid si hoc potis est, ut tu taceas, ego loquar?* SO. *lepide, licet.*
36 BA. *ubi me fugiet memoria, ibi tu facito ut subvenias, soror.*
37 SO. *pol magis metuo mihi in monendo ne defuerit oratio.*
38 BA. *pol (ego) quoque metuo, lusciniolae ne defuerit cantio.*
39   *sequere hac.*

---

37 *defuerit*: *defuat* Pylades Camerarius Lambinus Hermann: *fugiat* Havet
oratio: post *monendo* Hermann: *monitio* Ritschl: *memoria* Ritschl-Goetz: *optio* Bernays: *contio* Hugius: *captio* vel *cautio* Zehnacker †*oratio*† Goetz-Schoell Ernout †*ne defuerit oratio*† Questa   *ne defuerit mi(hi) in monendo oratio* trai. Bothe Leo Lindsay Barsby   versum delent Ritschl Ussing Zwierlein

38 *pol ego quoque metuo* CD: *pol quoque metuo* B Lindsay Barsby: *pol quin metuo* Ritschl ed.: *pol magis metuo* Ritschl op. V, 301: *pol ego metuo* Reiz Ussing Leo Goetz-Schoell Ernout Questa Zehnacker: [*pol*] *ego quoque metuo* Leo in app. (dubitanter) *defuerit*: *defuat* Lambinus Hermann: *fugiat* Havet   versum Plauto abiudicat Zwierlein

Wie ersichtlich lokalisierten die Alten eine das Metrum von 37 (und 38) störende Textverderbnis in der Verbalform *defuerit*, während die meisten Philologen von Friedrich Ritschl bis Hubert Zehnacker, sofern sie nicht wie Questa eine ausgedehntere, unheilbare Störung der Überlieferung diagnostizierten, die Korruptel im Vers 37 in dessen letztem Wort suchten. Keiner der beiden Ansätze ist plausibel: Einerseits scheint es schon grundsätzlich problematisch, zur Heilung dieser Stelle eine in der ganzen Latinität sonst unbelegte, lediglich von Leo für Mil. 595 vermutete Verbalform zu konjizieren, die noch dazu prosodische Schwierigkeiten bereitet,[9] und

---

[8] La Ruse de Bacchis et le Chant du Rossignol (Plaute, *Bacchides* 37/38), ICS 19 (1994), 151–159.
[9] Eine auch damit begründete Ablehnung dieser Konjektur findet sich bei Zehnacker 153; der Autor weist dort mit guten Gründen auch Havets *fugiat* zurück.

andererseits ist es in meinen Augen von Haus aus nicht ratsam, mit *oratio*[10]
ausgerechnet das Wort anzuzweifeln, das bedeutungsmäßig klärlich als
Gegenpol zu *cantio* am Ende des Folgeverses angelegt ist und dessen
Veränderung somit die offenkundig intendierte und auch im korrumpierten
Überlieferungsstatus noch plausible Sinneinheit dieser Versfolge aufbre-
chen und zerstören muß. Demgemäß erscheinen auch die anstelle von
oratio vorgeschlagenen Konjekturen durch die Bank als zumindest inadä-
quate, gelegentlich sogar als völlig abwegige Verschlimmbesserungen. So
führt etwa das von Ritschl ursprünglich konjizierte *monitio* eine denkbar
platte Abundanz herbei, und auch *memoria* in der Ausgabe von Ritschl-
Goetz (Leipzig 1886) bringt eine unorganische, reizlose Doppelung der
Aussage.[11] Überdies bleibt mit Zehnacker festzuhalten, daß man nicht
leicht einen Grund für den bewußten Ersatz dieses Wortes durch *oratio* in
den Handschriften finden könnte; eine simple mechanische Verschreibung
ist ja wegen des völlig unterschiedlichen Schriftbilds der beiden Wörter
auszuschließen. Auf der Annahme eines solchen Fehlertypus beruht wohl
Bernays' Vermutung eines ursprünglichen *optio*, das zwar vom paläogra-
phischen Standpunkt aus betrachtet *oratio* nahesteht, im Zusammenhang
jedoch kaum sinnvoll unterzubringen ist: Eine fatalistisch ergebene Aussage der Sprecherin in der Richtung, daß sie keine Wahl habe,[12] paßt weder
zu der gegebenen Situation noch zu der Reaktion der Gesprächspartnerin
im Folgevers. Einen anderen Lösungsweg – aber ebenfalls einen Holzweg
– versucht Zehnacker zu gehen, der so wie Hug lang vor ihm mit seiner
Konjektur *contio* an die Stelle von *oratio* ein Substantiv setzen möchte, das
mit dem folgenden *cantio* so weit als möglich übereinstimmt: Unter Hinweis auf die starken strukturellen und lexikalischen Parallelen zwischen
den Versen 37 und 38 mit doppeltem *pol*, *metuo* und *ne defuerit* sowie auf
die Vorliebe der Römer für die Alliteration glaubt er sich berechtigt, „avec
quelque vraisemblance" anzunehmen, daß Plautus nicht *oratio* schrieb,
sondern ein mit *c-* beginnendes und auf *-tio* endendes Substantiv, also bei-

---

[10] A. Ernout im Kommentar Plaute, Bacchides. Commentaire exégétique et critique, Paris 1935, ad locum: „la faculté de parler".

[11] Das entgeht Zehnacker, der zu dieser Konjektur sagt: „Il n'y a rien à objecter, ni
pour le sens …" (155).

[12] Das entspräche nämlich dem gängigen plautinischen Sprachgebrauch, vgl. Cas.
292, Mil. 669, Trin. 1053, nuanciert Cas. 190: Dies gegen Zehnacker, der (ibid.) auch
hier von einem „sens … acceptable" bei dieser Konjektur spricht, sofern man als Bedeutung für *optio* „la faculté" bzw. „l'intelligence nécessaire pour choisir" annehme
und nicht „la liberté de choisir"; *optio* als militärische Rangbezeichnung – so Bernays:
vgl. Ussings Kommentar – ist hier in einem Dialog von Frauen von Haus aus fehl am
Platz.

spielsweise *captio* oder *cautio*.[13] Dieser Ansatz ist schon im Grundsatz verfehlt, da seine Basisannahme einer derart bis ins kleinste Detail reichenden Parallelisierung der beiden Verse nur als Akt reiner Willkür bezeichnet werden kann. Dasselbe gilt aber auch für die – übrigens dezidiert ohne Präferenz für eines der beiden Wörter – gemachten Emendationsvorschläge: Der Autor weist zwar das von Hug ins Spiel gebrachte *contio* wegen seines im Kontext unpassenden Sinnes zurück, postuliert selbst aber ohne Bedenken für seine Konjektur *captio* mit „la faculté de tromper" eine gänzlich unbelegte Bedeutung und unterlegt *cautio* mit „la capacité de se montrer circonspect, la prudence" eine Bedeutung, die mit der formelhaften plautinischen Verwendung dieses Wortes nichts zu tun hat.[14] Dieser Umgang mit der Sprache ist nicht anders als frivol zu nennen und hat zum Resultat, daß lediglich metri causa ein sprachlich ganz und gar untadeliger, idiomatischer Ausdruck[15] durch einen semantisch befremdlichen ersetzt würde, der, gleichgültig, ob man *captio* oder *cautio* schreibt, obendrein noch die Harmonie des überlieferten Begriffspaares *oratio* – *cantio* zerstören würde.

Unter den gegebenen Umständen spricht somit alles für die von Bothe vorgenommene, auch von Leo, Lindsay und Barsby aufgegriffene Umstellung *ne defuerit mi in monendo oratio*,[16] die den überlieferten Wortbestand wahrt. Das damit erfolgende Abrücken von der streng parallelen Wortstellung in Vers 37 und 38 liefert in meinen Augen kein ernstzunehmendes Gegenargument, da die von Plautus zugegebenermaßen sicherlich intendierte Responsion ja auch so in ausreichendem Umfang erhalten bleibt. Man könnte im Gegenteil sogar behaupten, daß die von der Wortführerin der beiden Bacchides hergestellte Beziehung zwischen der Rede ihrer Schwester und dem Gesang der Nachtigall durch die nunmehr unterschiedliche Position des Dativobjekts in den beiden Versen – *mihi* jetzt innerhalb des *ne*-Satzes, das ungleich stärker betonte *lusciniolae* vor der Konjunktion –

---

[13] Zehnacker stellt sich (157) die weitere Entwicklung in der Form vor, daß dieses Wort „par un saut du même au même" zu *cantio* verschrieben, welches dann als in diesem Vers unpassend durch das in unseren Handschriften stehende *oratio* ersetzt worden wäre, wie er meint „tant bien que mal", also „recht und schlecht". In Wahrheit läge nach Zehnacker aber hier der absurde Fall vor, daß das einzig passende Wort sekundär eingedrungen wäre!

[14] *cautio est* = *cavendum est* Bacch. 597, Poen. 445, Pseud. 170, aber auch bei Terenz und Cicero.

[15] *oratio deest* begegnet auch bei Cic. Verr. 2,1,11,31 (ähnlich auch Cic. Rosc. Am. 32, 89), Manil. 1,3, Deiot. 2,6.

[16] Dazu positiv mit einer sehr plausiblen Erklärung der Ursache der Verderbnis auch W. G. Arnott, Gnomon 39 (1967), 139.

durch den leichten Eingriff noch besser herausgestellt wird. Dieser Umstand wird jedoch wohl erst dann richtig klar, wenn man die beiden Aussagen in das richtige logische Verhältnis zueinander gesetzt hat. Zum
Unterschied von allen Editoren und Interpreten, die sich bisher für Bothes
Transposition entschieden, bin ich nämlich nicht der Ansicht, daß damit
bereits alles Notwendige für die Wiederherstellung des originalen Textes
von Vers 37 getan ist: Dazu ist vielmehr noch ein weiterer, ebenfalls nicht
allzu tief einschneidender Texteingriff nötig, der sich aus einer Zusammenschau mit dem Folgevers ergibt. Wenden wir uns also zuerst diesem zu.

Dort liegt die Korruptel offenkundig am Versbeginn, dessen in den
Handschriften divergierende Überlieferung der Editor Questa fürs erste
ganz plausibel erklärt:[17] plautinisch sei *pol ego metuo, quoque* aber nur ein
Glossem, das in CD zusammen mit dem Originalwortlaut vorliege, in B
hingegen das Personalpronomen verdrängt habe. Man darf, wie ergänzend
hinzugefügt sei, hier wohl von der bewußten Handlung eines Schreibers
ausgehen, der die Überlänge des Verses beseitigen wollte, mit *ego* aber in
jedem Fall das falsche Wort eliminierte: *pol quoque metuo* ist zwar metrisch korrekt, aber sprachlich befremdlich und auch ohne Parallele bei
Plautus; hier hätten Lindsay und Barsby der Autorität des codex vetus
Camerarii nicht trauen dürfen. Auch der von Leo, der mit der weit über-
wiegenden Mehrheit der Herausgeber *pol ego metuo* druckt, im Apparat
erwogene Versbeginn *ego quoque metuo* ist abzulehnen: Die Interjektion
pol jeweils als affektische Einleitung aufeinanderfolgender Äußerungen
verschiedener Sprecher ist absolut unanstößig, vgl. auch Aul. 186f.: EUCL.
pol ego hau perbene a pecunia (sc. *valeo*). MEG. *pol si est animus aequos
tibi, sat habes qui bene vitam colas.*

Nach einer Sanierung der handschriftlichen Korruptelen in beiden Versen scheint sich bei isolierter Betrachtungsweise also für Bacch. 37f. fol-
gender Wortlaut zu empfehlen, der in dieser Form auch bei Leo steht:

SO. *pol magis metuo, ne defuerit mi(hi) in monendo oratio.*
BA. *pol ego metuo, lusciniolae ne defuerit cantio.*

Berücksichtigt man jedoch auch den Kontext der Verse, erscheint die Position von *magis* in zweifacher Hinsicht angreifbar. Einerseits ist auffällig,
wenn die Sprecherin in einem Atemzug bezweifelt, daß die Schwester
Erinnerungslücken haben könnte, und zugleich die Befürchtung äußert, in
dieser Situation, mit deren Eintreten sie also gar nicht rechnen sollte, zu

---

[17] Im Rahmen seines Aufsatzes mit dem Titel Per un'edizione delle Bacchides,
RCCM 5 (1963), 215–254 und 348–365; 222, 13.

versagen. Außerdem muß, nimmt man die beiden Verse als Ensemble, die Abfolge *magis metuo – metuo* als befremdlich registriert werden: Logischer wäre zweifellos *metuo – magis metuo* oder, allgemeiner formuliert, ein Ausdruck gesteigerter Furcht an der zweiten Stelle. Für dieses Schema findet sich gerade in nicht allzugroßer Entfernung von der uns beschäftigenden Versfolge ein ganz entsprechendes Beispiel:[18]

(52) PI. *non ego istuc facinus mihi, mulier, conducibile esse arbitror.*
BA. *qui, amabo?* PI. *quia, Bacchis, Bacchas metuo et bacchanal tuom.*
BA. *quid est? quid metuis? ne tibi lectus malitiam apud me suadeat?*
(55) PI. *magis inlectum tuom quam lectum metuo…*

Die aufgezeigten Schwierigkeiten sind beseitigt, wenn man die in den Versen 37 und 38 auf das jeweils einleitende *pol* folgenden Wörter *magis* bzw. *ego* gegeneinander auswechselt und somit folgenden Text herstellt:

SO. *pol **ego** metuo, ne defuerit mihi in monendo oratio.*
BA. *pol **magis** metuo, lusciniolae ne defuerit cantio.*

Diese Änderung ist hoffentlich nicht nur in meinen Augen alles andere als gewaltsam oder willkürlich: Es ist doch sehr gut vorstellbar, daß wohl in einem recht frühen Stadium der Textgeschichte ein durch den gleichen Versanfang irritierter Kopist – durch Wortgleichheit provozierte *aberratio oculorum* ist in Handschriften ja ein ganz kommuner Fehler – die auf *pol* folgenden Wörter vertauschte. Wenn wir diesen von uns supponierten Vorgang rückgängig machen, gewinnt das von Zwierlein als bloßes „Füllsel"[19] abgetane Wort *magis* an nunmehr (wieder) zweiter Position volle Funktion als Korrektiv der voranstehenden Äußerung. Die hat es zwar auch bei Ritschl, der in Zusätzen zu einem frühen, in die Opuscula philologica aufgenommenen Aufsatz[20] die Textfassung seiner Ausgabe aus 1849 einer kritischen Revision unterzogen und bei dieser Gelegenheit das dort konjizierte *pol quin metuo, lusciniolae …* ohne weiteren Kommentar zu *pol magis metuo, lusciniolae …* verändert hat:[21] Bei ihm gilt die Korrektur

---

[18] Verwandt auch Bacch. 155f.: PI. *fiam, ut ego opinor, Hercules, tu autem Linus./* LY. *pol metuo magis ne Phoenix tuis factis fuam …*
[19] Er spricht 140f. von den Füllseln „*magis* in 37 … und *quoque* bzw. *ego quoque*", die den „Versuch eines stichischen Parallelismus … zunichte gemacht" hätten.
[20] Die ursprüngliche Gestalt der plautinischen Bacchides, zuerst RhM 4 (1845/ 1846), 354–376, 567–610, dann Opuscula philologica II, Leipzig 1868, 292–374.
[21] op. II, 301.

aber dem Satz *ubi me fugiet memoria, ibi tu facito ut subvenias, soror*, da der Autor, wie nach ihm Ussing, den dazwischenliegenden Vers 37 als interpoliert eliminiert und von einer „Doppelrede" (sc. in den Versen 37f.) spricht. Dies wurde bereits von P. Langen als Basis für eine Tilgung zurückgewiesen[22] – mit gutem Grunde, aber nicht mit dem entscheidenden Argument, daß 37 als Ausgangs- und Ansatzpunkt für den folgenden Vers unverzichtbar ist, der proverbiellen Zuschnitt aufweist.[23] Die als Beruhigung der Gesprächspartnerin gedachte Aussage, es sei eher zu befürchten, daß der Nachtigall ihr Gesang abhanden kommen könnte, gründet sich auf die von Plinius in seiner Naturgeschichte (10, 81 – 85) ausführlich und detailliert beschriebene, unerschöpfliche und geradezu mirakulöse Sangesfreudigkeit der Nachtigall; von dem bei einem Sangeswettstreit unterlegenen Vogel behauptet der Autor sogar: *victa morte finit saepe vitam spiritu prius deficiente quam cantu* (83). Angesichts dieses Glaubens der Römer an wundersame, sogar den Tod transzendierende Sangeskraft der Nachtigall erscheint es leicht nachvollziehbar, daß sie im Volksmund sprichwörtlich wurde, wovon wohl auch das Lemma *lusciniae deest cantio* in den ‚Adagiorum Chiliades'[24] des Erasmus von Rotterdam zeugt. Der Autor kennt als Beleg nur unseren Plautusvers, den er in entstellter Form sogar zitiert,[25] und hat zweifellos dessen Kontext vor Augen, wenn er das Sprichwort wie folgt erklärt: *proverbialis allegoria, perinde quasi dicas: mulieri desunt verba* … . Dafür, daß der angeblich nie versiegende Gesang der Nachtigall explicite im Rahmen eines Proverbiums mit der Frauen immer wieder zugeschriebenen Redseligkeit[26] in Beziehung gesetzt worden wäre, gibt es kein antikes Zeugnis, wohl aber solche aus der frühen Neuzeit: 1513 übersetzt A. Tunnicius das niederdeutsche Sprichwort „De nachte-

---

[22] P. Langen, Plautinische Studien, Berlin 1888, 15.

[23] In diesem Sinne auch A. Ernout in seinem Kommentar zur Stelle: „Le proverbe employé par Bacchis ne semble pas autrement connu."

[24] 3, 6, 77: Opera omnia Desiderii Erasmi Roterodami, ordinis II tomus VI, Amsterdam - Oxford 1981, p. 380, Nr. 2577; vgl. auch den Thesaurus proverbiorum medii aevi. Lexikon der Sprichwörter des romanisch-germanischen Mittelalters, begründet von S. Singer, hg. vom Kuratorium Singer der Schweizerischen Akademie der Geistes- und Sozialwissenschaften, Bd. 8, Berlin - New York 1999, 321 sub lemmate Nachtigall: „8. Die Nachtigall kann nicht singen" mit Hinweis auf unsere Stelle, Erasmus und eine deutsche Bezeugung. A. Otto, Die Sprichwörter und sprichwörtlichen Redensarten der Römer, Leipzig 1890, 201 führt unter dem Stichwort *lusciniola* nur unsere Bacchidesstelle an: Plaut. Bacch. 38 *Pol ego metuo lusciniolae ne defuerit cantio*, „anscheinend ironisch: ich fürchte der Nachtigall wird der Stoff (sic!) zum Singen ausgehen."

[25] *Plautus in Bacchidibus: Ego quoque pol metuo, ne lusciniolae defuerit cantio.*

[26] Eine Sammlung antiker Testimonia hiefür bei W. Stockert in seinem Kommentar zur Aulularia des Plautus, Stuttgart 1983, 59 ad 123.

gale kan alle wege singen" mit dem lateinischen Vers *Non deest lusciniae cantus nec verba puellis,*[27] und 1555 bezeugt H. Núñez[28] die Existenz des folgenden Proverbiums für das Kastilische: „Antes al ruiseñor que cantar, que á la muger que parlar", d. h. „Eher (wird) der Nachtigall das Singen (vergehen) als der Frau das Schwatzen."[29] Insbesondere dieses Sprichwort in einer romanischen Sprache gibt wohl Grund zur Annahme, daß die singuläre antike literarische Bezeugung einer Sprichwörtlichkeit der Sangeskunst der Nachtigall (eben nur durch unsere Bacchidesstelle) nichts über die tatsächliche Verbreitung im Volksmund aussagt; ja mehr noch, es könnte darauf hindeuten, daß das Volk mit dem Gesang dieses Vogels speziell die besondere Redegabe – oder Geschwätzigkeit – von Frauen veranschaulichte, und zwar wohl in liebevollerer Weise als durch den Vergleich mit dem Elstergekrächze.[30] Man beachte im besonderen auch den komparativischen Aufbau des spanischen Sprichworts, der dem von uns hergestellten Wortlaut von Vers 38 entspricht: Hat also etwa Plautus an der uns beschäftigenden Stelle ein schon zu seiner Zeit existierendes Proverbium, beispielsweise: „prius lusciniam cantus deficiet quam mulierem verba", in seine Konstituenten zerlegt und diese zwei verschiedenen Sprecherinnen in den Mund gelegt? Diese Frage läßt sich weder positiv noch negativ mit absoluter Bestimmtheit beantworten; sicher ist aber, daß die Stelle erst durch unsere Umstellung[31] ihren organischen Aufbau und logischen Gedankenablauf wiedergewinnt und damit ein Gutteil des Effekts, den ihr der Autor zugedacht und ursprünglich auch verliehen hatte.

---

[27] A. H. Hoffmann von Fallersleben (Hg.), Tunnicius. Die älteste niederdeutsche Sprichwörtersammlung, von Antonius Tunnicius gesammelt und in lateinische Verse übersetzt, hg. mit hochdeutscher Übers., Anm., und Wörterbuch von A. H. Hoffmann von Fallersleben, Berlin 1870, 158.

[28] H. Núñez de Guzman - L. de Leon, Refranes o proverbios en Castellano, 1–4, Madrid 1804, 1, 103.

[29] Text und Übersetzung nach dem Thesaurus proverbiorum medii aevi (o. Anm. 24), loc. cit. Vgl. auch K. F. W. Wander, Deutsches Sprichwörter-Lexikon, 3, Leipzig 1867 (Neudruck Stuttgart 1987), 851 sub ‚Nachtigall' 4 (Die Nachtigall kann immer singen): „So wenig wie den Mädchen an Worten fehlt es ihr an Liedern oder Melodien. Daher sagen die Spanier: Es würde der Nachtigall eher an Tönen als der Frau an Worten fehlen."

[30] *pica* als Metapher für eine schwatzhafte Frau Petr. 37,7, vgl. den Kommentar von M. S. Smith zur Stelle; siehe im übrigen auch das Sprichwort *pica cum luscinia certat,* belegt bei Erasmus, Adag. Chil. 1, 8, 72.

[31] Wenn *magis* in Vers 38 steht, fällt im übrigen auch der Zwang, diesen Vers ironisch auffassen zu müssen, um ihm Sinn abzugewinnen: so neben Otto (vgl. oben Anm. 24) auch Langen, der „eine scherzhafte Ironie" in Vers 38 erblickt (Plautinische Studien 15); die Annahme von Ironie ist ja doch immer nur die letzte Zuflucht desperater Interpreten.

(II) 49ff.

Das zweite alte textkritische Problem, für das wir eine neue Lösung anzu-
bieten haben, findet sich gleich im Abstand von nur wenigen Versen zu der
eben behandelten Stelle. Pistoclerus durchschaut das Manöver der Bacchides, die ihn durch die selbsternannte Wortführerin der beiden um Hilfe
gegen den *miles* gebeten und in ihr Haus eingeladen haben, wo er mit Wein
und Zärtlichkeiten bewirtet werden soll: Er vergleicht sich mit einem
Vogel, dem zwei Vogelfängerinnen mit einer Leimrute nachstellen; vorerst
denkt er aber nicht daran, ihnen „auf den Leim zu gehen".

49 BA. *eadem biberis, eadem dedero tibi, ubi biberis, savium.*
50 PI. *viscus merus vostrast blanditia.* BA. *quid iam?* PI. *quia enim
     intellego,*
51   *duae unum expetitis palumbem, perii, harundo alas verberat*

51: *perii* cum codd. Lindsay Goetz-Schoell Ernout: †*perii*† Leo Questa Zwierlein:
parum Hermann: *iam* vel *prope* („probabiliter": Leo in app.) Ritschl Barsby: *si* Ussing:
perii harundo [*alas*] *verberat* Guyet versus 49-51 spurios esse putat Zwierlein

Wenn Zwierlein damit recht hätte, daß die drei oben ausgeschriebenen
Verse nicht von Plautus stammen,[32] sondern von einem anonymen Bearbeiter, bräuchten wir uns bei der, wie selbst aus unserem Kurzapparat her-
vorgeht, vielbehandelten Textverderbnis in Vers 51 nicht erst lange aufzu-
halten. Die besagten Verse scheinen mir aber so echt wie nur irgend möglich: Sie entsprechen nicht nur mit einer im nachhinein aufgeklärten Identifikation, nämlich der lockenden weiblichen Freundlichkeit mit Vogelleim,
ganz grundsätzlich einem charakteristisch plautinischen Schema,[33] sondern
enthalten zusätzlich mit dem Bild der Vogeljagd für die Aktivitäten der
Dirnen eine für Plautus offenbar ganz typische Metaphorik.[34] Diesen von
Zwierlein nicht gewürdigten Tatsachen gegenüber wiegen die von ihm ins
Treffen geführten Argumente gegen eine Autorschaft des Plautus keineswegs schwer genug, um eine Tilgung der drei Verse zu rechtfertigen. So ist

---

[32] Der Autor begründet seine Athetese im Bacchides-Band (o. Anm. 4), 133ff., vgl.
auch 97 sowie 137 und 142.
[33] Eduard Fraenkel eröffnet mit diesem Beispiel sogar seine lange Beispielreihe für
„Dialogisch vorgebrachte Identifikationen": Plautinisches im Plautus, Berlin 1922, 49,
vgl. auch die ausführliche Kommentarnotiz J. Barsbys ad locum (p. 100) sub (b); er
resumiert dort: „The form may be regarded as characteristically Plautine."
[34] Vgl. Barsby ibid. sub (a): Er zitiert als Parallelen noch Asin. 215–226, Bacch.
1158 und Poen. 676f. und hält die Anwendung des in erotischem Kontext bei Terenz
und Menander fehlenden Bildes auf „courtesans, bawds, pimps, and the like" durch
unseren Autor für möglicherweise „more original than at first appears".

etwa sein Anstoß an den Pluralen in den inkriminierten Versen – er erklärt *duae ... expetitis* bzw. *vostra blanditia* für „auffällig" bzw. „befremdlich", „wo beim echten Plautus nur die Athenerin agiert"[35]– mit dem Verweis darauf zu entkräften, daß der Sprecher Pistoclerus die beiden Bacchides ja von Haus aus als gemeinsam Handelnde empfinden muß. Er sagt auch gleich bei seinem Auftritt *quid agunt duae germanae meretrices cognomines? / quid in consilio consuluistis?* (39f.), und seine Verwendung des Plurals *vostra* in 50 wird durch *apud nos* im Munde der „athenischen" Bacchis knapp drei Verse zuvor (47) sicherlich gestützt. Überdies ist das betonte *duae unum*[36] *expetitis* selbst dann, wenn nur eine Bacchis auch wirklich aktiv ist, psychologisch leicht erklärbar: Der Jüngling dramatisiert eben ein wenig.

Auch die übrigen Kritikpunkte Zwierleins, die der Gesprächsführung gelten, sind weit davon entfernt, die Unechtheit der betreffenden Passage zu erweisen. In einem Dialog des Plautus, der eine Menanderpassage für sein Publikum umgestaltet, d. h. in erster Linie witziger macht, kann etwa die athenische Bacchis sehr wohl gleich „mit der Tür ins Haus fallen"[37] und dem jungen Mann Küsse versprechen (49), wenn der Autor plant, im Anschluß daran eines seiner typischen Bonmots anzubringen. Das Kußversprechen ist auch keineswegs unvereinbar mit der sieben Verse später erfolgenden Ankündigung der Hetäre, höchstpersönlich als Moralwächterin fungieren und verhindern zu wollen, daß Pistoclerus in ihrem Hause „Dummheiten mache"[38]. Es ist völlig verkehrt, dieses Versprechen, das ja nur für den Moment gedacht ist und zur Beruhigung des aufgebrachten Gesprächspartners[39] dienen soll, mit Zwierlein ganz ernst zu nehmen: *meretrices* gelten in der Komödie ja als notorische Verstellungskünstlerinnen bzw. Lügnerinnen,[40] und es steht wohl außer Zweifel, daß das Publikum auf die betreffenden Worte mit entsprechender Heiterkeit reagierte.

---

[35] Zwierlein (o. Anm. 4), 134.

[36] Plautus liebt es, gerade mit diesen beiden Numeralia zu spielen: vgl. Amph. 1138 (*uno partu duos peperit simul*), Cas. 476 (*uno in saltu lepide apros capiam duos*) und Most. 832 (*ludificat una cornix volturios duos*); somit dürfen wir den hier vorliegenden Fall wohl eher als Indiz auf die Authentizität der Verse verbuchen.

[37] „Die raffiniert ihr Netz auswerfende Bacchis kann ja nicht gleich beim ersten Annäherungsversuch mit der Türe ins Haus fallen und den Jüngling durch unverdecktes Locken mit Wein und Kuß ... verprellen": Zwierlein 134.

[38] 57: *egomet, apud me si quid stulte facere cupias, prohibeam.*

[39] 55: *magis inlectum tuom quam lectum metuo. mala tu's bestia.*

[40] Archetypisch für eine *meretrix mala* erscheint die Gestalt der Phronesium im Truculentus, vgl. auch die Monologe des Diniarchus (22ff.) und der Astaphium (209ff., bes. 224–226) sowie den Dialog Phronesium - Diniarchus 352ff.

Weiters sind auch, entgegen Zwierleins Ansicht,[41] die beiden Fragen der Bacchis *quid iam?* (50) bzw. *qui, amabo?* (53) und die jeweils darauf folgenden *quia*-Sätze des Pistoclerus miteinander sehr gut verträglich und sinnmäßig keineswegs Dubletten: Während es im ersten Frage- und Antwort-Spiel um die Auflösung des vorhergehenden Sprachrätsels geht, bezieht sich das *qui, amabo?* der Frau auf die zuvor geäußerte höfliche Ablehnung ihrer Einladung durch Pistoclerus,[42] die er dann im Anschluß mit seiner Angst vor dem Sündenpfuhl begründet.[43] Somit liegt in den besagten Versgruppen keine unerträgliche Tautologie vor, sondern es sind durchaus verschiedene Inhalte zu registrieren, die in gleichfalls unterschiedlicher, ganz individueller Metaphorik formuliert sind. Andererseits beweist aber auch die starke lexikalische Ähnlichkeit der Verse *non ego istuc facinus mihi, mulier, conducibile esse arbitror* (52) bzw. *nam huic aetati non conducit, mulier, latebrosus locus* (56) keineswegs, daß einer von beiden nicht authentisch ist: Der Autor läßt den jungen Mann eben beim zweiten Mal seine unverändert ablehnende Haltung gegenüber dem Ansinnen der Bacchis durch ganz ähnlichen Wortgebrauch zum Ausdruck bringen, wobei der Ersatz von *non conducibile esse arbitror* durch *non conducit* [44] auf noch größere Entschiedenheit hindeutet.

Da somit Plautus als Autor der ihm von Zwierlein abgesprochenen Verse nach wie vor feststeht, gilt es für uns, der Textverderbnis in Vers 51 die gebührende Aufmerksamkeit zu widmen. Daß die Korruptel nur in dem Ausruf *perii* liegt und nicht etwa in den Folgeworten zu suchen ist, hat schon Leo vollkommen richtig erkannt: „tantum *perii* corruptum videtur …".[45] Gegen die Authentizität dieses Wortes spricht zunächst einmal schon der damit verbundene, selbst für die Verhältnisse plautinischer Metrik überaus harte Prokeleusmatiker mit einer Iambenkürzung im fünften Fuß. Selbst wenn man sich mit einem *pĕrĭ(i) hărŭnd(o)* einmal abfinden

---

[41] „Zudem wäre die verblüffte Frage der Bacchis *qui, amabo?* in 53, auf die Pistoclerus eine durch *quia* eingeleitete Erklärung folgen läßt, fehl am Platze, wenn schon die Frage *quid iam?* und die ebenfalls durch *quia* eingeleitete begründende Antwort des Pistoclerus in 50f. vorausginge." (134).

[42] 52: *non ego istuc facinus mihi, mulier, conducibile esse arbitror.*

[43] 53: *quia, Bacchis, Bacchas metuo et bacchanal tuom*; vgl. dazu die Kommentarbemerkung Barsbys (101).

[44] Langen, Plautinische Studien 250, differenziert zwischen dem Gebrauch dieses Verbums an unserer Stelle und Cap. 386, 906 sowie Cist. 634 und will darin ein Verdachtsmoment auf Unechtheit des Verses erkennen; m. E. ist diese Beobachtung nicht tragfähig..

[45] So im Apparat seiner Ausgabe zur Stelle.

wollte,[46] bleibt immer noch mit Leo festzuhalten: „Ein Vers ist ... nicht damit interpretirt daß man ihn meint scandiren zu können."[47] Und das Sinnargument ist nun wirklich durchschlagend, da *perii*, wie auch Leo am zuletzt genannten Orte ohne weitere Einlassung statuiert, „durchaus nicht in den Zusammenhang (paßt)": Die Editoren Goetz-Schoell, Lindsay und Ernout haben sich wohl nicht bewußt gemacht, daß ein Ausruf der Verzweiflung im Kontext einer nüchtern sachlichen, gleichsam technischen Beschreibung[48] – Pistoclerus liefert ja in Vers 51 als Antwort auf die Frage *quid iam?* nun weitere Details zu seinem in 50 gebrauchten Bilde nach – denkbar deplaciert wirkt. Überdies ist zu berücksichtigen, daß der junge Mann an diesem Punkte des Gesprächs noch energischen Widerstand leistet, sich nicht einfach „einfangen" lassen möchte und es demgemäß auch ablehnt, das Haus der Bacchides als *latebrosus locus* (56) zu betreten: Angesichts dessen kann er vernünftiger Weise nicht schon zuvor klein beigeben und mit *perii* seine Niederlage signalisieren. Der überlieferte Ausruf ist also ohne Zweifel als korrupt anzusehen und harrt noch der Emendation, da keine der bisher zur Textsanierung vorgeschlagenen Konjekturen so recht befriedigt. Gottfried Hermanns *parum* ist sicherlich auszuschließen, da der junge Mann ja wohl nicht selbst seine Bedrohung bagatellisieren wird, Ussings *si* statt *perii* wiederum kompliziert die Syntax der Stelle in einer ihr absolut unangemessenen Weise. Von den beiden unterschiedlichen Vorschlägen Friedrich Ritschls fand das blasse *iam*[49] wohl mit Recht keinerlei Anklang, während *prope*[50] nicht nur Leos Beifall hervorrief, sondern von Barsby sogar in den Text aufgenommen wurde – allerdings wohl zu Unrecht, wie ich meine: Auch dagegen gilt im Prinzip derselbe Einwand wie gegen *parum*, daß nämlich der Sprecher kaum daran interessiert sein kann, seine aktuelle Gefährdung durch die Sirenentöne der

---

[46] Die Skansion wird immerhin von O. Skutsch, Prosodische und metrische Gesetze der Jambenkürzung, Göttingen 1934, 87 anerkannt, erregt allerdings Lindsays Zweifel: Er druckt zwar *perii*, meldet jedoch im Apparat Bedenken an: „*perî* elisa ult(ima) vocali suspectum." Auch Ernout erscheint die Skansion des gesamten Verses im nachhinein verdächtig; im Kommentar zur Stelle formuliert er: „L' hiatus après *duae*, et le procéleusmatique cinquième *peri(i) harun/do* rendent la scansion suspecte."

[47] So explizit zu unserer Stelle Plautinische Forschungen, 2. Auflage, Berlin 1912 (Nachdruck Darmstadt 1966), 272 Anm. 1.

[48] Die Tonlage wird auch von Zwierlein verkannt, wenn er in den Versen 50f. „eifernde(s) Schelten gegen Hetärenschmeichelei" erblickt (134).

[49] So in den Prolegomena de rationibus criticis grammaticis prosodiacis metricis emendationis Plautinae CCIII = Opuscula philologica V, Leipzig 1879, 441.

[50] Opuscula II, 302.

meretrix gleich selbst zu verharmlosen.[51] Der ganzen Situation nach könnte man eher das Gegenteil annehmen, eine Vermutung, die durch das steigernde *merus* neben *viscus* im Vers zuvor und, wie schon oben erwähnt, auch durch die ausdrückliche Betonung der Übermacht der beiden Gegnerinnen – *duae unum expetitis …* – gut abgestützt wird.

In diesen Kontext fügt sich nun also unsere Konjektur *probe* als Intensivadverb zu *verberat* ausgezeichnet ein. Eine Steigerung von Ausdrücken des Schlagens gerade durch dieses Adverb ist ja bei unserem Autor sehr gut belegt: vgl. etwa Amph. 183 (*aliquem hominem allegent qui mihi advenienti os occillet probe*), 318 (*exossatum os esse oportet quem probe percusseris*), Bacch. 780 (*ut tua iam virgis latera lacerentur probe*) und Most. 1067 (*quoius ego hodie ludificabo corium, si vivo, probe*). Diese somit kontextkonforme und idiomatische Konjektur wird zusätzlich dadurch empfohlen, daß sie – mit aller in solchen Fällen gebotenen Vorsicht sei es gesagt – als einziger der bisherigen Sanierungsvorschläge eine plausible Erklärung für die Textverderbnis *perii* ermöglicht. Da *probe* bei unserem Autor nicht selten in Kombination mit Formen der Verben *perire* (vgl. Cap. 635, Ep. 74, Men. 441) und *perdere* (Pers. 650) auftritt, ist gut vorstellbar, daß ein vielleicht schon früher Kopist in Versuchung kam, das vom zugehörigen Verbum ja recht weit gesperrte Adverb *probe*[52] um ein *perii* zu erweitern, wie es ihm von anderen Stellen her geläufig war und den Umständen zu entsprechen schien. Demgemäß handelt sich bei *perii* also nicht um eine durch Verschreibung entstandene Korruptel, sondern um eine Glosse,[53] die das Ausgangswort letzten Endes verdrängte; wir haben einen ganz analogen Fall schon oben im Vers 38 kennengelernt, wo im Codex B nur mehr das von einem Abschreiber ursprünglich zu *ego* glossierend hinzugefügte *quoque* zu lesen ist.[54] Aufgrund aller eben ausgeführten Überlegungen schlage ich also mit großer Zuversicht für Plaut. Bacch. 51 folgenden Text vor:

> PI. *duae unum expetitis palumbem,* **probe** *harundo alas verberat.*

---

[51] Von der Problematik, ob *prope* bei Plautus überhaupt ‚fast' heißen kann – das leugnet Leo im ALL 9 (1896), 165f. und steht mit seiner Anerkennung von Ritschls Konjektur somit im Widerspruch zu sich selbst –, sei hier einmal ganz abgesehen; zu dieser strittigen Frage vgl. meine Kommentarnotiz zu Persa 810: T. Maccius Plautus, Persa: Einleitung, Text und Kommentar, Wien 1982 (SB ÖAW, phil.-hist. Kl., 385), 424.

[52] Vgl. dazu auch Pers. 123: *cynicum esse egentem oportet parasitum probe.*

[53] Als solche deutet das Wort auch Ritschl an der in Anm. 49 genannten Stelle: „*perii* potest interpretis esse proverbium explicantis".

[54] Vgl. oben S. 72.

WIENER STUDIEN, Band 118/2005, 81–90

ERICH WOYTEK / WIEN

Die spezifische Unbestimmtheit
in den Reden des Diodotos (Thuk. 3, 42ff.)
und des Cato (Sall. Cat. 52, 2 – 12)

In der überaus emotionellen Rede, mit der Cato bei Sallust[1] in der Senatsdebatte über die Bestrafung der gefangenen prominenten Catilinarier einen radikalen Stimmungsumschwung herbeiführt und damit den unmittelbar danach gefaßten Beschluß über deren Exekution erwirkt, setzt der Sprecher sich erst ab §13 – bis einschließlich §16 – explizit mit seinem Vorredner C. Iulius Caesar auseinander:[2] Mit überlegener Ironie behandelt Cato an dieser Stelle zunächst den von Caesar gegen die Verhängung der Todesstrafe ins Treffen geführten Grund *in luctu atque miseriis mortem aerumnarum requiem, non cruciatum esse* (51, 20) und erweist danach in messerscharfer Argumentation den Vorschlag, die Verschwörer unter Vermögenseinzug in Landstädten zu internieren, als zumindest ungeeignet, wenn nicht sogar unverantwortlich. Damit hat die ausdrückliche Auseinandersetzung Catos mit Caesar auch schon ihr Ende gefunden: Der wesentliche Inhalt seiner restlichen Rede ist, nach einer Erinnerung der in seinen Augen verlotterten, moralisch verkommenen Standesgenossen an die vorbildhaften Tugenden der Vorfahren (§§19 – 23), ein mehrfach variierter Aufruf zu umgehendem Handeln, zu unnachsichtiger Härte als Akt der Selbstverteidigung angesichts einer tödlichen Bedrohung nicht nur von innen, sondern auch durch einen äußeren Feind; als Abschluß ist dann in

---

[1] Laut Plutarch (Cato min. 23, 3) ließ der Konsul Cicero die Originalrede stenographisch protokollieren; zu ihrem Inhalt vgl. auch noch Cic. Sest. 61, App. civ. 2, 21, Vell. 2, 35, 3f. sowie die Rekonstruktion bei M. Gelzer, Caesar. Der Politiker und Staatsmann, Wiesbaden [6]1960, 47.

[2] Dies freilich nur in der gerafften Darstellung des Sallust, der offenkundig aus künstlerischen Erwägungen nicht nur die Antwortrede Ciceros auf Caesar, die sogenannte vierte Catilinarische, gänzlich unterdrückt, sondern die gesamte folgende lebhafte Debatte mit der ausdrücklichen Kontrarede des Lutatius Catulus nur ganz pauschal andeutet: *ceteri verbo alius alii varie adsentiebantur* (Cat. 52, 1).

markigen Worten der Antrag auf die Todesstrafe für die ja geständigen Verschwörer formuliert (§36).

Der hier dominierende Gedanke der existentiellen Bedrohung Roms durch den von Catilina geplanten Staatsstreich, gegen den man sich schleunigst und mit aller gebotenen Härte zur Wehr setzen müsse, begegnet, wenngleich in etwas anderer Ausformung, nämlich mit stärkerem Zuschnitt auf die individuelle Gefährdung jedes einzelnen, auch in der Anfangspartie der Rede. Der Sprecher betont dort zunächst die Diskrepanz zwischen seiner Lagebeurteilung und den *sententiae nonnullorum*, die nur über die Art der Bestrafung der Catilinarier geredet hätten; seiner Einschätzung nach wäre aber eine schnelle präventive Maßnahme zum Selbstschutz erforderlich, bevor die Verschwörer militärisch zugeschlagen und die Stadt in ihre Gewalt gebracht hätten. Um die indolenten, nur ihrem Luxusleben frönenden Senatoren wachzurütteln – er sagt in §5 *expergiscimini aliquando et capessite rem publicam* –, appelliert Cato dann mit psychologischem Feingefühl an ihre Besitzgier und ihren Egoismus: Mit dem Untergang des Staates wäre es auch um ihre heißgeliebten Luxusgüter, um ihrer aller Freiheit, ja vielleicht sogar um ihr Leben geschehen. Im Anschluß bemüht Cato sich dann, den Zuhörern klarzumachen, daß das keine seiner üblichen Moralpredigten sei, mit denen er sich unter den Standesgenossen viele Feinde gemacht habe – zweifellos ein Anachronismus von seiten Sallusts, eine Rückprojektion des ihm aus den fünfziger Jahren vertrauten Catobildes auf den ganz jungen Senator;[3] es gehe jetzt nicht um die Moral der Römer und auch nicht um Größe und Glanz ihres *imperium*, sondern schlicht darum, ob sie ihren Besitz wahren könnten oder aber, zugleich mit ihrer persönlichen Freiheit, an die Feinde des Staates verlieren würden. Mit §11 beginnt dann der Text, der uns aus verschiedenen Gründen speziell interessiert:

hic mihi quisquam mansuetudinem et misericordiam nominat?[4] iam pridem equidem nos vera vocabula rerum amisimus: quia bona aliena largiri liberalitas, malarum rerum audacia fortitudo vocatur, eo res publica in extremo sita est. sint sane, quoniam ita se mores habent, liberales ex socio-

---

[3] Im Jahre 63 v. Chr. war Cato 32 Jahre alt, Proquaestor und designierter Volkstribun, als solcher im Senat aber zweifellos immer noch ein Hinterbänkler und somit kaum in der Lage, auf häufige Standpauken gegen *avaritia* und *luxuria* zurückzublicken: in diesem Sinne unter anderem auch die Kommentare von K. Vretska, C. Sallustius Crispus. De Catilinae coniuratione, 2 Bde., Heidelberg 1976, und P. McGushin, C. Sallustius Crispus. Bellum Catilinae, Leiden 1977, jeweils ad loc.

[4] Die empörte Frage (so auch die Editoren Ernout und Reynolds) paßt meines Erachtens besser in den Kontext als der von den übrigen Herausgebern statuierte Aussagesatz; man beachte diesbezüglich das Indefinitum, mit dem allein der Sprecher bereits seine Ablehnung von Milde und Mitleid signalisiert.

rum fortunis, sint misericordes in furibus aerari: ne illis[5] *sanguinem nostrum largiantur et, dum paucis sceleratis parcunt, bonos omnis perditum eant.* „Und da, in dieser Lage, schlägt mir jemand Milde und Mitleid vor? Wir haben es in der Tat verlernt, die Dinge beim richtigen Namen zu nennen. Weil das Verschenken von fremdem Eigentum Freigebigkeit genannt wird und die dreiste Entschlossenheit zu üblen Taten Tapferkeit, deswegen ist der Staat in äußerster Not. Mögen sie doch meinetwegen, da das heute nun einmal so der Brauch ist, freigebig sein aus dem Vermögen der Bundesgenossen, mögen sie Mitleid haben mit Dieben an der Staatskasse: Daß sie nur nicht diesen Leuten da großzügig unser Blut schenken und daran gehen, alle anständigen Menschen zu vernichten, indem sie einige wenige Verbrecher schonen.“

So endet also der erste Redeteil mit einer mehr als düsteren Aussage: Cato warnt emphatisch davor, Catilina und seinen Genossen gleichsam eine *largitio* aus Bürgerblut zu gewähren und setzt Milde ihnen gegenüber mit einem Anschlag auf das Leben aller Gutgesinnten gleich, freilich ohne konkret eine bestimmte Person oder Personengruppe – man beachte diesbezüglich die Plurale – dieser seiner Meinung nach für das Staatsganze verderblichen Vorgangsweise zu beschuldigen. Die demgemäß ganz natürliche und völlig legitime Frage nach der Identität der Person(en), die Cato meint, wird in der Literatur unterschiedlich beantwortet: Während nach älteren Vorgängern Viktor Pöschl und, dieser mit besonderer Entschiedenheit, Karl Vretska hier „die Nobilität als ganze“[6] bzw. die „Senatoren“[7]

---

[5] Ich habe an anderer Stelle (*„ne illis sanguinem nostrum largiantur ...“* Zu Text und Interpretation von Sallust, bell. Cat. 52,12, Acta Ant. Hung. 44, 2004, 255–262) ausführlich begründet, weshalb der Variante *illis* gegenüber dem von allen Herausgebern nach S. Haverkamp (1742) aufgenommenen *illi* ohne jeden Zweifel der Vorzug gebührt; hier seien nur die wichtigsten Argumente für diese Entscheidung noch einmal kurz aufgeführt. Während ein Subjektspronomen *illi* an dieser Stelle platt und aufgesetzt wirkt, unschön nachklappt und denkbar funktionsschwach, geradezu funktionslos erscheint, gewinnt der Kontext mit *illis* = coniuratis – bloßes *illi* und *ii* begegnen in dieser Verwendung sowohl in der Caesarrede (51,15 und 43) als auch in der des Cato (52,14 u. 16) – ein den Sinn nachhaltig veränderndes, bereicherndes Element hinzu: Die von uns vorgenommene Textänderung liefert nicht nur ein höchst erwünschtes Objekt zu *largiantur*, sondern gleichzeitig auch ein Gegenglied zu *furibus aerari* und damit eine Entsprechung zu der unmittelbar darauf folgenden pointierten Antithese *dum paucis sceleratis parcunt, bonos omnis perditum eant.*

[6] So V. Pöschl, Die Reden Caesars und Catos in Sallusts 'Catilina', in: Sallust (ed. V. Pöschl), Darmstadt ²1981, 374: „Catos wie Sallusts Angriffe richten sich gegen die Nobilität als ganze“; vgl. ibid. auch 378f. mit Anm. 5.

[7] Im oben (Anm. 3) zitierten Kommentar, 577: Cato setze sich hier „mit den Senatoren als einem verkommenen, feigen, nur durch Appell an das eigene Leben (sanguis!)

angegriffen sehen, identifiziert mit F. Lämmli,[8] W. Steidle,[9] W. Schmid,[10] K. Büchner[11] und K. Karl[12] die weit überwiegende Mehrheit der Interpreten als anonymen Adressaten der Vorwürfe Catos dessen Antagonisten Iulius Caesar. Diese Forscher können sich zur Unterstützung ihrer Ansicht darauf berufen, daß Sallust Cato in dem von uns zitierten Abschnitt seiner Rede gegen Begriffe mit unverkennbarem Caesarbezug polemisieren läßt, nämlich gegen (seiner Meinung nach falsch verstandene, pervertierte) *mansuetudo, misericordia* und *liberalitas*. Aber auch die zweimal stark betonte Verwendung des Verbums *largiri* gibt, als Fingerzeig auf das wahre Ziel der anonymen Attacke aufgefaßt, Sinn, war Caesar doch ein notorischer *largitor*, dessen Karriere durch strategisch eingesetzte Bestechungen entscheidend gefördert wurde. Schließlich erkennt man in der Einräumung, die betreffenden Personen mögen an Dieben von Staatsgeldern Barmherzigkeit üben – *sint misericordes in furibus aerari* – einen massiven Vorwurf an Caesar, wenn man diese Worte wie Lämmli mit Caesars dreister Leerung der Staatskasse am Anfang des Bürgerkrieges gegen Pompeius im Frühjahr 49 in Verbindung bringt.[13] Aus den genannten und auch noch weiteren Gründen, etwa aufgrund der ganz einfachen Überlegung, daß „die" Senatoren in ein und demselben Kontext ja doch nicht an einer Stelle in der dritten Person bezeichnet und daneben direkt apostrophiert werden können,[14] habe auch ich mich in der schon genannten Vorgängerstudie

---

faßbaren Stand auseinander. ... Gegen sie, die Senatoren, wendet sich denn auch der in §26 aufgenommene Angriff...".

[8] Sallusts Stellung zu Cato, Caesar, Cicero, MH 3 (1946), 94–117, bes. 98f.

[9] Sallusts historische Monographien. Themenwahl und Geschichtsbild, Wiesbaden 1958 (Historia Einzelschriften 3), 23f.

[10] Sallust: Die Reden Caesars und Catos. Terminologie und Ideologie, Gymnasium 69 (1962), 336–350, bes. 344ff.

[11] Sallust, Heidelberg ²1982, 177, sowie: Vera vocabula rerum amisimus: Thukydides und Sallust über den Verfall der Wertbegriffe, in: Hommages à R. Schilling (Hgg. H. Zehnacker - G. Hentz), Paris 1983, 253–261, bes. 259f.

[12] Die Reden Caesars und Catos in Sallusts „Catilinae Coniuratio", Anregung 34 (1988), 156–164, bes. 161ff.

[13] Daß das einen klaren Anachronismus von seiten des Autors bedeuten würde, ist durchaus kein Ausschließungsgrund für diese Interpretation; vgl. schon oben S. 82 mit Anm. 3 zu der evidenten Antizipation des Moralpredigertums Catos. Im übrigen hatte Caesar im Jahre 63 ja auch noch keine Gelegenheit, durch übergroße Freigebigkeit mit Bündnervermögen und eine propagandistisch aufgezogene Politik der Milde und Barmherzigkeit gegenüber Gegnern notorisch zu werden. Das war erst weit später, nämlich nach Caesars Machtergreifung, der Fall, sodaß auch darin eine anachronistische Vorwegnahme liegt.

[14] So §§2, 5, 7: Daraus ergibt sich mit Notwendigkeit eine unterschiedliche Zielrichtung der jeweiligen Aussagen.

unter ausführlicher Argumentation[15] ganz klar und in voller Überzeugung für die Deutung auf Caesar ausgesprochen. Nun geht es darum, diese Interpretation zusätzlich abzustützen und, wie ich meine, jedem Zweifel zu entrücken. Dafür sollen zunächst textinterne Gegebenheiten nutzbar gemacht werden, die man (für mich unbegreiflicher Weise) zu diesem Zweck bisher unberücksichtigt gelassen hat; letzte Sicherheit soll dann der Vergleich mit einer berühmten Thukydidesstelle bringen, deren Modellfunktion für Sallusts Redenpaar längst erkannt und vielfach, aber eben nicht unter dem uns aktuell beschäftigenden Aspekt, untersucht wurde.[16]

Zunächst aber zu den im Sallusttext selbst enthaltenen unmißverständlichen Hinweisen darauf, daß Cato sich bereits vor seiner ausdrücklichen Hinwendung zu Caesars Rede in §13 mit niemand anderem als seinem bei Sallust einzigen Vorredner auseinandersetzt.[17] Als solche sind ohne Zweifel Stellen zu werten, an denen der Sprecher in offenkundig polemischer Absicht Ausdrücke und/oder Gedanken aus der Caesarrede aufnimmt, ohne aber diese Bezugnahme vorerst explizit zu machen. Im Gegenteil – ganz am Anfang seiner Rede versteckt er den wahren Adressaten seiner Rede hinter einem scheinbar unbestimmten Plural: *Longe alia mihi mens est, patres conscripti, quom res atque pericula nostra considero, et quom sententias nonnullorum ipse mecum reputo. illi mihi disseruisse videntur de poena eorum ...* (52, 2f.). Daß damit in Wahrheit niemand sonst als Caesar gemeint ist, hat auch Vretska selbst festgestellt[18] und erkannt, daß Catos *disseruisse* „Caesars disserunt (§15) verächtlich aufnimmt, und mit demselben Verb nochmals ironisiert §13." (p. 566, sic!). Mit dieser korrekten Erkenntnis hätte Vretska im Grunde bereits den Schlüssel zum richtigen Verständnis der Plurale in §12 in Händen gehabt, da es sich doch anbietet, ja aufdrängt, die dort anzutreffende pluralische Ausdrucksweise mit der des Anfangs zusammenzusehen und für beide Stellen ein und dieselbe Ziel-

---

[15] Acta Ant. Hung. 44 (2004), 259ff. (o. Anm. 5).

[16] Vgl. dazu V. Pöschl in dem oben (Anm. 6) genannten Aufsatz, 388ff., T. F. Scanlon, The Influence of Thucydides on Sallust, Heidelberg 1980, 102ff., A. Drummond, Law, Politics and Power: Sallust and the execution of the Catilinarian conspiracy, Stuttgart 1995, 51ff. sowie, m. W. zuletzt, S. Schmal, Sallust, Hildesheim 2001, 152f.

[17] Wird ein solches Verständnis, unbeschadet jeder philologischen Beweisführung, nicht allein schon durch logisches Denken nahegelegt? Wenn eine ganze Debatte bloß auf ein Rededuell reduziert ist, wird die Kontrarede ganz natürlicher Weise doch wohl mit Notwendigkeit als Antwort auf die als einzige in extenso wiedergegebene Vorrede aufgefaßt werden müssen und nicht auf die Wortmeldungen irgendwelcher sonstiger Sprecher, die lediglich Statisten bleiben, κωφὰ πρόσωπα.

[18] Er formuliert, daß „der Angriff auf Caesar ... emotional, nicht logisch (ist)": Kommentarbemerkung zu 52,3, p. 567.

scheibe zu vermuten, nicht aber, wie Vretska, mit Caesar und „den Senatoren" unterschiedliche Adressaten.

In einem weiteren Fall verbindet Cato ohne Namensnennung eine Sachreplik auf Caesar mit einer lexikalischen Bezugnahme auf eine andere Passage in dessen Rede. Mit den Worten *nunc vero non id agitur, bonisne an malis moribus vivamus neque quantum aut quam magnificum imperium populi Romani sit* (52,10) polemisiert Cato unverkennbar gegen Caesars selbstkritische Feststellung *profecto virtus atque sapientia maior illis fuit, qui ex parvis opibus tantum imperium fecere, quam in nobis, qui ea bene parta vix retinemus* (51,42); die auffallende Doppelfrage *quantum aut quam magnificum imperium populi Romani sit* hingegen ist allem Anschein nach an eine binomische Formulierung Caesars in anderem Kontext angelehnt, nämlich an den Ausdruck *Rhodiorum civitas magna atque magnifica* (51,5). Mit der Kombination zweier verschiedener Passagen aus der Caesarrede läßt Sallust seinen Cato hier exakt dasselbe Verfahren anwenden wie an der Stelle 52,13: *Bene et composite C. Caesar paulo ante in hoc ordine de vita et morte disseruit, credo falsa existumans ea, quae de inferis memorantur.* Damit spielt Cato inhaltlich mit leichter Ironie auf 51, 20 an, wo Caesar über die Fragwürdigkeit einer Exekution der Verschwörer spricht: *de poena possum equidem dicere, id quod res habet, in luctu atque miseriis mortem aerumnarum requiem, non cruciatum esse; eam cuncta mortalium mala dissolvere; ultra neque curae neque gaudio locum esse.* Ein sprachliches Detail stammt jedoch, wie alle Kommentatoren mit Recht vermerken, aus 51,9: *plerique eorum, qui ante me sententias dixerunt, composite atque magnifice casum rei publicae miserati sunt.* Catos Doppelausdruck *bene et composite* ist klärlich ein etwas banalisierter Reflex von Caesars *composite atque magnifice*. Hier wie dort also dasselbe Modell: der Unterschied zwischen den beiden Passagen besteht lediglich darin, daß in der letzteren die Person, um deren Meinung es dem Sprecher geht, namentlich genannt wird, während die Polemik an der ersten Stelle anonym erfolgt; die Identifikation ihres Gegenstands ist aber dennoch unproblematisch.

Wir haben also schon jetzt mehr als genug Anhaltspunkte dafür, daß auch der erste Abschnitt von Catos Rede mit seiner nicht personalisierten Polemik sehr wohl einen speziellen Adressaten hat, nämlich Caesar. Er ist in Wahrheit die Zielscheibe der hier ganz heftigen, zum Teil auch ins Persönliche gehenden Attacke Catos, die durch die unbestimmte, bis auf eine Stelle pluralische Ausdrucksweise zweifellos etwas abgemildert wird. Sallust läßt seinen Cato eben diplomatisch verfahren und auf eine offene öffentliche Anprangerung Caesars, immerhin des in diesem Jahr 63 gewählten pontifex maximus und für 62 designierten Praetors, verzichten, die ihm als dem Jüngeren und der Rangordnung nach Niedrigeren auch schlecht angestanden wäre: Wem die Angriffe Catos eigentlich gelten, kann auch so niemandem entgehen, der den Text wirklich aufmerksam liest. Wir dürfen also festhalten, daß zwischen den §§12 und 13 zwar ein radikaler Umschlag im Ton des Sprechers eintritt,[19] nicht aber eine Änderung des Adressaten: der bleibt derselbe, nämlich Caesar, vorher zwar unter einer anonymen Mehrzahl versteckt, aber immer noch deutlich genug anvisiert, nachher direkt genannt.

Die Urheberschaft Sallusts an dieser doch bestimmt auffälligen Redestruktur ist nun aber keineswegs sicher. Wie so vieles andere konnte der römische Historiker nämlich auch dieses Detail bei seinem großen Vorbild Thukydides finden, und zwar in der Antwortrede des Diodotos (3, 42ff.) auf Kleon, der zuvor (3, 37ff.) die Athener beschworen hatte, bei ihrem drakonischen Strafbeschluß über die abtrünnig gewordene Stadt Mytilene zu bleiben, d. h. alle erwachsenen männlichen Einwohner zu töten und die Frauen und Kinder in die Sklaverei zu verkaufen: Demgegenüber empfiehlt Diodotos die Verhängung der Todesstrafe lediglich über die am Abfall Schuldigen – es sollten dies immer noch mehr als 1000 Männer sein[20]– und einen Generalpardon für die übrige Bevölkerung; er setzt sich mit diesem Antrag auch durch, wenn auch nur mit knapper Mehrheit (Thuk. 3, 49). Obwohl wir somit hier mit dem Sieg des milderen Standpunkts über die Scharfmacherei im Vergleich mit Sallust genau den entgegengesetzten Ausgang vorfinden, zeigen doch allein schon etliche zumindest sachlich ganz ähnliche Argumente des Kleon respektive Cato bzw. ihrer gemäßigten Antagonisten Diodotos und Caesar,[21] daß Sallust in diesem zentralen Abschnitt seiner Monographie dem griechischen Autor weit mehr verdankt als die Gestaltung der „Gesamtsituation".[22] Im Verein mit der in Caesars Warnung *Omnis homines, patres conscripti, qui de rebus dubiis consultant, ab odio, amicitia, ira atque misericordia vacuos esse decet. haud facile animus verum providet, ubi illa officiunt …* (Cat. 51, 1) liegenden klaren

---

[19] Auf den an Härte kaum zu übertreffenden Vorwurf, eine Begnadigung der Catilinarier käme der Vernichtung aller gutgesinnten Bürger gleich, folgt unmittelbar sogar ein ironisches Lob Caesars (*bene et composite C. Caesar …*), dann immerhin eine Auseinandersetzung in sachlicherem Tonfall.

[20] Vgl. Thuk. 3, 50, 1 ἦσαν δὲ ὀλίγῳ πλείους χιλίων.

[21] Sie sind bei Schmal 152f. in den Fußnoten 62–69 summarisch aufgelistet; vgl. auch Scanlon 102–108 mit den Anmerkungen 221–237 auf p. 233f.

[22] Vgl. W. Avenarius, Die griechischen Vorbilder des Sallust, SO 33 (1957), 48–86 (75), zustimmend zitiert von K. Vretska im Kommentar, 510.

Anspielung auf den Anfang der Diodotosrede[23] erscheinen die Parallelen zwischen den beiden Texten jedenfalls so schwerwiegend, daß man kaum nur von einer „möglichen Reverenz"[24] Sallusts gegenüber Thukydides sprechen darf, sondern wohl eine großflächige, bis ins Detail reichende Imitation anzuerkennen hat. In diesem Zusammenhang sollte man auch nicht übersehen, daß Sallust seinem Cato ja auch eine Aussage in den Mund legt, die einem von Thukydides unweit der Mytilenedebatte formulierten Wort engstens verwandt ist. Der Satz *quia ... malarum rerum audacia fortitudo vocatur* (Cat. 52, 11) im Rahmen der Klage über den Verfall der Wertbegriffe unter der „Überschrift" *iam pridem equidem nos vera vocabula rerum amisimus* ist ohne Zweifel[25] ein Erbstück aus der berühmten Reflexion über die Pathologie des Krieges im Anschluß an die Schilderung des Blutbades von Kerkyra: καὶ τὴν εἰωθυῖαν ἀξίωσιν τῶν ὀνομάτων ἐς τὰ ἔργα ἀντήλλαξαν τῇ δικαιώσει. τόλμα μὲν γὰρ ἀλόγιστος ἀνδρεία φιλέταιρος ἐνομίσθη (3, 82, 4).

Angesichts des, wie eben nachgewiesen, durchaus thukydideischen Gepräges des gesamten Sallustkontexts im Großen wie im Kleinen kann auch die in der Literatur bisher unbeachtet gebliebene Übereinstimmung Sallusts mit Thukydides im Hinblick auf den Aufbau der Reden des Cato und des Diodotos wohl nicht als zufällig betrachtet werden. Auch bei Thukydides nennt der zweite Redner den Namen seines Vorredners ja relativ spät, nämlich erst 3, 44, bei einem Beginn seiner Ausführungen in Kapitel 42. Aber schon bevor Diodotos in 3, 44, 3 καὶ τοῦτο ὃ μάλιστα Κλέων ἰσχυρίζεται sagt, setzt er sich mit diesem und seinen Argumenten kritisch auseinander, und zwar gleich von allem Anfang an und vorzugsweise unter Übernahme oder gegebenenfalls exakter Umkehrung des von seinem Gegner verwendeten Wortmaterials bzw. der von ihm gebrauchten syntaktischen Strukturen. Zur Veranschaulichung dessen schreibe ich einige wenige Beispiele aus. Diodotos eröffnet mit folgendem Satz: Οὔτε τοὺς προθέντας τὴν διαγνώμην αὖθις περὶ Μυτιληναίων αἰτιῶμαι, οὔτε τοὺς μεμφομένους μὴ πολλάκις περὶ τῶν μεγίστων βουλεύεσθαι ἐπαινῶ, νομίζω δὲ δύο τὰ ἐναντιώτατα εὐβουλίᾳ εἶναι, τάχος τε καὶ ὀργήν (42, 1). Damit greift er unverkennbar Kleons Aussagen von 38, 1 auf und an: Ἐγὼ μὲν οὖν ὁ αὐτός εἰμι

---

[23] Vgl. das Zitat am Ende dieser Seite.

[24] So Vretska übervorsichtig ibid. 511: „Natürlich hat S. seinen Thukydides gekannt, aber über eine mögliche Reverenz zu Beginn wird man nicht hinausgehen dürfen."; Kritik daran auch bei Scanlon 104.

[25] In diesem Sinne eindeutig K. Büchner in seinem nachgelassenen Aufsatz gleichen Titels (o. Anm. 11), 259; zu Unrecht auch hier skeptisch Vretska ad locum, Komm. 578.

τῇ γνώμῃ καὶ θαυμάζω μὲν τῶν προθέντων αὖθις περὶ Μυτιληναίων λέγειν καὶ χρόνου διατριβὴν ἐμποιησάντων, ὅ ἐστι πρὸς τῶν ἠδικηκότων μᾶλλον (ὁ γὰρ παθὼν τῷ δράσαντι ἀμβλυτέρᾳ τῇ ὀργῇ ἐπεξέρχεται …), θαυμάζω δὲ καὶ ὅστις ἔσται ὁ ἀντερῶν καὶ ἀξιώσων ἀποφαίνειν τὰς μὲν Μυτιληναίων ἀδικίας ἡμῖν ὠφελίμους[26] οὔσας … In der unmittelbaren Fortsetzung attackiert Kleon wie schon am Ende des vorangehenden Kapitels in demagogischer Form die Redner als Volksverführer: καὶ δῆλον ὅτι ἢ τῷ λέγειν πιστεύσας τὸ πάνυ δοκοῦν ἀνταποφῆναι ὡς οὐκ ἔγνωσται ἀγωνίσαιτ᾽ ἄν, ἢ κέρδει ἐπαιρόμενος τὸ εὐπρεπὲς τοῦ λόγου ἐκπονήσας παράγειν πειράσεται (38, 2). Darauf repliziert Diodotos scharf, im speziellen gegen die Unterstellung, der Redner könnte bestochen sein:[27] τούς τε λόγους ὅστις διαμάχεται μὴ διδασκάλους τῶν πραγμάτων γίγνεσθαι, ἢ ἀξύνετός ἐστιν ἢ ἰδίᾳ τι αὐτῷ διαφέρει … χαλεπώτατοι δὲ καὶ οἱ ἐπὶ χρήμασι προσκατηγοροῦντες ἐπίδειξίν τινα. εἰ μὲν γὰρ ἀμαθίαν κατητιῶντο … (42, 2f.). Das einschlägige Material ließe sich mühelos noch stark vermehren,[28] aber auch schon das hier gebotene macht zweifellos deutlich, was zu beweisen war, daß nämlich Diodotos gleich von Anfang an permanent auf seinen Widerpart und dessen Ansichten Bezug nimmt, auch wenn er Kleon erst nach geraumer Zeit namentlich benennt. Zu dessen Kennzeichnung bedient er sich davor aber auch nicht etwa präziser Antonomasien oder Periphrasen, sondern beläßt es bei scheinbar unbestimmten Pluralen bzw. Verallgemeinerungen, die gleichwohl nicht mißzuverstehen sind, da ihre Zielrichtung durch den Kontext eindeutig determiniert erscheint: vgl. τοὺς μεμφομένους, χαλεπώτατοι … οἱ ἐπὶ χρήμασι προσκατηγοροῦντες, κατητιῶντο bzw. ὅστις διαμάχεται, womit in allen Fällen, als der einzige andere Debattenredner, nur Kleon gemeint sein kann.

Die Parallelität dieses Textes zu Sallusts Catorede auch in diesem besonderen Punkte ist ebenso frappant wie auch für unser spezielles Untersuchungsziel beweiskräftig: Da im Kontext der oben aufgewiesenen nicht wenigen Thukydidesimitationen an eine spontane Genese ausgerechnet dieser Parallele sicherlich ganz zuletzt gedacht werden darf, vielmehr alles für eine Übernahme auch dieses Details durch Sallust spricht, erscheint wohl auch unsere Identifikation von Catos Angriffsziel von außen her gesichert: In Anlehnung an den großen attischen Geschichtsschreiber, bei

---

[26] Darauf bezieht sich Diodotos 42, 4: ἥ τε πόλις οὐκ ὠφελεῖται ἐν τῷ τοιῷδε.

[27] Dazu A. W. Gomme, A Historical Commentary on Thucydides, Bd. II zu B. 2 u. 3, repr. Oxford 1966, 303 ad κέρδει ἐπαιρόμενος: „The words do not necessarily imply bribery, or more than selfish ambitions; but Kleon doubtless meant the former.“

[28] Vgl. den Kommentar von Gomme zu folgenden Stellen: 42, 2 (εὖ μὲν εἰπεῖν), 43, 2, 43, 4 (ὑπεύθυνον), 44, 4 (τῷ εὐπρεπεῖ τοῦ ἐκείνου λόγου), 45, 7 (πολλῆς εὐηθείας).

dem Kleon in den Formulierungen seines Widersachers Diodotos vorerst in einer unbestimmten Pluralität aufgeht, ließ also auch Sallust Cato seinen Gegner Caesar zunächst nicht direkt angreifen, sondern sich dazu auf den ersten Blick unbestimmter Plurale bzw. eines indefiniten Pronomens bedienen. Auch diese Camouflage ist jedoch ganz bewußt durchsichtig angelegt und verhüllt Caesar, den echten, einzigen Adressaten der anonymen Schelte, höchst notdürftig; nur wenige moderne Leser ließen sich von der ihr Objekt doch so eindeutig kennzeichnenden Unkonkretheit der Ausdrucksweise Catos bei Sallust täuschen, als deren Modell die des Diodotos bei Thukydides gedient hat.

WIENER STUDIEN, Band 118/2005, 91–116
© 2005 by Österreichische Akademie der Wissenschaften Wien

DAVID H. SICK / MEMPHIS, TENNESSEE

Apuleius, Christianity, and Virgin Birth

Postremo Apuleius ipse numquid apud Christianos iudices de magicis artibus accusatus est?[1]

Thus writes Augustine in the City of God as he rails against the cultivation of *daimones* as ineffectual if not harmful to humans. He makes reference to the famous trial of 158 or 159 A. D. in Sabratha in which the Platonic philosopher and novelist Apuleius was charged with practicing magic in order to seduce and then swindle his wife Pudentilla.[2] The bishop intends his audience to respond to his rhetorical question with, „No, of course Apuleius was not indicted before a jury of Christians. He came before a group of pagans." This admission would prove the case against *daimones*, for if the philosopher Apuleius, who extolled daimonic powers in his De Deo Socratis, was ashamed to argue before a jury of pagans that magic inspired by *daimones* was a noble art, but rather claimed that he did not practice magic, surely these spirits were not to be honored. Apuleius, in Augustine's proposal, would have openly admitted that he was a user of these arts, if he thought them honest and virtuous. If even pagans as noteworthy as Apuleius are ashamed of *daimones* and their products, surely they must be a wicked power.[3]

Of course we do not know whether there were any closeted Christians among the judges at Apuleius' trial. Certainly the presiding official, Claudius Maximus, seems an unlikely candidate. As one of the mentors of

---

[1] August. CD 8, 19. Other than Apuleius' own works, Augustine is the best ancient source for the life of Apuleius. See M. T. Horsfall Scotti, Apuleio tra magia e filosofia: la riscoperta di Agostino, in: *Dicti studiosus* (FS S. Mariotti), Urbino 1990, 295–320.

[2] For the date of the trial, see J. Guey, Au théâtre de Leptis Magna. Le proconsulat de Lollianus Avitus et la date de l'Apologie d'Apulée, REL 29 (1951), 307–317.

[3] Augustine's attack on Apuleius does not seem to have been at random. Along with Apollonius of Tyana Apuleius seems to have been developing a devoted following, particularly in North Africa. See Ep. 138, 18: *quis autem vel risu dignum non putet, quod Apollonium et Apuleium ceterosque magicarum artium peritissimos conferre Christo vel etiam praeferre conantur?*

the emperor Marcus Aurelius he receives high praise in the Meditations
(1, 15. 16. 17; 8, 25) from the author, who seemed to consider Christians
suicidal maniacs.[4] Yet, among the other judges or the audience assembled
to hear the skilled rhetor defend himself in the biggest trial ever to be held
at Sabratha, would not a Christian or two have slipped in to see what was
going to happen to a famous man accused of strange religious practices?[5]
After reading Apuleius' extant works, one would probably answer that
question, with a resounding, „No", since he seems so oblivious to this
growing religious/political movement. He uses neither the word Christian
nor any related term. He does know something of Judaism calling the Jews
superstitiosos at Florida 6, 1, an insult also hurled at the Christians,[6] and in
the Apology he refers to Moses and a certain Iohannes in a list of famous
magicians (90, 6). Furthermore, in book nine (9, 14) of the Metamorphoses
the narrator describes the wife of a baker, who „with all the divine powers
trampled and spurned ... proclaimed one god only".[7] The soul of this
woman is described as a *caenosam latrinam* into which every vice had
flowed. The proclamation of a single god makes the baker's wife a
candidate for either Judaism or Christianity, with Christianity being more
likely since the descriptive phrases *in vicem certae religionis, praesumptione dei*, and *confictis observationibus* imply that the cult has been a
recent invention.[8] The closest Apuleius comes to an explicit reference to

---

[4] See 11, 3. There are two caveats here, however. (A) It cannot be established with
complete certainty that the Claudius Maximus in the Apology is the same individual
mentioned in the Meditations and in HA 4, 3, 2. The argument in favor of a common
identity is one of likelihood. Could there have been two Claudii Maximi under Pius,
one a consul and subsequently proconsul, the other a guide and confidant to Marcus in
his public life, but both holding a strong interest in philosophy? See RE 3, 2772/2773;
A. Farquharson, The Meditations of the Emperor Marcus Aurelius, Oxford 1944,
2, 463; E. Champlin, Fronto and Antonine Rome, Cambridge, Mass. 1980, 32/33; V.
Hunink, Apuleius of Madauros Pro Se De Magia, Amsterdam 1997, 2, 10. (B) It has
been argued that Marcus' sole mention of the Christians is an interpolation. There is not
a genuine textual problem here. A rather circular argument claims that Marcus would
not use the vulgar term ‚Christians', and therefore this mention must not have been
made by Marcus. See Farquharson, 2, 859.

[5] A few have proposed that the accuser, Sicinius Aemilianus, was portrayed as a
Christian by Apuleius. He is, in fact, described as an irreligious man who hides away in
the dark (Apol. 16, 13; 56, 4) — a stereotypical characterization of Christians. For
bibliography, see n. 62.

[6] Plin. Ep. 10, 96, 8/9; Tac. Ann. 14, 44, 4; Suet. Nero 16, 2.

[7] 9, 14, 4: *Tunc spretis atque calcatis divinis numinibus in vicem certae religionis
mentita sacrilega praesumptione dei, quem praedicaret unicum ...*

[8] See D. Tripp, The baker's wife and her confidante in Apuleius Met. IX, 14ff.:
some liturgiological considerations, Emerita 56 (1988), 245–251, esp. 251.

Christianity is found in the aforementioned list of magicians in the Apology. If we accept a proposed emendation to that locus, Jesus himself is named as well. The text there is in fact flawed and in need of an alternate reading.[9]

If, then, we wish to consider Apuleius' attitude toward Christianity, and we must do so in this piece on virgin birth in the tale of Cupid and Psyche, we are, for the most part, left arguing from silence. The argument from silence is, of course, an inherently hazardous tactic, as we can never determine certainly the cause or meaning of any silence. Yet, in the case of Apuleius and Christianity, it is a silence which cries out for explanation. Given what we know of Apuleius' life and works, it seems he should mention Christians and Christianity. That statement calls first for an explanation, and then secondly I will move on to my specific claims about virgin birth in Cupid and Psyche.

Let us go back to the trial of Apuleius and put that event in an historical context, relating it to pagan knowledge of Christian cult. At 159, Pliny's famous letter asking Trajan for direction in managing the Christian problem in Bithynia-Pontus was forty-nine years old,[10] and Hadrian's response to Minicius Fundanus, proconsul of Asia, concerning the same matter was thirty-six.[11] The church at Rome had suffered through several crises in the 150s: Marcion and Valentinus emigrated to the city in the 140s or earlier;[12] their sects grew and flourished there despite the expulsion of the founders from the orthodox community.[13] M. Cornelius Fronto, the

---

[9] See Hunink, 2, 223, for a discussion of the proposed emendations and bibliography.

[10] Following A. N. Sherwin-White, The Letters of Pliny, Oxford 1966, 691, dating the letter at 110 A. D.

[11] Hadrian's letter is found in Just. Apol. 1, 68, and Euseb. HE 4, 9. AÉ 1957, 17 establishes the dates of Fundanus' proconsulship by establishing for certain the dates of his successor.

[12] According to Iren. Adv. Haer. 3, 4, 3, Valentinus came to Rome under Pope Hyginus and thrived under Pius; he claims at the same locus that the teacher of Marcion, Cerdo, was also active under Hyginus. According to Tert. Praes. Haer. 30 both were active at Rome during the principate of Antoninus and were at first apud ecclesiam Romanensem, but, just as Lucius the ass, their inquietam curiositatem led them astray. In Tertullian's account, Marcion and Valentinus were thrown out of the church on more than one occasion. See G. Lüdemann, Zur Geschichte des ältesten Christentums in Rom, ZNW 70 (1979), 86–114, esp. 86–97; he does not, however, accept the tradition that Valentinus was excommunicated.

[13] According to Irenaeus (Adv. Haer. 3, 3, 4) it was up to Polycarp to reclaim Valentinus' followers when he arrived in Rome in 154/155 A. D., although we assume, given the long list of attacks from orthodox theologians through the fourth century (e. g.

tutor of Marcus Aurelius and a native of Cirta in Africa, had given a
speech against the Christians, accusing them of incestuous orgies.[14]
Polycarp, the Bishop of Smyrna, had visited the city in 154 or 155 but was
executed soon after he returned home.[15] In 156 or 157, perhaps in reaction
to the execution of Polycarp and other Christian deaths, Justin Martyr
published his letter(s) explaining and defending the practices and beliefs of
his sodality;[16] he boldly addressed these pleas to the Emperor Antoninus,
his adopted sons Marcus and Lucius, and the Senate and People of Rome
(Ap. 1, 1). Just previous to the writing of these apologies, the prefect of
Rome, Q. Lollius Urbicus, had tried and executed the Christian teacher
Ptolemaeus, an acquaintance of Justin.[17] Urbicus, another Cirtan and a
veteran of the Bar Kochba rebellion (CIL 8, 6706), was known to Apuleius
and is praised at Apology 3, 1 as a man of *aequitas*. If Urbicus was not
present at the trial in Sabratha, he had at least communicated with our
defendant about past crimes of the prosecution.[18] The dating of this last
sequence of events requires some speculation, but, if we accept the
conventional wisdom, we must acknowledge a flurry of political activity
with regard to Christianity just prior to Apuleius' trial at Sabratha:
Polycarp comes to Rome in 155; he returns to Smyrna and is executed in
156; at about the same the trial of Ptolemaeus is conducted by Urbicus; just

---

Marcellus of Ancyra), Polycarp was not entirely successful. Justin Martyr (Apol. 1, 26),
writing in 156, claimed that Marcion was still active in Rome and that his doctrines had
spread to all parts of the empire.

[14] The speech is no longer extant, but an excerpt has been preserved in the Octavius
of Minucius Felix. See Champlin, 64–66, who cautions against the assumption of an
entire speech against the Christians.

[15] For the trip to Rome, see Iren. Haer. 3, 4, 3, Euseb. HE 5, 24, 16/17, and A. v.
Harnack, Geschichte der altchristlichen Literatur, repr. Leipzig 1958, 345. For the date
of the execution, see the discussions in H. Musurillo (ed. and transl.), The Acts of the
Christian Martyrs, Oxford 1972, XIII–XV, and J. Stevenson (ed.), A New Eusebius,
W. H. C. Frend (rev. and ed.), Cambridge [2]1987, 29; alternatively, T. D. Barnes, A Note
on Polycarp, JTS 18 (1967), 433–437.

[16] R. M. Grant, Greek Apologists of the Second Century, Philadelphia 1988, 52–54,
suggests that the apologies were published soon after the death of Polycarp in 156
because of Justin's insistence on a fiery punishment for the wicked in fulfillment of a
curse of Polycarp. It seems that the two extant apologies were originally part of the
same document.

[17] The martyrdom is recounted at the beginning of Justin's so-called Second
Apology and is described as καὶ τὰ χθὲς δὲ καὶ πρώην ἐν τῇ πόλει ὑμῶν γενόμενα ἐπὶ
Οὐρβίκου, ὦ Ῥωμαῖοι, καὶ ...

[18] Apol. 2/3. See B. Baldwin, Apuleius and the Christians, LCM 14 (1989), 55;
Champlin, 14/15; Hunink, 1, 18; 2, 17. Urbicus may have been a proconsul of Africa,
since his past judicial authority in Africa is implied by Apuleius.

after the trial in 156 or 157 Justin publishes his defense; meanwhile, Apuleius communicates with Urbicus some time prior to his trial of 158 or 159. Through conversations with any of the above individuals, particularly his fellow Africans, or the gossip for which Roman elite are infamous, or the public disputes between the various Christian sects, Apuleius must have been aware of the rise of the new movement. He himself spent some portion of late 140s or early 150s in Rome[19] and cultivated the connections he had or made there, as the example of Urbicus demonstrates.[20]

What's more, at 159, Apuleius' trial was just on the temporal edge of the explosion of the Christian movement in the philosopher's own beloved Africa. Although the tradition that the first African martyrs were from his hometown, Madaura, has proven false,[21] Apuleius still should have encountered Christians there or at numerous other sites in the province or its neighbors. Alexandria would have been a likely site for such an encounter, had Apuleius made it there in 156 or 157, had his trip not been interrupted at Oea by the courtship and marriage of Pudentilla (Apol. 72, 1). In Alexandria, he might have heard Basilides or his son Isidore, offering instruction in one of the oldest schools of Christo-Platonic Gnosticism.[22] Basilides himself recounts a tale of a Light-Virgin, whose curiosity, much as that of Psyche, compels her to look into the darkness.[23] We must imagine that Apuleius made other successful trips to that city of learning.[24] In twenty years from 159, the Scillitan martyrs would be tried and executed at Carthage before the proconsul Vigellius Saturninus,[25] where, in

---

[19] V. Hunink, Apuleius, Pudentilla, and Christianity, VC 54 (2000), 80–94, esp. 88. K. Dowden, The Roman Audience of the Golden Ass, in: J. Tatum (ed.), The Search for the Ancient Novel, Baltimore 1994, 422–425; P. G. Walsh, The Roman Novel, Cambridge 1970, 248–251.

[20] See also Fl. 17,4 where Apuleius brags of his reputation among the friends of the proconsul Scipio Orfitus both in Africa and at Rome.

[21] See J. H. Baxter, The Martyrs of Madaura, A. D. 180, JTS 26 (1925), 21–37; T. D. Barnes, Tertullian, Oxford 1971, 261/262. The tradition arose from a misinterpretation of August., Epp. 16 and 17.

[22] According to Clem. Strom. 1,17,106, Basilides flourished under Hadrian and Antoninus; his son succeeded him as head of the school. See REA 1, 1217–1225, and K. Rudolph, Gnosis, P. W. Cox et alii (transl.), San Francisco 1983, 309–313.

[23] See the addendum (67) to the Acta Archelai of Hegemonius, C. H. Beeson (ed.), Leipzig 1906, 95–97. The similarity in the two tales was noted by G. Quispel, Gnostic Studies I, Istanbul 1974, 107.

[24] Apol. 57 implies that traveling to Alexandria was a common practice among the elite of N. Africa.

[25] The Passio Sanctorum Scillitanorum provides its own date; the proconsul is also named by Tertullian at Scap. 3,4. See Musurillo, xxii/xxiii and 87–89.

fact, Apuleius spent the 160s as a famous orator and an acquaintance of proconsuls.[26] The document which records the death of these twelve men and women from a small African town also reveals a well-developed church with a Latin Bible (Scil. 6, 7) and adherents who can cite it at memory (Scil. 12). The lines of conflict with the traditional religion have already been drawn as well: neither the proconsul nor the accused consider the Christians to be Roman, despite their conservative, Latin names.[27] Such a separation of a single ethnic, religious, and/or political group into two distinct bodies would take years to occur, and the fact that the proconsul assumes the distinction implies it has been the status quo for some time. Forty years after the trial of Apuleius, the Christians and the imperial government would come into open conflict in Africa and Egypt. In 203,[28] Perpetua and her companions would be arrested at Thuburbo; Origen's mother would be hiding his clothes at Alexandria, and Clement would flee the same city soon afterwards.[29] Writing in 212 to the proconsul Scapula, Tertullian claims that if the Christians are to be punished, the proconsul will have to decimate the city of Carthage. If the phrase *Carthago ipsa* ...

---

[26] See Fl. 9 and RE 2, 2, 1929, for Cocceius Severianus Honorinus and his son; see Fl. 16 and RE 4, 1, 75/76, for Strabo Aemilianus, a consular and potential proconsul of Africa who was instrumental in the erection of a statue to Apuleius in Carthage; see Fl. 17 and RE 4, 1507–1509, for Ser. Cornelius Scipio Salvidienus Orfitus, by whom *cives ... servati* (17, 22). The latter expression is intriguing but unexplained. As there were no military actions in Africa in the 160s to what does it allude? A Christian persecution? At Fl. 9, 31 and 15, 27 Apuleius claims to have been praised by all the consuls he has known: *Non hercules penuria laudis, quae mihi dudum integra et florens per omnes antecessores tuos ad te reservata est* (9, 31).

[27] Note the *nos* vs. *vos* language used by the proconsul in sections 2–5: *nos religiosi sumus ... per genium domini nostri ... supplicamus, quod et vos quoque facere debetis*. The Christians simply keep repeating the phrase *Christiana/us sum* (9, 10, 13), when asked to accept traditional Roman beliefs.

[28] 203 is the traditional date and not fully proven. The martyrdom text (7, 9) claims that the martyrs were executed during games celebrating the birthday of the Caesar Geta. See Barnes, Tertullian, 263–267.

[29] These events, as recounted in Euseb. HE 6, 2, 4/5, 3, 1, 6, 1, occurred during the Severan persecution, but 203 may not be the exact date; see T. D. Barnes, Legislation against the Christians, JRS 58 (1968), 32–50, esp. 40/41. Origen's mother hid his clothes to keep him from leaving the house and thereby save him from martyrdom. Clement and the other church leaders left the city during the persecution. The veracity of Eusebius regarding Origen is defended by Barnes, Constantine and Eusebius, Cambridge, Mass. 1981, 82/83, and H. Crouzel, Origen, A. S. Worrall (transl.), San Francisco 1989, 6/7. Greater skepticism should be used in evaluating Eusebius' accounts of Clement. See A. v. d. Hoek, The ‚Catechetical‘ School of Early Christian Alexandria and its Philonic Heritage, HThR 90 (1997), 59–87.

decimanda a te (Scap. 5, 4) is taken literally, and that verb generally should be, Tertullian is alleging the population of the city to be one-tenth Christian.[30] Just after the Decian persecution (249/ 250), Cyprian (Laps. 8) laments the number of lapsed Christians in the same city; apparently, there were so many Christians that the apostates could not all sacrifice in one day when commanded to do so. Although both bishops have reason to exaggerate the relevant numbers, we can have confidence that Christianity was a recognized institution in N. Africa by the beginning of the third century whose identifiable formative stages must have occurred within Apuleius' lifetime.[31]

Several of Apuleius' colleagues in the Second Sophistic had in fact put forth their views regarding the Jesus cult by the second half of the second century. By 159, the philosopher and doctor Galen had studied in Alexandria, had returned to his home Pergamum with its magnificent Asclepieum, where he was a frequent and interested visitor, and was soon to leave for Rome.[32] Galen considered Moses and Jesus to be leaders of sects which accepted doctrines without evidentiary proof, and, just as his patron Marcus Aurelius,[33] he thought Christians were quick to die.[34] Apuleius, as an orator, hymnist,[35] and priest of Asclepius[36] and *medicinae neque instudiosus neque imperitus* (Apol. 40, 1), might have encountered Galen at any of the above locations. Apuleius certainly spent time in Rome, almost certainly went to Alexandria, and probably visited Pergamum.[37] Moreover, since both men were Platonists, often working on similar if not identical subjects, such as their treatments of the Phaedo and Republic,[38] they might have come to know each other through their

---

[30] See Barnes, Tertullian, 69/70, for the evidence to be gleaned from this letter for the numbers of Christians in Africa.

[31] See R. Stark, The Rise of Christianity, Princeton 1996, for a social scientist's attempt to chart the growth rate of the early Christian church. His progression (7) posits that 0.36% of the population of the empire would have been Christian in the year 200, although the percentage would be higher in certain urban areas (129–145). Tertullian's number is obviously significantly higher.

[32] V. Nutton, The Chronology of Galen's Early Career, CQ 23 (1973), 158–171.

[33] Praen. 9, 5–7; 11, 1–10; 12, 1–9; Lib. Prop. 2.

[34] UP 11, 14; Puls. 2, 4; 3, 3. The other pertinent passages survive only in Arabic; see R. Walzer, Galen on Jews and Christians, Oxford 1949.

[35] See Apol. 55, 10 for the speech at Oea and Fl. 18, 37–43 for the bilingual hymn and dialogue presented at Carthage.

[36] J. B. Rives, The Priesthood of Apuleius, AJPh 115 (1994), 273–290.

[37] For Rome and Alexandria, see n. 19 and n. 24; for Pergamum, S. J. Harrison, Apuleius: a Latin Sophist, Oxford 2000, 6.

[38] Walzer, 15, 89–96; Harrison, 23–25.

writings. The tendency toward suicide, or a willingness to die needlessly, is perhaps the most frequent criticism made against the Christians by intellectuals of the period.[39] Epictetus, following Stoic doctrine and perhaps influencing Marcus' opinion on the subject,[40] implied that the Christians pursued death not according to the divine Logos but „out of habit" and even a certain madness (Arr. Epict. 4, 7, 6). Lucian, in typically satirical fashion, creates a caricature of the erstwhile Christian Peregrinus who immolated himself after the Olympic games of 165.[41] The final scene in Lucian's tale (Pere. 39–41) is striking for its thematic connections to the death of Jesus as told in the gospels.[42] The narrator fabricates a resurrection of Peregrinus and recounts it to the martyr's gullible followers; he claims that at the death there was a shaking of the earth and that a vulture rose from the pyre into the heavens proclaiming, in a human voice, to be bound for Olympus. Soon after the fictive details have been related, individuals report seeing the transfigured Peregrinus dressed all in white.[43]

The most extensive extant, or nearly-extant, critique of Christianity of the second century comes from another Middle Platonic philosopher, Celsus.[44] His Ἀληθὴς Λόγος was published at about the same time as the Metamorphoses[45] and shares two points with Apuleius' subtle critique:

---

[39] See additionally Or. Cels. 8, 65, and for a discussion, see V. Schmidt, Reaktionen auf das Christentum in den Metamorphosen des Apuleius, VC 51 (1997), 51–71, esp. 59–64.

[40] See 11, 34–38 for Marcus' account of Epictetus' attitude toward death.

[41] See C. P. Jones, Culture and Society in Lucian, Cambridge, Mass. 1986, 124/125, for the date.

[42] H. Dieter Betz, Lukian von Samosata und das Neue Testament, Berlin 1961, 118–126. Note that contemporary Christian sources consider Peregrinus a pagan. M. J. Edwards, Satire and Verisimilitude: Christianity in Lucian's Peregrinus, Historia 38 (1989), 89–98, esp. 92–93.

[43] The white or brilliant dress is found in the accounts of the resurrection in all four gospels (Matt. 28, 3; Mark 16, 5; Luke 27, 4; John 20, 12), and earthquakes accompany the death and resurrection of Jesus in Matthew (27, 51; 28, 2). Celsus (2, 55) also knows of a version of the resurrection with an earthquake. I read the vulture, although it certainly resonates with the traditional pagan mythology of the phoenix, as an inversion of the dove descending on Jesus at his baptism; a voice accompanies both miracles (Matt. 13, 16/17; Mark 1, 10/11; Luke 3, 21/22; John 1, 32/33). See also Or. Cels. 1, 40.

[44] The work of Celsus is quoted extensively in Origen's Contra Celsum, but even Origen is uncertain of the basic facts of his opponent's biography. H. Chadwick (ed. and transl.), Origen: Contra Celsum, Cambridge 1965, xxiv–xxix; R. J. Hoffmann (ed. and transl.), Celsus On the True Doctrine, Oxford 1987, 29–33; M. Frede, Celsus philosophicus Platonicus, in: ANRW 2, 36, 7 (1994), 5183–5213.

[45] Determining the dates of both works requires some speculation. The Metamorphoses is generally viewed as written after the Apology, but not all agree. See P. G.

first, Celsus explains Jesus' miracles as an effect of magic (1, 28. 38. 68; 2, 30. 32. 48. 55, etc.), in keeping with the list of magicians given in the Apology, and secondly, he believes the virgin birth to be a lie invented to sanitize the adultery of the mother of Jesus (1, 28. 32. 39). Apuleius' notion of virgin birth will be discussed below; for now, note that the story was accessible to an educated, non-Christian of the second century. In fact, Celsus and/or Origen[46] claim it to be one of the most famous doctrines of the new cult: „Who has not heard of the birth of Jesus from a virgin and his crucifixion and resurrection, believed by many ...".[47]

So, in sum, matters involving and concerning Christians must have been happening all around Apuleius. Perhaps, however, he was just the sort of person simply not interested in novelties in general or new religious phenomena specifically. The evidence is strongly to the contrary. Apuleius was a man of immense curiosity, even as he warned his characters against it. This was a man who „gave an assignment not only to fishermen but even to (his) friends, so that, anyone who came upon an obscure species of fish, would either describe the form of it or show it (to him), if possible, alive or dead."[48]

With regard to religion, this was a man who was not only a devotee of Asclepius and knew intimately the cult of Isis as described in the last book of the Metamorphoses, but who was also familiar with the Galli of Cybele (Met. 8, 25 – 30; 9, 8 – 10), the magi of Persia (Apol. 25/26), and the Brahmans of India beyond (Fl. 15, 16 – 18), who seems to have carried a small statue of Egyptian Hermes Trismegistus with him wherever he went,[49] and who wrote that each individual has a daimon which „dwells in

---

Walsh (ed. and transl.), Apuleius. The Golden Ass, Oxford 1994, xix /xx; Harrison, 9/10, 250 – 252; for the counterarguments, see Dowden, Roman Audience (n. 19 above). For the dating of the True Account, see H.-U. Rosenbaum, Zur Datierung von Celsus' ΑΛΗΘΗΣ ΛΟΓΟΣ, VC 26 (1972), 102 – 111. A date in the 170s is reasonable for both.

[46] Chadwick, 10, attributes the statement to Origen, while Hoffmann, 54, believes it to have originally been Celsus'.

[47] 1, 7: τίνα γὰρ λανθάνει ἡ ἐκ παρθένου γέννησις Ἰησοῦ καὶ ὁ ἐσταυρωμένος καὶ ἡ παρὰ πολλοῖς πεπιστευμένη ἀνάστασις αὐτοῦ ...;

[48] Apol. 33, 3: ... non piscatoribus modo, verum etiam amicis meis negotio dato, quicumque minus cogniti generis piscis inciderit, ut eius mihi aut formam commemorent aut ipsum vivum, si id nequierint, vel mortuum ostendant.

[49] See Apol. 63/64, and the discussion of H. Münstermann, Apuleius: Metamorphosen literarischer Vorlagen, Stuttgart 1995, 196 – 200. Interestingly, R. Merkelbach, Eros und Psyche, Philologus 102 (1958), 103 – 116, esp. 103/104, and Roman und Mysterium in der Antike, Munich 1962, 4/5, believes Cupid in the Metamorphoses represents Egyptian Harpocrates/Horos.

the deepest recesses of the mind as a conscience."[50] Of course, there is some question as to what category Apuleius would have assigned the Christians and their new movement. If he held an opinion similar to other pagan intellectuals, he may have considered Christians to be members of a secret cult or political association, albeit a perverse and politically dangerous one.[51] To the extent he thought their association a religious one, it is likely that he knew of and evaluated Christianity, for our philosopher was a fanatic of mystery cults:

„I have participated in several mysteries of the sacred in Greece, and I guard carefully certain symbols and tokens of these given to me by the priests. I am saying nothing unusual or unknown. Those of you who are present, who are initiates of Bacchus only, know what you have hidden at home and worship apart from all the uninitiated. I, however, as I said, out of a desire for truth and duty to the gods, have learned complex mysteries, very many rites, and various ceremonies."[52]

Remarkably, Apuleius mentions by name the cult of Bacchus, the classic example given by scholars as the organization which set the precedent for the treatment of and attitude toward Christianity on the part of the Roman elite.

We have reviewed the many and significant reasons why Apuleius should have known of Christianity, and yet we are still left with his ostensible silence on the matter. What are we to do with this silence? If the silence is not one of ignorance or brought about by chance through the loss of Apuleius' works, we are left with the conclusion that the silence is intentional, but to what intent? The determination of authorial intent is, of course, as problematic as the argument from silence, but the starting point in the discussion of Apuleius' agenda with regard to Christianity must be a proof that his silence about that cult is only ostensible not actual. The possibility that Apuleius at times covertly and mockingly criticizes Christianity has been suggested by several scholars using various means of proof. P. G. Walsh, for example, has suggested on several occasions that

---

[50] Soc. 16 (156): *in ipsis penitissimis mentibus vice conscientiae deversetur*.

[51] The classic work (of the modern era) on pagan perceptions of early Christian cult is S. Benko, Pagan Criticism of Christianity during the first two centuries A.D., in: ANRW 2,23,2 (1980), 1055–1118; see, in particular, 1108/1109.

[52] Apol. 55,8: *Sacrorum pleraque initia in Graecia participavi. Eorum quaedam signa et monumenta tradita mihi a sacerdotibus sedulo conservo. Nihil insolitum, nihil incognitum dico. Vel unius Liberi patris mystae qui adestis, scitis quid domi conditum celetis et absque omnibus profanis tacite veneremini. At ego, ut dixi, multiiuga sacra et plurimos ritus et varias cerimonias studio veri et officio erga deos didici.*

one of the foremost goals of the Metamorphoses was to promote Isiac cult over a growing Christian movement in Africa. According to Walsh, the ass of the Metamorphoses is to be connected to Christianity by a common misconception among pagans: many pagans believed that Christians worshipped an ass's head.[53] Most studies which posit a secret Apuleian agenda against Christianity have focused on the language used in the characterization of the baker's wife at Met. 9, 14.[54] The religion of the woman can be established definitely by comparing the vocabulary of the locus with that of other pagan critiques of Christians, and thereby, because of the vile character of this representative adherent to the cult, Christianity is humorously and bitingly ridiculed. Léon Herrmann, despite his bold claim elsewhere that Apuleius himself was suspected of Christian sympathies,[55] first pointed out that the passage shares several derogatory terms with Tacitus' account of Nero's persecution (Ann. 15, 44) and Pliny's letter to Trajan.[56] Marcel Simon, in response to Herrmann, proposed that the list of the woman's vices corresponded to those listed by Paul at 1 Cor. 5, 11.[57] Barry Baldwin advanced the discussion by providing a more definite reason to select a source from which to search for verbal resonance. He noted the presence of the prefect Urbicus (for whom, see above) in both Apuleius' Apology and the Martyrdom of SS. Ptolemaeus and Lucius. The primary female character in the latter text is a Roman matron who, before her conversion to Christianity, shares many of the vices of the baker's wife.[58] David Tripp, emphasizing the role of the wife's female accomplice in the baker's tale, believes that their shared drunken binges might be a reference to the early Christian practice of bringing the Eucharist to absentees.[59] Viktor Schmidt has made the most extensive

---

[53] P. G. Walsh, Lucius Madaurensis, Phoenix 22 (1968), 143–157, esp. 151–153; Roman Novel (n. 19 above), 186–189; The Golden Ass (n. 45), xxxvi–xxxix. He uses Tert. Apol. 16 as evidence for the misconception.

[54] See Barnes, Tertullian, 60, 272/273; Benko, 1090/1091, in addition to those studies discussed herein.

[55] L. Herrmann, Le procès d'Apulée fut-il un procès de christianisme?, Revue de l'Université Libre de Bruxelles 4 (1952), 339–350; Le dieu-roi d'Apulée, Latomus 18 (1959), 110–116.

[56] L. Herrmann, L'Ane d'or et le christianisme, Latomus 12 (1953), 188–191. He reconciled the seemingly contradictory claims by alleging the criticism of Christianity to have come from Apuleius' source.

[57] M. Simon, Apulée et le christianisme, in: Mélanges d'histoire des religions offerts à Henri-Charles Puech, Paris 1974, 299–305.

[58] B. Baldwin, Apuleius, Tacitus, and the Christians, Emerita 52 (1984), 1–3 and Apuleius (n. 18 above), 55. Musurillo (n. 15), 38, for the martyrdom.

[59] Tripp (n. 8 above), 251–254.

linguistic analysis of the passage to date. Tracing such rare terms as *obstinatio*, *praedicare*, *unicus*, and *inreligiosus* from Apuleius to their later adoption by Christian authors, Schmidt posits a „religiöses Streitgespräch" from which the philosopher drew and thereby implied a critique of Christianity.[60] Recently Vincent Hunink, convinced that the matter of the baker's wife has been decided, has applied Schmidt's methodology to Apuleius' minor works. Although he finds no definite allusions to Christianity in the rest of the corpus, he calls Apuleius' language „consciously non-Christian."[61] Hunink has, moreover, revived the proposal that Apuleius intends his audience to suspect the primary accuser in the trial at Sabratha, Sicinius Aemilianus, to be a Christian, for Apuleius describes him as both atheistic and secretive (Ap. 16, 13; 56, 3 – 7).[62]

There are a few outliers among the works concerning Apuleius and Christianity. Two scholars have noted Gnostic themes and characters in the story of Cupid and Psyche. Ken Dowden, describing the various schools of philosophy and theology active in Rome in the 150s, detects an intentional resemblance between Apuleius' tale and the myth of Sophia Achamoth, attributed to Valentinus' student Ptolemaeus.[63] M. J. Edwards, as Dowden, emphasizes the multiple possible readings of Cupid and Psyche – Middle Platonic, Near Eastern, as well as Gnostic.[64] Notably, among Gnostic texts, the Origin of the World, found at Nag Hammadi, recounts the birth of Eros from the blood of the virgin (NH II, 5, 108/109) and the parallel presence of Love, the Soul, and a lamp.[65] Neither of these authors claim that Apuleius condemns Gnosticism but view that movement as closely related to Middle Platonism.

Danuta Shanzer, who also focuses on the tale of Cupid and Psyche but does not take up Gnostic themes, has provided the foundation for our proposal. In a 1990 article in Zeitschrift für Papyrologie und Epigraphik Shanzer argued that Apuleius was familiar with the content of the Prot-

---

[60] Schmidt (n. 39).

[61] Hunink, Apuleius, Pudentilla (n. 19), 80 – 86.

[62] Ibid., 88/89, 92/93, and earlier E. Griste, Un christiano di Sabratha, RSC (1957), 35 – 39; A. Birley, Apuleius: Roman Provincial Life, History Today 18 (1968), 629 – 636, esp. 636; Benko, 1090/1091; Tripp, 246/247; Barnes, Tertullian, 271/272, disagrees.

[63] See K. Dowden, Psyche and the Gnostics, in: B. L. Hijmans Jr. and V. Schmidt (edd.), Symposium Apuleianum Groninganum, Groningen 1981, 157 – 164; and Cupid and Psyche: A Question of the Vision of Apuleius, in: M. Zimmerman, V. Hunink, et alii (edd.), Aspects of Apuleius' Golden Ass II, Groningen 1998, 1 – 22.

[64] M. J. Edwards, The Tale of Cupid and Psyche, ZPE 94 (1992), 77 – 94.

[65] Ibid., 89.

evangelium Jacobi, an apocryphal work of the mid-to-late second century concerned with the conception, birth, and infancy of both Mary and Jesus.[66] I stress content for two reasons: (1) the dates for both the Metamorphoses and the Protevangelium have not been established definitively, although they are surely near contemporaries in the late second century,[67] and (2) we cannot determine Apuleius' other sources of information (Gnostic, most notably) or the means by which he would have been exposed to these sources.[68]

With these cautions given, let us turn to Shanzer's argument. She points to two references in the story of the maiden Charite, which frames the tale of Cupid and Psyche in the Metamorphoses, as evidence of the connection between it and the Protevangelium. In the framing story, Charite attempts to use Lucius the ass as a means of escaping a gang of thugs. When in the end she does escape, she rides into town on Lucius, and the narrator describes the event as a *novum et hercules memorandum spectamen, virginem asino triumphantem* (7, 13, 3). The escape at one point in the narrative was to be commemorated by a painting hung in the atrium of the maiden's home, and it was to be similarly entitled *Asino Vectore Virgo Regia Fugiens Captivitatem* (6, 29, 3). The use of the title *regia* is curious and perhaps significant, for Charite is not named as royalty in the novel. The allusions here, according to Shanzer and others, are complex: Jesus' triumphal and regal entry into Jerusalem, the flight into Egypt of Joseph, Mary, and the baby, and, of course, the conveyance to Bethlehem for the birth. These references in combination with a phrase in pseudo-Lucian's version of the tale, where the triumphant ass brays the good news, εὐαγγέλλιον in the

---

[66] D. Shanzer, *Asino vectore virgo regia fugiens captivitatem*: Apuleius and the Tradition of the Protevangelium Jacobi, ZPE 84 (1990), 221–229. For the Protevangelium, see O. Cullmann, Infancy Gospels: the Protevangelium of James, in: E. Hennecke (ed.), New Testament Apocrypha I, W. Schneemelcher (ed.) and R. McL. Wilson (transl.), Philadelphia 1963, 370–388; P. A. v. Stempvoort, The Protevangelium Jacobi, the Sources of its Theme and Style and their Bearing on its Date, in: F. L. Cross (ed.), Studia Evangelica III, Berlin 1964, 410–426; H. R. Smid, Protevangelium Jacobi: A Commentary, Assen 1965; J. K. Elliott, The Apocryphal New Testament, Oxford 1993, 48–67; R. F. Hock, The Infancy Gospels of James and Thomas, Santa Rosa, Ca. 1995, and P. Sellew, Heroic Biography, Continent Marriage, and the Protevangelium Jacobi (unpublished).

[67] For dating the Metamorphoses, see n. 45; for the date of the Protevangelium, see G. T. Zervos, Dating the Protevangelium of James: The Justin Martyr Connection, SBLSP 33 (1994), 415–434.

[68] Both Edwards, Cupid and Psyche, 88–90, and Dowden, Vision of Apuleius, 5, note the presence of important virginal characters in Gnostic texts. Celsus, moreover, knew of the Valentinian myth of the virgin Prunicus (6, 34).

Greek (Asin. 26,5: εὐαγγέλλιον αὐτοῖς ἐμοῦ προογκησαμένου), leads
Shanzer to the conclusion that a satire of the early church may have been
found in the source from which both Apuleius and the Lucianic author took
the story of a man changed into an ass. Apuleius magnified the satire by
his description of the heroine as a royal virgin, thus linking her to Mary.

Before advancing my own complementary argument, let me first
attempt to confirm the connection to the Protevangelium by noting two
important details of the story in Apuleius. The name of the heroine Charite
(7,12,2) would derive from Greek χάρις ‚grace, favor‘, and thus, Charite is
the ‚graceful‘ or ‚favorable‘ woman. ‚Highly favored one‘ is, of course, the
most famous epithet of Mary in the Western tradition. That designation
originated in the prominent use of χάρις and related terms in the
announcement to Mary by the angel in the Gospel of Luke. These terms
were subsequently repeated and amplified in the Protevangelium: Luke
1,28 and Prot. 11,1: χαῖρε, κεχαριτωμένη, Luke 1,30: χάριν παρὰ τῷ θεῷ,
Prot. 11,2: χάριν ἐνώπιον τοῦ πάντων δεσπότου. By the use of a significant
name in combination with the significant epithet *regia*, Apuleius seems to
have left an obvious clue to a connection between the two myths.[69]
Secondly, as Shanzer points out,[70] the imprisonment of Charite in Apuleius
(4,6.23) and the birth of Jesus in the Protevangelium (18,1; 19,2.3; 21,3)
both occur in a cave. That fact is significant because the cave is not an
element of the birth story in the canonical gospels but is found in the
Protevangelium. The cave was the acknowledged setting for Jesus' birth in
the second century.[71] Origen knew of it (Cels. 1,51), and Celsus, who
knew of the virgin birth and the star of the *magi* (Cels. 1,34; 1,58), was
likely to have known of the cave as well. If this information was accessible
to Celsus, it is likely also to have been accessible to Apuleius.

Starting from Shanzer's work, I will suggest another means by which
Apuleius engages in a covert criticism of Christianity, but it is my intention
to move from the frame to the story within, to the tale of Cupid and Psyche
itself.[72] The distinct manner in which the author describes the sexual

---

[69] B. L. Hijmans Jr., Significant Names and their Function in Apuleius' Metamorphoses, in: Hijmans and R. Th. van der Paardt (edd.), Aspects of Apuleius' Golden Ass,
Groningen 1978, 107–122, dismisses the possibility of contemporary realistic allusions
(114); he does, however, seem to accept the name of the priest Mithras as religiously
significant (113).

[70] Shanzer, 228.

[71] See Chadwick (n. 44 above), 47 n.5.

[72] Connections between the two feminine heroines should not be surprising; it has
been often noted that Charite and Psyche are of a similar character, to the point of being
termed doppelgängers. Merkelbach, Roman und Mysterium (n. 49 above), 2/3, 72–79;

relationship between Cupid and Psyche and the consequences of that union provides another critical allusion to the Christian movement. The lack of physicality in the initial encounter and the interpretation of the conception of Psyche's child as a mystery are aspects shared with the conception of Jesus in early Christian documents, the Protevangelium most notably.

Most voices in the Metamorphoses are not shrinking violets where sex is concerned. Take, for example, the first night of lovemaking between human Lucius and the slave girl Photis, where terms from wrestling and the military are used to describe the event. The naked Photis, with one hand covering her genitalia, shouts at her lover, „Attack ... full frontal, hand-to-hand, stretch it out, if you're a man ..."[73] In contrast, the first coupling between Cupid and Psyche is not described directly; in fact the narrator seems to avoid mention of the actual event by recounting it in the pluperfect tense. The events in the bedroom are first told in the historical present: *Tunc virginitati suae pro tanta solitudine metuens et pavet et horrescit et quovis malo plus timet quod ignorat* (5, 4, 2). The narrative then abruptly switches to the pluperfect, with the unknown groom already having mounted the bed, having made Psyche his wife, and having left the room before sunrise: *... inscenderat ... fecerat ... discesserat* (5, 4, 3).[74] Thus she fears and then he had made her his wife; the sex act itself has no existence as an event in present or even historical time; it happens, if at all, outside the narrative.

The use of the verb *ignorat* in this passage is also intriguing given its semantic connection to Greek γι⟨γ⟩νώσκω and the sexual connotation of that verb in biblical Greek. According to J. N. Adams, The Latin Sexual Vocabulary, Latin words connoting knowledge could be used to imply carnal knowledge well before the translation of the Bible. Adams cites

---

R. Th. van der Paardt, The Story of Mr. ‚Overbold‘ as *specimen historiae* (on Apul. Met. VIII 1–14), in: B. L. Hijmans Jr. and V. Schmidt (edd.), Symposium Apuleianum Groninganum, Groningen 1981, 19–28, esp. 22–25; J. J. Winkler, Auctor & Actor: A Narratological Reading of Apuleius' the Golden Ass, Berkeley 1985, 50–56; S. Frangoulidis, Intratextuality in Apuleius' Metamorphoses, CB 73 (1997), 15–21; S. Papaioannou, Charite's Rape, Psyche on the Rock, and the Parallel Function of Marriage in Apuleius' Metamorphoses, Mnemosyne 51 (1998), 302–324.

[73] Met. 2, 17, 1/2: ‚Proeliare‘, inquit, ‚...comminus in aspectum, si vir es, derige‘. The wrestling theme is more developed at Lucian. Asin. 8/9.

[74] 5, 4, 3: *Iamque aderat ignobilis maritus et torum inscenderat et uxorem sibi Psychen fecerat et ante lucis exortum propere discesserat.* See E. J. Kenney, Apuleius Cupid and Psyche, Cambridge 1990, 143/144, and H. Pinkster, The use of narrative tense in Apuleius' Amor and Psyche, in: M. Zimmerman, V. Hunink (n. 63 above), 103–112, esp. 106. Kenney and Pinkster account for the change of tense as a means to accelerate the action.

authors such as Catullus, Caesar, and Ovid to support this claim. Apuleius himself uses the euphemism at 5,28,9, where Venus rages that her son must have thought her a madam (*lena*) who showed him a girl so that he could get to know her (*cuius monstratu puellam illam cognosceret*). Although carnal knowledge is generally represented in Latin by *cognoscere*, there do exist examples of semantically-related terms (*scio, nescio, notitia*, e. g.) that imply a sexual union.[75] According to the TLL, the verb *ignorare* is used in the erotic sense only in the Vulgate at Iudices 11,39, but the adjective *ignarus* provides several examples of the specialized meaning.[76] The close linguistic connection between *ignarus* and *ignorare* would make a carnal usage of *ignorare* in this passage recognizable. If an allusion to the carnal meaning of ‚to know' is accepted, an alternative, striking translation of the phrase, *quovis malo plus timet quod ignorat* is possible. Straightforwardly, I would render the phrase, „She fears more than any evil what she does not know", but by using the alternate meaning of *quod* as ‚because' and applying a different function of the ablative, the phrase might also read, „She fears more from any evil because she does not know." Then with the euphemistic meaning of *ignorat*, we transform that statement to „She fears more from any evil because she is a virgin."

Strikingly, just after this non-event, Psyche is labeled *novam nuptam interfectae virginitatis* (5,4,4). „Slain virginity" seems a harsh characterization of an apparently consensual union without struggle, without force, without even physicality. Indeed, if one compares similar language from poetry, the phrase cannot in any way be seen as joyful.[77] The use of *interficio* with abstract concepts is unusual, and this phrase is the earliest example of such a combination noted in the TLL. Yet, with the Christian writers, this and similar expressions of slaying virginity flourish.[78] Perhaps we find here an example of Schmidt's Streitgespräch, with Apuleius again as the starting point. In other words, Apuleius chooses a ‚buzzword' from the strident debates over religion so as to mark the similar context and criticize other supposed instances of virginal conception. In Schmidt's findings, it is often Tertullian who adopts or at least also uses the critical phrases of Apuleius, and when we turn to Tertullian in search of this

---

[75] J. N. Adams, The Latin Sexual Vocabulary, Baltimore 1982, 190. For *notitia*, see Caes. Gall. 6,21,5; for *nescius*, see CIL 6,9499; for *scio*, see CIL 4,4971.

[76] For *ignarus* as carnal knowledge, see Sil. 2,68, Stat. Sil. 4,6,91, CIL 6,12853.

[77] See D. Fowler, Vergil on Killing Virgins, in: M. Whitby et alii (edd.), Homo Viator (Festschrift John Bramble), Bristol 1987, 185–198.

[78] Kenney, 144; C. Moreschini, Il mito di Amore e Psiche in Apuleio, Naples 1994, 195; Fowler, 186/187, 196.

phrase, although we do not find the exact vocabulary, we do find some noteworthy points of comparison. In De Pallio (4, 7), prostitutes (*lupae*) are the ones who are victims of slain chastity (*occisa castitas*). Obviously, if the semantic phrase ‚slain virginity' is associated with prostitution or at least promiscuity, its application to Psyche in this context would have a disturbing effect on the audience. Contrarily, in De Spectaculis, Tertullian provides the counter-example to slain chastity, the means by which chastity may be victorious. There he encourages his flock to avoid the games and pursue contests in their own lives, contests wherein „immodesty is overthrown by chastity, dishonesty slain by honesty ..."[79]

In keeping with the initial lack of physicality in the union of Cupid and Psyche, the text undermines the act that logically leads to Psyche's pregnancy. When the young girl, seemingly unaware of human and godly anatomy, recognizes that she is carrying a child, she is unable to determine its source or origin: *Crescentes dies et menses exeuntes anxia numerat et sarcinae nesciae rudimento miratur de brevi punctulo tantum incrementulum locupletis uteri* (5, 12, 2). (Psyche) „anxiously counted the growing and passing days and months, and with the experience of an unfamiliar burden, she wondered that so great a growth of a fertile womb came from so short a pinprick."

Instead of emphasizing the virility of the god Cupid, Apuleius seems to make a joke at the god's expense by implying that Psyche was barely aware that sexual intercourse had even occurred. One would think that sex with a god would be a more memorable experience, and in every other instance in classical myth it is. Semele, in the most infamous example, was burnt to death by her union with Zeus! *De brevi punctulo* ‚so short a pinprick' may be a reference to brevity of time and the tenuous nature of the sexual union, but it also seems very likely that a joke about the size of the god's member is intended. In classical Latin, the diminutive *punctulum* is limited to Apuleius and within Apuleius to the story of Cupid and Psyche;[80] the noun *punctum* ‚puncture', however, refers to the mark or hole produced from an act of piercing, not the tool used to make that puncture.[81] Yet, the phrase *de brevi punctulo* is problematic because of the difficulty of the sense of a ‚small pricking', and even if we grant that phrase can be understood in terms of length of time, the preposition *de* should not be used for temporal expressions in classical Latin.[82] I would suggest here we

---

[79] 29, 10: *Aspice impudicitiam deiectam a castitate, perfidiam caesam a fide ...*

[80] W. A. Oldfather et alii, Index Apuleianus, Middletown, Conn. 1934.

[81] Cf. OLD.

[82] Kenney, 156.

find the implied transference of the adjective from the hole to the tool. In any event, a small pricking does not come from a great implement. In this same passage Apuleius again seems to be playing with the sexual connotations of the verb ‚to know'. The most common sense of the adjective *nescius*, according to the OLD, is active ‚not knowing, ignorant', but here applied to Psyche's unborn child or womb, the less common passive sense, ‚unknown' or ‚unfamiliar' seems necessary. If, however, we apply the alternate sexual meaning of ‚not knowing' we can translate *sarcinae nesciae rudimento* as ‚from the experience of an unknowing burden' or ‚virginal burden'.[83]

Before moving on to interpret the lack of obvious physicality between Cupid and Psyche, let me point out that it is only in the initial stages of the relationship that physical contact is not directly described. In later encounters Psyche is more willing to participate. When she attempts to convince her unseen husband to allow a visit from her sisters, she is described as *imprimens oscula suasoria*, and *ingerens verba mulcentia*, and *inserens membra cogentia* (5, 6, 9). It is only in the initial encounter and the pregnancy that results from the initial encounter that the carnality is slight or absent.

Psyche's ignorance of biological reproduction and the ethereal nature of her husband should be related to the interpretation of the conception as a mystery. I do not mean to imply by that statement that the mysterious impregnation of Psyche is an allegory to be deciphered by initiates of a specific mystery cult[84] but instead intend a much more general claim: the conception is portrayed as an inexplicable, ineffable event, subject to strict secrecy, which brings salvation through revealed knowledge. We have already reviewed an unusual pregnancy; it is simply a matter of linking that strange event to secrecy. Using the language of mystery cult, Psyche's invisible husband warns her against discovering and discussing his nature and closely ties this warning to the child conceived marvelously, *de brevi punctulo: Nam et familiam nostram iam propagabimus, et hic adhuc i n - f a n t i l i s uterus gestat nobis i n f a n t e m alium. Si texeris nostra secreta silentio, divinum, si p r o f a n a v e r i s, mortalem* (5, 11, 6). „For soon we will increase our family, and this womb, still a child, bears another child for us, a divine child, if you (Psyche) will conceal our secrets in silence, a mortal child, if you reveal them."

---

[83] See 5, 11, 3 for another instance where a word of knowing may refer to carnal knowledge: *interea Psychen maritus ille quem nescit rursum suis illis nocturnis sermonibus sic commovet.*

[84] As in the case of Merkelbach, Eros und Psyche (n. 49 above), 114–116.

The references to divine and mortal are ostensibly to the fetus that Psyche carries but could equally apply to an initiate to the mysteries, who would gain a more favorable place after death by learning and keeping the secrets of the cult. As has been noted, Lucius himself experiences this exchange in the last book of the novel, when he is initiated into the cult of Isis, and the goddess promises that he will dwell in the *campi Elysii*, if he keeps *sedula obsequia, religiosa ministeria,* and *tenacia castimonia* (11, 6, 8).[85] The last of these three prescriptions recalls the scarcely physical nature of the union of Cupid and Psyche. The importance of the secrecy or mystery is further emphasized in the above passage by the word play on the Latin root *for, fari,* ‚to speak‘; words derived from this root are spaced in the cited text. The literal meeting of *infans* ‚child‘ is, of course, ‚not speaking‘ or ‚unable to speak‘. Thus Psyche’s womb is described as both a child’s womb and an unspeaking womb. Pushing the analysis a bit farther, we interpret the womb as virginal, in that it is a child’s, and mysterious, in that it neither speaks nor reveals secrets.

The associations to salvation through mystery are further called to mind by word play on the name Psyche ‚Soul‘ itself.[86] There are several instances where Psyche calls her invisible husband her soul or spirit, in Latin *spiritus* or *anima* (5, 6, 7. 9; 5, 13, 4), but more significantly for this study, there are several instances where the husband addresses Psyche (5, 12, 4. 5; 5, 22, 1), in which, if the literal meaning of Psyche’s name is understood, warnings to the young maiden become admonitions to the spirit against the dangers of the flesh. Consider Cupid’s words of warning to Psyche regarding her sisters: *Tunc sic iterum momentarius maritus suam Psychen admonet: ‚En dies ultima et casus extremus! Sexus infestus et sanguis inimicus iam sumpsit arma et castra commovit et aciem derexit et classicum personavit.‘* (5, 12, 4). „So then again the periodic husband warned his Psyche / his own soul: Look the last day and chance! The dangerous sex and hostile blood have already taken up arms and struck the camp and set the battle line and sounded the trumpet!“

Instead of a warning against the evil sisters the words can be read as a prophecy of the final battle between flesh and spirit. They seem more in keeping with the warnings of Paul in 1st Corinthians concerning the last

---

[85] Ibid., 109–111; Roman und Mysterium (n. 49), 16–23; Edwards, Cupid and Psyche (n. 64), 83–86; R. Beck, Mystery Religions, Aretalogy and the Ancient Novel, in: G. Schmeling (ed.), The Novel in the Ancient World, Leiden 1996, 149/150.

[86] See Kenney, 16, for a complete list of instances of this word play and further bibliography.

trumpet than with the tone of the light-hearted predecessor of the tale of Beauty and the Beast.

The elements of parody in the tale are perhaps best summarized by Psyche's evil sister, who plots her demise. She uses a very strange logic to guess the nature of the relationship between divine husband and mortal wife: *Nil aliud reperies, mi soror, quam vel mendacia istam pessimam feminam confingere vel formam mariti sui nescire ... Quodsi viri sui faciem ignorat, deo profecto denupsit et deum nobis praegnatione ista gerit.* (5, 16, 3/4). „You will discover nothing other than this, my sister: either that awful woman is fabricating lies or she does not know the form of her own husband ... If she does not know the appearance of her husband, then surely she has married a god, and she carries a god for us in that pregnancy."

The sister picks up on the language of knowledge and sex used earlier by the authorial voice. Particularly striking is the formulation *formam nescire*, as *forma* is often used in sexual contexts. The form or shape or even body is what attracts the lover, as in Ovid Ars 1, 623: *delectant etiam castas praeconia formae*. It is alleged that Psyche does not know the body of her husband. Yet, more striking than the language is the sister's deductive process. How is it that the husband must be a god, if he is unknown, and how is it that the child must be divine? These are not conclusions which could be reached from a traditional Roman perspective on the divine. The Graeco-Roman deities never have invisible sex; they certainly never marry mortal women, and finally their offsprings are only rarely divine. These restrictions are, in fact, a point of dramatic tension in the story itself. Cupid cannot marry Psyche because she is a mortal![87] Humor comes from the improbability that the sister could guess the true nature of the situation, and the humor points to the absurdity of these hypotheses. The parody comes from the fact that Apuleius' Christian neighbors were just starting to accept similar hypotheses as doctrine.

Before moving on to compare the union of Cupid and Psyche to the conception of Jesus in Christian texts, we must note a curious incongruity in the fable. Psyche's child, when mentioned in the earlier portions of the fable (5, 11, 6; 12, 5; 6, 9, 5. 6), is always given in the male gender; to some extent these references can be understood simply as grammatical gender and not natural gender, but since in two of the instances the speaker is a god (Cupid or Venus), the natural gender may be intended. In one instance Venus does use the words *filius* and *nepos* to refer to the unborn child

---

[87] Jupiter changes Psyche into a goddess before the marriage (6, 23, 5).

(6, 9, 5. 6). What is strange is that, in the end, the child unexpectedly turns out to be a girl, the goddess Pleasure (6, 24, 4). This outcome is very striking, since no other union of a god and a mortal female in classical myth results in a single female progeny,[88] although it must be admitted that, by the time of the birth, Psyche herself has been deified. E. J. Kenney explains the surprise ending as a narrative tactic relating to the intent of the narrator to cheer the listeners and distract their attention from their pressing difficulties.[89] Alternatively, I would propose that we find in the male child a remnant of the original source from which Apuleius borrowed the tale and/or, as we have been suggesting, Apuleius may be consciously but covertly calling his audience's attention to another similar conception, that of Jesus, by supposing Psyche's child to be of the same gender. It is Venus' reference to her son and grandson that raises the latter possibility in particular: the goddess claims that the child will be *vilis ancillae filius* and *spurius iste nascetur* (6, 9, 5. 6). Psyche's status as *ancilla* is, on the elementary level of the narrative, a result of her recent enslavement to Venus. Yet, in this instance also, we find one of the most famous epithets of the mother of Jesus, as given in the Magnificat of the Vulgate and elsewhere in Luke (1, 38. 48). Although the entire Magnificat is not found in the Protevangelium, the Greek term δούλη, which *ancilla* translates, is (Prot. 11, 3). Secondly, Venus' claim about the status of the child (*spurius*) reminds us of Celsus' explanation that the virgin birth was an attempt by Mary to conceal her adultery. These proposals are necessarily speculative, but given the inconsistency in the text itself regarding the gender of Psyche's child, such speculation is called for.

The connection between the conception of Jesus and the child of Cupid and Psyche can be rather simply summarized. In both cases, we find a complex of virgin birth and mystery. In Luke's account of the birth of Jesus, it is Mary who keeps secrets about her child, or at least „guards" and „considers" what she is told about the child in 2, 19 and 2, 51.[90] The Protevangelium gives an exegesis of Mary's secrets by terming the conception and annunciation as μυστήρια (12, 2). These are doubly secrets, in that they are irretrievable, since Mary „forgets" them after they have been announced to her (12, 3). As one would expect with a mystery, the actual conception of Jesus is not described clearly; in Matthew and Luke

---

[88] In the obvious counter-example of Zeus and Leda both a male and a female child are born.

[89] Kenney, 224/225.

[90] ἡ δὲ Μαριὰμ πάντα συνετήρει τὰ ῥήματα ταῦτα συμβάλλουσα ἐν τῇ καρδίᾳ αὐτῆς.

reference is made to a „holy spirit" (πνεῦμα ἅγιον) which „comes upon"
(ἐπέρχεται) Mary,[91] and in Luke „the power of highest" (δύναμις ὑψίστου)
„overshadows" (ἐπισκιάζει) her.[92] Here again, the Protevangelium exegizes
this vague terminology by assuring its audience that Jesus will not be
conceived in the customary, natural manner. Mary asks the angel whether
she will conceive and bear her child in the way all women do. The angel
responds with an emphatic, „Οὐχ οὕτως" (11, 2/3). The Protevangelium
does argue strongly, nonetheless, for the virgin birth of Jesus in a very
literal, physical sense, with Mary remaining intact even after the birth of
her child. When the midwife Salome sticks her finger into the vagina of
Mary to test the hymen after the birth, she is punished for her unbelief by
losing her hands in a blaze of fire (Prot. 20).

With regard to narrative structure, in Luke, Mary uses the verb γινώσκω
to express her virginity (1, 34), and this claim is made just after an
expression of her fear (1, 29), in a sequence similar to that of Psyche's first
sexual encounter – fear followed by conception. In the elaboration of this
passage in the Protevangelium, Mary is not able to explain the source of
her pregnancy. When questioned by Joseph about the child in her womb,
Mary wonders just as Psyche did about her growing womb: Ἡ δὲ ἔκλαυσε
πικρῶς λέγουσα ὅτι καθαρά εἰμι ἐγὼ καὶ ἄνδρα οὐ γινώσκω. καὶ εἶπεν αὐτῇ
Ἰωσήφ· Πόθεν οὖν ἐστὶ τὸ ἐν τῇ γαστρί σου; ἡ δὲ εἶπεν Ζῇ κύριος ὁ θεός
μου καθότι οὐ γινώσκω πόθεν ἐστί μοι. (13, 3; also 15, 3). „She (Mary) cried
sharply saying, ‚I am pure and have not known a man.' And Joseph said to
her, ‚From where then did that come from in your womb?' And she said,
‚As my Lord God lives, I do not know from where it has come.'"

The ignorance is portrayed quite differently in the two traditions,
despite the structural similarities. Apuleius' characterization of Psyche
must be seen as humorous, with its use of the newly-coined diminutives
punctulum and *incrementulum*,[93] the counting of days, and the awe over
the size of her stomach. We might imagine Psyche, finger in the dimple of
her cheek, saying, „Well, gosh, my belly-welly is getting bigger and bigger
every day – how did that happen?" Mary, by contrast, cannot know the
source of her pregnancy because of a supposed divine intervention, and,
unlike Psyche, she is not ignorant of the means by which women conceive
and give birth, for she asked the angel about those very matters.
Nonetheless, despite the difference in generic context, a basic similarity

---

[91] Matt. 1, 18. 20; Luke 1, 35.

[92] Luke 1, 35.

[93] Both are hapax legomena as well. See Oldfather and the OLD.

between the conception of Jesus and the conception of Psyche's child is evident. An invisible spirit comes to a fearing maiden alone; some near ethereal means of conception takes place, and a male child, whose divine status is uncertain, is conceived.

The agenda of the Protevangelium is complex, but one goal which has often been proposed for the text is the defense of Mary against the criticisms of Celsus in particular and Jewish sources generally.[94] We can now tentatively add Apuleius' surreptitious critique to Celsus'. It is not adultery, however, which concerns the authorial voice in the case of Psyche, although he is certainly perturbed by that vice elsewhere in the novel. Sex outside of marriage is not in question, for Psyche's consort is indeed called her *maritus* as he enters the bedchamber (5, 4, 3). The lack of physicality between Cupid and Psyche reveals another criticism, which would apply to the conception of Jesus through the allusions and similarities we have noted above. The shortness of the pinprick and Psyche's amazement at the size of her womb seem humorous, intended to mock a sublime, intangible conception, or perhaps belief in such a conception. In contrast, a non-physical conception is the heroic accomplishment that distinguishes the mother of Jesus.[95] Thus we find a common quality of satire: that which one claims as distinction, the satirist mocks as vanity.[96]

The question that Apuleius seems to be asking his audience to consider and the issue he thereby uses for his satire is this: „How can a conception be a conception without the sex act?" In essence, the Protevangelium responds to that question by explaining the conception of Jesus as non-physical. It defends God from the kind of locker-room jibes that Cupid is subjected to in Apuleius. Mary does not remain a virgin out of some lack of virility on the part of the Divine Father but because the conception of

---

[94] Stempvoort (n. 66 above), 413–415; Smid, 15–17; J.L. Allen Jr., The Protevangelium of James as an *Historia*, SBLSP 30 (1991), 508–517, esp. 515–517; and Elliott, 49/50, argue that the Protevangelium is a response to Celsus. Sellew (n. 66 above) reviews the diverse proposals for the genre and goals of the work.

[95] Ibid.: „But it is Mary's steady maintenance of her virginity through marriage and childbirth (Prot. 16, 20) that most fully displays her embodiment of the virtues of self-mastery (σωφροσύνη), purity (ἁγνεία) and courage (ἀνδρεία)."

[96] For another satire of a supposed union between a god and a mortal woman, see A. A. Bell, Josephus the Satirist? A Clue to the Original Form of the Testimonium Flavianum, JQ 67 (1976), 16–22. The author of De Excidio Hierosolymitanae Urbis recasts the story of Paulina and Mundus found at Jos. AJ 18, 3, 4. Mundus, dressed as Anubis, takes advantage of the matron Paulina at night in the temple of Isis. He convinces her that she will conceive a divine child in a sacred mystery. See PL 15, 2040/2041, for the text. Bell alleges that the satire explains why the story of Paulina follows the Testimonium Flavianum: Josephus originally mocked Mary's claim of virginity.

Jesus is of a wholly different nature. If such a vulgar exchange seems inappropriate to the genres of literature and thinkers involved, note that Celsus and Origen engaged in a similar tussle. Celsus wryly asks, „So, was Jesus' mother so fine that the god hooked up with her (1, 39)?"[97] Origen replies that this sort of discussion is best left to those who curse in the streets (οἱ ἐν ταῖς τριόδοις λοιδορούμενοι). Celsus, as Apuleius, forces us to consider just how sexual intercourse between an ineffable being and a young maiden can be accomplished. Such ridicule of the god would be in keeping with the attitudes of second-century intellectuals who saw the Christians as remarkably gullible[98] and with the doctrines of Middle Platonists who could not accept a union between the spiritual and the corporeal as possible in any way.[99] The critique would furthermore harmonize with the strict celibacy prescribed by the Isis cult in book eleven of the novel and even explain why Psyche, although initially pure, becomes a sexual animal and fails in the test of her lover, by searching for his identity. Sex, no matter how quick or slight, is sex and thus a sin of the body, and even a little physical pleasure will always result in a quest for more.

The diminished physicality, the mystery, the spiritual, invisible father – there are a number of intriguing similarities between the conception of Psyche's child in Apuleius and the conception of Jesus. In the end, Apuleius' silence, even if only an ostensible one, cannot be resolved absolutely. This failing was acknowledged from the outset. I have, however, tried to describe a number of items in Apuleius whose relation to the Christian cult is so direct that an intentional reference seems likely: the significant name Charite and the significant title *ancilla*, the confusion of the sex of Psyche's child, the use of the euphemistic meaning of verbs of knowing. These are direct references to Christian texts, doctrines, or mythology, albeit cryptic ones. If a direct link to the Protevangelium is impossible to prove, these references in the Metamorphoses, if accepted as such, must demonstrate that Apuleius had access to some Christian source.

The key would seem to be Celsus: his outward criticisms of the doctrine of the virgin birth are remarkably similar to the hidden ones implied in Apuleius. If we accept Celsus, why not Apuleius? Celsus is renowned for his investigation of the Christian sources,[100] and Apuleius, given his

---

[97] εἰ ἄρα καλὴ ἦν ἡ μήτηρ τοῦ Ἰησοῦ, καὶ ὡς καλῇ ἐμίγνυτο ὁ θεός …;
[98] Lucian. Peregr. 5, for example.
[99] See Or. Cels. 4, 14. 18; 6, 60–80; et al.
[100] Chadwick (n. 44 above), xxviii/xxix; Benko (n. 51), 1101; M. Frede, Origen's Treatise Against Celsus, in: M. Edwards et alii (edd.), Apologetics in the Roman Empire, Oxford 1999, 133–135.

interest in religion, would be likely to read the work of another Middle Platonic philosopher on the topic of a new and dangerous cult. Could Celsus have served as the intermediary between the Protevangelium and the Metamorphoses? Or is it more likely that Apuleius and Celsus came upon the Protevangelium or another similar source independently? Unfortunately, a relative chronology among Celsus, Apuleius, and the Protevangelium is difficult to determine, as we have mentioned,[101] and, in order to arrange the three texts chronologically and prove borrowing among them, a thorough comparison of specific language should be completed. Such a linguistic comparison would require an independent inquiry. Of course, even the results of such an inquiry might be inconclusive, as we no longer have all of Celsus' masterpiece. We, in the end, may only find hints and possibilities.

In conclusion, let us review two more tantalizing points of correlation between the Metamorphoses and the True Account. First, if my suggestion is correct about Apuleius' puns on the sexual meaning of verbs of knowing, we may be able to explain a strange phrase in Celsus by applying the same euphemistic meaning. Actually, in fact, Celsus' ignorance of the euphemism may explain the phrase. In the passage discussed above (1, 39), where the philosopher raises the question of the beauty of Mary or the qualities that would have led God to lust after her, he claims that she was neither wealthy (εὐδαίμων) nor royal (βασιλική), for „no one knew her, not even the neighbors."[102] In the Protevangelium she is in fact well known, for the high priest calls an assembly of all the widowers of Judea in order to determine how to dispose of her (9), and she reappears at the temple later in an assembly of virgins (10). I suggest that Celsus has misunderstood the famous οὐ γινώσκω statements of Mary in his source. Although the verb used is not γινώσκω, the common sexual euphemism, but οἶδα, as I am alleging a misunderstanding of the euphemism, the difference in vocabulary is not problematic. The fact that Apuleius understood the sexual euphemism but Celsus did not would argue that Apuleius is not dependent upon Celsus for his information on Christianity. Turning to the second point of correlation between the two authors, let us consider the narrative voice of Apuleius' tale. According to Celsus, the resurrection of the body, the virgin Prunicus and the Gnostic emanations, and the crucifixion are the sort of stories that even drunken old women are ashamed to

---

[101] For such a scenario to be possible, one would have to accept an early date for the Protevangelium, in keeping with Zervos (n. 67), and a late date for the Metamorphoses, in keeping with Harrison (n. 45).

[102] ... ἐπεὶ μηδεὶς αὐτὴν ᾔδει μηδὲ τῶν γειτόνων ...

tell young children.[103] And, of course, it is just that character, a drunken, crazy old woman,[104] who is the fictive narrator for the tale of Cupid and Psyche. The story itself is termed as *aniles fabulae* (4, 27, 7). Origen's response to Celsus? Not even „the creators of the ass-headed powers" (οἱ τοὺς ὀνοκεφάλους ἀναπλάσαντες) would tell such tales (6, 37). Apuleius, by making Lucius the ass his chief narrator and an old woman an internal narrator, put the story of Cupid and Psyche in the voice of both of Origen's nemeses. If we accept that Apuleius' narrators are also cryptic references to Christianity, we should posit a connection between Celsus and Apuleius independent of the Protevangelium, as the ass-headed powers are clearly from Gnostic mythology.

The point at which the similarities become so striking that a reader accepts an intentional, direct connection between Apuleius and the Protevangelium, or Apuleius and Celsus, will necessarily vary according to predisposition. Let us not underestimate the skill of Apuleius, however. Philosopher, poet, storyteller, theologian, rhetorician – he could lay claim to all of these titles. By admitting that the growth of Christianity was a minor concern of his novel, we do not reject the other agenda of that complex work, particularly since his discussion of the matter was not forthright but hidden. If Apuleius was mocking Christian beliefs, he was content to do so only while accomplishing other goals. Why even in listing the vices of the baker's wife and choosing vocabulary from the religious debates, he managed to create a rhetorical, rhyming tour de force: *saeva scaeva, virosa ebriosa, pervicax pertinax*. If our author can rhyme significant terms and itemize the conventional list of Christian vices, certainly he can include some allusions to the conception of Jesus in the tale of the conception of another divine child. In believing that Apuleius' tale of Cupid and Psyche contains such cryptic criticisms, we need not reject either psychological readings of the work such as Neumann's[105] nor philosophical ones such as Schlam's.[106]

---

[103] 6, 37: γραῦς ἐπὶ τῷ βαυκαλῆσαι παιδίον μεθύουσα μῦθον ἐπᾴδειν τοιοῦτον ... ἐπῃσχύνθη. See also 6, 34.

[104] 6, 25, 1: ... *delira et temulenta illa narrabat anicula.*

[105] E. Neumann, Apuleius und Psyche: Ein Beitrag zur seelischen Entwicklung des Weiblichen, Zürich 1952.

[106] C. C. Schlam, Platonica in the Metamorphoses of Apuleius, TAPA 101 (1970), 477–487.

WIENER STUDIEN, Band 118/2005, 117–138
© 2005 by Österreichische Akademie der Wissenschaften Wien

SAMUEL C. ZINSLI / ZÜRICH

Gute Kaiser, schlechte Kaiser

Die eusebische Vita Constantini als Referenztext
für die Vita Heliogabali[*]

Das Portrait des Varius Antoninus Heliogabalus[1] ist eines der finstersten innerhalb der Historia Augusta. Heliogabal erweist sich in allem als unmännlich und unrömisch – und das erst noch mit Absicht. Seine hauptsächlichen Aktivitäten während seiner dreieinhalbjährigen Regierungszeit – immer gemäß seinem fiktiven Biographen Aelius Lampridius – sind monotheistische Propagierung seines aus Syrien mitgebrachten Sonnenkultes, gleichgeschlechtlicher Geschlechtsverkehr, bei dem er konstant die passive, ‚weibliche‘[2] Rolle übernimmt, und aktive Verachtung (Verspottung, Parodierung) römischer Traditionen und Institutionen, nicht zuletzt des Kaiseramtes selbst. Daneben betreibt er in der Tradition literarischer Tyrannentopik Misswirtschaft (Verschwendung, Günstlingswirtschaft, verfehlte oder gar fehlende innen- und außenpolitische Maßnahmen) auf der ganzen Linie.

---

[*] Dieser Aufsatz ist eine überarbeitete Version eines Referates, das der Verfasser an den 24. Metageitnia am 17. 1. 2003 in Tübingen halten durfte; den OrganisatorInnen des Anlasses sei an der Stelle für diese Möglichkeit, den ZuhörerInnen für ihre Aufmerksamkeit, die sich in kritischen Fragen und hilfreichen Hinweisen manifestierte, herzlich gedankt. Besonderer Dank gebührt überdies Ruth E. Harder, die die erste schriftliche Fassung gründlich gelesen und kundig bereichert hat. Für alles Anfechtbare oder Falsche ist selbstverständlich einzig der Verfasser verantwortlich.

[1] So heißt er in der HA; sein offizieller Name als Kaiser lautete M. Aurelius Antoninus Pius Felix Augustus. Die gräzisierende Form *Heliogabalus*, die auch Aurelius Victor an Stelle des latinisierten *Elagabalus* verwendet, wurde von der HA möglicherweise wegen der Volksetymologie Heliogabalus = *gabalus* des Helios gewählt. Im Folgenden ist mit Heliogabal immer die literarische Person in der HA gemeint; wo explizit von der historischen Persönlichkeit die Rede sein soll, wird die Form Elagabal verwendet.

[2] ‚Weiblich‘ im Sinne des weiblichen Genders.

Die Erkenntnis, dass in dieses Bild Reminiszenzen an Constantin I. eingearbeitet sind, ist ungefähr ein halbes Jahrhundert alt.[3] Wenn in der Folge
von diesen constantinischen Zügen Heliogabals die Rede sein wird, soll
darüber nicht vergessen werden, dass die Vita Heliogabali kein systema-
tisches Portrait Constantins ist – auch nicht auf einer versteckten Ebene.
Das Heliogabalbild wird durchaus auch aus anderen Quellen gespeist: Bezüge zu den sprichwörtlichen schlechten Kaisern Caligula, Nero, Vitellius,
Domitian, Commodus fehlen ebensowenig wie Motive aus einer allgemeineren Tyrannentopik, und eines der Hauptmotive der Vita Heliogabali ist
Heliogabals konsequente Darstellung als weiblich. Wenn sich aber ein solcherart gezeichneter Heliogabal in Teilen seiner Vita tatsächlich als „précurseur de Constantin"[4] erweist, dann werfen seine übrigen Eigenschaften
wohl auch einen Schatten auf den mit ihm in Verbindung gebrachten Constantin. Dass aufmerksame Rezipierende beim Lesen der vita Heliogabali
durchaus Constantin assoziieren sollen, folgt auch daraus, dass im Text
explizit auf ihn aufmerksam gemacht wird, und zwar in den verhältnismäßig umfangreichen auktorialen Partien an Anfang und Ende der Vita,
wo der fiktive Verfasser Lampridius ihn als Widmungsträger anspricht und
ihm ein besonderes Interesse für jenen durch und durch unwürdigen Vorgänger zuschreibt.

Dass Constantin sich für einen als *pestis illa, haec clades* etc. bezeichneten Princeps persönlich interessiert haben soll, ist kaum schmeichelhaft,
sondern kann eben eine Verbindung oder gar Gemeinsamkeiten zwischen
den beiden Kaisern implizieren und dadurch die Rezipierenden zum Ver-

---

[3] Die wichtigsten in der Forschung diskutierten möglichen Constantinsbezüge in
der Vita Heliogabali sind seine Verweigerung eines Gangs aufs Capitol (vgl. Johannes
Straub, Constantins Verzicht auf den Gang aufs Capitol, Historia 4 [1955], 297–313 =
Regeneratio imperii I, Darmstadt 1972, 100–118); die v. Hel. 23,1 auf dem *Vaticanus
ager* zerstörten Gräber als Anspielung auf den Bau der Peterskirche (vgl. Santo
Mazzarino, Il pensiero storico classico II 2, Bari 1966, 237–239; H.A. Stützer, Das
antike Rom, Köln [7]1987, 343); der Frauensenat (*senaculum*) v. Hel. 4,3 als Seitenhieb
auf den Senat von Constantinopel (vgl. André Chastagnol, Constantinople en ombres
chinoises, HAC 94, Bari 1997, 89; Johannes Straub, Senaculum, id est mulierum
senatus, BHAC 64/65, Bonn 1966, 221–240); die der HA eigene Behauptung, Heliogabal habe keine anderen Religionen neben der seinen dulden wollen, was nach dem
Vorbild des Christentums stilisiert sein dürfte (vgl. zuletzt Martin Frey, Untersuchungen zur Religion und zur Religionspolitik des Kaisers Elagabal, Stuttgart 1989, 12); die
geplante Heliogabalssäule v. Hel. 24,7 als Anspielung auf die Constantinssäule in
Constantinopel und den riesigen Obelisken (Amm. 17,4,13), den Constantin nach Rom
bringen wollte (vgl. Chastagnol, Constantinople en ombres chinoises, 90).
[4] So der Titel eines Artikels von Robert Turcan, Héliogabale précurseur de Constantin? Bulletin de l'association Guillaume Budé 1, 1988.

gleichen einladen. Manche gemeinsamen Züge müssen dabei nicht einmal auf Darstellungsabsichten des HA-Autors zurückgehen, sondern können bloße Fakten sein.

Umgekehrt müssen Gemeinsamkeiten zwischen dem Heliogabal der HA und dem Constantin bei Eusebius auch noch nicht zwingend zu dem Schluss führen, dass der Autor der HA das Werk des Bischofs von Caesarea gekannt hat und auf seine Art darauf referiert. Einige Möglichkeiten für solche Referenzen sollen aber doch im Folgenden angeführt werden, da sich an ihnen zeigt, dass solche Bezüge auf ganz unterschiedliche Art hergestellt werden können. Es handelt sich dabei zunächst um Eigenschaften und Taten, die von den beiden Erzählern über ihren jeweiligen Protagonisten berichtet werden, in einem zweiten Schritt um Parallelen zwischen auktorialen Passagen, insbesondere um Gemeinsamkeiten in Geschichtskonzeption und biographischer Methode der beiden Texte.

Eine Möglichkeit der HA, auf Constantin zu referieren, besteht darin, beide gleich handeln zu lassen, eine zweite darin, Heliogabal constantinische Züge zuzuschreiben, die aber ganz anders bewertet werden. Gegen Ende der v. Hel. findet sich in einer Passage, die hauptsächlich aus Nachrichten über die Verschwendungssucht des Kaisers besteht, folgende Notiz:

v. Hel. 28,6 *amicis cottidie ⟨largiebatur⟩ nec quemquam facile indonatum relinquebat, nisi quem frugi quasi perditum repperisset.*[5]

Heliogabals Großzügigkeit wird einerseits durch den Nachsatz *nisi quem frugi quasi perditum repperisset* desavouiert, andererseits durch die bereits erwähnte Positionierung in einer Beispielsammlung für seine Verschwendungssucht. Großzügigkeit ist nun bei Eusebius auch ein hervorstechender Charakterzug Constantins,[6] der einen ebenfalls *non facile indonatum* gehen ließ:

1,43,3 οὐκ ἦν τ᾽ ἄλλως αὐτῷ πλησίον γενέσθαι μὴ οὐχὶ ἀγαθοῦ τινος ἀπολαύσαντα, οὐδ᾽ ἦν ποτ᾽ ἐκπεσεῖν ἐλπίδος χρηστῆς τοῖς τῆς παρ᾽ αὐτοῦ τυχεῖν ἐπικουρίας προσδοκήσασι.

„Es war nicht möglich, in seine Nähe zu treten, ohne in den Genuss irgendeines Gutes zu kommen, noch kam es vor, dass die Menschen, die von ihm eine Hilfeleistung erwarteten, jemals diese hilfreiche Hoffnung aufgeben mussten."

---

[5] Die Stelle mag überdies auch vage an Titus' berühmtes *diem perdidi* (Suet. Caes. Tit. 8,1) erinnern.

[6] Constantins *liberalitas* ist verschiedentlich gelobt worden (Aur. Vict. caes. 41,20; Eutr. brev. 10,7,2), aber auch (meist im Zusammenhang mit Geschenken an persönliche Freunde des Kaisers) getadelt (Amm. 16,8,12; Epit. de caes. 41,13; 41,16; Zos. 2,38,1).

Zudem wird Constantin im unmittelbar vorangegangenen Satz in seiner unterschiedslosen Mildtätigkeit mit der Sonne verglichen, die ihr Licht auch allen ohne Ausnahme spendet, was eine zusätzliche Assoziations-möglichkeit zum Sonnenpriester Heliogabal bietet.[7] Vielleicht sind auch die an mehreren Stellen der Vita Heliogabali[8] erwähnten unsinnigen oder maßlosen Geschenke Heliogabals als Parodie auf Constantins propagierte Großzügigkeit lesbar, als Umwertung von *liberalitas* in *luxuria*. *Liberalitas* gehört freilich ganz grundsätzlich zu den kaiserlichen Tugenden und ist auch von anderen Principes besonders betont worden.

Heliogabal wie Constantin halten ungewöhnliche Heeresversammlun-gen ab – ungewöhnlich insofern, als die jeweiligen ‚Heere' nicht aus Mili-tärpersonen bestehen, sondern im Falle Constantins aus Klerikern, im Falle Heliogabals aus Prostituierten jeglichen Geschlechts. Eusebius wie Lam-pridius verwenden bei der Schilderung dieser Ereignisse ganz gezielt mili-tärisches Vokabular; Eusebius stellt spezifisch das Konzil von Nicaea als Versammlung der „Streitmacht Gottes" dar:

3, 6, 1 Εἶθ' ὥσπερ ἐπιστρατεύων αὐτῷ φάλαγγα θεοῦ σύνοδον οἰκουμε-νικὴν συνεκρότει, σπεύδειν ἀπανταχόθεν τοὺς ἐπισκόπους γράμμασι τιμητι-κοῖς προκαλούμενος. οὐκ ἦν δ' ἁπλοῦν τὸ ἐπίταγμα, συνήργει δὲ καὶ αὐτῇ πράξει τὸ βασιλέως νεῦμα, οἷς μὲν ἐξουσίαν δημοσίου παρέχον δρόμου, οἷς δὲ νωτοφόρων ὑπηρεσίας ἀφθόνους.

„Da berief er, als wollte er gegen jenen (= den unsichtbaren Feind, der die Kirche in Verwirrung brachte) zu Felde ziehen, die Streitmacht Gottes zu einer allgemeinen Versammlung, indem er mit ehrenvollen Schreiben die Bischöfe aufforderte, von allen Seiten herbeizueilen."[9]

v. Hel. 26, 3 *Omnes de circo, de theatro, de stadio et omnibus locis et balneis meretrices c o l l e g i t in aedes publicas et apud eas c o n t i o-n e m habuit quasi m i l i t a r e m, dicens eas c o m m i l i t o n e s. disputa-vit de generibus s c h e m a t u m et voluptatum. (4) adhibuit in tali contione postea lenones, exoleti undique collecti luxuriosissimosque puerulos et iuvenes.*

„Alle Huren vom Circus, vom Theater, vom Stadion und von allen anderen ⟨Stand⟩-orten und den Bädern berief er in ein Staatsgebäude ein und hielt mit ihnen so etwas

---

[7] Ganz abgesehen davon, dass Eusebius damit auch auf Sol-Apollo als Schutzgott-heit des Constantius Chlorus als Caesar und damit auch seines Sohnes anspielen könnte, wie Barnes, Eusebius and Constantine, Cambridge - London 1981, 36 und 48 vermutet.

[8] 8, 9; 21, 7 – 22, 3; 23, 6; 26, 7; 27, 6; 28, 5 – 7; 29, 4; 32, 9.

[9] Die Ausschnitte aus der Vita Constantini des Eusebius werden in der Übersetzung von Johannes Maria Pfättisch OSB, Bibliothek der Kirchenväter, Kempten - München 1913, zitiert.

wie eine Heeresversammlung ab, wobei er sie als Kameradinnen bezeichnete und die verschiedenen Arten und Stellungen beim Liebesgenuss durchsprach. (4) Später versammelte er in einer solchen Heeresversammlung die Zuhälter, die von überall her zusammengesuchten Strichjungen und die ausschweifendsten Knaben und jungen Männer."[10]

Zudem erhält Heliogabals ‚Heer' eine großzügige Frumentation; der Berufsstand, der geschlossen Anrecht auf eine solche hatte, waren die städtischen Truppen (v. a. Prätorianer und *cohortes urbanae*):

27,7 *iusserat et canonem p. R. unius anni meretricibus, lenonibus, exoletis intramuranis dari, extramuranis promisso, cum eo tempore iuxta provisionem Severi et Bassiani septem annorum canon frumentarius Romae esset.*

Hier könnte v. Con. 3, 9 anklingen; die Notiz steht immer noch im Zusammenhang mit dem Konzil von Nicaea:

3,9 Οἷς δὴ πᾶσι βασιλεὺς ἐφ᾽ ἑκάστης ἡμέρας τὰ σιτηρέσια δαψιλῶς χορηγεῖσθαι διετέτακτο.

„Ihnen allen (= den Bischöfen) wurde nach des Kaisers Verordnung Tag für Tag der Lebensunterhalt in reicher Fülle geboten."

Aus diesen und weiteren Passagen der Vita Heliogabali, in welchen Constantin evoziert werden dürfte, lässt sich aber wie gesagt nicht schließen, dass der Verfasser der HA die Vita Constantini gekannt hat und auf sie verweist. Andere, uns nicht oder nur teilweise erhaltene Texte wie das Geschichtswerk Eunaps von Sardes, die verlorenen Bücher von Ammians Res gestae, die Constantinsvita des Praxagoras von Athen oder die Annalen des älteren Nicomachus mögen dieselben Informationen enthalten haben wie die Vita Constantini, und überdies kann wohl davon ausgegangen werden, dass um 400 zumindest in den Kreisen mit Schulbildung ein gewisses Allgemeinwissen über Constantin vorhanden war – für die ersten Rezipierenden der HA lag der Tod Constantins etwa so weit zurück wie für uns, sagen wir, der Tod Mussolinis.

Bei einem vergleichenden Lesen der beiden Biographien stößt man aber nicht nur auf gemeinsame Züge der literarischen Figuren Heliogabal und Constantin, sondern auch auf gemeinsame Züge der Erzähler der beiden Viten, das heißt, auf strukturelle und methodische Ähnlichkeiten der beiden Texte.

Seit Aelius Lampridius und seine fünf Kollegen als Fiktionen erkannt wurden,[11] sind sie eher an den Rand der Interessen der HA-Forschung ge-

---

[10] Die Übersetzungen aus der HA sind, wo nicht anders vermerkt, meine eigenen.

[11] Natürlich erstmals durch Hermann Dessau, Über Zeit und Persönlichkeit der Scriptores Historiae Augustae, Hermes 24 (1889), 337–392.

rückt. Ich bin allerdings davon überzeugt, dass sie allein schon durch ihre Existenz im Text eine Funktion haben und überdies durch auktoriale Partien und Zwischenbemerkungen Profil gewinnen.

Die Vita Heliogabali beginnt z. B. mit einem Procœmium wie fünf der vorangegangenen 16 Viten und neun der folgenden 13. Wie es bei Procœmien häufig der Fall ist, geht es hier darum, warum das Folgende geschrieben worden ist, besonders: warum Lampridius diese Biographie trotz schweren Bedenken geschrieben hat:

1, 1 *Vitam Heliogabali Antonini, qui Varius etiam dictus est, numquam in litteras misissem, ne quis fuisse Romanorum principem sciret, nisi ante Caligulas et Nerones et Vitellios hoc idem habuisset imperium.* (2) *Sed cum eadem terra et venena ferat et frumentum atque alia salutaria, eadem serpentes et cicures, conpensationem sibi lector diligens faciet, cum legerit Augustum, Traianum, Vespasianum, Hadrianum, Pium, Titum, Marcum contra hos prodigiosos tyrannos.* (3) *simul intelleg[er]et Romanorum iudicia, quod illi et diu imperarunt et exitu naturali functi sunt, hi vero interfecti, tracti, tyranni etiam appellati, quorum nec nomina libet dicere.*

„Ich hätte das Leben des Heliogabalus Antoninus, den man auch Varius nennt, nie zu Papier gebracht, auf dass niemand erfahre, dass er römischer Kaiser gewesen ist, wenn nicht dasselbe Imperium zuvor Caligulen und Neros und Vitelliusse gehabt hätte. (2) Aber wie derselbe Boden Giftpflanzen und Getreide oder andere Nutzpflanzen trägt, wird sich der aufmerksame Leser einen Ausgleich verschaffen, wenn er Augustus, Trajan, Vespasian, Hadrian, Pius, Titus, Marcus im Vergleich mit diesen verheerenden Tyrannen liest. (3) Zugleich wird er die Urteilskraft der Römer erkennen; weil jene sowohl lange geherrscht haben als auch eines natürlichen Todes starben, diese aber ermordet, geschleift und sogar ‚Tyrannen' genannt wurden, von denen man nicht einmal die Namen nennen mag."

Dieses Procœmium stellt eine *captatio benevolentiae* des Erzählers Lampridius, gleichzeitig aber auch eine Leseanweisung für die Rezipierenden dar, erstens sich auf einen ganz schlechten Kaiser gefasst zu machen, zweitens ihn mit anderen, guten Herrschern zu vergleichen. Das ist wohl eine implizite Aufforderung, Sueton und die anderen HA-Viten zu lesen. Diesem vergleichenden Lesen wird explizit ein Nutzen zugeschrieben: *conpensationem sibi lector diligens faciet.*

Wir haben hier eine jener Stellen vor uns, wo die HA zum Einstieg ins literarische Vexierspiel einlädt, zur Suche nach Anspielungen und Transpositionen wie den zahlreichen Suetonreferenzen in der Vita Heliogabali, durch welche Heliogabal in eine Reihe mit den in 1, 1 genannten Kaisern Caligula, Nero, Vitellius und außerdem mit Domitian gestellt wird.

In 1, 3 formuliert Lampridius ein Geschichtsverständnis, das Geschichte als eine Belohn- und Strafmaschinerie ansieht, deren ausführendes Organ die *Romani* sind, da das Schicksal des einzelnen Kaisers stets mit dem Urteil der Römer über ihn korrespondiert. Dieser Schluss soll wohl auch umgekehrt werden können: Wer lange geherrscht hat und eines natürlichen Todes gestorben ist, muss ein guter Kaiser gewesen sein. Über die schlecht gewählten Beispiele haben sich schon mehrere Generationen von Philologen teils geärgert, teils amüsiert: Der sprichwörtlich gute Titus hat schließlich nur gerade zwei Jahre regiert, und von den Tyrannen wurde einzig Vitellius geschleift.

Dieses etwas naïv anmutende Jeder-erhält-was-er-verdient-Konzept kommt in der Vita Heliogabali denn auch zum Tragen.[12] Am Ende erhält der Kaiser genau den vorhergesagten Lohn, womit die Verallgemeinerung aus 1, 3 wieder aufgenommen und am Beispiel Heliogabals belegt wird:

17, 6 *Solusque omnium principum et tractus est et in cloacam missus et in Tiberim praecipitatus. (7) Quod odio communi contigit, a quo speciatim cavere debent imperatores, si quidem nec sepulchra mereantur, qui amorem senatus, populi ac militum non merentur.*

Dieses Konzept von Belohnung und Strafe erscheint nun auch ganz prominent in der Vita Constantini, erstmals in 1, 3, 1:

δι' ὧν τοὺς μὲν αὐτὸν δοξάζοντάς τε καὶ τιμῶντας ἀμοιβαίοις ὑπερβάλλεσθαι χαρίσμασι, τοὺς δ' ἐχθροὺς καὶ πολεμίους σφᾶς αὐτοὺς αὐτῷ καταστήσαντας τὸν ψυχῶν ὄλεθρον ἑαυτοῖς περιποιήσειν θεσπίσας, ἐντεῦθεν ἤδη τῶν αὐτοῦ λόγων τὰς ἐπαγγελίας ἀψευδεῖς παρεστήσατο, ἀθέων μὲν καὶ θεομάχων τυράννων ἀπευκτὰ δείξας τοῦ βίου τὰ τέλη, τοῦ δ' αὐτοῦ θεράποντος ζηλωτὸν καὶ πολυύμνητον πρὸς τῇ ζωῇ καὶ τὸν θάνατον ἀποφήνας, ὡς ἀξιομνημόνευτον τοῦτον [τε] στηλῶν ⟨τε⟩ οὐ θνητῶν ἀλλ' ἀθανάτων ἐπάξιον γενέσθαι.

„Denn da Gott durch diese (= seine eigenen Worte) vorherverkündet hatte, dass denen, die ihn verherrlichten und ehrten, mit überreichen Gnaden vergolten werde, dass hingegen, wer sich für seinen Widersacher und Feind erkläre, nur das Verderben seiner Seele sich erwirke, hat er somit die Verheißung seiner Worte schon damit als truglos erwiesen, dass er das Lebensende der gottlosen und gottfeindlichen Tyrannen fluchbeladen erscheinen ließ, seinem Diener hingegen außer dem Leben auch noch den Tod beneidenswert und ruhmreich machte, so dass auch dieser denkwürdig und nicht vergänglicher, sondern unvergänglicher Ehrensäulen würdig wurde."

Der Hauptunterschied zwischen v. Hel. 1, 1 – 3 und v. Con. 1, 3, 1 liegt in der Instanz, durch die alle Guten ein glorreiches und alle Bösen ein

---

[12] So kommentiert z. B. Lampridius Heliogabals vergebliche Versuche, seinen beliebten kleinen Cousin Alexander ermorden zu lassen, in 14, 1 mit *sed nihil agunt improbi contra innocentes* – die Bösen können gegen die Unschuldigen nichts ausrichten.

schreckliches Ende nehmen:[13] Bei Lampridius sind es die *Romani*, bei Eusebius ist es natürlich Gott.

Noch ausführlicher wird das Konzept von Belohnung und Strafe in v. Con. 2, 25 formuliert. Diese Passage nimmt nun eine prominente Stellung in der Vita ein. Es handelt sich um den Anfang eines ‚Briefes an die östlichen Provinzen' aus Constantins eigener Feder; dieser Brief ist das erste und weitaus längste von insgesamt fünfzehn derartigen Dokumenten, die zusammen fast ein Viertel der gesamten Vita ausmachen:[14]

2, 25 Εἴ γ' οὖν τις εἰς τοὺς ἄνωθεν εἰς δεῦρο παρατείνοντας χρόνους ἀναδράμοι τῷ νῷ καὶ τὰς πώποτε γενομένας πράξεις κατίδοι τῷ λογισμῷ, πάντας ἂν εὕροι τοὺς μὲν ὅσοι δικαίαν καὶ ἀγαθὴν προκατεβάλοντο τῶν πραγμάτων κρηπῖδα εἰς ἀγαθὸν καὶ προαγαγόντας τὰς ἐγχειρήσεις πέρας, καὶ οἷον ἀπὸ ῥίζης τινὸς ἡδείας κομισαμένους καὶ τὸν καρπὸν γλυκύν, τοὺς δὲ ἀδίκοις ἐπιχειρήσαντας τόλμαις καὶ ἢ πρὸς τὸ κρεῖττον ἀνοήτως ἐκμανέντας ἢ πρὸς τὸ ἀνθρώπινον γένος λογισμὸν ὅσιον μηδένα λαβόντας, ἀλλὰ φυγὰς ἀτιμίας δημεύσεις σφαγὰς τοιαῦτα πολλὰ τολμήσαντας, καὶ οὐδὲ μεταμεληθέντας ποτὲ οὐδὲ τὸν νοῦν ἐπιστρέψαντας πρὸς τὰ καλλίω, ἴσων καὶ τῶν ἀμοιβαίων τυχόντας. καὶ ταῦτά γε οὐκ ἂν ἀπεικότως οὐδ' ἂν ἀπὸ λόγου συμβαίνοι.

„Sicherlich findet ja, wer im Geiste die vergangenen Zeiten bis auf unsere Tage durchläuft und die ganze frühere Geschichte mit Bedacht überschaut, dass alle, die sich erst eine gerechte und gute Grundlage für ihr Tun schufen, auch ihre Unternehmungen zu einem guten Ende geführt und wie von einer süßen Wurzel auch liebliche Früchte geerntet haben, während diejenigen, die sich an ungerechte Wagnisse machten und entweder gegen das höchste Wesen unvernünftiger Weise in Wut entbrannten oder gegen das Menschengeschlecht nichts Gutes im Schilde führten, sondern Verbannung, Entehrung, Gütereinziehung, Mord und vieles Ähnliche zu verhängen wagten, nie auch hernach Reue empfanden oder ihren Sinn dem Besseren zuwandten, eine Vergeltung erreicht hat, die ihrem Tun ganz entsprechend war. Und das geschieht nicht mit Unrecht oder ohne guten Grund."

Etwas weiter unten heißt es über seine Gegner, die Christenverfolger:

2, 27, 1 ἐντεῦθεν οἱ τῆς τοσαύτης ἀρχηγοὶ δυσσεβείας ἢ ἀνατλάντες τὰ ἔσχατα θάνατον πανώλεθρον ἐδυστύχησαν, ἢ ζωὴν αἰσχίστην διάγοντες θανάτου ταύτην βαρυτέραν ἐπέγνωσαν, καὶ οἷον ἰσομέτρους ταῖς ἀδικίαις τὰς τιμωρίας ἐκομίσαντο.

---

[13] Zur Nutzung von Todesdarstellungen als Wertungselement in der HA vgl. Tobias Arand, Das unverdiente Ende – Suizid- und Todesdarstellungen in der HA als Elemente literarischer Bewertung im Kontext paganer Selbstbehauptung, Münster 1999.

[14] Interessanterweise werden in der Vita Heliogabali keine derartigen Dokumente zitiert, obgleich die HA eine ausgeprägte Vorliebe für dieses literarische Mittel hat.

„Darum haben auch die Anführer dieses so gottlosen Unternehmens entweder die härtesten Leiden erdulden müssen und danach einen ganz elenden Tod gefunden oder ein ganz schimpfliches Leben geführt, so dass sie es für schwerer halten mussten als den Tod. So haben sie für ihre Frevel gleichsam das gleiche Maß an Strafe geerntet."[15]

Dass diese Argumentation und das damit verbundene Geschichtskonzept tatsächlich Bestandteil der constantinischen Herrschaftspropaganda waren, zeigen nicht nur der vorliegende Brief in der Vita Constantini, sondern auch andere unter Constantin entstandene Schriften. Lactantius widmet der Darlegung des Konzepts mit dem zwischen 315 und 325[16] entstandenen Werk De mortibus persecutorum sogar eine ganze Schrift.[17] Dieses simple Geschichtskonzept, das beiden Viten zu Grunde liegt, macht im Rahmen der Vita Constantini durchaus Sinn, da es hier auf Gott als Richter bezogen ist und da in der gesamten Vita immer wieder aufgezeigt wird, dass demjenigen, der auf Gott vertraue, mit Gott handle, nur Gutes widerfahren werde. Dies wird im zweitletzten Kapitel noch einmal ausgeführt, wobei neben Gottes Wirken wieder Constantins Sonderstellung als erster gottgefälliger Kaiser betont wird.[18]

Auch Lampridius greift gegen Ende der Vita Heliogabali das Belohnung-und-Strafe-Konzept wieder auf, und zwar gleich zu Beginn des auktorialen, den Widmungsträger Constantin apostrophierenden Epilogs:

---

[15] Vgl. auch den – allerdings überlieferungsgeschichtlich heiklen – Bericht über den Tod von Heliogabals Entourage v. Hel. 16, 5.

[16] Zur Datierungsfrage vgl. J. L. Creed, Lactantius, De mortibus persecutorum, edited and translated, Oxford 1984, 33 – 35.

[17] De mort. pers. 1, 7: De quo⟨rum⟩ (= persecutorum) exitu ⟨nobis tes⟩tificari placuit, ut omnes qui procul remoti fuerunt vel qui p⟨ostea fu⟩turi sunt, scirent quatenus virtutem ac modestatem suam in ex⟨tinguen⟩dis delendisque nominis sui hostibus deus summus ostenderit. Am Ende von De mort. pers. wird anders als bei Eusebius der Sieg Gottes betont und nicht der Sieg Constantins.

[18] 4, 74 Ταῦθ᾽ ἡμῖν αὐτοῖς δείξας ὀφθαλμοῖς ἐπὶ μόνῳ τῶν πώποτε χριστιανῷ διαφανῶς ἀποδειχθέντι Κωνσταντίνῳ ὁ ἐπὶ πάντων θεός, ὁπόσον ἦν ἄρα αὐτῷ τὸ διάφορον παρεστήσατο τῶν αὐτόν τε καὶ τὸν Χριστὸν αὐτοῦ σέβειν ἠξιωμένων τῶν τε τὴν ἐναντίαν ἑλομένων, οἳ τὴν ἐκκλησίαν αὐτοῦ πολεμεῖν ὡρμηκότες αὐτὸν αὐτοῖς ἐχθρὸν καὶ πολέμιον κατεστήσαντο, τῆς ἐφ᾽ ἑκάστῳ τοῦ βίου καταστροφῆς ἐναργῆ τὸν ἔλεγχον τῆς αὐτῶν θεοεχθρίας ἐνδειξαμένης, ὥσπερ οὖν τῆς θεοφιλίας τὰ ἐχέγγυα τὸ Κωνσταντίνου τοῖς πᾶσι φανερὸν κατέστησε τέλος. – „Da der höchste Gott so Großes vor unsern Augen an Konstantin kund werden ließ, der allein unter allen früheren Kaisern sich offen als Christ gezeigt hat, hat er den gewaltigen Unterschied geoffenbart, der vor ihm besteht zwischen denjenigen, die gewürdigt worden sind, ihn und seinen Christus zu ehren, und jenen andern, die die entgegengesetzte Richtung erwählt, sich zum Kampfe gegen seine Kirche gerüstet und dadurch ihn selber sich zum Widersacher und Feind gemacht haben; denn es hat das schmähliche Lebensende eines jeden von diesen den augenscheinlichen Beweis erbracht, dass sie Gott verhasst waren, wie hingegen das allen offenbare Ende Konstantins die Bürgschaft bot, dass er bei Gott in Gnaden stand."

34,1 *Mirum fortasse cuipiam videatur, Constantine venerabilis, quod haec clades, quam rettuli, loco principum fuerit, et quidem prope triennio: ita nemo in re p. tum fuit, qui istum a gubernaculis Romanae maiestatis abduceret, cum Neroni, Vitellio, Caligulae ceterisque huius modi numquam tyrannicida defuerit. (2) Sed primum omnium ipse veniam peto, quod haec, quae apud diversos repperi, litteris tradidi, cum multa improba reticuerim et quae ne dici quidem sine maximo pudore possunt; (3) ea vero, quae dixi, praetextu verborum adhibito, quantum potui, texi.*

Der Vergleich mit andern *principes mali* ist nicht stimmig: Caligula hat etwa gleich lang, Nero mehr als dreimal so lang wie Heliogabal regiert, bevor sie umgebracht wurden. Lampridius setzt denn auch diesen Gedankengang nicht fort, sondern entschuldigt und rechtfertigt sich *primum omnium* noch einmal für die Anfertigung dieser Vita.[19] Sodann weicht er auf ein (angebliches) Constantinsdictum aus:

34,4 *Deinde illud, quod clementia tua solet dicere, credidi ⟨e⟩sse res⟨p⟩iciendum: ‚Imperatorem esse fortunae est.‘*
„Des weiteren scheint mir hier berücksichtigenswert, was Deine Mildtätigkeit zu sagen pflegt: ‚Kaiser sein ist Zufall.‘ “[20]

Damit widerspricht Lampridius aber seiner im Prooemium exponierten und in der Folge belegten Jeder-erhält-was-er-verdient-Theorie, und Constantin äußert das genaue Gegenteil des zu seiner historischen Herrschaftspropaganda gehörigen Geschichtskonzepts. Man kann sich des Eindrucks nicht erwehren, dass Lampridius hier argumentativ ins Schlingern gerät. Er versucht noch einmal, das Thema Gute Kaiser - Schlechte Kaiser anzuschneiden:

34,5 *Nam et minus boni reges fuerunt et pessimi. Agendum vero, quod pietas tua solet dicere, ut sint imperio digni, quo⟨s a⟩d regendi necessitatem vis fatalis adduxerit.*
„Denn es hat weniger gute Kaiser gegeben und katastrophale. Wünschenswert ist aber, wie Deine Frömmigkeit zu sagen pflegt, dass diejenigen, die das Schicksal vor die Aufgabe stellt, zu regieren, der Herrschaft würdig sind.“

Dieses zweite Constantinsdictum findet nun eine wenn auch nicht zwingende, so doch recht nahe Parallele in der Vita Constantini:

---

[19] Überdies entspricht auch *cum multa improba reticuerim etc.* durchaus nicht der tatsächlichen Gestaltung der Vita Heliogabali, vgl. unten S. 129.

[20] Hohl übersetzt „Kaiser sein ist Sache des Glücks“. Entscheidend ist, dass Fortuna als quasi blindwütiges Schicksal verstanden wird, also als das Gegenteil eines Ordnungs- und Gerechtigkeitsprinzips.

4,48 Καὶ δὴ τούτων βασιλεῖ συντελουμένων, ἀνὰ στόμα τε πάντων ἀνυμνουμένης αὐτοῦ τῆς κατὰ θεὸν ἀρετῆς, τῶν τοῦ θεοῦ λειτουργῶν τις ἀποτολμήσας εἰς αὐτοῦ πρόσωπον μακάριον αὐτὸν ἀπέφαινεν, ὅτι δὴ κἀν τῷ παρόντι βίῳ τῆς κατὰ πάντων αὐτοκρατορικῆς βασιλείας ἠξιωμένος εἴη κἀν τῷ μέλλοντι συμβασιλεύειν μέλλοι τῷ υἱῷ τοῦ θεοῦ. ὁ δὲ ἀπεχθῶς τῆς φωνῆς ἐπακούσας μὴ τοιαῦτα τολμᾶν παρῄνει φθέγγεσθαι, μᾶλλον δὲ δι᾽ εὐχῆς αἰτεῖσθαι αὐτῷ κἀν τῷ παρόντι κἀν τῷ μέλλοντι τῆς τοῦ θεοῦ δουλείας ἀξίῳ φανῆναι.

„Da nun der Kaiser so Großes vollbrachte und seine gottgefällige Tugend in aller Munde war, wagte es einer von den Priestern Gottes, in seiner Gegenwart ihn selig zu preisen, dass er schon in diesem Leben der Alleinherrschaft über das ganze Reich gewürdigt sei und im künftigen mit dem Sohne Gottes herrschen werde. Unwillig vernahm jedoch solches der Kaiser, und er mahnte, nicht so vermessene Worte zu sprechen, vielmehr im Gebete es ihm zu erbitten, dass er in diesem und im künftigen Leben des Dienstes Gottes würdig erfunden werde."

Das Constantinsdictum v. Hel. 34,5 stellt eine säkularisierte Variante dieser indirekten Rede Constantins bei Eusebius dar: Aus beten – αἰτεῖσθαι – wird ein *agere*, aus τῆς τοῦ θεοῦ δουλείας ἀξίῳ werden *imperio digni*. In beiden Fassungen lässt sich das Dictum nicht ohne Weiteres mit dem Konzept von Belohnung und Strafe vereinbaren, da es nicht voraussetzt, dass Gottgefälligkeit automatisch zu Erfolg und glücklichem Leben führt. Bei Eusebius stehen die beiden Aussagen aber nicht direkt in Widerspruch, da es in 4,48 um Constantins Demut geht, während das Dictum in v. Hel. 34,5 in einem Kontext erscheint, wo das Geschichtskonzept eine wichtige Rolle spielt.

Die kaiserlichen Kardinaltugenden *pietas* und *clementia* werden überdies unter Constantin zu möglichen Anreden des Kaisers, und Constantin nennt sich in der eusebischen Vita – stets in Briefen – auch selbst gelegentlich so.[21] Das erste Dictum hingegen ist nicht constantinisch, sondern eine Transposition des bekannten suetonischen Titus-Dictums Suet. Tit. 9, 1 *principatum fato dari*.[22] Es ist gewiss auch kein Zufall, dass Lampridius

---

[21] *Pietas*: v. Con. 3,31 ἡ ἐμὴ εὐσέβεια; 4,42,3 ἡ ἐμὴ εὐλάβεια; *clementia*: 4,36,3 ἡ ἡμέτερα ἡμερότης.

[22] Ganz allgemein enthält die Vita Heliogabali viele Suetontranspositionen, vgl. etwa (in Auswahl) v. Hel. 5,4 – Suet. Cal. 52; Dom. 10,4; v. Hel. 8,3 – Suet. Cal. 37,1; v. Hel. 19,8 – Suet. Cal. 37,1; v. Hel. 24,2 und 30,1 – Suet. Cal. 41,1; v. Hel. 32,9 – Suet. Cal. 11; Nero 26,1f.; v. Hel. 10,5 – Suet. Nero 29; v. Hel. 23,1 – Suet. Claud. 21,6; Nero 11,1 und 12,1; v. Hel. 20,5 (*linguas pavonum*) – Suet. Vit. 13,2; v. Hel. 5,4 – Suet. Dom. 10,4; v. Hel. 31,7 – Suet. Dom. 22.

Constantin mit *clementia tua* anredet, bevor er ihm ein Dictum des sprichwörtlichen *princeps clemens* in den Mund legt.[23]

Mit diesem schmeichelhaften, aber unpassenden Nebeneinanderstellen von Constantin und Titus legt Lampridius Constantin wie gesagt das Gegenteil der constantinischen Herrscheridee in den Mund und macht damit statt auf Gemeinsamkeiten auf Unterschiede zwischen Titus und Constantin aufmerksam. Und anders als dem Eusebius misslingt Lampridius hier die Wiederaufnahme des Belohnung-und-Strafe-Konzepts und dessen Rückbeziehung auf Constantin.

Durch die Lösung dieses Geschichtskonzepts aus dem christlichen Kontext in der Vita Constantini, wo es auf Gott als Instanz bezogen ist, und durch seine Verwendung in einer zumindest oberflächlich den Traditionen der paganen Biographie folgenden Vita werden seine Vereinfachungen erst richtig augenfällig. Wenn die Vita Heliogabali auf das Konzept von Belohnung und Strafe als einen Grundpfeiler der Vita Constantini oder allgemeiner der constantinischen Herrschaftsideologie verweist, dann stellt die Fragwürdigkeit des Konzepts innerhalb der Vita Heliogabali auch einen skeptischen Kommentar zur Verwendung in der Constantinsvita dar.

In diesem Zusammenhang muss erwähnt werden, dass sowohl Eusebius als Person (da des Arianismus verdächtig) als auch sein Geschichtskonzept auch von christlicher Seite gegen Ende des 4. Jh. skeptisch betrachtet wurden. Argumentiert noch Ambrosius[24] mit dem Belohnung-und-Strafe-Konzept (respective droht damit), stellen kurz darauf Rufin (nota bene in der Fortsetzung von Eusebs Kirchengeschichte[25]) und – im Zusammenhang mit den militärischen Erfolgen des barbarischen Arianers Alarich – Augustin in De civitate dei[26] heraus, dass richtiger Glaube und weltliche Erfolge einander keineswegs bedingen. Rufin, Augustin und andere markieren in einem Diskurs ,Christliche Historiographie' also die Gegenposition zur älteren Position mit Exponenten wie Lactantius, Eusebius und Ambrosius, deren Werke noch in höherem Maße apologetischen Traditionen verpflichtet sind. Das Konzept von Belohnung und Strafe spielt jedenfalls in der

---

[23] Dass die Rezipierenden diese Transposition bemerken sollen, geht wohl auch daraus hervor, dass sie in 1, 3 explizit zum Lesen von und Vergleichen mit suetonischen Viten aufgefordert wurden.

[24] Ambr. epist. 18, 34. 38; fid. 1 prol. 3; 2, 136. 143 apropos Gratian.

[25] Etwa anlässlich von Iovians kurzem Régime und Tod Ruf. hist. 11, 1; ausführlich demonstriert diese Abweichung Rufins vom eusebischen Vorbild Therese Fuhrer, Rufins Historia ecclesiastica: ,Geschichte' und Geschichten von Kämpfen und Siegen der Orthodoxie. In: Balbina Bäbler - H. G. Nesselrath (Hgg.), Die Welt des Sokrates von Konstantinopel, München - Leipzig 2001 (= Fs. Christoph Schäublin), 60–70.

[26] 5, 24–26

paganen historiographischen Tradition kaum eine Rolle.[27] Sein Auftauchen in der Vita Heliogabali ist daher umso auffälliger und steht m. E. in Verbindung mit demselben Konzept in der Vita Constantini.

Auch zu den methodischen Fragen, wozu und wie Kaiserviten geschrieben werden sollen, stellen die Erzähler der beiden Viten ähnliche Überlegungen an. Zur Erinnerung sei noch einmal Lampridius' Rechtfertigung für die Abfassung der Vita Heliogabali paraphrasiert (v. Hel. 1, 1 f.): Dem Gedanken, dass es besser gewesen wäre, keine Heliogabalvita zu schreiben und ihn somit der Vergessenheit anheim fallen zu lassen, wird gegenübergestellt, (a) dass es ja bereits früher schlechte Kaiser gegeben habe – mitzudenken ist wahrscheinlich etwas wie *quorum tamen vitas scripsit Suetonius*; (b) dass Gutes und Schlechtes irgendwie von Natur aus zusammengehören. Gleichermaßen sei es für die Rezipierenden nützlich, die Viten von vorbildlichen und untauglichen Kaisern kontrastierend zu lesen.

In 34, 2f. erweitert Lampridius diese Rechtfertigung dahingehend, dass er die schlimmsten Dinge verschwiegen oder dezent umschrieben habe. Das Produkt seines Schreibens erweckt freilich einen ganz anderen Eindruck: Es wird kaum eine Gelegenheit ausgelassen, v. a. obszöne Einzelheiten zu berichten und dabei die Dinge beim Namen zu nennen – oft mit einem Vokabular, das allenfalls bei Martial und Juvenal gefunden werden kann, nicht aber in der biographischen Tradition.

Dem stellen wir nun das Kapitel v. Con. 1, 10, sozusagen Eusebius' Methodenkapitel, gegenüber. Dabei gilt es zweierlei zu beachten: erstens die wohl doch über reine Topizität hinausreichenden Gemeinsamkeiten in der Motivwahl, zweitens die unterschiedliche Anordnung und z. T. auch Wertung der einzelnen Motive:

1, 10, 1 Ἐμοὶ δ' εἰ καὶ τὸ λέγειν ἐπάξιόν τι τῆς τοῦ ἀνδρὸς μακαριότητος ἄπορον τυγχάνει τό τε σιωπᾶν ἀσφαλὲς καὶ ἀκίνδυνον, ...

„Für mich hingegen ist es schwierig, etwas zu sagen, das der Seligkeit des Kaisers würdig wäre, und trug- und gefahrlos wäre es zu schweigen; ...“

Eusebius beginnt mit dem klassischen Bescheidenheitstopos bezüglich der eigenen literarischen Fähigkeiten – er hätte diese Vita eigentlich nicht

---

[27] So Averil Cameron, Eusebius' Vita Constantini and the construction of Constantine. In: M. J. Edwards - S. Swain (Hgg.), Portraits. Biographical Representation in the Greek and Latin Literature of the Roman Empire, Oxford 1997, 156: „The thought in VC 1.10 is not new; but insofar as it is not directly derived from the HE, it comes from the realm of Christian apologetic, not from Roman historiographical tradition." (So auch T. D. Barnes, Panegyric, history and hagiography. In: From Eusebius to Augustine, selected papers 1982 – 1993, Aldershot - Brookfield 1994, 109f. Erstabdruck in Phoenix 43, 1989.)

schreiben wollen, tut es aber doch, weil man ihm sonst ὄκνος und ἀργία vorwerfen würde.

1, 10, 1 ὅμως ἀναγκαῖον μιμήσει τῆς θνητῆς σκιαγραφίας τὴν διὰ λόγων εἰκόνα τῇ τοῦ θεοφιλοῦς ἀναθεῖναι μνήμῃ, ὄκνου καὶ ἀργίας ἀφοσιουμένῳ ἔγκλημα. αἰσχυνοίμην γὰρ ἂν ἐμαυτόν, εἰ μὴ τὰ κατὰ δύναμιν, κἂν σμικρὰ ᾖ ταῦτα καὶ εὐτελῆ, τῷ πάντας ἡμᾶς δι᾽ ὑπερβολὴν εὐλαβείας θεοῦ τετιμηκότι συμβαλοῦμαι. (2) οἶμαι δὲ καὶ ἄλλως βιωφελὲς καὶ ἀναγκαῖον ἔσεσθαί μοι τὸ γράμμα περιλαμβάνον βασιλικῆς μεγαλονοίας πράξεις θεῷ τῷ παμβασιλεῖ κεχαρισμένας.

„… gleichwohl aber ist es notwendig, dass ich in Nachahmung des irdischen Malers mit Worten ein Bild des gottgeliebten Kaisers zeichne und es seinem Andenken weihe, wenn ich dem Vorwurf der Saumseligkeit und Trägheit entgehen will. Schämen müsste ich mich ja vor mir selber, wenn ich nicht mein Möglichstes, mag dieses auch gering und wenig wert sein, demjenigen darböte, der uns alle in seiner unübertrefflichen Gottesfurcht geehrt hat. (2) Auch sonst glaube ich, dass es von Nutzen und meine Pflicht sei, dieses Werk zu schreiben, das die Gott so wohlgefälligen Taten des hochherzigen Kaisers enthalten soll.“

Liegt Lampridius' Zögern also in der Unwürdigkeit des Gegenstandes begründet, so Eusebius' Zögern in der eigenen mangelnden Kompetenz. Lampridius schreibt, obwohl es besser wäre, dieses Leben nicht zu beschreiben, Eusebius schreibt, weil die Vita nützlich sein wird, da sie eben πράξεις θεῷ κεχαρισμένας enthalten wird. Denn:

1, 10, 2 ἢ γὰρ οὐκ αἰσχρὸν Νέρωνος μὲν τὴν μνήμην καὶ τῶν τούτου μακρῷ χειρόνων δυσσεβῶν τινων καὶ ἀθέων τυράννων ἀόκνων τυχῆσαι συγ-γραφέων, οἳ δὴ φαύλων ὑποθέσεις δραμάτων ἑρμηνείᾳ κομψῇ καλλωπί-σαντες πολυβίβλοις ἀνέθηκαν ἱστορίαις, ἡμᾶς δὲ σιωπᾶν οὓς θεὸς αὐτὸς τοσούτῳ συγκυρῆσαι βασιλεῖ, οἷον ὁ σύμπας οὐχ ἱστόρησεν αἰών, εἰς ὄψιν τε καὶ γνῶσιν αὐτοῦ καὶ ὁμιλίαν ἐλθεῖν κατηξίωσεν; διὸ δὴ προσήκοι ἄν, εἴ τισιν ἄλλοις, καὶ ἡμῖν αὐτοῖς ἀγαθῶν ἄφθονον ἀκοὴν κηρύττειν ἅπασιν, οἷς ἡ τῶν καλῶν μίμησις πρὸς τὸν θεῖον ἔρωτα διεγείρει τὸν πόθον.

„Neros Andenken und das ruchloser und gottvergessener Tyrannen, die noch weit schlechter waren als dieser, hat leicht unverdrossene Biographen gefunden, die die ihnen vorliegenden schlechten Taten durch ausgesuchte Darstellung aufputzten und in bände-reichen Geschichtswerken niederlegten; wäre es da denn keine Schmach, wenn wir schwiegen, denen Gott selber die Gnade gewährt hat, unter einem Kaiser zu leben, einen Kaiser zu sehen, kennen zu lernen, ja mit ihm zu verkehren, wie die ganze Weltge-schichte noch von keinem berichtet hat? Darum geziemt es sich wohl, wenn überhaupt für jemanden, so gerade für uns, allen, in denen das Abbild des Guten das Sehnen nach der Liebe Gottes weckt, in reichlichem Maße zu verkünden, was wir Edles gehört haben.“

Eusebius rechtfertigt seine Vita ebenfalls mit dem Hinweis auf bereits existierende Biographien übler Kaiser, zieht aus dieser Existenz aber einen anderen Schluss als Lampridius, nämlich den, dass er darum die Biographie eines vorbildlichen Kaisers schreiben muss – implizit gewiss *ut conpensationem sibi lector diligens faciat*. Im Unterschied zu Lampridius sieht er aber die Biographien schlechter Kaiser als Übel an, nicht als notwendige und nützliche Ergänzung. Und Lampridius' Vorgehen, schlechte Taten *praetextu verborum adhibito tegere*, wertet er als negativ, nennt er καλλωπίζειν – beschönigen, wie er im Folgenden noch deutlicher macht:

1, 10, 3 οἱ μὲν γὰρ βίους ἀνδρῶν οὐ σεμνῶν καὶ πράξεις πρὸς ἠθῶν βελτίωσιν ἀλυσιτελεῖς χάριτι τῇ πρός τινας ἢ ἀπεχθείᾳ, τάχα δέ που καὶ πρὸς ἐπίδειξιν τῆς σφῶν αὐτῶν παιδεύσεως συναγαγόντες, κόμπῳ ῥημάτων εὐγλωττίας αἰσχρῶν πραγμάτων ὑφηγήσεις οὐκ εἰς δέον ἐξετραγῴδησαν, τοῖς μὴ μετασχεῖν τῶν κακῶν κατὰ θεὸν εὐτυχήσασιν ἔργων οὐκ ἀγαθῶν ἀλλὰ λήθῃ καὶ σκότῳ σιωπᾶσθαι ἀξίων διδάσκαλοι καταστάντες.

„Denn diejenigen, welche das Leben unwürdiger Männer und Taten, die nicht zur Veredlung des Charakters beitragen können, aus Vorliebe oder Abneigung gegen irgend jemand, schließlich wohl auch zur Schaustellung ihrer eigenen Gelehrsamkeit zusammengeschrieben haben, alle diese haben mit dem Prunke schön klingender Worte die Darstellung schandbarer Handlungen in nicht zu billigender Weise aller Welt bekannt gemacht und sind dadurch denen, die mit Gottes Gnade so glücklich waren, sich vom Bösen freizuhalten, Lehrer in Dingen geworden, die nicht gut sind und es verdienten, gänzlich verschwiegen und vergessen zu werden."

Eusebius vertritt wie Lampridius die Meinung, dass üble Taten grundsätzlich nicht erzählt werden sollten, denkt aber anders als Letzterer gar nicht, dass es dennoch von Nutzen sein könne, sie zu überliefern. Nutzen bringt nur die Überlieferung guter Taten:

1, 10, 4 ἐμοὶ δὲ ὁ μὲν τῆς φράσεως λόγος, εἰ καὶ πρὸς τὸ μέγεθος τῆς τῶν δηλουμένων ἐμφάσεως ἐξασθενεῖ, φαιδρύνοιτο γοῦν ὅμως καὶ ψιλῇ τῇ τῶν ἀγαθῶν πράξεων ἀπαγγελίᾳ, ἡ δέ γε τῶν θεοφιλῶν διηγημάτων ὑπόμνησις οὐκ ἀνόνητον ἀλλὰ καὶ σφόδρα βιωφελῆ τοῖς τὴν ψυχὴν εὖ παρεσκευασμένοις ποριεῖται τὴν ἔντευξιν.

„Bei mir dagegen wird wohl der Darstellungsweise, wenn sie auch zu gering ist, um eine Sprache zu finden, wie sie ein so erhabener Stoff forderte, doch schon der schlichte Bericht so herrlicher Taten irgendwelchen Glanz verleihen, und die Aufzeichnung Gott so wohlgefälliger Erzählungen wird allen Lesern, deren Herz in der richtigen Stimmung ist, nicht nutzlos sein, vielmehr sogar recht großen Nutzen bringen."

Man kann Eusebius gewiss attestieren, dass er nur gute Taten berichtet – gleichzeitig kann man ihm das aber auch vorwerfen. Die Crispus-Episode lässt er z. B. unerwähnt, schon bei den Zeitgenossen umstrittene politische Maßnahmen werden nur gelobt. Das heißt aber auch, dass er im Grunde genau das tut, was er an Biographen schlechter Kaiser tadelt, nämlich eben καλλωπίζειν, und überdies ist eine Vita in vier Büchern wohl auch nicht etwas grundlegend anderes als eine πολύβιβλος ἱστορία.[28]

Die Wendung χάριτι τῇ πρός τινας ἢ ἀπεχθείᾳ findet sich mutatis mutandis in der Vita Heliogabali auch wieder. Von den 35 Kapiteln der Vita berichten die ersten 18 von Erhebung, Regierung und Tod Heliogabals. Die Kapitel 18, 4–33, eine Art Anhang, bestehen – höchst repetitiv, wie eine noch ungeordnete Materialsammlung – aus Mitteilungen über Möbel, Kleider, Schwimmbecken, Blumen, Parfums, üppige Festmähler, ausgefallene Speisen, Scherze mit Tieren, alberne Geschenke und Verlosungen, Badesitten, Scherze mit Freunden, Bauluxus, ungehörige Gewohnheiten und Einfälle, Verspottung würdiger Leute und römischer Institutionen sowie die bereits erwähnte Prostituiertenheeresversammlung. Diese chronique scandaleuse wird eingeleitet mit der Bemerkung:

18, 4 *De huius vita multa in litteras missa sunt obscaena, quae quia digna memoratu non sunt, ea prodenda censui, quae ad luxuriam pertinebant.*

„Es sind viele Obszönitäten aus seinem Leben zu Papier gebracht worden; während diese Dinge nicht der Erinnerung wert sind, halte ich jene für überliefernswert, die zu (seiner) Luxuria gehören.“

Entgegen dieser Ankündigung werden im Rest der Vita wie gesagt durchaus, ja geradezu mit Vorliebe, auch *obscaena* erzählt.

Ähnlich handelt auch Eusebius einer vergleichbaren Absichtserklärung zuwider:

1, 11, 1 Τὰ μὲν οὖν πλεῖστα καὶ βασιλικὰ τοῦ τρισμακαρίου διηγήματα, συμβολάς τε καὶ παρατάξεις πολέμων ἀριστείας τε καὶ νίκας καὶ τρόπαια τὰ κατ᾽ ἐχθρῶν θριάμβους τε ὁπόσους ἤγαγε, τά τε κατ᾽ εἰρήνην αὐτῷ πρὸς τὴν τῶν κοινῶν διόρθωσιν πρός τε τὸ συμφέρον ἑκάστου διωρισμένα νόμων τε διατάξεις, ἃς ἐπὶ λυσιτελείᾳ τῆς τῶν ἀρχομένων πολιτείας συνετάττετο, πλείστους τ᾽ ἄλλους βασιλικῶν ἄθλων ἀγῶνας, τοὺς δὲ παρὰ τοῖς πᾶσι μνημονευομένους, παρήσειν μοι δοκῶ, τοῦ τῆς προκειμένης ἡμῖν πραγματείας σκοποῦ μόνα τὰ πρὸς τὸν θεοφιλῆ συντείνοντα βίον λέγειν τε καὶ γράφειν ὑποβάλλοντος.

„Die meisten von den Taten nun, die der dreimal selige Kaiser als Feldherr vollbracht hat, seine Treffen und Schlachten in den Kriegen, seine Heldentaten und Siege, die Siegeszeichen, die er gegen seine Feinde aufgerichtet hat, und all die Triumphe, die er gefeiert hat; was er sodann im Frieden zum Wohle des ganzen Staates wie zum Nutzen

---

[28] Das erinnert an den Tadel, den die Historia Augusta an Marius Maximus und den sicher fiktiven Cordus als unseriöse und geschwätzige Verfasser von *mythistorica volumina* austeilt (v. Macr. 1, 5; quad. tyr. 1, 2).

des einzelnen festgesetzt, und die Verordnungen der Gesetze, die er dem Handel und Wandel seiner Untertanen zu Nutz und Frommen erlassen hat; sehr viele anderweitige mühevolle Kämpfe des Kaisers endlich, die sich ja bei allen erwähnt finden: All das glaube ich übergehen zu dürfen, da der Zweck des uns vorliegenden Werkes nahelegt, nur von dem zu reden und zu schreiben, was sich auf sein gottgefälliges Leben bezieht."

Von Constantins Kriegen und seiner Gesetzgebung berichtet Eusebius im Folgenden aber durchaus, und auch wenn argumentiert werden kann, dass etwa sein Sieg über Licinius eben zu den Elementen seines gottgefälligen Lebens zählt, bleibt doch ein Rest von Widerspruch zur Ankündigung bestehen, er wolle nicht von den Kriegstaten berichten.[29]

Nachdem Lampridius nach 18,4 zwölf Kapitel lang *luxuriosa et obscaena* erzählt hat, schiebt er unvermittelt die folgende auktoriale Bemerkung ein:

30,8 *sed haec et alia nonnulla fidem transeuntia credo esse ficta ab his, qui in gratiam Alexandri Heliogabalum deformare voluerunt.*

Lampridius scheint hier plötzlich Heliogabal Gerechtigkeit widerfahren lassen zu wollen, indem er die Verantwortung für den Wahrheitsgehalt all der Episoden abschiebt. Er lehnt also wie Eusebius die Biographen ab, die χάριτι πρός τινας / *in gratiam alicuius* schreiben. Der selbstzugeschriebenen Rolle des Objektiven werden sie allerdings beide bei Weitem nicht gerecht. Lampridius macht sich allein schon dadurch verdächtig, dass auf die Passage 30,8 noch einmal volle drei Kapitel mit ähnlichen Geschichten folgen, er also alle diese möglicherweise nur böswillig erfundenen Dinge mit geradezu beispielloser Ausführlichkeit erzählt – in 15 der 35 Kapitel der ganzen Vita. Man darf ihn also wohl getrost unter jene einreihen, *qui (in gratiam Alexandri?) Heliogabalum deformare voluerunt.*

Hier gilt es nun zu bedenken, dass ein um 400 schreibender Anonymus den fiktiven Lampridius so schreiben und sich selbst widersprechen lässt, wodurch die Passage eine zusätzliche, HA-typische ironische Dimension gewinnt. Lampridius ist – als der Erzähler – ebenso eine Figur der Vita Heliogabali wie der Titelantiheld selber, und dadurch, dass etwa ein Zehntel der Vita aus auktorialen Partien besteht, wird auch er in Umrissen als Persönlichkeit wahrnehmbar. Er ist nicht der ehrliche, objektive Erzähler,

---

[29] Überdies sorgt Eusebius auch gelegentlich dafür, dass gewisse Ereignisse zum gottgefälligen Leben gehören; so hat T. G. Elliott in einer neueren Studie unter anderem darauf hingewiesen, dass die beiden Kriege gegen Licinius 316 und 324 in der Vita Constantini wohl gerade deswegen vermischt werden, weil von Christenverfolgung unter Licinius vor 317 nichts bekannt ist und daher der erste Krieg nicht in die eusebische Darstellung vom Weg Constantins zur Alleinherrschaft gepasst hätte (Eusebian Frauds in the Vita Constantini, Phoenix 45 [1991], 162–171).

der er zu sein behauptet. Er erweist sich als Besitzer einer Doppelmoral, einer mit moralischer Entrüstung cachierten Vorliebe für schlüpfrige Geschichten. Er hält dem verderbten Orientalen Heliogabal die Wertvorstellungen eines altehrwürdigen, nüchternen republikanischen Römertums entgegen – und entpuppt sich dabei bei genauerer Betrachtung als schlecht informiert über die heraufbeschworene vorbildliche Vergangenheit.[30]

Unser so gearteter Lampridius kann, da er zu Lebzeiten Constantins geschrieben haben soll, die Vita Constantini nicht gekannt haben. Aber der Verfasser der HA lässt ihn sie vorausahnen. Denn Lampridius beschließt die Vita Heliogabali mit einem Ausblick auf weitere zu schreibende Viten:

35,2 *scribere autem ordiar, qui post sequentur. quorum Alexander optimus et cum cura dicendus e⟨s⟩t annorum tredecim princeps, semestres alii et vix annui et bimi, Aurelianus praecipuus et horum omnium decus auctor tui generis Claudius. (3) de quo[d] vereor ad clementiam tuam scribens vera dicere[nt], ne malivolis adulator videar esse, sed absolvar contra livorem inproborum, cum et apud alios clarum esse perspexerint. (4) hi⟨s⟩ iungendi sunt Diocletianus, aurei parens saeculi, et Maximianus, ut vulgo dicitur, ferrei, ceterique ad pietatem tuam. (5) te vero, Auguste venerabilis, multis paginis isdemque disertioribus illi prosequentur, quibus id felicior natura detulerit. (6) his addendi sunt Licinius, Severus Alexander atque Maxentius, quorum omnium ius in dicionem tuam venit, sed ita ut nihil eorum virtuti derogetur. (7) non enim ego id faciam, quod plerique scriptores solent, ut de his detraham, qui victi sunt, cum intellegam gloriae tuae accedere, si omnia de illis, quae bona in se habuerint, vera praedicaro.*

Schon Dessau konstatierte hier einen „in der Litteratur der römischen Kaiserzeit unerhört[en] Freimuth" und resümierte: „Mit dieser Stelle ist die Schrift dem Constantin nicht übergeben worden." Unerhört ist an diesem letzten Kapitel nicht nur, wie bereits erwähnt, dass dem ersten christlichen Kaiser ein besonderes Interesse für Heliogabal unterstellt wird, sondern allein schon die Nennung seiner Vorgänger und Gegner. Nicht nur (worauf Turcan aufmerksam gemacht hat), dass Constantin den Endpunkt einer bei

---

[30] Zum Frauensenat, dem *senaculum*, cf. Straub, Senaculum, id est mulierum senatus, BHAC 64/65, Bonn 1966; Chastagnol, Constantinople en ombres chinoises, HAC 94, 89; an 13 Stellen wird Heliogabal als Begründer einer üblen Sitte (*primus/inventor/solus*) bezeichnet, wobei es sich in jedem einzelnen Fall um schon vor Heliogabal belegte Dinge handelt, e. g. 19,1; 19,3; 19,4; 19,6 (die bei Apicius mit zahlreichen Rezepten belegten *isicia* sollen erst von Heliogabal erfunden worden sein); 22,3 (Heliogabal soll als erster Verlosungen mit sehr wertvollen und mit Scherz-Preisen durchgeführt haben; vgl. aber Suet. Aug. 75) usw.

Diocletian beginnenden Linie darstellt, die anscheinend Zeitalter von Metallen mit sinkendem Wert aneinanderfügt,[31] nein, Lampridius stellt auch noch objektive Beschreibungen seiner Widersacher in Aussicht – also Viten wahrscheinlich genau der Männer, an die in v. Con. 1, 10, 3 (Tyrannen schlimmer als Nero) zu denken ist. Dieses Vorhaben wird dem Kaiser noch zusätzlich durch den Gedanken schmackhaft gemacht, dass es auch seinem Ruf zuträglich sein werde, wenn bekannt gemacht würde, dass er sich nicht nur gegen inkompetente Verbrecher (also von vornherein unterlegene Gegner) habe durchsetzen müssen.

Die Vita des Angesprochenen, des regierenden Princeps Constantin hingegen wird er, Lampridius, mit seinen begrenzten Fähigkeiten nicht schreiben. Dies ist natürlich einer der sehr gängigen Topoi sowohl der Biographie als auch der Historiographie. Auch Eusebius verwendet ihn im Zusammenhang mit Constantin am Anfang von dessen Vita; im Unterschied zu Lampridius wird Eusebius also trotz diesen Zweifeln an der eigenen Kompetenz eine Constantinsbiographie schreiben. Und es kann ihm attestiert werden, dass er dabei genau die Dinge tut, von denen Lampridius in v. Hel. 35 sagt, dass er sie nicht tun wolle: In der Vita Constantini werden Diocletian und Konsorten bis zu Licinius im Sinne des Konzepts von Belohnung und Strafe als durchwegs schlechte Kaiser, als Feinde Gottes dargestellt, und Eusebius erweist sich *multis paginis* als *adulator* Constantins.

Die Vita Heliogabali referiert also meiner Meinung nach auf einige Eigenheiten der Vita Constantini, indem sie sie teils übernimmt, teils ins Gegenteil verkehrt:

* Beide Viten beruhen auf einem Konzept von Geschichte als Abfolge von Belohnung und Strafe, das ansonsten in historio- und biographischer Literatur nicht erscheint. Eusebius übernimmt es wohl teils aus apologetischer literarischer Tradition, teils aus der constantinischen Herrschaftspropaganda; auch in Lactantius' De mortibus persecutorum sind diese beiden Quellen zusammengeflossen.
Der anonyme HA-Verfasser schreibt dagegen in einer Zeit, in der dieses Konzept auch auf christlicher Seite suspekt geworden ist. Er lässt seinen Lampridius gut constantinisch das Konzept anwenden, aber letztlich *ad absurdum* führen, ebenso wie Lampridius' objektive Attitüde im Text selbst Lügen gestraft wird.

---

[31] Vgl. R. Turcan, Histoire Auguste, Tome III, 1ère partie: Vies de Macrin, Diaduménien, Héliogabale. Texte établi, traduit et commenté, Paris 1993, 235.

- Die Religionspolitik Heliogabals wird in der HA repressiver dargestellt, als sie andern Zeugnissen zu Folge war. Ebenso kreiert auch Eusebius, wie T. G. Elliott kürzlich gezeigt hat,[32] einen Constantin, der per Gesetz heidnische Opferhandlungen verboten haben und dem Arianismus wenig feindlich gegenübergestanden sein soll. In beiden Viten wird also gerade die Religionspolitik, die je als das politische Hauptbetätigungsfeld des Kaisers dargestellt wird, von den Biographen nachweislich verfälscht berichtet.
- Eusebius wie Lampridius äußern Absichten, welche Arten von Dingen und Handlungen sie berichten wollen und welche nicht, und halten sich nicht daran.
- Beide Biographen äußern topische Bedenken hinsichtlich ihrer Vorhaben, die sie schließlich mit der Begründung zerstreuen, dass diese Viten von Nutzen sein würden.

Es erhebt sich die Frage, wie wahrscheinlich es denn sei, dass ein um 400 lateinisch schreibender Autor in Rom die kaum rezipierte Vita Constantini gekannt und gar gelesen habe. Zugegeben, die reine Wahrscheinlichkeit ist nicht sehr hoch. Die griechische Sprache hat aber für unseren Anonymus gewiss kein Hindernis dargestellt; er hat andere umfangreiche griechische Texte wie Cassius Dio, Herodian oder Dexipp zweifelsfrei gelesen und benutzt.

Auch lässt sich gerade Anfang des 5. Jh. wieder angestiegenes Interesse für Eusebius feststellen, und zwar positives, wie es hinter Rufins um 402 begonnener Übersetzung der Kirchengeschichte steht, wie auch negatives, wie es Hieronymus' Verketzerung des Eusebius in der Apologia adversus libros Rufini[33] (im Zusammenhang mit dem Origenistenstreit) zu Grunde liegt.[34] Die Vita Constantini selbst wird mit Gewissheit einige Jahrzehnte später von den Kirchenhistorikern Socrates, Sozomenus und Theodoret benutzt.[35]

---

[32] Elliott, Eusebian Frauds in the Vita Constantini, Phoenix 45 (1991), 162–171.

[33] Besonders Hier. adv. Rufin. 2, 16.

[34] Vgl. dazu Friedhelm Winkelmann, Die Beurteilung des Eusebius von Caesarea und seiner Vita Constantini im griechischen Osten. In: Johannes Irmscher (Hg.), Byzantinische Beiträge, Berlin 1964, 96f.; besonders 97: „Diese als Waffe gegen Rufin gedachte Geschichtsfälschung" (nämlich die Behauptung, die gesamte Origenes-Apologie des Pamphilus stamme von Eusebius, S. C. Z.) „hat dem Ansehen des Eusebius sehr geschadet."

[35] Belege bei Winkelmann, Beurteilung des Eusebius, 108. Auch ihre Vorgänger Gelasius von Caesarea und Philostorgius, deren Werke uns leider nicht erhalten sind, könnten die eusebische Biographie schon benutzt haben.

Die Vita Constantini galt auch Autoren, die Eusebius differenziert oder gar wohlwollend gegenüberstanden, nicht als gelungenes Werk. Und auch jene, die die Kirchengeschichte als zuverlässige Quelle ansahen, standen der Vita Constantini aufgrund ihres panegyrischen Charakters weitaus skeptischer gegenüber. Diese letztlich negative Bewertung beruht auf literarischen wie auf dogmatischen Kriterien. Die Vita Heliogabali liefert eine Ergänzung dieser Kritik aus paganer Sicht.[36]

In allen auktorialen Partien der Vita Heliogabali finden sich Reflexe der Vita Constantini, namentlich des Methodenkapitels 1, 10 und anderer auktorialer Passagen. Es handelt sich dabei allerdings nicht um eine bloße Eusebius-Imitation: Die Motive erscheinen teilweise in anderer Reihenfolge und anderen Argumentationszusammenhängen. Wichtig ist dabei die HA-typische Technik des Selbstentlarvens, des Spiels mit den Rezipierenden. Lampridius wird vom anonymen Autor als problematischer Biograph vorgeführt, der in vielem ähnlich wie Eusebius arbeitet. Wenn Lampridius also seine methodologischen Überlegungen unfreiwillig *ad absurdum* führt und diese Überlegungen auf eusebische Überlegungen Bezug nehmen, dann werden damit auch strukturelle Defekte der Vita Constantini aufgedeckt. So wie Constantins Image Schaden durch die Parallelen zu Heliogabal nimmt, so fallen auch die Schwächen des Lampridius auf Eusebius zurück. Oder, einfacher gesagt, die HA parodiert[37] hier Eusebius' Vita Constan-

---

[36] Auch Henri Grégoire, der nachzuweisen versuchte, dass Eusebius nicht der Autor der Vita Constantini sei, sind strukturelle Ähnlichkeiten zwischen dem ersten Constantinsbiographen und den HA-Verfassern aufgefallen: „Constantin, contrairement à la vérité historique, y est représenté comme terminant ses jours et son règne par une paix avec l'ennemi héréditaire. En un sens, la Vita Constantini est un pendant chrétien de l'Histoire Auguste." (Henri Grégoire, Eusèbe n'est pas l'auteur de la Vita Constantini dans sa forme actuelle, et Constantin ne s'est pas „converti" en 312, Byzantion 13 [1938], 561–583; 583.)

[37] Ich verstehe hier ‚Parodie' nicht im weiten Sinne, sondern gemäß der Definition von Friedrich Torberg (die ihrerseits auf theoretischen Überlegungen von Robert Neumann basiert): „Daß die formalen Mittel, deren sich die Parodie bedient, niemals bei der bloßen Nachahmung stehenbleiben dürfen, bildete die Grundlage des Neumannschen Postulats, daß die Parodie den Parodierten mit der Waffe seiner eigenen Form zu treffen hat. Als letztes kam nun noch die Erkenntnis hinzu, daß es mit der Verwendung der ‚Form' als solcher ... noch nicht getan sei, sondern daß sie einer gewissen Verzerrung bedürfe, um parodistisch wirksam zu werden. Damit war die Verwandtschaft zwischen Parodie und Karikatur gegeben – und zugleich der Unterschied zwischen beiden. Die Karikatur verzerrt ein Original – das heißt dessen Schwächen und Auffälligkeiten –, aber der Karikaturist bedient sich dabei durchaus seiner eigenen Mittel. Auch der Parodist übersteigert die Schwächen und Auffälligkeiten seines Modells, aber er tut das in einer vom Modell geborgten Form. Und damit dürfte die voll- und endgültige Definition der Parodie gegeben sein: Parodie ist Karikatur mit den Mitteln

tini.[38] Und hierin erfüllt Lampridius als Autor seine eigene Absichtserklärung – allerdings auf einer Ebene, die er nicht gekannt haben kann.
Die Vita Heliogabali ist, wie Lampridius ausgeführt hat, als Biographie
eines schlechten Kaisers nützlich, weil sie als Kontrast zu den Biographien
guter Kaiser gelesen werden kann – nicht zuletzt auch als Kontrast (und
Korrektiv) zur eusebischen Vita des exemplarischen Kaisers Constantin.

---

des Karikierten." (Bauz, die Venus ist perdu … Ein Querschnitt durch die moderne
literarische Parodie. In: Apropos. Nachgelassenes – Kritisches – Bleibendes, Frankfurt
a. M. 1988, 221.)

[38] Die auktorialen Anteile der Vita Heliogabali sind wie gesagt auffällig umfang-
reich, was sich nun gut daraus erklären lässt, dass sie mit einer bestimmten Absicht
(nämlich eben der Eusebius-Parodie) geschrieben sind.

WIENER STUDIEN, Band 118/2005, 139–157
© 2005 by Österreichische Akademie der Wissenschaften Wien

CHRISTIAN GNILKA / MÜNSTER (WESTFALEN)

Fremdkörper im Text des Gottesstaats

Als ein Häretiker, der den Text einer Disputation durch Hinzufügungen, Streichungen und Änderungen verfälscht hatte, von Origenes zur Rede gestellt wurde, gab er, nach dem Grund seiner Manipulationen befragt, die entwaffnende Antwort: *Quoniam magis ornare volui disputationem ipsam atque purgare.* Das war eine Ausrede, aber sie zeigt, welche redaktionellen Maßnahmen man für gerechtfertigt oder doch für entschuldbar hielt.[1] Nur mit Mühe konnte Origenes damals den authentischen Text noch finden, den er unbeachtet hatte liegen lassen. Im Falle des augustinischen Schrifttums scheinen die Voraussetzungen für eine reine Tradition günstiger zu sein, da in der Bibliothek zu Hippo *emendatiora exemplaria* zur Verfügung standen,[2] und aus den neugefundenen Briefen ist uns ja in der Tat ein Beispiel dafür bekannt, daß der Verdacht auf Interpolation durch Vergleich mit dem Bibliotheksexemplar ausgeräumt werden konnte.[3] Aber natürlich war damit ein Werk Augustins, namentlich ein großes, anspruchsvolles wie die Civitas Dei, nicht für immer gegen rezensorische Eingriffe geschützt. Ja, es wäre fast ein Wunder, wenn ausgerechnet dieses Werk, dessen erste zehn Bücher sich, wie Orosius sagt,[4] sofort über die ganze Welt verbreiteten wie die Strahlen der aufgehenden Sonne, solche Verbreitung sollten

---

[1] Rufin. epil. (= De adulteratione librorum Origenis) 7, Z. 23–37: CCL 20, 11f. (ed. Simonetti 1961); 7, Z. 32–51: p. 49–51 (ed. Antonio Dell'Era, L'Aquila 1983). Auch das Material, mit dem Rufinus selbst die Verbreitung des Interpolationswesens dokumentiert, beweist, daß die Entrüstung sich hauptsächlich gegen die häretischen Absichten der Diaskeuase richtete, weniger gegen die redaktionelle Bearbeitung an sich.

[2] Possid. vita Aug. 18, 10. Dazu vgl. J. Scheele, Buch und Bibliothek bei Augustinus, Bibliothek und Wissenschaft 12 (1978), 14–114, bes. 62–65. Epist. 169, 1 wird Evodius von Uzalis aufgefordert, jemanden nach Hippo zu schicken, um die vorliegenden Bücher der Civitas Dei abzuschreiben; s. Scheele 76f.

[3] Aug. epist. 4 Divjak, 3, 1–4. Über die Bedeutung des Archivs für Augustins Auseinandersetzung mit seinen Gegnern s. Scheele (o. Anm. 2), 78–84. 100.

[4] Oros. hist. 1 prol. 11 (CSEL 5, 4).

überstanden haben, ohne daß fremde Hände darin ihre Spuren hinterlassen hätten. Auch was etwa der erste der beiden Briefe an Firmus über die Weitergabe des Werks nach dem „Schneeballsystem"[5] und die Vervielfältigung durch Privatabschriften mitteilt,[6] ist ganz und gar nicht dazu angetan, uns hinsichtlich der Möglichkeit diaskeuastischer Bearbeitung durch *emendatores imperiti* (vg. Hier. epist. 112, 3, 2) in Sicherheit zu wiegen. Und dasselbe gilt von den Grundlagen der Überlieferung selbst. Die Frühphase der Textgeschichte ist zugleich die Zeit der größten Textverwilderung. Diese allgemeine Erkenntnis gilt auch für das augustinische Hauptwerk,[7] und darum enthebt uns das Alter der drei antiken Handschriften der Civitas Dei nicht der Pflicht kritischer Durchdringung des Texts. Um bei den ersten fünf Büchern zu bleiben: die von Emanuel Hoffmann (1899) aufgestellte, von Dombart ([3]1908) und Kalb (Dombart [4]1928) bestätigte und seither wie ein Dogma tradierte Lehre, der Lugdunensis *L* (saec. VI) sei frei von Interpolationen,[8] der – von Dombart für die Bücher I und II ermittelte – Archetypus des fünften Jahrhunderts, also auch die Quelle des Corbeiensis *C* (saec. VI), verdiene das Prädikat „perbonus",[9] ist in ihrem ersten Teil jedenfalls falsch, für den zweiten daher zumindest mit einem Fragezeichen zu versehen. Es fehlt eben die philologische Arbeit am Text. Die meine beschränkt sich im folgenden auf die ersten z w e i Bücher und führt zu dem Ergebnis, daß der Text einige Embleme fremder Herkunft, darunter auch größere Zusätze, mitführt, die von der gesamten Überlieferung

---

[5] Scheele (o. Anm. 2), 96f., ‚Schneeballeffekt' ebd. 63.

[6] Aug. epist. 1A Divjak, 2, 1−3. Das Verhältnis von Privatabschrift und Edition liegt ziemlich im Dunkeln, vgl. Scheele (o. Anm. 2), 93. 97f.; J. Divjak, Augustins erster Brief an Firmus und die revidierte Ausgabe der Civitas Dei, Latinität und Alte Kirche, FS Rudolf Hanslik = WSt. Beiheft 8 (1977), 56−70, bes. 69f.

[7] Vgl. Michaela Zelzer, Zum Wert antiker Handschriften innerhalb der patristischen Überlieferung, Augustinianum 25 (1985), 523−537 (527−529).

[8] Hoffmann (CSEL 40, p. III): „In *L* nullum interpolationis vestigium deprehenditur"; Dombart[3] (p. XXIV in der vierten und fünften Auflage): „*L* ... interpolatione caret"; Kalb (Dombart[4] p. III): „Etsi *L* variis librariorum mendis non vacat, interpolationis certe immunis esse et Hoffmanno et Dombarto videbatur" (aber häufige Wortumstellungen seien zu beachten). Hierzu ferner das Urteil bei A. Wilmart, La tradition des grands ouvrages de Saint Augustin, Miscellanea Agostiniana II, Roma 1931, 257−315, (282), „Hoffmann produisait enfin ... des exemplaires d'une autorité décisive ... du moins pour les deux premiers tiers environ (1. I−IX, XI−XVI)".

[9] Dombart[3], p. XXV in den beiden späteren, von Kalb (1928) bzw. J. Divjak (1981) besorgten Auflagen. Kritisch dazu auch Michaela Zelzer (o. Anm. 7), 534. Spuren der von Augustinus im ersten Brief an Firmus (epist. 1A Divjak) 1, 1−5 empfohlenen Verteilung der 22 Bücher auf zwei bzw. auf fünf Codices erkennt B. E. V. Jones in der handschriftlichen Überlieferung: The manuscript tradition of Augustin's De civitate Dei, The Journal of Theological Studies, N. S. 16 (1965), 142−145.

aufgesogen wurden. Die moderne kritische Edition, die man für die Civitas Dei fordert,[10] wird daher die Echtheitskritik nicht außer Acht lassen dürfen.

1.

Regulus, einst Sieger über die Punier, ertrug lieber die Gefangenschaft in Carthago, als daß er sich selbst getötet hätte. Doch hing er nicht etwa am Leben; denn in Treue zu dem Eid, den er den Feinden geleistet hatte, kehrte er zu den Puniern zurück, gegen die er im römischen Senat aufgetreten war. Er nahm den qualvollen Tod in Kauf, der ihn erwartete, und bewies damit, daß er den Selbstmord für ein schweres Verbrechen hielt (civ. 1, 24: p. 39, 24 – 40, 8 Dombart - Kalb):

Porro si fortissimi et praeclarissimi viri terrenae patriae defensores deorumque licet falsorum, non tamen fallaces cultores, sed veracissimi etiam iuratores, qui hostes victos more ac iure belli ferire potuerunt, hi ab hostibus victi se ipsos ferire noluerunt et, cum mortem minime formidarent, victores tamen dominos ferre quam eam sibi inferre maluerunt: quanto magis Christiani, verum Deum colentes et supernae patriae suspirantes, ab hoc facinore temperabunt, si eos divina dispositio vel probandos vel emendandos ad tempus hostibus subiugaverit, quos in illa humilitate non deserit, qui propter eos tam humiliter altissimus venit [praesertim quos nullius militaris potestatis vel talis militiae iura constringunt ipsum hostem ferire superatum]. Quis ergo tam malus error obrepit, ut homo se occidat, vel quia in eum peccavit, vel ne in eum peccet inimicus, cum vel peccatorem vel peccaturum ipsum occidere non audeat inimicum?

Es gibt Umstände, die das gute Beispiel solcher Männer wie Regulus besonders bemerkenswert erscheinen lassen: sie waren Verteidiger ihres irdischen Vaterlands, d. h. n u r des irdischen (1); sie waren Verehrer der falschen Götter – allerdings aufrichtige und eidestreue (2); sie töteten besiegte Feinde gemäß dem Kriegsrecht, selbst aber besiegt, töteten sie sich nicht (3); sie fürchteten den Tod nicht, zogen es jedoch vor, die Sieger als Herren zu ertragen, statt Hand an sich zu legen (4). Daraus wird im Sinne eines Schlusses *ex minore ad maius* die Folgerung gezogen: wieviel mehr müssen sich Christen, die in Gefangenschaft geraten, von solcher Untat freihalten, da sie den wahren Gott verehren (1) und sich nach dem himmlischen Vaterland sehnen (2). Der nachgeschobene Satz *praesertim quos* ... steht unglücklich: einmal syntaktisch, weil in dem *si*-Satz durch die weite Sperrung *eos* ... *quos* eine Erwartung erzeugt wird, die durch den ersten Relativsatz (*quos* ...) und den zweiten (*qui* ...), der das Subjekt des

---

[10] Michaela Zelzer (o. Anm. 7), 534.

ersten bringt, vollkommen befriedigt wird, so daß der dritte (*praesertim quos* ...) eigenartig nachklappt; zum anderen gedanklich, weil durch den Hinweis auf die göttliche Heilsökonomie, die dem Schicksal der Gefangenen Sinn gibt, und auf den Beistand, den Christen in ihrer Erniedrigung von Dem erwarten dürfen, der sich selbst (in der Menschwerdung) ihretwegen erniedrigte, die ganze Synkrisis ihr volles Finale erreicht hat, das eine Verlängerung um weitere Details nicht leidet, sondern nur noch einen letzten Schluß erlaubt: *quis ergo ...?* Der fragliche Satz selbst ist im Ausdruck verschwommen, hinsichtlich der intendierten Aussage unklar, in der Sache jedenfalls schief. Was den Ausdruck angeht, so regt besonders die Fügung *militaris potestatis vel talis militiae iura* zum Grübeln an. *Militaris potestas* ist gebildet in Anlehnung an die Wortwahl des Autors, vgl. civ. 1, 21 (p. 35, 25) *publicae potestatis* und 1, 26 (p. 41, 28f.) *miles ... oboediens potestati, sub qualibet legitime constitutus est.*[11] Kaum festlegen läßt sich t a l i s militia. Ich vermute, es ist die *militia armata* gemeint, der Dienst mit der Waffe im Gegensatz zur *militia officialium*, also etwa zur *militia palatina, militia provincialis* etc.[12] Auch der Plural *iura* schillert. Die Verbindung mit der *militaris potestas* läßt an das *ius imperii, ius imperatorium* denken (vgl. ThLL VII 2, 1 s. v. *ius* [A. Primmer] 693, 33ff.), *militiae iura* müßte aber wohl weiter gefaßt werden, etwa im Sinne der militärischen Ordnung allgemein, die auch die *sacramenta militiae* einschließt (ThLL VIII s. v. *militia* [V. Bulhart] 959, 65f.). Man wird jedoch den Verdacht nicht los, daß der Verfasser nur ein vages Äquivalent zu der Wendung *more ac iure belli* (p. 39, 27) suchte; denn auf den Relativsatz (*iuratores*) *qui ... ferire potuerunt* richtete sich seine besondere Aufmerksamkeit. Wie unscharf ist das alles hervorgebracht![13] Die gute Klausel, die der Pseudo-Augustinus erzeugt ($1^2\,\gamma$), stellte sich vielleicht auch nur ein,

---

[11] Im Thesaurus VIII s. v. *militaris* (V. Bulhart) 955, 83 wird die Stelle eingeordnet neben Cod. Theod. 6, 8, 1, *militarem magisteriam potestatem.*

[12] Vgl. A. E. R. Boak, Art. *officium*: RE 17, 2 (1937) 2045–2056 (2047, 42ff.). Der Kommentator Jacoby versteht *talis militiae* als Verweis „auf die paulinische und frühchristliche ‚militia christiana' " – was in diesem Zusammenhang ein wahres Rätsel wäre! Vgl. N. Jacoby, Philologischer Kommentar zu Augustinus De civitate Dei, Buch I. Mit Hinweisen zu Sprache und Stil, Frankfurt a. M. usw. 2004, 367. Vielleicht wirken hier die Übersetzungen nach: s. die folgende Anmerkung.

[13] Die Übersetzer, von den Editoren und Kritikern im Stich gelassen, geraten denn auch in größte Verlegenheit. Den Vogel schießt W. Thimme ab (Zürich 1955, 84): „... zumal da ihnen kein Kriegsrecht erlaubt – am wenigsten in dem heiligen (!) Kriege, den sie führen – einen überwundenen Feind zu töten." Vorgearbeitet hatte aber diesen Phantasien schon A. Schröder (Bibliothek der Kirchenväter 1, 1911, 64): „... umso weniger als keine Befugnis irgendeiner militärischen Gewalt oder ihres eigenartigen (!) Kriegsdienstes sie zwingt, ihrerseits den überwundenen Feind zu töten."

weil er auf den Text blickte, den er bearbeitete (*ferire superatum ~ ferire potuerunt*), sie vermag jedenfalls den schlechten stilistischen Eindruck nicht wettzumachen. Offen bleibt, ob hier die Christen schlechthin gemeint sind oder nur eine bestimmte Gruppe. Der gedankliche Ductus verlangt den Bezug auf die Christen insgesamt (*praesertim quos,* sc. *Christianos*: in Fortführung des Satzes *quos ... non deserit*). Aber damit ergibt sich die unsinnige Voraussetzung, Christen seien vom Militärdienst befreit. Und was hat eigentlich der Fahneneid mit dem Verbot des Selbstmords zu tun? Inwiefern wäre Selbstmord christlicher Zivilisten schlimmer als der christlicher Soldaten? Oder überhaupt der Selbstmord des Zivilisten schlimmer als der des Soldaten?

Der Redaktor vermißte einen Posten in der Rechnung. Bei Augustinus fanden auf christlicher Seite nur zwei der vier Punkte eine Entsprechung, die auf Seiten der *praeclarissimi et fortissimi viri* geführt wurden, nur die ersten beiden, nur die Punkte Götterverehrung (2) und Vaterland (1), nicht jedoch die anderen beiden, vor allem der auffällige Punkt *hostes victos ... ferire* (3) wurde nicht wiederaufgenommen. Es ist offensichtlich, daß der Nachtrag mit der Absicht verfaßt wurde, den Vergleich zu vervollständigen, d. h. auch unter dem Gesichtspunkt des Kriegshandwerks (vgl. *... ipsum hostem ferire superatum*) die höhere Verpflichtung des Christen zum Verzicht auf Selbstmord vorzustellen. Aber um unter solcher Perspektive einen schlüssigen Gegensatz zur Situation des Regulus aufzubauen, hätte sich der Diaskeuast auf den Standpunkt des totalen Gewaltverbots begeben, hätte er sagen müssen, der Christ dürfe sich erst recht nicht selbst töten, weil er, anders als Regulus, nicht einmal den besiegten Feind töten dürfe. Aber damit wäre der Textbearbeiter in einen Widerspruch zum Autor geraten, den niemand, auch er selbst nicht, hätte übersehen können. Denn schon im übernächsten Kapitel las er (civ. 1, 26: p. 41, 28 – 42, 2):

Nam et miles cum oboediens potestati, sub qua legitime constitutus est, hominem occidit, nulla civitatis suae lege reus est homicidii, immo nisi fecerit, reus est imperii deserti atque contempti; quod si sua sponte atque auctoritate fecisset, crimen effusi humani sanguinis incidisset. Itaque unde punitur si fecit iniussus, inde punietur nisi fecerit iussus.

Das sind die staatlichen Verhältnisse, sie werden jedoch ohne Kritik vorgeführt, dienen sogar einem positiven Vergleich: *Quod si ita est iubente imperatore, quanto magis iubente creatore* (p. 42, 2f.).[14] Dieser Weg war

---

[14] Es geht um das Problem, ob Selbstmord in gewissen Ausnahmefällen auf göttliche Weisung hin erfolgt sein könne; ihr müsse natürlich Folge geleistet werden. Über Augustins Stellung zum Krieg s. Marie-François Berrouard, Art. Bellum: Augustinus-Lexikon 1, 638 – 645 mit der dort genannten Literatur.

dem Interpolator also abgeschnitten, von einem generellen Gewaltverbot für christliche Soldaten konnte er nicht reden, und so suchte er seine Behauptung einzuschränken: er setzte dem Feldherrn Regulus, der besiegte Feinde tötete, die Christen entgegen, die nicht durch Heeresdienst rechtlich g e b u n d e n seien, Feinde zu töten (*praesertim quos nullius militaris potestatis ... iura c o n s t r i n g u n t ...*), verengte damit freilich die Problemlage in willkürlicher und sinnstörender Weise.[15] Augustinus selbst hat in der folgernden Schlußfrage *quis ergo ...?* das Verhältnis von Selbsttötung und Feindestötung klar gefaßt, wobei er aber von der Situation des Soldaten im Kriege absieht: widersinnig wäre es, wollte ein Mensch, d. h. ein Christ, sich selbst töten, weil sein Feind (*inimicus*) sich an ihm versündigt habe, oder weil er verhindern wolle, daß der Feind sich an ihm vergehe, wo er doch den Feind (*inimicum*), der an ihm schuldig geworden sei oder einen Übergriff vorhabe, nicht zu töten wage. Das ist durchaus gesprochen im Hinblick auf die Lage der Gefangenen, besonders der in Gefangenschaft geratenen Frauen. Aber mit Absicht wählt Augustinus jetzt das Wort *inimicus*, nicht *hostis*. Denn solche Folgerung ließ sich nur aus dem Verbot ableiten, einen Menschen *privata potestate* zu töten (vgl. 1, 17: p. 28, 25), *sua sponte atque auctoritate* (1, 26: p. 41, 31f.), nicht jedoch auf den Träger der zivilen Gewalt im Staate anwenden (vgl. 1, 21: p. 35, 25 *personam gerentes publicae potestatis*) und eben gleichfalls nicht auf den Soldaten unter Waffen, der einem gesetzmäßigen Kommando untersteht (vgl. 1, 26: p. 41, 28f.: *miles ... oboediens potestati sub qua legitime constitutus est*).

2.

Scipio Nasica, der *pontifex maximus*, verhinderte den Bau eines festen Theaters in Rom.[16] Er hätte sicher gerne, meint Augustinus (civ. 1, 31), die

---

[15] Jacoby (o. Anm. 12), 367 schreibt: „Trotz der durch das Kriegsrecht legitimierten Möglichkeit bzw. Verpflichtung der paganen Römer, einen Besiegten zu töten – Augustinus verschiebt geschickt [!] von *Potuerunt* (S. 39, Z. 28) zu *Constringunt* (Z. 4/5) – tötet sich der besiegte Regulus nicht selbst, so dass besiegte Christen, die diese Möglichkeit/Verpflichtung nicht haben, sich noch viel weniger töten dürfen." Der Kommentator scheint hier in etwa die Gedanken des Interpolators nachzudenken. Davon, daß Christen „diese Möglichkeit/Verpflichtung" (nämlich die, einen Besiegten zu töten) im Unterschied zu den paganen Römern n i c h t haben, kann doch bei Augustinus keine Rede sein! Es genügt, die oben ausgeschriebenen Sätze aus civ. 1, 26 zu lesen.

[16] P. Cornelius Scipio Nasica Corculum, vgl. Liv. perioch. 48. Augustinus setzt ihn mit dem gleichnamigen Vater gleich (P. Cornelius Scipio Nasica), der im Jahre 204, als der Kultstein der Magna Mater nach Rom gebracht wurde, vom ganzen Senat zum *vir optimus* erklärt wurde und das Idol in Ostia in Empfang nehmen durfte; vgl. Aug. civ. 1, 30 (p. 46, 29ff.); 1, 31 (p. 48, 17ff.).

Bühnenspiele ganz abgeschafft. Aber er erkannte nicht, daß die Götter, die diese Spiele verlangten, in Wahrheit böse Dämonen sind, wagte jedenfalls nicht, sich ihrer Autorität zu widersetzen. Denn noch war die christliche Lehre, die von der Herrschaft der Dämonen befreit, nicht verkündet. In lebhafter Apostrophe wendet sich der Autor dann an das heidnische Publikum (civ. 1, 32: p. 49, 6 – 19 Dombart-Kalb):

Verum tamen scitote, qui ista nescitis et qui vos scire dissimulatis, advertite, qui adversus liberatorem a talibus dominis murmuratis: ludi scaenici, spectacula turpitudinum et licentia vanitatum, non hominum vitiis, sed deorum vestrorum iussis Romae instituti sunt. Tolerabilius divinos honores deferretis illi Scipioni quam deos huius modi coleretis. [Neque enim erant illi dii suo pontifice meliores.] Ecce adtendite, si mens tam diu potatis erroribus ebria vos aliquid sanum cogitare permittit! Dii propter sedandam corporum pestilentiam ludos sibi scaenicos exhiberi iubebant; pontifex autem propter animorum cavendam pestilentiam ipsam scaenam constitui prohibebat. Si aliqua luce mentis animum corpori praeponitis, eligite quem colatis!

Eingeleitet durch die Imperative *scitote … advertite* wird noch einmal der Tatbestand vor Augen geführt: die schändlichen Bühnenspiele sind in Rom nicht durch die Laster der Menschen zustande gekommen, sondern durch die Befehle der Götter. Daraus ergibt sich die Folgerung: *Tolerabilius …* Göttliche Verehrung jenes Scipio wäre erträglicher als der Kult solcher Götter. Energisch lädt der Autor zur Synkrisis ein: *ecce adtendite ….* Er stellt die Heiden geradezu vor eine Wahl: *eligite quem colatis.* Das Ergebnis, meint Augustinus, könne nicht im mindesten zweifelhaft sein, jedenfalls dann nicht, wenn man sich noch einen Rest gesunden Urteils bewahrt habe (*si mens … vos aliquid sanum cogitare permittit*), wenn noch etwas Licht den Geist erhelle (*si aliqua luce mentis animum corpori praeponitis*). Das heißt: natürlich verdiente Scipio den Vorzug vor den Dämonen. Dieses ganze Kalkül wird gestört, ja vernichtet durch das eingeschobene Sätzchen [*neque e n i m erant illi dii suo pontifice meliores*]. Als Begründung des Urteils *tolerabilius …* ist solche Aussage untauglich, den nachfolgenden Aufforderungen *adtendite … eligite* entzieht sie den Boden.[17] Der Unterschied zwischen Scipio und den vermeintlichen Göttern

---

[17] G. Combès (tome 1, 1959, p. 295) übersetzt willkürlich: „car ces dieux ne valaient pas leur pontife", und G. Bardy fügt noch eine Note hinzu (p. 781) unter der Überschrift: „Les prêtres meilleurs que leurs dieux". Hier verweist er auf Tert. apol. 11, 15, aber die Parallele besteht nur zu seinem Lemma bzw. zur Übersetzung seines Mitherausgebers, nicht zum Wortlaut des unechten Einschubs, dem die Erklärung (durch Hochzahl im französischen Text der Ausgabe) zugeordnet wird. Jacoby (o.

ist ja so groß, daß er das Urteil selbstverständlich macht, d. h. Scipio ist eben b e s s e r , viel besser als die Dämonen. Der Gedanke begegnet ähnlich bei Tertullian apol. 11,15f., wird aber dort ins Ironische gewendet: *quot tamen p o t i o r e s viros apud inferos reliquistis ...* Wieder anders ausgebildet ist der Vergleich bei Lactanz. Der Mensch, sagt er, gibt den Götterbildern Gestalt und Schönheit: *et ideo m e l i o r qui fecit quam illa quae facta sunt. et tamen factorem ipsum nemo suspicit aut veretur* (inst. 2,2,12f.). Vor allem aber ist eine spätere Äußerung Augustins heranzuziehen (civ. 2,7: p. 61,3ff.): *Verum tamen si philosophi aliquid invenerunt, quod agendae bonae vitae beataeque adipiscendae satis esse possit: quanto iustius talibus divini honores decernerentur! Q u a n t o m e l i u s et honestius in Platonis templo libri eius legerentur, quam in templis daemonum galli absciderentur ...* Das ist abermals, anders als bei Tertullian, mit ernstem Pathos gesprochen, aber doch an Bedingungen geknüpft, die von den Philosophen nicht restlos erfüllt wurden (man muß die Sätze im Zusammenhang lesen; vgl. auch civ. 2,14: p. 69,22ff.). Nach Ausdruck und Empfindung ähnlich ist auch epist. 138,18: *Quis autem vel risu dignum putet, quod Apollonium et Apuleium ... conferre Christo vel etiam praeferre conantur? quamquam t o l e r a b i l i u s ferendum sit, quando istos ei potius comparant quam deos suos; m u l t o enim m e l i o r , quod fatendum est, Apollonius fuit quam tot stuprorum auctor et perpetrator, quem Iovem nominant.* Der Hauptgedanke bleibt überall derselbe: besser der Mensch als der Götze! Es ist nicht leicht zu sagen, was den flauen Einschub veranlaßte. Vielleicht sollte Scipio von dem Podest herunter geholt werden, auf das er nach Ansicht des Interpolators gestellt worden war. Denn wenn die Götter nicht besser sind als ihr Pontifex, wird auch dieser zurückgestuft. Vielleicht sollte der eingefälschte Satz also abschwächen und beschwichtigen, falls er nicht gar als Ersatz der voraufgehenden Feststellung (*tolerabilius ... coleretis*) gedacht war. Erträglich, einen Heidenpriester als Gott zu verehren! Das mochte einem σμικρολόγος unerträglich erscheinen. Den streng hypothetischen Charakter der Gedankenführung Augustins beachtete er nicht oder ließ er als Entschuldigung und Erklärung nicht gelten.

3.

In der Alten Komödie der Griechen wurden Staatsmänner namentlich angegriffen, in Rom war das durch das Zwölftafelgesetz verboten (civ.

Anm. 12), 411f. überspringt den Einschub, was auffällt, da seine Kommentierung dem Text Zeile für Zeile folgt.

2, 9). Augustinus zitiert zum Erweis der Tatsachen aus Ciceros viertem Buch De re publica und resümiert (p. 63, 29 – 64, 7):

Sed, ut dixi, hoc Graeci quamquam inverecundius, tamen convenientius licere voluerunt, cum viderent diis suis accepta et grata esse opprobria non tantum hominum, verum et ipsorum deorum in scaenicis fabulis, sive a poetis illa essent conficta, sive flagitia eorum vera commemorarentur et agerentur in theatris [atque ab eorum cultoribus utinam solo risu, ac non etiam imitatione digna viderentur]. Nimis enim superbum fuit famae parcere principum civitatis et civium, ubi suae famae parci numina noluerunt.

Der in Klammern gerückte Zusatz weist alle Merkmale der Fälschung auf: die mangelhafte Einpassung in die Syntax des Grundtexts, die Störung des Gedankengangs, die Unklarheit des Ausdrucks und die Flachheit des Sinnes. Der resümierende Satz *sed, ut dixi, …* ist mit der durch *sive … sive* eröffneten Alternative gedanklich und syntaktisch abgeschlossen: es ist festgestellt, daß die Griechen in jedem Falle konsequenter (*convenientius*) verfuhren, der *enim*-Satz gibt dafür nochmals die Begründung. Dazwischen eingeschoben und nur locker dem Voraufgehenden verbunden ist der Wunschsatz (*atque … utinam*). Er trennt den begründenden Satz von der Aussage, die er begründen soll, und hängt an die Zusammenfassung einen Gedanken, der in den Sätzen, die hier zusammengefaßt werden (*ut dixi*!), gar nicht vorkommt. Ja noch mehr: während der Autor von den Griechen spricht (*hoc Graeci … voluerunt, cum viderent …*), redet der Fälscher allgemein von den Verehrern der Götter (vgl. *ab eorum cultoribus*) und äußert seinen Wunsch, der für den Heiden schlechthin, also für Griechen wie Römer gilt, das heißt: er verläßt die Situation der Synkrisis. Und was ist eigentlich gemeint? Man ahnt den Sinn mehr, als daß man ihn greifen könnte. *Videre* mit Objekt und praedicativem Zusatz drückt die Wahrnehmung eines Zustands oder Sachverhalts aus: *praesentis videmus deos* (Cic. nat. deor. 3, 11); (*antiquos mores*) *oblivione obsoletos videmus* (rep. 5, 2); *videtis primas litteras integras?* (Verr. 2, 2, 191); (*vasa*) *quae pulcherrima … viderat* (ibid. 4, 63); *forum plenum … istorum hominum videmus* (ibid. 5.152); *quamquam paratissimos milites ad proeliandum videant*, sc. *imperatores* (Phil. 4, 11); *hic etiam fautores Antoni … tristiores videbam* (ibid. 12, 2). Demnach also auch: *deorum cultores utinam (flagitia) solo risu ac non etiam imitatione digna viderent*, „daß doch die Verehrer der Götter die Schandtaten nur des Gelächters wert sähen, nicht auch der Nachahmung!" Das subjektive Moment ist damit nicht ausgedrückt, vielmehr ein Zustand vorausgesetzt, demzufolge die *flagitia* Nachahmung verdienen. Das Passiv ändert nichts an dem Sinn. Es ist im übrigen gar nicht einfach, die praedicative Funktion für *digna* (sc. *flagitia*) festzuhalten. Leicht drängt sich ein anderes Verständnis auf: „Daß doch von den Verehrern der Götter nur angeschaut würde, was Lachen, nicht auch, was Nachahmung verdient!" (*digna* substantivisch gebraucht). Solche Ambiguität der Grammatik und des Sinnes erzeugt ein Zwielicht, wie es für die Interpolatorenrede typisch, für Augustinus gänzlich unpassend ist.[18] Wenig elegant wirkt auch schon die bloße Wiederholung: *ab eorum cultoribus utinam ... digna v i d e r e n t u r* nach dem vorhergehenden Kausalsatz: *cum v i d e r e n t* (sc. *Graeci*) ... *grata esse opprobria*. Der Redaktor war nicht wählerisch, er lehnte sich an die Formulierung des Autors an, ohne doch gleiche Klarheit zu erreichen. Und seine konziliante Beurteilung des Gelächters angesichts der Schändlichkeiten ergibt eine kümmerliche Moral,[19] seine Unterscheidung des Lachens und der Nachahmung eher eine rhetorische Spitze als eine psychologische Wahrheit: *probant ... illa, dum rident*, sagt Lactanz vom Publikum des Mimus (inst. 6, 20, 31). Aber hier stoßen wir wohl auf das Motiv des Textbearbeiters. Augustinus vergleicht die griechische Komödie und die römische in diesem Kapitel einzig und allein unter dem Gesichtspunkt des ὀνομαστὶ κωμῳδεῖν. Das war dem Pseudo-Augustinus zu wenig. Er erinnerte sich an das Lachen als Gattungsmerkmal der Komödie (vgl. Claudian. in Eutrop. 1, 298f.: *exempla creantur, Quae socci superent r i s u s luctusque cothurni*) und wollte auch das in der Kritik des Genos unterbringen, ohne zu bedenken, daß dieses – dem komischen Spiel gemeinsame – Moment in Augustins Vergleich, ja überhaupt in einer Synkrisis des griechischen und des römischen Dramas nicht unterzubringen war. Dasselbe gilt von der verderblichen Wirkung des Theaters. Das Bühnenspiel schlechthin wird bei Augustinus unter diesem Gesichtspunkt betrachtet (vgl. civ. 2, 8: p. 62, 14 – 17; 2, 10: p. 64, 19 – 30). Einen Unterschied macht er hinsichtlich des *nominatim dicere* (p. 63, 4f.), und nur unter diesem Aspekt werden hier Griechen und Römer verglichen.

4.

Platon, der die Dichter aus seinem Staat verbannte, verdiente eher göttliche Verehrung als die sogenannten Götter, die die Einführung der szenischen Spiele in Rom verlangten. Die Gesetzgebung der Römer

---

[18] Vgl. Chr. Gnilka, Prudentiana I, Critica, München - Leipzig 2000, Register III. Interpolationswesen 748 s. v. Grammatik. A. Primmer gibt (brieflich) die Änderung *atque [ab] eorum cultoribus* „oder besser: *atque ab eorum cultoribus ... digna i u d i c a r e n t u r*" zu bedenken und hält eine Parenthese für möglich, „die der *civitas*-Editor wohl zwischen Klammern setzen müßte."

[19] Vgl. dagegen Hier. epist. 52, 5, 7: *omnes delicias et lepores et r i s u d i g n a s u r b a n i t a t e s in comoediis erubescimus* (!), *in saeculi hominibus detestamur*.

bekundet eine Moral, die der platonischen immerhin nahekommt (civ. 2, 14: p. 69, 32 – 70, 7):

Propinquant autem Romanorum l e g e s disputationibus Platonis, quando ille cuncta poetica figmenta condemnat, isti autem poetis adimunt saltem in homines maledicendi licentiam; ille poetas ab urbis ipsius habitatione, isti saltem actores poeticarum fabularum removent a societate civitatis [et si contra deos ludorum scaenicorum expetitores aliquid auderent, forte undique removerent]. Nequaquam igitur l e g e s ad instituendos bonos aut corrigendos malos mores a diis suis possent accipere seu sperare Romani, quos l e g i b u s suis vincunt atque convincunt.

Die Schauspieler gingen in Rom der bürgerlichen Ehrenrechte verlustig. Wenn das so ausgedrückt wird: (*actores*) *a societate civitatis removere*, was bedeutet dann (*actores*) *undique removere*? Worin liegt die Steigerung, was meint *undique removere* praktisch? Wörtlich heißt das: „von allen Orten, allen Seiten, in jeder Hinsicht, gänzlich entfernen", vgl. etwa Cic. Phil. 2, 110: *aut undique religionem tolle aut usque quaque conserva.* Soll das bedeuten, daß die Schauspieler aus der Stadt ausgewiesen würden, wie das Platon mit den Dichtern vorhatte? Also *undique removere* gleich *ab urbis ipsius habitatione removere*? Oder soll der Ausdruck etwa gar euphemistisch die Kapitalstrafe andeuten, mit der das Zwölftafelgesetz das *occentare* belegte (vgl. Cic. rep. 4, 12 bei Aug. civ. 2, 9: p. 63, 15 – 22)? Also *undique removere* gleich *e conspectu hominum auferre*? Gleich, was gemeint ist: warum wird es nicht gesagt? Wozu der vage Ausdruck? Und da es ohne Schauspieler überhaupt keine szenischen Spiele gäbe, das Theater also abgeschafft wäre: warum wird nicht diese Konsequenz ausgesprochen und als das vorgestellt, was man sich für Rom ohne den Einfluß der Götter erhoffen dürfte? Und dann die matte Mutmaßung *forte*! Sie paßt gar nicht zu der Folgerung, die auf Tatsachen gegründet ist. Augustinus spricht von den G e s e t z e n der Römer und Platons *disputationes* (in der Politeia), d. h. er vergleicht Tatbestände. In doppelter Antithese stellt er Platon den Römern gegenüber (*ille … isti, ille … isti*), wobei jeweils ein *saltem* das Minus auf Seiten der Römer anzeigt. Aus dieser Synkrisis ergibt sich das Resultat (*igitur*), das folgerichtig wieder die Gesetze betrifft: da die G e s e t z e Roms moralisch höher stehen als die Götter Roms, hätten die Römer von ihren Göttern niemals G e s e t z e zur Sicherung oder Hebung der Moral empfangen oder erhoffen können. Dieses Schlußverfahren wird durch jene Vermutung gestört. Der Interpolator konnte nicht abwarten. Er wollte schon hier einen Gedanken anbringen, den der Autor selbst erst später (p. 70, 13f.) folgen läßt: (*Plato*) *ab indole Romanorum quid perficiendum esset ostendit.* Aber das geschieht in der Form einer

nüchternen Feststellung, die das Defizit auf Seiten der Römer einfach
konstatiert. Die Unterstellung des Interpolators (*et s i aliquid ... a u d e -
r e n t, forte undique removerent*) dürfte durch eine frühere Äußerung
Augustins über Scipio Nasica angeregt sein (civ. 1, 31: p. 48, 28ff.): *Quanto studio iste ab urbe Roma ludos ipsos scaenicos abstulisset, s i auctori-
tati eorum, quos deos putabat, resistere a u d e r e t* ... Der Interpolator
verallgemeinert: was Augustinus dem *vir optimus* (p. 48,19f.) zutraut, hält
er – freilich ein wenig unsicher (*forte!*) – den Römern schlechthin zugute.

5.

Der moralische Verfall des römischen Staates setzte schon in der Früh-
zeit ein und schritt nach der Zerstörung Carthagos rasch fort. Zum Erweis
dieser Entwicklung beruft sich Augustinus auf Sallust, besonders auf das
Prooem der Historien (civ. 2, 18). Wichtig ist ihm der zeitliche Aspekt: der
sittliche Zusammenbruch erfolgte *ante nostri superni regis adventum*, ja
nicht nur vor Christi Auftreten als Lehrer, sondern auch vor seiner Geburt
aus der Jungfrau (p. 76, 2 – 5). Und weiter (civ. 2, 19: p. 76, 20 – 27):

*Ecce Romana res publica – quod non ego primus dico, sed auctores
eorum, unde haec mercede didicimus, t a n t o   a n t e dixerunt* [*ante Christi adventum*] *– ,paulatim mutata ex pulcherrima atque optima pessima ac
flagitiosissima facta est'. Ecce a n t e   C h r i s t i   a d v e n t u m, post deletam Carthaginem ,maiorum mores non paulatim ut antea, sed torrentis
modo praecipitati, adeo iuventus luxu atque avaritia corrupta est'.*

Zwei lebhafte, durch *ecce* eröffnete Sätze treten zusammen. Der erste
wiederholt die Tatsache des Verfalls der Republik (nach Sall. Cat. 5, 9), der
zweite prägt den zeitlichen Gesichtspunkt ein: *ante Christi adventum*, und
zwar: *post Carthaginem deletam* ging es mit den Sitten rapide bergab
(nach Sall. hist. 1 frg. 16). Die Parenthese, die den ersten Satz unterbricht,
betont den Wert der Quellen: „nicht ich sage das als erster, sondern ihre
Autoren, von denen wir das für unser Schulgeld lernten, haben das vor so
langer Zeit gesagt." Die Angabe *tanto ante* (*dixerunt*) steht in Korrespon-
denz zu *non ego primus* (*dico*) und gibt das Verhältnis zur Zeit Augustins
an. Augustinus beruft sich auf die alten Autoren, die Klassiker der Schule.
Der Zusatz [*ante Christi adventum*] befindet sich in einem grammatischen
Schwebezustand, da er syntaktisch auch zum folgenden Zitat gezogen werden könnte. Die Ausgaben schlagen ihn der Parenthese zu. Aber auch dort
stört er. Nicht daß Sallust vor Christi Ankunft schrieb, ist wichtig, sondern
daß die Zustände, die er beschreibt, in die Zeit vor Christus gehören. Auch
später im gleichen Kapitel dient dieselbe Angabe demselben Zweck, d. h.

der zeitlichen Fixierung der Ereignisse, nicht der Quelle: *et tamen luxu atque avaritia saevisque ac turpibus moribus a n t e a d v e n t u m C h r i - s t i rem publicam pessimam ac flagitiosissimam factam non inputant diis suis* (p. 77, 4 – 7); vgl. ferner 2, 22 (p. 83, 22f.): *secundum eorum auctores doctissimos iam longe a n t e C h r i s t i a d v e n t u m pessima et flagitio- sissima facta erat* (sc. *res publica*); 2, 25 (p. 90, 26 – 30): *Haec dicere com- pulsi sumus, quoniam pessimis moribus civium Romanam rem publicam iam antea perditam fuisse nullamque remansisse a n t e a d v e n t u m C h r i s t i Jesu domini nostri auctores eorum dicere et scribere minime dubitarunt.* Bleibt der Zusatz [*ante Christi adventum*] im Text der Parenthese, entsteht auch, was das Verhältnis zur gleichlautenden Angabe des folgenden Satzes betrifft, eine Unsicherheit, da diese durch den Hin- weis *post deletam Carthaginem* sinngemäß ergänzt und auf eine Epoche bezogen wird, die der Zeit Sallusts weit voraufgeht. Wie genau Augustinus die Zeit des Quellenautors ins Auge faßt, wenn davon etwas abhängt, zeigt die Bemerkung, die er (civ. 2, 21) auf das lange Zitat aus Cicero, De re publica 5 folgen läßt. Cicero spricht (rep. 5, 2) von der eigenen Zeit. Sie habe den Staat wie ein herrliches, doch schon verblaßtes Gemälde emp- fangen und völlig verkommen lassen: *nostra vero aetas* ... Hier war die Datierung des Autors im Sinne des Beweisziels notwendig (p. 82, 21 – 23): *Haec Cicero fatebatur, longe quidem post mortem Africani, quem in suis libris fecit de republica disputare, a d h u c tamen a n t e a d v e n t u m C h r i s t i.* Hier mußte das dramatische Datum des Dialogs und die Zeit der Abfassung des Werks geschieden werden; hier war es wichtig zu sagen, daß Cicero zwar lange nach dem Tode des Dialogführers, des jüngeren Scipio Africanus, schrieb, aber „n o c h (*adhuc*) vor der Ankunft Christi". Für das sallustische Geschichtswerk war solche Unterscheidung überflüs- sig. Da Sallust den totalen Niedergang des Staates in die Zeit *post Cartha- ginis excidium* legte (hist. 1 frg. 11: civ. 2, 18, p. 74, 23; 75, 19f., vgl. 76, 24f.), war es unerheblich, daß er selbst vor Christus schrieb. Ein ‚noch' wäre übrigens in seinem Falle nicht weniger am Platze gewesen als im Falle Ciceros.

6.

Lebten alle Menschen nach Christi Geboten, wäre der Staat für immer glücklich. Da dem aber nicht so ist, müssen alle Diener Christi den Staat, auch den verkommensten, ertragen und sich dadurch einen Platz im himm- lischen Staat verdienen. Den Begriff der Gesamtheit aller Menschen bzw. aller Diener Christi entfaltet Augustinus jeweils durch eine Reihe paarweise geordneter Glieder (civ. 2, 19: p. 77, 9 – 26):

Cuius praecepta de iustis probisque moribus si simul audirent atque curarent reges terrae et omnes populi, principes et omnes iudices terrae, iuvenes et virgines, seniores cum iunioribus, aetas omnis capax et uterque sexus, et quos baptista Iohannes adloquitur, exactores ipsi atque milites: et terras vitae praesentis ornaret sua felicitate res publica, et vitae aeternae culmen beatissime regnatura conscenderet. Sed quia iste audit, ille contemnit, pluresque vitiis male blandientibus quam utili virtutum asperitati sunt amiciores: tolerare Christi famuli iubentur, sive sint reges sive principes sive iudices, sive milites sive provinciales, sive divites sive pauperes, sive liberi sive servi, utriuslibet sexus, etiam pessimam, si ita necesse est, flagitiosissimamque rem publicam et in illa angelorum quadam sanctissima atque augustissima curia caelestique re publica, ubi Dei voluntas lex est, clarissimum sibi locum etiam ista tolerantia comparare.

Die erste Reihe (A) wird gebildet durch wörtliches Zitat der Psalmverse 148, 11f. und zwei weitere Kola, die das durch den Psalm vorgegebene Prinzip der Ordnung nach Paaren befolgen:

A. 1. „*reges terrae et omnes populi,*
2. *principes et omnes iudices terrae,*
3. *iuvenes et virgines,*
4. *seniores cum iunioribus*",
5. *aetas omnis capax et uterque sexus,*
6. *et quos baptista Iohannes adloquitur*
    exactores ipsi atque milites.

Mit einem Paar, das dem Evangelium abgewonnen ist (Lc. 3, 12 – 14), schließt diese ‚biblische' Ständetafel. Die zweite (B) folgt demselben Ordnungsprinzip so deutlich, daß man die Abweichung im ersten Glied nicht leicht erträgt:

B. *Christi famuli ...*
1. *sive sint reges [sive principes] sive iudices,*
2. *sive milites sive provinciales,*
3. *sive divites sive pauperes,*
4. *sive liberi sive servi,*
5. *utriuslibet sexus.*

Es ist nicht recht einzusehen, was den Autor veranlaßt haben sollte, die Wirkung seiner Zweierreihe[20] dadurch zu mindern, daß er im ersten Glied

---

[20] Im letzten Gliede (B 5) ist die Zweiheit der Sache nach gegeben (*utriuslibet sexus*), auf eine Ergänzung, die auch formal ein Paar herstellte (wie in A 5), hat der Autor hier verzichtet, gewiß doch wohl, um nicht schwerfällig zu wirken.

(B 1) drei der vier Gruppen aus Psalm 148,11 (= A 1. 2) wiederholte –
d. h. alle überhaupt hier möglichen: die *populi* mußten natürlich fortblei-
ben. Umgekehrt durften die *reges* in der Tafel der *Christi famuli* keinesfalls fehlen; Augustinus hatte hier sicher schon die christlichen Herrscher
im Auge, denen er am Schluß der ersten Buch-Pentade seines Werks durch
den Preis Konstantins und Theodosius' des Großen (civ. 5,25f.) einen
Fürstenspiegel vorhielt. Unter den *reges* des Psalmisten konnten jetzt
durchaus auch die römischen Kaiser verstanden werden, wie das dem
Sprachgebrauch *reges* gleich βασιλεῖς entspricht; vgl. etwa Hier. epist.
60,15,1: *vicinas regum miserias et nostri temporis calamitates.* Auch die
Gruppe der *iudices* paßt sich der verschobenen Bedeutung der Ständetafel
an, da sie bestens geeignet sind, das Beamtentum des spätrömischen Staats
zu repräsentieren; vgl. Ulp. dig. 11,1,4,1: *apud magistratus populi Romani vel praesides provinciarum vel alios iudices*; Aur. Vict. Caes. 26,5: *urbi
praefectus reliquique iudices;* Sulp. Sev. dial. 1,20,3: *praefecti comitesque
ac diversarum iudices potestatum* (weiteres im ThLL VII 2,1 s. v. *iudex*
[A. Lumpe] 599,84 – 600,61). Daß die biblischen Gruppen der *reges* und
der *iudices* vor dem Hintergrund der staatlichen Ordnung gesehen werden,
bestätigt das zweite Glied (B 2) mit der Gegenüberstellung der *milites* und
der *provinciales*; vgl. etwa Amm. 20,9,7: *ut provincialis et miles et rei
publicae decrevit auctoritas*; 26,6,9: *impendentium … spes atrocior
provincialium et militum paria gementium*; 31,15,10: *at cum armatis
provinciales et palatini … exsurgebant*; Aug. epist. 157,37: *habet enim
ecclesia quodam modo suos milites et quodam modo provinciales.*[21] Es
wäre nicht geradezu unmöglich, dieser Betrachtungsweise der Gruppen aus
Psalm 148,11 auch die *principes* einzuordnen.[22] Aber für die Tilgung [*sive
principes*] in Zeile B 1 spricht außer der Isokolie auch der Vergleich mit
einer Ständetafel im 138. Brief. Das Christentum, schreibt Augustinus an
Marcellinus, verurteilt nicht jeden Krieg und verbietet nicht den Kriegs-
dienst schlechthin; Johannes der Täufer verlangte (Lc. 3,14), die Soldaten
sollten mit ihrem Lohn zufrieden sein, *militare utique non prohibuit* (Aug.
epist. 138,15: CSEL 44,141, Z. 10 – 16). Augustinus fährt fort (Z. 16 – 22):
proinde, qui doctrinam Christi adversam dicunt esse rei publicae,

    C.   1.   *dent exercitum talem, quales doctrina Christi esse
                milites iussit,
                dent tales provinciales,*
        2.   *tales maritos, tales coniuges,*

---

[21] Vgl. O'Donnell III p. 29 zu Aug. conf. 8,4,9 *provincialis.*
[22] Vgl. W. Enßlin, Art. Princeps: RE Suppl. 8 (1956), 628 – 640.

3. *tales parentes, tales filios,*
4. *tales dominos, tales servos,*
5. *tales reges, tales iudices,*
6. *tales denique debitorum ipsius fisci redditores et*
    exactores, quales esse praecepit doctrina Christiana.

Auch hier wird eine Ständetafel geboten, die über sechs Glieder hin konsequent die Ordnung nach Paaren durchhält.[23] Auffallend ist die Übereinstimmung der Glieder C 1 und B 2 und eben – unsere Athetese vorausgesetzt – der Kola C 5 und B 1. Das Schlußglied C 6 findet eine gewisse Entsprechung im Schlußglied A 6. Der Brief 138 an Marcellinus, den Adressaten der Civitas Dei, gehört in den Winter 411/412, wohl in die ersten Monate des Jahres 412,[24] wurde also geschrieben, als Augustinus die Arbeit an den ersten drei Büchern des großen Werks aufnahm. Meines Erachtens gründet die Erweiterung des Kolons B 1 in dem Trieb eines Redaktors zur Komplettierung,[25] nicht in der Gestaltungskraft des Autors. Denn wenn irgendwo, dann offenbart sich in diesen Reihen die „membrorum aequalitas, cui Augustinus ubique studet" (Hoffmann, CSEL 40, p. VI).[26] Nach ihr ist civ. 1, 9 (p. 15, 23 – 27) auch die Ständetafel Col. 1, 9 gestaltet: *quos apostolus in ecclesiis adloquitur docens et monens quem ad modum vivere debeant et uxores cum maritis et mariti cum uxoribus, et filii cum parentibus et parentes cum filiis, et servi cum dominis et domini cum servis.*

7.

Die Götter Roms haben nichts zu einem sittlich guten Leben beigetragen, dessen Lohn nach dem Tode zu erhoffen ist. Im Gegenteil! Aber auch hinsichtlich der zeitlichen Güter bewirkt ihre Verehrung nichts, weshalb die Vorwürfe gegen das Christentum grundlos sind. Das beweisen Exempla aus der römischen Geschichte (civ. 2, 23: p. 86, 3 – 19):

---

[23] Goldbacher im CSEL setzt Semikolon nach *iussit* und trennt dadurch in C 1 die zusammengehörigen Gruppen der *milites* und der *provinciales.*

[24] Vgl. A. Goldbacher, CSEL 58, 37 f.; Madeleine Moreau, Le Dossier Marcellinus dans la Correspondance de saint Augustin, Paris 1973, 49 – 52, bes. 50.

[25] Vgl. Gnilka, Prudentiana I, Register III. Interpolationswesen, 751 s. v. Komplettierung.

[26] Civ. 2, 20: p. 78, 13 – 16, wo eine äußere Stütze im handschriftlichen Befund gegeben ist, lassen die Herausgeber den Gesichtspunkt gelten: *Provinciae regibus … tamquam rerum dominatoribus et deliciarum suarum provisoribus serviant, eosque non sinceriter honorent, sed [nequiter ac] serviliter timeant (nequiter ac* om. L Λ). Hoffmann bemerkt dazu im Apparat: „*nequiter ac* … spuria iudico cum isocolon turbent, cui figurae maxime studet auctor."

Si autem habent in his rebus vel beneficii vel maleficii potestatem, cur in eis adfuerunt pessimo viro Mario, et optimo Regulo defuerunt? An ex hoc ipsi intelleguntur iniustissimi et pessimi? Quod si propterea magis timendi et colendi putantur: neque hoc putentur; neque enim minus eos invenitur Regulus coluisse quam Marius. Nec ideo vita pessima eligenda videatur, quia magis Mario quam Regulo dii favisse existimantur. Metellus enim Romanorum laudatissimus, qui habuit quinque filios consulares, etiam rerum temporalium felix fuit, et Catilina pessimus oppressus inopia et in bello sui sceleris prostratus infelix, [et verissima atque certissima felicitate praepollent boni Deum colentes, a quo solo conferri potest.] Illa igitur res publica malis moribus cum periret, nihil dii eorum pro dirigendis vel pro corrigendis egerunt moribus, ne periret; immo …

Der Autor läßt zwei Beispielpaare aufziehen, jeweils einen guten Mann und einen bösen, einen glücklichen und einen unglücklichen. Dem bösen und glücklichen Marius tritt der gute und unglückliche (M. Atilius) Regulus gegenüber, dem guten und glücklichen (Q. Caecilius) Metellus (Macedonicus) der böse und unglückliche Catilina. Durch diese Paare ist erwiesen, daß die Götter weder die Guten begünstigten noch die Bösen: ihr Kult hat eben auf das äußere Lebensglück gar keinen Einfluß. Diese sorgfältig ponderierte Beweisführung mittels paarweise geordneter Exempla wird im überlieferten Text dadurch gestört, daß an das Beispiel Catilinas noch das der Christen als fünftes angehängt ist. Mit dieser Erweiterung wird aber nicht nur die Komposition beeinträchtigt, sondern auch die gedankliche und die zeitliche Ebene der Argumentation verlassen: die gedankliche, weil Augustinus die Ohnmacht der Götter mit Beispielen aus dem Kreise ihrer Verehrer belegt (und darum auch betont, der unglückliche Regulus habe die Götter nicht weniger verehrt als der glückliche Marius); die zeitliche, weil es hier um diejenige Phase römischer Geschichte geht, *illa … res publica malis moribus cum periret* (p. 86, 17) – das Druckbild in Dombarts Ausgabe, der diesen Satz vom vorhergehenden über die Christen durch Absatz trennt, vermag den Bruch nicht zu verschleiern. Denn die gesamte Darstellung gilt der republikanischen Geschichte, besonders der Zeit nach der Zerstörung Carthagos, jedenfalls der vorchristlichen Epoche. Die Angaben zu Beginn des 22. Kapitels sind unmißverständlich: *Sed quod pertinet ad praesentem quaestionem, quamlibet laudabilem dicant istam fuisse vel esse rem publicam, secundum eorum auctores doctissimos iam longe ante Christi adventum pessima ac flagitiosissima facta erat …* (p. 83, 20ff.). Das Beispiel christlichen Lebensglücks paßt also nicht in den historischen Rahmen. Im übrigen kann die *verissima atque c e r t i s s i m a felicitas* aus christlicher Sicht ja nichts anderes sein als das Glück, das die

Angehörigen der Civitas Dei einst in der Ewigkeit erwartet: (*tunc erit*) *plena c e r t a, secura sempiterna felicitas* (civ. 22, 30: p. 630, 29; vgl. auch civ. 4, 33: p. 188, 12 – 15). Diese *felicitas* liegt aber nicht auf der Vergleichsebene der historischen Exempla.

Wie üblich, macht der Interpolator Anleihen beim originalen Text. Gegen Ende des 23. Kapitels erweitert Augustinus die Perspektive: er zeigt jetzt, was der Christ aus der Betrachtung der Geschichte lernen könne. Wenn die Dämonen etwas vermögen, dann nur insoweit, wie es ihnen nach Gottes verborgenem Willen gestattet wird (p. 87, 1 – 5):

> *ne magni pendamus terrenam felicitatem, quae sicut Mario malis etiam plerumque conceditur, nec eam rursus quasi malam arbitremur, cum e a multos etiam pios ac bonos unius veri Dei cultores invitis daemonibus p r a e p o l l u i s s e videamus …*

Jetzt treten passenderweise der böse Marius und die frommen Christen als Repräsentanten des Glücks zusammen, und zwar des irdischen Glücks, der *terrena felicitas*! Passenderweise: weil es jetzt um das Lernen aus der Geschichte geht, das von höherer Warte aus erfolgt, nicht mehr auf die Betrachtung der republikanischen Geschichte Roms beschränkt bleibt. Von dieser Stelle ließ sich der Textbearbeiter anregen, das Beispiel der *boni Deum colentes* schon in die Synkrisis jener republikanischen Größen zu interpolieren. Er übernahm die gewählte Wendung *felicitate praepollere*, steigerte jedoch mit der für seinesgleichen typischen Übertreibungssucht[27] die *terrena felicitas* zur *verissima atque certissima felicitas*, und zerstörte damit vollends die Grundlage jeden geschichtlichen Vergleichs.

8.

Civ. 2, 25 (p. 90, 14 – 20): *Hac astutia maligni spiritus etiam ludos, unde multa iam dixi, scaenicos sibi dicari sacrarique iusserunt, ubi tanta deorum flagitia theatricis canticis atque fabularum actionibus celebrata et quisquis eos fecisse crederet et quisquis non crederet, † sed tamen illos libentissime sibi talia exhiberi cerneret, † securus imitaretur.*

Das ist der Text der Handschriften, und ihn muten uns (ohne Kreuze) in bemerkenswerter Eintracht die Editoren E. Hoffmann (1899), C. Weyman (1924) und A. Kalb (Dombart[4] 1928) zu, d. h. diejenigen Herausgeber, die auch die Gestalt der populären zweisprachigen Ausgaben von G. E. Mc Cracken (Loeb Library) und G. Bardon - G. Combès (Œuvres de Saint Augustin 33) bestimmen. Offenbar hat das Auftauchen des Lugdunensis hier alle Kritik zum Erliegen gebracht. Früher bereinigte man die Über-

---

[27] Vgl. Gnilka, Prudentiana I 95f. 264. 406f. 442. 529. 565. 654.

lieferung auf die eine oder andere Weise. Die Editio princeps druckte: *sed tamen illos libentissime sibi talia ⟨velle⟩ exhiberi cerneret*, und das setzten auch die Mauriner in ihren Text (Migne PL 41, 74). Dombarts Lösung lautete: *sed tamen illis libentissimis ibi talia exhiberi cerneret* (1863[1]. 1877[2]). Später glaubte er, mit der Tilgung von *talia* auskommen zu können: *sed tamen illos libentissime sibi exhiberi cerneret* (Dombart 1905[3]) – eine entschiedene Verschlechterung, weil damit die Aussage in unerträglicher Weise verschoben wird (*sibi* geht jetzt auf das Subjekt, das in *cerneret* enthalten ist, i. e. *quisquis*; *illos* nimmt *ludos* auf). Aus der richtigen Erkenntnis heraus, daß hier ohne Konjektur nicht durchzukommen ist, schlägt Alexanderson *cernere* statt *cerneret* vor:[28] *sed tamen illos libentissime cernere talia sibi exhiberi* (sc. *crederet*). Für diese Emendation spricht die Geringfügigkeit der Änderung – aber sonst gar nichts. Wenn ich zu wählen hätte, würde ich für Dombarts (erste) Version stimmen, weil sie Augustins Diktion immerhin recht nahe kommt; vgl. 2, 11 (p. 65, 20 – 26): *qui* (sc. *Graeci*) *nec vitam civium lacerandam linguis poetarum et histrionum subtrahere ausi sunt, a quibus c e r n e b a n t deorum vitam eisdem ipsis d i i s volentibus et l i b e n t i b u s carpi, et ipsos homines … maxime honorandos putarunt;* 2, 13 (p. 67, 19 – 23): *Sed responderet mihi fortasse, si viveret* (sc. *Terentius*): *Quo modo nos ista inpunita esse nollemus, quae ipsi dii sacra esse voluerunt, cum ludos scaenicos, u b i t a l i a celebrantur dictitantur actitantur, et Romanis moribus invexerunt et suis honoribus dicari e x h i b e r i que iusserunt?* Aber ob mit einer punktuellen Remedur in 2, 25 wirklich der authentische Wortlaut wiedergewonnen werden kann, erscheint mir zweifelhaft. *Talia* ist lästig, da *flagitia* das gemeinsame Objekt zu *fecisse*[29] und zu *imitaretur* bildet, *illos* nach *eos* wirkt wenig elegant, der ganze adversative Satz schleppend. Da Augustinus die das Theater betreffenden Verhältnisse bereits ausführlich dargestellt hat (vgl. *unde multa iam dixi*), würde man nichts vermissen, wenn der Satz fehlte, zumal der Gedanke, die Spiele erfolgten mit Willen der Götter, schon im Hauptsatz hinlänglich ausgedrückt ist (*maligni spiritus … iusserunt*). Die Möglichkeit, daß auch hier eine Ergänzung fremder Hand eingeschaltet ist, scheint mir immerhin erwägenswert.

---

[28] Bengt Alexanderson, Adnotationes Criticae in libros Augustini De civitate Dei, Electronic Antiquity 3, 7 (1997), http://scholar.lib.vt.edu/ejournals/ElAnt/V3N7/alex.html.

[29] *Talia* vor *fecisse* (in einem Teil der Handschriften) ist offenkundig Simplifikation.

WIENER STUDIEN, Band 118/2005, 159–181

MARKUS MÜLKE / NEUENDETTELSAU

Ostendens omnibus quid sit humana potentia
Der tote Kaiser in der *consolatio* bei Hieronymus (epist. 60, 15)[1]

1. Das *Epitaphium Nepotiani* (epist. 60)

Hieronymus war seit der gemeinsamen Studienzeit mit Heliodor, dem Bischof von Altinum im Nordosten Italiens, freundschaftlich verbunden, und auch zu dessen Neffen Nepotian pflegte er engen Kontakt. Obwohl sich der Mönch im fernen Bethlehem und der um vieles jüngere Nepotian niemals von Angesicht zu Angesicht gegenübertreten sollten, entwickelte sich zwischen beiden ein reger Briefwechsel (vgl. z. B. epist. 52). Im Jahr 396 n. Chr. jedoch verstarb Nepotian nach kurzer, schwerer Krankheit. Im Frühsommer desselben Jahres sandte Hieronymus einen langen Konso-lationsbrief (epist. 60) an Heliodor nach Altinum.

---

[1] Die folgenden Ausführungen durfte ich am 30. 1. 2003 in Münster vortragen. Christine Schmitz danke ich für die Einladung, den Teilnehmern der anschließenden Diskussion für förderliche Anmerkungen und Kritik. – Die Hieronymusbriefe werden im folgenden nach der Ausgabe Hilbergs (Sancti Eusebii Hieronymi Epistulae, ed. Isidorus Hilberg, Wien [2]1996 [= CSEL 54. 55. 56,1]) zitiert, die Chronik nach G. Brugnoli, Curiosissimus Excerptor. Gli „Additamenta" di Girolamo ai „Chronica" di Eusebio, Pisa 1995, die *Epistula ad Praesidium* (= epist. Morin) nach G. Morin, Pour l'authenticité de la lettre de S. Jérôme à Présidius, in: Bulletin d'ancienne littérature et d'archéologie chrétiennes 4 (1913), 52–60. Weitere mehrfach zitierte Literatur: Arand (2002) = T. Arand, Das schmähliche Ende. Der Tod des schlechten Kaisers und seine literarische Gestaltung in der römischen Historiographie, Frankfurt a. M. (u.s.w.) 2002; Brandt (2002) = H. Brandt, *De mortibus principum et tyrannorum.* Tod und Leichen-schändung in der *Historia Augusta*, in: Historiae Augustae Colloquium Perusinum 2000, a cura di G. Bonamente e F. Paschoud, Bari 2002 = Historiae Augustae Collo-quia, N. S. 8, 65–72; Caltabiano (1993) = M. Caltabiano, L'imperatore Giuliano negli autori latini cristiani del IV secolo, in: Cristianesimo Latino e cultura Greca sino al secolo IV, XXI. Incontro di studiosi dell'antichità cristiana, Roma, 7–9 maggio 1992, Roma 1993 (= Studia Ephemeridis „Augustinianum" 42), 101–116; Demandt (1989) = A. Demandt, Die Spätantike. Römische Geschichte von Diocletian bis Justinian, Mün-chen 1989 (= HdA III, 6); Inglebert (1996) = H. Inglebert, Les romains chrétiens face à l'histoire de Rome. Histoire, christianisme et romanités en Occident dans l'Antiquité

In den Mittelpunkt des Briefes stellt Hieronymus den Lobpreis auf Nepotian (8 – 13, angekündigt 7[ex.] als *adumbrata, non expressa, signa virtutum*), der mit der Schilderung seines Todes (13) endet. Die sieben Kapitel, welche diesem Elogium vorangehen, sowie die sechs Kapitel, die ihm folgen und den Brief abschließen, sind aufeinander bezogen: In 5 – 7 und 14 sucht der Autor Wege, die tiefe Trauer um den Toten zu überwinden. Eingang (1) und Schluß (19, 2/3) sind eng verknüpft durch den direkten Bezug auf den Adressaten Heliodor und die Reflexionen über das gegenseitige Verhältnis der beiden Freunde. Auch die Kapitel 2 – 4 und 15 – 19 stehen in einem inneren Zusammenhang: Zu Beginn gemahnt Hieronymus seinen Freund daran, daß Christus den Tod überwunden (2), ja durch seine Passion und Auferstehung den Menschen von der Hölle zum Paradies erlöst (3) habe. Daran glaubten jetzt die Menschen überall auf der Welt, auch die vormals wilden Barbaren, und bekannten Christus in all ihren Sprachen (4). Die Schlußkapitel dagegen zeichnen ein düsteres Bild der Gegenwart, das in immer weiter ausgreifender Perspektive zunächst das jüngste innere und äußere Unglück des römischen Reiches darzustellen sucht (15 – 17), dann die ganze Menschheit in ihrer Vergänglichkeit vorführt, um schließlich den Blickwinkel wieder ganz zu verengen und das Vergehen des kurzen Menschenlebens in jedem Augenblick zu beklagen (19, 1/2).[2]

2. Die Kapitel 15 – 17

Oft verbindet die Konsolationsliteratur den Gedanken der *opportunitas mortis*[3] – der Tod habe den Verstorbenen vor gegenwärtigem und zukünf-

---

tardive (IIIe-Ve siècles), Paris 1996 (= Coll. Ét. Aug. 145); Leppin (1996) = H. Leppin, Von Constantin dem Großen zu Theodosius II. Das christliche Kaisertum bei den Kirchenhistorikern Socrates, Sozomenus und Theodoret, Göttingen 1996 (= Hypomnemata 110); Meijer (2003) = F. Meijer, Kaiser sterben nicht im Bett. Die etwas andere Geschichte der römischen Kaiserzeit. Von Caesar bis Romulus Augustulus (44 v. Chr. – 476 n. Chr.), Darmstadt 2003; Moreau (1954) = Lactance, De la mort des persécuteurs, I: Intr., texte crit. et trad., II: Commentaire de J. Moreau, Paris 1954 (= SChr 39); Scourfield (1993) = J. H. D. Scourfield, Consoling Heliodorus. A Commentary on Jerome, *Letter* 60, Oxford 1993; Staesche (1998) = M. Staesche, Das Privatleben der römischen Kaiser in der Spätantike. Studien zur Personen- und Kulturgeschichte der späten Kaiserzeit, Bern (usw.) 1998; Zecchini (1988) = G. Zecchini, La storiografia cristiana del IV secolo (da Lattanzio ad Orosio), in: I cristiani e l'impero nel IV secolo, Colloquio sul Cristianesimo nel mondo antico, Macerata 17/18 dicembre 1987, a cura di G. Bonamente - A. Nestori, Macerata 1988, 169 – 194.
[2] Zu der schönen Parallele bei Johannes Chrysostomos, in dem Traktat *Ad viduam* (379/380 n. Chr.), den Hieronymus sicher kannte, vgl. kurz Scourfield (1993), 197.
[3] Vgl. zum Motiv der *opportunitas mortis* (s. Menander Rhet. 2, 414; dazu Ch. Favez, La consolation latine chrétienne, Paris 1937, 67f. und mit vielen Belegen

tigem Leid bewahrt und sei daher eher zu begrüßen als zu beweinen – mit dem Hinweis auf unselige Zeitumstände und Zukunftsaussichten, etwa Kriege, politische Krisen, Verbannung und Verfolgung.[4] Hieronymus selbst führt diesen Gedanken in typischer Form ein (15, 1): *Verum quid ago medens dolori, quem iam reor et tempore et ratione sedatum, ac non potius replico tibi vicinas regum miserias et nostri temporis calamitates, ut non tam plangendus sit, qui hac luce caruerit, quam congratulandum ei, quod de tantis malis evaserit?* Daß aber seine folgende ausführliche Durchführung ungewöhnlich ist, bestätigt der Autor durch einen ausdrücklichen Kommentar (18, 1): *Excessimus consolandi modum et, dum unius mortem flere prohibemus, totius orbis mortuos planximus.*[5] Die Kritik, diese exkursartige Passage (15 – 17) habe mit dem eigentlichen Anliegen des Briefes, dem Trost des Adressaten, kaum etwas zu tun,[6] geht jedoch fehl: Mit der Erkenntnis, daß selbst die großen, mächtigen Persönlichkeiten der menschlichen Vergänglichkeit nicht nur ebenso wie alle anderen unterworfen seien,[7] sondern exemplarisch im Tod besonderes Unglück erlitten, wird in diesen Schlußkapiteln eng das konsolatorische Argument verwoben, daß Nepotian durch seinen Tod dem gegenwärtigen Unheil der Welt

---

Scourfield [1993], 198f.) aus der lateinischen Literatur nur Cic. div. 2, 22f.; Tusc. 1, 85f.; de orat. 3, 8; Brut. 329; Sen. dial. 6, 20. 26; Tac. Agr. 44f.

[4] Vgl. die ähnlichen Gedanken in epist. 123, 15 – 17; 128, 5; 130, 3 sowie bei Ambr. exc. Sat. 1, 30 – 32 (s. auch 2, 18f. 33) und schon bei Cic. fam. 5, 16, 3 – 5.

[5] Daß der enge Rahmen der Gattung aufgegeben ist, deutet Hieronymus auch am Ende des Kapitels 16 an: *non, mihi si linguae centum sint oraque centum, / ferrea vox, / omnia poenarum percurrere nomina possim* (vgl. Verg. Aen. 6, 625 – 627 und georg. 2, 43f.; s. Scourfield [1993], 215 mit weiteren Parallelen, so etwa epist. 123, 16). *neque enim historiam proposui scribere, sed nostras breviter flere miserias. alioquin ad haec merito explicanda et Thucydides et Sallustius muti sunt.*

[6] So Scourfield (1993), 223; ohne jedes Verständnis P. Winter, Nekrologe des Hieronymus (epist. 23, 39, 60), Beilage zum Jahresbericht des Gymnasiums zu Zittau, Zittau 1907, 17. 21.

[7] Hieronymus greift hier auf die literarische Tradition der *exitus virorum illustrium* zurück (vgl. dazu A. Ronconi, Art. Exitus illustrium virorum, in: RAC 6 [1966], 1258 – 1268). *Clarissimorum hominum nostrae civitatis gravissimos exitus in Consolatione collegimus* sagt schon Cicero (div. 2, 22; vgl. Tusc. 3, 56ff.), und solche Beispiele, die auch in Texten anderer Gattungen begegnen, werden tatsächlich schon zur Zeit des Hellenismus in den Rhetorenschulen und -handbüchern gesammelt worden sein. In der Kaiserzeit ist eine regelrechte Gattung der *exitus illustrium virorum* nachweisbar (vgl. Plin. epist. 8, 12, 4). Wie kritisch und schöpferisch Hieronymus dieses Motiv christlich nutzt, ließe sich vor allem durch den Vergleich mit ähnlichen Stellen aus der älteren Konsolationsliteratur und der Philosophie zeigen, etwa mit Lucr. 3, 1025 – 1052; Servius in Cic. fam. 4, 5; Sen. dial. 6, 12 – 16. 26 und 11, 11. 14 – 16; M. Aur. 8, 5 (auch 3, 3. 8, 31. 10, 27 u. ö.).

entronnen sei. Die Trauer um den Verstorbenen geht in der Klage über das gegenwärtige Elend der Welt auf, in dem der Absender und der Adressat zurückgeblieben sind.[8] Erstmals seit der im Jahr 381 n. Chr. veröffentlichten Chronik[9] bezieht Hieronymus in diesem Brief offen Position zu reichspolitischen Entwicklungen,[10] veranlaßt durch die bedrohliche innere und äußere Lage Roms. Der Tatsache, daß er als Lateiner im Osten lebte, kommt dabei große Bedeutung zu: Sein Blick auf die Krise des Reiches überschaut das ganze Imperium und ist nicht, wie bei vielen anderen Autoren und Politikern seiner Zeit, auf einen Teil, den Westen oder den Osten, beschränkt.[11]

Das ganze Stück gliedert sich in zwei Teile, wie bereits der Einleitungssatz ankündigt (15,1): *vicinae regum miseriae* und *nostri temporis calamitates*, wobei die Überleitung vom ersten zum zweiten Teil dem Leser das übergeordnete Anliegen des Verfassers eröffnet (16,2): *non calamitates miserorum, sed fragilem humanae condicionis narro statum …* – das weist hier voraus und zurück (vgl. 15,3. 19). Zuerst beschreibt Hieronymus das Schicksal bekannter Persönlichkeiten der jüngeren Vergangenheit, wobei er einerseits an das unselige Sterben römischer Kaiser und Usurpatoren (15,2–4), andererseits an den Fall dreier hoher politischer

---

[8] Vgl. G. Guttila, S. Girolamo, Seneca e la *novitas* dell'*ad Heliodorum epitaphium Nepotiani*, in: Annali del liceo classico „G. Garibaldi" di Palermo 14/16 (1977/1978), 217–244 (235).

[9] Die Chronik vermittelt insgesamt ein düsteres Bild der römischen Zeitgeschichte seit Constantius. Die geplante Kirchengeschichte hätte ebensowenig von Glanz und Gloria gekündet: *Scribere enim disposui (si tamen vitam Dominus dederit; et si vituperatores mei saltem fugientem me et inclusum persequi desierint) ab adventu salvatoris usque ad nostram aetatem, id est ab apostolis usque ad nostri temporis faecem, quomodo et per quos Christi Ecclesia nata sit, et adulta, persecutionibus creverit, et martyriis coronata sit* (vgl. epist. 82,10); *et postquam ad Christianos principes venerit, potentia quidem et divitiis maior, sed virtutibus minor facta sit* (Vita Malchi 1). Hieronymus, geprägt von den Entwicklungen des vierten Jahrhunderts, entfernt sich damit weit von der eusebianischen Geschichtstheologie (so auch A. Penna, S. Gerolamo, Torino 1949, 162f., und Inglebert [1996], 216. 217 Anm. 87. 267–269. 278; anders Zecchini [1988], 191).

[10] Auch in dem kurz nach epist. 60 verfaßten Jonaskommentar erhebt er bittere Anklage gegen die Könige und Weisen dieser Welt (in Ion. 3,6–9), allerdings ohne ausdrücklichen Bezug auf Rom.

[11] Auch wenn das Schreiben an Heliodor adressiert ist, zielt es doch auf ein breiteres Publikum im lateinischen Westen des Imperiums. Die Publikation wird durch spätere Äußerungen des Autors selbst bestätigt (zu zögerlich Scourfield [1993], 14), so epist. 112,3 (404 n. Chr.) und klar im Prolog zum Jonaskommentar (noch 396 n. Chr.!). Daß Hieronymus seine Briefe, freilich nicht alle, fortlaufend herausgab, steht durch seine eigene Aussage in vir. ill. 135 fest.

Würdenträger erinnert (16, 1). Im zweiten Teil (16, 2 – 17) entfaltet er ein Panorama der verheerenden Barbarenstürme, welche den Osten des Imperiums seit über zwanzig Jahren heimsuchten.[12] Der Kirchenvater hebt besonders das Leid der christlichen Gemeinden und des Klerus hervor sowie die Verwüstung der einst mächtigen griechischen Staaten[13] und den jüngsten Barbareneinfall des Jahres 395 n. Chr. am Kaukasus, mit dem eine längere Friedenszeit schlagartig zu Ende gegangen war und die wütenden Scharen erstmals bis in den vorderen Orient gelangt waren (vgl. epist. 77, 8). Auf diese Beschreibung folgt der Versuch einer Erklärung des Unheils (17):[14]

Olim offensum sentimus nec placamus deum. nostris peccatis barbari fortes sunt, nostris vitiis Romanus superatur exercitus; et quasi non hoc sufficeret cladibus, plus paene bella civilia quam hostilis mucro consumpsit … infelices nos, qui tantum displicemus deo, ut per rabiem barbarorum illius in nos ira desaeviat … Romanus exercitus, victor orbis et dominus, ab his vincitur, hos pavet, horum terretur aspectu, qui ingredi non valent, qui, si terram tetigerint, se mortuos arbitrantur, et non intellegimus prophetarum voces: ‚fugient mille uno persequente‘ nec amputamus causas morbi, ut morbus pariter auferatur, statimque cernimus sagittas pilis, tiaras galeis, caballos equis cedere?

Den Eindruck, alle Menschen ohne Ausnahme seien von diesem Leid betroffen, erreicht Hieronymus, indem er die erste Person Plural wählt: *nostras breviter flere miserias* (16, 5; nicht mehr nur *regum miseriae!*) und *nos miseri, qui aut patimur aut patientes fratres nostros tanta perspicimus* … (17, 1), und den Widerspruch eines fiktiven Zuhörers (16, 1: *dicat aliquis: regum talis condicio est, feriuntque summos fulgura montes* nach Hor. carm. 2, 10, 11f.) postwendend zurückweist.

---

[12] Die Praefatio der Chronik, die mit der Darstellung der schweren Barbareneinfälle unter Valens und der verheerenden Schlacht bei Adrianopel (378 n. Chr.) endet, beschließt Hieronymus mit folgenden Worten: … *quo fine contentus, reliquum temporis Gratiani et Theodosii latioris historiae stilo reservavi, non quo de viventibus timuerim libere et vere scribere – timor enim Domini hominum timorem expellit – sed quoniam dibacchantibus adhuc in terra nostra barbaris incerta sunt omnia*; vgl. epist. 123, 16 (409 n. Chr.): *olim a mari Pontico usque ad Alpes Iulias non erant nostra, quae nostra sunt, et per annos triginta fracto Danubii limite in mediis Romani imperii regionibus pugnabatur.*

[13] Auf den Untergang großer Städte gehen die Verfasser von Trostschriften (vgl. Menander Rhet. 2, 414) – als steigernde Variation zum Tod einzelner berühmter Menschen – häufiger ein, vgl. nur Sen. dial. 6, 21 oder Ambr. epist. 8 (39), 3 (über die Barbareneinfälle in Norditalien).

[14] Schon in 16, 3: *Romanus orbis ruit et tamen cervix nostra non flectitur.* Vgl. in Ezech. 8 praef.: *cadit mundus et cervix erecta non flectitur.*

3. Aufbau und Gestaltung des Kaiserkatalogs (epist. 60, 15, 2 – 4)

(2) *Constantius, Arrianae fautor hereseos, dum contra inimicum paratur et concitus fertur ad pugnam, in Mopsi viculo moriens magno dolore hosti reliquit imperium. Iulianus, perditor animae suae et Christiani iugulator exercitus, Christum sensit in Media, quem primum in Gallia denegarat, dumque Romanos propagare vult fines, perdidit propagatos.* (3) *Iovianus gustatis tantum regalibus bonis foetore prunarum suffocatus interiit ostendens omnibus, quid sit humana potentia. Valentinianus vastato genitali solo et inultam patriam derelinquens vomitu sanguinis extinctus est. huius germanus Valens Gothico bello victus in Thracia eundem locum et mortis habuit et sepulchri. Gratianus ab exercitu suo proditus et ab obviis urbibus non receptus ludibrio hosti fuit cruentaeque manus vestigia parietes tui, Lugdune, testantur.* (4) *adulescens Valentinianus et paene puer post fugam, post exilia, post recuperatum multo sanguine imperium haud procul ab urbe fraternae mortis conscia necatus est et cadaver exanimis infamatum suspendio. quid loquar de Procopio, Maximo, Eugenio, qui utique, dum rerum potirentur, terrori gentibus erant? omnes capti steterunt ante ora victorum et, quod potentissimis quondam miserrimum est, prius ignominia servitutis quam hostili mucrone confossi sunt.*

Kommentar

Für den historischen Hintergrund der Ereignisse, auf die Hieronymus in diesem Kapitel anspielt und deren genaue Kenntnis er beim Leser voraussetzt, und die vollständigen Quellenangaben sei auf die gängigen Handbücher zur Geschichte der Spätantike, auf die entsprechenden Erläuterungen bei Scourfield (1993) und Meijer (2003) sowie auf Staesche (1998), 96 – 116, und Arand (2002) verwiesen.

(2) *Constantius*: Als sich Julian 360 n. Chr. in Gallien von seinen Truppen zum Augustus hatte erheben lassen, brach Constantius II. seinen Feldzug gegen die Perser eiligst ab und zog zur Unterdrückung der Usurpation gen Westen. Jedoch starb er Anfang November 361 n. Chr. in Mopsucrenae bei Tarsos an einer schweren Fieberkrankheit. Auf dem Totenbett soll er Julian zu seinem Nachfolger ernannt haben. Vgl. Hier. chron. 242b: *Constantius Mopsocrenis inter Ciliciam Cappadociamque moritur* ...; Ps. Aur. Vict. epit. 42, 17 (mit ähnlichem Ausdruck); Amm. 21, 15, 2; Eutr. 10, 15; Oros. hist. 7, 29, 17. – *perditor animae suae*: Durch den Abfall von Gott unterscheidet sich Julian von den früheren Christenverfolgern. *perdere animam* ist biblisch: ... *qui non accipit crucem suam et sequitur me, non est me dignus. qui invenerit animam suam, perdet illam; et qui perdiderit animam suam propter me, inveniet eam* (Mt. 10, 38f. u. ö.). – *iugulator*: *iugulator* ist einmal bei Salvian, sonst nur in zwei Glossarien belegt (ThLL 7, 2, 1, 634 [Teßmer]). Das Verbum *iugulare* hingegen begegnet in ähnlichem Zusammenhang häufig, vgl. nur Hier. Vita Pauli 2 und Lact. inst. 5, 19, 1. – *quem primum in Gallia denegarat*: Hieronymus datiert die Konversion Julians zu den alten Göttern in die Zeit, als er noch als Caesar in Gallien regierte, also vor die Usurpation. Julian selbst (epist. 61 Weis) verlegte seine Apostasis in das Jahr 351/352 n.

Chr. und nach Kleinasien; er schwärmt oft vom tiefen Eindruck der kleinasiatischen Philosophen, die er zwischen 351 und 355 n. Chr. in Pergamon und Ephesus gehört hatte. Gleichwohl blieb der Apostata in Gallien bis 361 n. Chr. nach außen hin Christ, um, wie Ammian bestätigt (21,2,4f.; vgl. 22,5), im Kampf gegen Constantius möglichst viele Anhänger für sich zu gewinnen. Erst am Ende des Jahres, nach dem Sieg über seinen Widersacher, verkündete er die Verehrung der alten Götter und setzte die heidnische Restauration sofort in die Tat um (durch Tempelreparaturen, Götterfeste, Opfer, Besetzung von Priesterstellen). Ammian (22,5) behauptet, Julian habe sich in Wahrheit bereits in seiner Jugend (*a rudimentis pueritiae primis*) vom Christengott abgekehrt. – *dumque Romanos propagare vult fines, perdidit propagatos*: Hinter diesem kurzen Satz verbirgt sich eine der erbittertsten politischen Kontroversen des vierten Jahrhunderts (vgl. R. Turcan, L'abandon de Nisibe et l'opinion publique [363 ap. J.-C.], in: Mélanges d'archéologie et d'histoire offerts à André Piganiol, édités par R. Chevallier, tom. II, Paris 1966, 875–890; G. Wirth, Jovian. Kaiser und Karikatur, in: Vivarium. Festschrift T. Klauser zum 90. Geburtstag, Münster 1984 [= JbAC Erg. Bd. 11], 353–384 [358ff.]; Demandt [1989], 110 und Caltabiano [1993], 114–116). In jahrzehntelangen Kämpfen an der Ostfront war es der römischen Armee nicht gelungen, die Perser unter Sapor II. (Šapur) zu unterwerfen oder zumindest die Reichsgrenze dauerhaft zu sichern. Vielmehr hatten die schweren Niederlagen in den fünfziger und sechziger Jahren die Lage dramatisch verschlimmert. Nach dem Tod Julians standen die römischen Truppen führerlos im Feindesland, dazu war eine persische Invasion zu befürchten, die den Krieg weit ins Reichsinnere hineingetragen hätte. Unter diesen Umständen entschloß sich Jovian, der vom römischen Heer im Kriegsgebiet zum Augustus ausgerufen worden war, im Juli 363 n. Chr., ein Friedensangebot Sapors unter Preisgabe der vielumkämpften Grenzfeste Nisibis und weiter Teile Mesopotamiens anzunehmen. Zum erstenmal in der römischen Geschichte hatte das Imperium in einem Vertrag dem Verlust eigener, mit dem Blut römischer Soldaten errungener Gebiete zustimmen müssen. Die Verbitterung über dieses Ereignis war überall zu vernehmen, im Westen, im Osten, bei Heiden, bei Christen, und umgehend entbrannte der Streit um die Verantwortung für diese militärische und politische Schande: Die einen, überwiegend Heiden, erklärten Jovian für schuldig (vgl. Amm. 25,7; Libanios or. 18,278ff. 24,9; Zos. 3,32; auch Ruf. Fest. 29). Die anderen betrachteten die militärische Ohnmacht der Vorgänger als ausschlaggebend und den Rückzug des neuen Kaisers als unausweichlichen Schlußpunkt einer seit langem verhängnisvollen Ostpolitik (vgl. Oros. hist. 7,31,1f.; Aug. civ. 4,29; Socr. hist. 3,22; Soz. hist. 6,3,2; kritischer Eutr. 10,17). Hieronymus verschweigt den gravierenden Schritt Jovians nicht, doch schon in der Chronik notiert er (243c): *Iovianus r e r u m n e c e s s i t a t e c o m p u l s u s Nisibin et magnam Mesopotamiae partem Sapori Persarum regi tradidit* (vgl. sit. et nom. [PL 23,906B]) und spricht damit den christlichen Herrscher von der Verantwortung frei. So fällt die Schuld auf Julian zurück.

(3) *Iovianus*: Vgl. chron. 243e: *Iovianus cruditate sive odore prunarum, quas nimias adoleri iusserat, Dadastanae moritur anno aetatis XXXIIII*. Über den Tod Jovians kursierten also Gerüchte; vgl. Eutr. 10,18: *Multi exanimatum opinantur nimia cruditate (inter cenandum enim epulis indulserat), alii odore cubiculi, quod ex recenti tectorio calcis grave quiescentibus erat, quidam nimietate prunarum, quas gravi frigore adoleri multas iusserat*; Oros. hist. 7,31,3. – *Valentinianus*: Valentinian I., geboren in Pannonien, starb im Winter 375 n. Chr., noch bevor er die Strafexpedition gegen die Quaden und Sarmaten, die seine Heimat seit Ende 373 n. Chr. schwer heimgesucht hatten, zu einem erfolgreichen Abschluß führen konnte. Der Tod ereilte ihn der Überlieferung

nach während diplomatischer Verhandlungen mit seinen Gegnern. Vgl. chron. 247h: *Valentinianus subita sanguinis eruptione, quod Graece apoplexis vocatur, Brigitione moritur* und epist. Morin (s. u. im Text); dazu Ps. Aur. Vict. epit. 45, 8; Amm. 30, 6; Oros. hist. 7, 32, 14; Zos. 4, 17. Der Kaiser galt als jähzornig und leicht erregbar, vgl. Ps. Aur. Vict. epit. 45, 5; Amm. 30, 8, 2. – *Valens*: Der Kaiser fiel in der verheerenden Niederlage der Römer gegen die Goten bei Adrianopel im Jahre 378 n. Chr. (s. u.). – *Gratianus*: Der Kaiser starb im August 383 n. Chr. Nach Hieronymus (s. auch epist. Morin unten im Text) wurde Gratian in Lyon von Andragathius, dem Heermeister des Usurpators Maximus, gefangengenommen und dann ermordet (vgl. Ambr. in psalm. 61, 23/25: Ermordung Gratians bei einem *convivium*; Rufin hist. 11, 14: Andragathius als *dux Lugduni*; Soz. hist. 7, 13, 8f.: Gratian erst gefangen, dann ermordet; Oros. hist. 7, 34, 10; Socr. hist. 5, 11 und abweichend Zos. 4, 35f.; zu den Quellen Zosime, Histoire nouvelle, tome II, 2 [livre IV], texte établi et traduit par F. Paschoud, Paris 1979, 415 mit Lit.). Maximus hatte sich in Britannien gegen den Kaiser erhoben, die Truppen Gratians in Gallien zunächst besiegt und dann nach und nach hinter sich gebracht. – *manus* ist hier ganz konkret zu fassen: die „blutige, blutüberströmte Hand" des Opfers, deren Spuren die ‚Wände' in Lyon, dort, wo der Kaiser ermordet worden war, noch ‚aufwiesen' (anders D. Woods, Jerome, *Ep.* 60.15.3: Gratian and the Walls of Lyons, in: AHB 13 [1999]; 56–59, mit abwegiger Interpretation). Der gesamte Ausdruck ist dramatisch hoch gesteigert.

(4) *Adulescens Valentinianus … paene puer* (die Junktur auch in epist. 52, 1): Valentinian, geboren 372 n. Chr., starb im Alter von neunzehn Jahren. Hieronymus spielt hier aber auch auf die Wirren nach Gratians Tod in den achtziger Jahren, auf die Flucht des jungen Kaisers vor Maximus in den Ostteil des Reiches und die verlustreiche Rückeroberung des Westens zusammen mit Theodosius an. Die Bemerkung mag man als einen der frühesten überlieferten Zweifel am römischen Kinderkaisertum werten: Valentinian hatte die Reihe der *principes pueri* eröffnet, und ein Jahr vor der Abfassung des 60. Briefs war das Imperium an den siebzehnjährigen Arcadius und den zehnjährigen Honorius gefallen. Zu *multo sanguine* vgl. die Schilderung des Bürgerkriegs in paneg. 2 (12), 34ff. – *necatus est*: Der Tod Valentinians stellte schon die zeitgenössischen Historiker vor Probleme. Einige vertraten die Ansicht, der Kaiser sei in Vienne von dem mächtigen fränkischen Heermeister Arbogast ermordet und anschließend, um einen Selbstmord vorzutäuschen, aufgehängt worden (s. nur Oros. hist. 7, 35, 10). Doch das Gerücht, Valentinian habe sich angesichts der ausweglosen Lage im Kampf gegen den Usurpator selbst das Leben genommen, hielt sich hartnäckig. B. Croke, Arbogast and the Death of Valentinian II, Historia 25 (1976), 235–244, führt die Quellen auf und votiert für Selbstmord (so schon O. Seeck, Geschichte des Untergangs der antiken Welt, 5, Berlin 1913, 241f.; Demandt [1989], 134; Scourfield [1993], 204f. und jetzt Staesche [1998], 197f.), übersieht aber – wie alle anderen Spezialuntersuchungen zum Thema – die vorliegende Stelle aus Hieronymus. Seine Kritik (241), Orosius und die anderen Historiker des fünften Jahrhunderts seien zeitlich zu weit vom Geschehen entfernt und somit mit ihrer Annahme einer Ermordung nicht glaubwürdig, verliert damit die Berechtigung. Hieronymus ist nach Ambrosius (obit. Valent. 33), dessen vorsichtige Behandlung des Todes Valentinians in der Grabrede (392 n. Chr. – also noch zu Lebzeiten Arbogasts und des Usurpators Eugenius) der hieronymianischen epist. 60, 15 nicht widerspricht und ihrerseits eher auf Mord denn auf Selbstmord hindeutet, der früheste Zeuge des Ereignisses und könnte klarer nicht sein: Valentinian wird ermordet (*necatus est*), sein Leichnam aber aufgeknüpft, um den schändlichen Verdacht des Selbstmords zu verbreiten (*cadaver exanimis infamatum suspendio*). Der Kontext des

Kapitels, in dem gerade keine Ehrenrettung der orthodoxen Kaiser betrieben werden soll, macht die Aussage durchaus glaubwürdig, es sei denn, Hieronymus hinge hier selbst von einer tendenziösen Quelle ab. – *Procopio, Maximo, Eugenio*: Hieronymus trifft eine Auswahl aus der großen Zahl der Thronprätendenten des vierten Jahrhunderts: Procopius (365/366 n. Chr.), Maximus (383–388 n. Chr.) und Eugenius (392–394 n. Chr.). In späteren Werken übt er mehrfach (epist. 130,7; adv. Pelag. 3,19; in Ezech. 9, 28, 1–10) scharfe Kritik an dem *comes Africae* Heraclian, der sich 413 n. Chr. gegen Honorius erhoben hatte. Lesenswert sind die allgemeinen Gedanken über Usurpationen in Ezech. 9,28, 1–10. – *ignominia servitutis*: Vgl. über Eugenius Rufin. hist. 11,33: *Eugenius ante Theodosii pedes vinctis post terga manibus adducitur ibique vitae eius et certaminis finis fuit.*

* * *

Hieronymus beschreibt die *vicinae regum miseriae* in Form eines langen Katalogs der römischen Kaiser von Constantius II. bis Valentinian II. und der drei Usurpatoren Procopius, Maximus und Eugenius. Die Abfolge ist chronologisch, abgesehen von den Usurpatoren, die als Gruppe am Ende zusammengestellt sind. Einen Unterschied zwischen den Herrschern des westlichen und denen des östlichen Teils des Reiches macht Hieronymus nicht. Ferner reiht dieser Katalog die Exempla der Kaiser nicht bloß isoliert aneinander: Aus der Schwäche ihrer *humana potentia*, sichtbar in dem elenden Sterben aller Imperatoren, erhellt die sich wiederholende, aktuelle historische und politische Wirklichkeit des gesamten Kaisertums. Daß Hieronymus in diesem Kapitel das ganze Arsenal der Vorstellungen und Begriffe, mit denen die römische Kaiseridee von Augustus an bis in die Spätantike hinein ausgestattet worden war, ad absurdum führt,[15] braucht nicht eingehend ausgeführt zu werden. Schon in dem voraufgehenden Abschnitt (14, 5) stellt er nüchtern, ja entlarvend, den weltlichen Herrscher dem christlichen Bischof gegenüber: *Ille* [sc. *rex*] *enim nolentibus praeest, hic* [sc. *episcopus*] *volentibus; ille terrore subicit, hic servitute dominatur; ille corpora custodit ad mortem, hic animas servat ad vitam.* Hier nun werden die aus der Kaisertitulatur, den Inschriften und den Panegyriken sattsam bekannten Topoi widerlegt – wie etwa die *pietas*, die *recta fides*, die *cura rei publicae*, die *fortitudo*, *constantia*, *patientia*, *prudentia*, *clementia* und *humilitas* des Herrschers, seine Rolle als *servator* und *ultor rei publicae*, seine *auctoritas*, *fortuna*, *felicitas* und *aeternitas*, seine Unbesiegbarkeit (*victor* bzw. *invictus*) und militärischen Erfolge, seine übermenschliche Gottesnähe, aber auch die *securitas*, *libertas*, *dignitas*

---

[15] Was nicht bedeutet, daß Hieronymus die Monarchie als Staatsform des Imperium Romanum grundsätzlich in Zweifel gezogen hätte, im Gegenteil, ihre Begründung unter Augustus deutet auch er heilsgeschichtlich; vgl. epist. 125,15 und in Mich. 1,4, 1–7.

des römischen Volkes, die *salus publica*, das Imperium als *orbis terrarum*, die Überzeugung, die selige Gegenwart überbiete alle früheren Zeiten. Wie hintergründig Hieronymus die Hohlheit dieser Vorstellungen herausarbeitet, sei an einigen Beispielen kurz aufgezeigt:

(a) Die drei auffälligen *nomina agentis* auf -*tor* (*fautor, perditor* und *iugulator*) lassen an die Kaisertitel denken,[16] die auf Inschriften überall im Reich von den Leistungen der Herrscher künden sollten: *restitutor libertatis, auctor salutis, servator imperii, fundator securitatis* u.s.f. (etwa die berühmte Inschrift von Ma'ayan Baruleh' über Julian), und auch in die Literatur eindrangen – doch was für Taten können Constantius und Julian hier verbuchen![17]

(b) Der Kommentar zu Julians Expansionsplänen gegen das Perserreich (*dumque Romanos propagare vult fines, perdidit propagatos*) konterkariert das Ideal des römischen Kaisers als eines *propagator imperii*.[18]

(c) Das in den Farben der Satura tragica gehaltene Bild Gratians (*ludibrio hosti fuit*, vgl. die Wendung auch in 16,3), der *ab exercitu suo proditus et ab obviis urbibus non receptus* allein umherirrt, evoziert in grauenvoller Umkehr den Gedanken an den Ritus des *adventus principis*, die feierliche Einholung des Kaisers in eine Stadt bzw. den *occursus* und das *obviam ire* ihrer hohen Würdenträger.

(d) Der Leser wird Zeuge, wie die Machthaber fern von Rom, fern von den kaiserlichen Residenzen zugrunde gehen: Constantius *in Mopsi viculo*, Julian *in Media*, Valens *in Thracia*, Gratian vor Lyon, Valentinian II. bei der *urbs fraternae mortis conscia* – und, so ließe sich ergänzen, Jovian bei Dadastana in Bithynien und Valentinian I. bei Brigetio in Pannonien. Doch nicht nur das: Valens wird nach dem Tod auf dem Schlachtfeld von

---

[16] Vgl. W. Enßlin, Gottkaiser und Kaiser von Gottes Gnaden, München 1943 (SBAW phil.-hist. Abt. 1943, 6), 40–43, mit vielen Belegen, sowie R. Laqueur, Das Kaisertum und die Gesellschaft des Reiches, Probleme der Spätantike, Vorträge auf dem 17. Deutschen Historikertag, Stuttgart 1930, 1–38 (31f.), zum Stil spätantiker Inschriften.

[17] Vgl. ähnlich Lucifer Athan. 1,31. 2,16 gegen Constantius.

[18] Vgl. aus dem reichen Stellenmaterial nur Cic. rep. 3,24: *sapientia iubet augere opes, amplificare divitias, proferre finis – unde enim esset illa laus in summorum imperatorum incisa monumentis ,finis imperii propagavit', nisi aliquid de alieno accessisset?*, und Tac. ann. 12,23; Suet. Nero 18; paneg. 2 (12),23,1; Symm. or. 1,2. 2,24; Oros. hist. 6,14,3. Der Kaiser heißt auf Inschriften *propagator imperii* (vgl. Demandt [1989], 221 und den Index bei D. Kienast, Römische Kaisertabelle. Grundzüge einer römischen Kaiserchronologie, Darmstadt ²1996). Weder Ammian, dessen zurückhaltende Wertung des Perserfeldzugs Julians zeigt, daß dieser Krieg in der Öffentlichkeit umstritten war (25,4,23–27), noch Hieronymus gebrauchen den Terminus in ihren Geschichtswerken.

Adrianopel weder nach dem eigenen religiösen Ritus bestattet (... *eundem locum et mortis habuit et sepulchri*[19]) – was für jeden antiken Menschen ein schreckliches Ende bedeutete – noch erhält er ein prunkvolles Kaiserbegräbnis, dem seit der frühen Kaiserzeit nicht nur religiöse, sondern auch große politische Bedeutung innewohnte.[20]

4. *De mortibus imperatorum*

Der Glaube, die Gottheit strafe den Gottesfeind durch direktes Eingreifen noch im Diesseits, war sowohl im griechisch-römischen als auch im jüdischen Denken tief verwurzelt. Das endgültige Urteil über das Leben eines Menschen sprach nach antikem Verständnis erst der Tod. War er verfrüht, unnatürlich, unglücklich, grausam oder mit unheilvollen Folgen verbunden, suchte man nach einer Schuld des Betroffenen, nach einem Vergehen, das mit einem derartigen Sterben gesühnt werden mußte. Von Homer bis zum Ausgang der Antike spüren die Menschen, daß der Tod Strafe sein kann, eine Strafe, die von denen vollstreckt wird, die Herren über menschliches Leben und Sterben sind, den Göttern. Die Verzweiflung, der Mensch sei dabei göttlicher Willkür ausgesetzt oder könne gar nicht anders, als in seinem Dasein tragische Schuld auf sich zu laden, empfinden die Griechen tiefer als die Römer, das Christentum sollte sie überwinden. Immer wieder jedoch bringen Menschen ihren Glauben zum Ausdruck, der Frevel gegen einen Gott sei Grund seiner strafenden Rache, und beobachten dies exemplarisch gerade an den großen Figuren, sei es des Mythos oder der Geschichte, und an dramatischen Entscheidungssituationen historischer Bedeutung.

---

[19] Vgl. chron. 249c (*sepultura quoque caruit*).

[20] Vgl. unten epist. Morin: *contra regale fastigium*; Amm. 31,13,17: *illud tamen certum est nec Scipioni nec Valenti sepulturam, qui supremitatis honor est, contigisse* und Oros. hist. 7,33,15: *... quo magis testimonium punitionis eius et divinae indignationis terribili posteris esset exemplo, etiam communi caruit sepultura*. Laktanz bemerkt (mort. pers. 2,7 und 4,3) zu Nero und Decius, sie seien nicht bestattet worden: Der eine sei mysteriös verschwunden, den anderen hätten auf dem Schlachtfeld die Raubvögel zerrissen. Das Kaiserbegräbnis war seit Constantins Bestattung im Mausoleum der Apostelkirche zu Constantinopel ein wichtiges zeremonielles Element der christlichen Kaiserehrung (dazu kurz St. Rebenich, Vom dreizehnten Gott zum dreizehnten Apostel? Der tote Kaiser in der Spätantike, in: Intentionen – Wirklichkeiten, Skriptenheft I zum 42. Deutschen Historikertag, Frankfurt a. M. 1998, 40f.; vgl. auch Brandt [2002], 67f.). Auch Constantius II., Jovian, Valentinian I. wurden dort im *sepulchrum regium*, Gratian und Valentinian II. dagegen in Mailand beigesetzt. Der Heide Julian fand dem eigenen Wunsch gemäß sein Grab in Tarsos (wo auch der letzte Christenverfolger vor ihm, Maximinus Daia, bestattet lag).

Die christliche Chrêsis dieser alten Idee findet in der lateinischen Literatur[21] ihre gültige Form bei Laktanz, der sie in seinem Werk *De mortibus persecutorum* zum Deutungsmuster einer ganzen historischen Epoche erhebt.[22] Systematisch läßt er die römischen Kaiser, die sich der Verfolgung des christlichen Glaubens schuldig gemacht hatten, Revue passieren und erkennt in ihrem elenden Sterben die strafende Hand Gottes in der Geschichte (1, 5 – 8):[23]

Qui insultaverant Deo, iacent, qui templum sanctum everterant, ruina maiore ceciderunt, qui iustos excarnificaverant, caelestibus plagis et cruciatibus meritis nocentes animas profuderunt. Sero id quidem, sed graviter ac digne. Distulerat enim poenas eorum Deus, ut ederet in eos magna et mirabilia exempla, quibus posteri discerent et Deum esse unum, et eundem iudicem digna vindice supplicia impiis ac persecutoribus inrogare. De quorum exitu scripto testificari placuit, ut omnes qui procul remoti fuerunt vel qui postea futuri sunt, scirent, quatenus virtutem ac maiestatem suam in extinguendis delendisque nominis sui hostibus Deus summus ostenderit ...

Die Heiden hingegen führten im vierten Jahrhundert das Argument vom Zorn der Götter gegen den neuen politischen Rang des Christentums ins Feld.[24] Die Polemik, das Unglück des römischen Imperiums – von inneren

---

[21] Vgl. später z. B. Orosius hist. 7, 28, 3: [nach einem kurzen Hinweis auf den Tod Julians] *haec est lenta illa paganorum poena sed certa; hinc sani insaniunt, hinc non vulnerati conpunguntur, hinc ridentes gemunt, hinc viventes deficiunt, hinc secreto excruciantur, quos nemo persequitur, hinc iam paucissimi remanserunt, qui numquam aliquo persequente puniti sunt.*

[22] Zum Begriff und zur Methode christlicher Chrêsis vgl. allgemein Chr. Gnilka, ΧΡΗΣΙΣ. Die Methode der Kirchenväter im Umgang mit der antiken Kultur. I: Der Begriff des „rechten Gebrauchs", Basel - Stuttgart 1984, und II: Kultur und Conversion, Basel 1993. Der umfassende, systematische Zugriff auf die ältere Tradition bei Laktanz und der geistige Hintergrund seiner Verarbeitung sind, trotz der Beobachtungen bei Moreau (1954), 55 – 64, noch nicht ausreichend erforscht, auch wenn W. Nestle, Legenden vom Tod der Gottesverächter, ArchRelWiss 33 (1936), 246 – 269; W. H. Friedrich, Der Tod des Tyrannen. Die poetische Gerechtigkeit der alten Geschichtsschreiber – und Herodot, A&A 18 (1973), 97 – 129; W. Speyer, Art. Gottesfeind, RAC 11 (1991), 996 – 1043; Leppin (1996), 206; Staesche (1998), 96 – 116, und jetzt Arand (2002) sowie Brandt (2002) eine Fülle von heidnischen und christlichen (vgl. nur Tert. Scap. 3, 4) Belegen aus der Zeit vor und nach Laktanz für das literarische Motiv des Todes eines schlechten Herrschers beibringen. Hieronymus (vor allem die Stellen aus den Briefen und den Bibelkommentaren) erfährt in diesen Spezialuntersuchungen kaum Beachtung.

[23] Vgl. 24, 1. 50, 1. 52; inst. 4, 27, 5 und 5, 22, 23.

[24] Obwohl sie nach Hieronymus dem christliche Denken kaum tieferes Verständnis entgegenbrachten (in Hab. 2, 3, 14 – 16): *Dum adhuc essem puer et in grammaticae ludo*

Konflikten über Naturkatastrophen bis hin zur Bedrohung durch die Barbaren – sei das Ergebnis der Abwendung Roms von den alten Göttern, war schon älter, im oft beschriebenen „letzten Kampf des Heidentums" aber erhob sie lauter als zuvor ihre Stimme und richtete sich nun auch gegen den christlichen Princeps. Starb ein Kaiser einen unglücklichen Tod, nahm man sogleich das Walten der Götter für sich in Anspruch und erklärte mit ihrem Zorn das Unglück des christlichen Herrschers. Dafür nur zwei Beispiele:

(a) Julian in eigener Person deutet seinen Sieg über Constantius II., der im Laufe des Kampfes um den Thron verstorben war, in einem Brief an seinen Onkel Julianus (epist. 5 Weis):

Ζῶμεν διὰ τοὺς θεοὺς ἐλευθερωθέντες τοῦ παθεῖν ἢ δρᾶσαι τὰ ἀνήκεστα· μάρτυς δὲ ὁ Ἥλιος, ὃν μάλιστα πάντων ἱκέτευσα συνάρασθαί μοι, καὶ ὁ βασιλεὺς Ζεύς, ὡς οὐπώποτε ηὐξάμην ἀποκτεῖναι Κωνστάντιον, μᾶλλον δὲ ἀπηυξάμην. τί οὖν ἦλθον; ἐπειδή μοι οἱ θεοὶ διαρρήδην ἐκέλευσαν, σωτηρίαν μὲν ἐπαγγελλόμενοι πειθομένῳ, μένοντι δὲ ὃ μηδεὶς θεῶν ποιήσειεν· ἄλλως τε ὅτι καὶ πολέμιος ἀποδειχθεὶς ᾤμην φοβῆσαι μόνον καὶ εἰς ὁμιλίας ἥξειν ἐπιεικεστέρας τὰ πράγματα, εἰ δὲ μάχῃ κριθείη, τῇ Τύχῃ τὰ πάντα καὶ τοῖς θεοῖς ἐπιτρέψας περιμένειν ὅπερ ἂν αὐτῶν τῇ φιλανθρωπίᾳ δόξῃ.

Julian wählt in diesem Brief einen moderaten Ton, doch können seine Unschuldsbeteuerungen nicht darüber hinwegtäuschen, daß Constantius II. nach paganer Überzeugung den alten Göttern Roms zum Opfer gefallen war. Ihre Gunst galt dem Apostata.

(b) Ammianus Marcellinus, der in seinem Geschichtswerk offen Sympathie für Julian hegt, stattet Kaiser Valens mit typischen Zügen eines Tyrannen aus und sieht in seinem furchtbaren Tod in der Schlacht bei Adrianopel 378 n. Chr. eine immanente Gerechtigkeit walten. Der pagane Historiker kritisiert die harte Ablehnung der Magie und Mantik durch den Kaiser und behandelt in großer Ausführlichkeit (29, 1f.) die Prozesse und Hinrichtungen heidnischer Philosophen;[25] unter ihnen waren Julians enger

---

exercerer omnesque urbes victimarum sanguine polluerentur ac subito in ipso persecutionis ardore Iuliani nuntiatus esset interitus, eleganter unus de ethnicis: „Quomodo", inquit, „ *Christiani dicunt Deum suum esse patientem et* ἀνεξίκακον*? Nihil iracundius, nihil hoc furore praesentius, ne modico quidem spatio indignationem suam differre potuit." Hoc ille ludens dixerit.*

[25] Zu diesen Prozessen s. Averil Cameron, Das späte Rom, München 1994, 192–194, sowie F. J. Wiebe, Kaiser Valens und die heidnische Opposition, Bonn 1995, 217–223, mit Beobachtungen zu Ammian und dem Motiv der *mortes persecutorum* nach Laktanz.

Freund Maximus von Ephesus und der junge Simonides, denen Zauberei und Majestätsverletzung zum Vorwurf gemacht wurden. Zwar folgert Ammian nicht ausdrücklich, es seien die Götter gewesen, die Valens mit dem Tode bestraft hätten. Das heidnische Publikum aber mußte die vom Kaiser angeordnete Verfolgung ihrer Philosophen, *quorum mentes cognatas caelestibus arbitramur* (18,3,8), als schweres Sakrileg empfinden. Finstere Portenta gingen dem gewaltsamen Tod des Kaisers voraus (31,1), und auch das schreckliche Ereignis selbst kündete von der Schuld des „christlichen Heidenverfolgers".[26]

Zu der Einsicht, im Unglück der starren, nicht zur Umkehr bereiten Feinde Gottes manifestiere sich von Anbeginn der Welt an bereits im Diesseits die göttliche Strafe, gelangt Hieronymus im Gegensatz zu Laktanz, der sich zeitlich und räumlich auf die römische Kaiserzeit beschränkt hatte, vor allem durch die Auslegung des Alten Testaments, namentlich der Propheten.[27] Beispielhaft bleiben dabei auch ihm die berühmten historischen Figuren, einerseits die Könige Israels aus der biblischen Geschichte, andererseits aus der jüngeren Vergangenheit eben die christenfeindlichen römischen Kaiser. Deren Verfolgungen werden in der Chronik gewissenhaft vermerkt und durchnumeriert,[28] während in den anderen Schriften entweder einzelne Ereignisse aus jenen Zeiten überliefert oder einige *persecutores* zusammenfassend aufgezählt werden. In diesen kurzen Katalogen[29] variieren die Zahl und die Namen, doch zeigt die Auswahl der je-

---

[26] Der Kaiser, der zuvor in seinem rasenden Zorn den Philosophen Simonides auf dem Scheiterhaufen verbrannt hatte (29,1,37f.), kommt selbst bei Adrianopel in den Flammen um (31,13,14–17). Das Talionsprinzip lebte in der Spätantike mächtig wieder auf, in Rechtsprechung, Literatur und Religion (vgl. noch Eunap VS 481 über den Tod des ‚Heidenverfolgers' Festus [über welchen Amm. 29,2]). Vgl. dazu mit vielen Belegen Ch. Gnilka, Studien zur Psychomachie des Prudentius, Wiesbaden 1963, 51–81.
[27] Dieser Glaube ist fundamental für das jüdisch-christliche Geschichtsdenken (s. jetzt Inglebert [1996], 213f.) und die christliche Historiographie (vgl. Oros. hist. 7,43, 17–20). Lucifer von Cagliari sandte Constantius II., dem arianischen Kaiser, sein Werk *De rebus apostaticis*, in dem er ihm am Beispiel der jüdischen Könige des Alten Testaments Gottes strafendes Eingreifen gegen die ungerechten und gottlosen Fürsten der Welt, aber zugleich auch seine Gnade im Falle ihrer Umkehr und Buße vor Augen führt. Der letzte Satz dieser Mahnschrift lautet: *Si hanc tibi promissam indulgentiam funerum tuorum repudiandam duxeris, illic hanc consequi desideraturus, ubi nihil eris praeter cruciamenta percepturus poenarum.*
[28] Zum schwierigen Problem der Zählung der Christenverfolgungen bei den frühchristlichen Autoren vgl. F. Paschoud, La polemica provvidenzialistica di Orosio, in: La storiografia ecclesiastica nella tarda antichità, Atti del convegno tenuto in Erice (3–8 XII 1978), Messina 1980, 113–133; Zecchini (1988), 192f., und Inglebert (1996), 252.
[29] Vgl. außer den im folgenden zitierten Partien noch in Ezech. 11,36,1–15.

weils genannten Kaiser, daß Hieronymus die Verfolgungen unter Nero, Domitian, Decius und Valerian, Diocletian, Maximian und Maximin als besonders schwer und gefährlich einschätzte. Im Sinne der christlichen Tradition der *mortes persecutorum* führt Hieronymus in einer Exegese seines Zachariaskommentars (406 n. Chr.) den schrecklichen Tod dieser Imperatoren auf die Strafe Gottes zurück (in Zach. 3, 14, 12). Die Schriftstelle *Et haec erit plaga qua percutiet Dominus omnes gentes, quae pugnaverunt adversus Hierusalem. Tabescet caro uniuscuiusque stantis super pedes suos, et oculi eius contabescent in foraminibus suis, et lingua eorum contabescet in ore suo*, wird kurz allgemein auf die *gentes quae contra urbem Domini dimicabunt* bezogen, danach aber auf die Christenverfolger der römischen Kaiserzeit angewandt:

Nos autem dicemus omnes persecutores, qui afflixerunt Ecclesiam Domini, ut taceamus de futuris cruciatibus, etiam in praesenti saeculo recepisse quae fecerint. Legamus ecclesiasticas historias, quid Valerianus, quid Decius, quid Diocletianus, quid Maximianus, quid saevissimus omnium Maximinus, et nuper Iulianus, passi sint, et tunc rebus probabimus etiam iuxta litteram prophetiae veritatem esse completam, quod computruerint carnes eorum et oculi contabuerint et lingua in paedorem et saniem dissoluta sit.

Laktanz und Eusebios hatten diese grauenvolle Todesart an einem konkreten Fall beschrieben, dem Ende des Kaisers Galerius.[30] Hieronymus hingegen abstrahiert vom Einzelbeispiel und weiß den Propheten im Sterben a l l e r Christenverfolger erfüllt. Biblische Offenbarung und historische Erfahrung sind hier aufeinander bezogen.[31] Wie für die christliche Tradition vor ihm steht auch für Hieronymus fest, daß die Haltung des *persecutor* auf einer freien Wahl beruhe, gerade deshalb schuldhaft sei und von Gott geahndet werde. Die tiefere Verbindung des religionspolitischen Restaurationsversuches Julians und der gewaltsamen Christenverfolgungen

---

[30] Euseb. hist. 8, 16 und Lact. mort. pers. 33. Zu älteren Quellen vgl. Moreau (1954), 62f. und z. St. (mit vielen Parallelen); Staesche (1998), 109–111, und Arand (2002), 171–173.

[31] Derselbe Glaube spricht aus der Exegese von Habakuk 3, 14–16 (in Hab. 2, 3, 14–16; um 390–392 n. Chr.): *Possumus hoc versiculo [LXX: Divisisti in stupore capita potentium] uti, si quando reges et duces eorum Christianum viderimus sanguinem fundere, et postea ultionem Domini consecutam, quod dudum in Iuliano, et ante eum in Maximiano, et supra in Valeriano, Decio, Domitiano, Nerone perspeximus, et dicere ad Dominum in exsultatione et oratione cum cantico: Divisisti in stupore capita potentium, hoc est in stupore credentium, vel in stupore cunctarum nationum, quae eos non putabant tam cito posse concidere.*

der früheren Kaiser sollen sich dem Leser damit in neuer, aufrüttelnder Weise enthüllen: Der geistigen Nähe und historischen Kontinuität paganer Repression über drei Jahrhunderte hinweg entspricht das kontinuierliche und folgerichtige Scheitern im furchtbaren Tod gerade derjenigen, die diese Repression politisch verantworten. Hieronymus sieht freilich, anders als Laktanz, keinen Grund, den Sieg des Christentums zu feiern. Im Gegenteil, er unterstreicht nachdrücklich, wie andauernd sich in der zurückliegenden Geschichte des römischen Imperiums die Verfolgungen wiederholt hätten und wie nah (*nuper*) das jüngste Beispiel Julian noch sei.[32] Gottes strafendes Walten gegen die Verfolger ist ihm zugleich historische Gewißheit und warnende Paränese für die Zukunft, eine Garantie gegen das Auftreten eines neuen Nero, eines neuen Julian liegt darin jedoch nicht.

In der Chronik verurteilt Hieronymus die Christenverfolgungen entschieden, doch vermeidet er es, das Ende der Kaiser gemäß der Tradition der *mortes persecutorum* auszugestalten. Julian, der letzte heidnische Kaiser des vierten Jahrhunderts, ist die einzige Ausnahme (chron. 243b): ... *gravissima imminentis persecutionis procella Dei voluntate sopita est. nam Iulianus in Persas profectus nostrum post victoriam dis sanguinem voverat.*[33] *ubi a quodam simulato perfuga ad deserta perductus, cum fame et siti apostata perdidisset exercitum et inconsultius a suorum erraret agminibus, ab obvio forte hostium equite conto ilia perfossus interiit anno aetatis XXXII.*[34]

---

[32] Zur fortdauernden Bedrohung der Kirche vgl. in Am. 3, 9, 13 – 15: *intelligimus Ecclesiam usque ad finem mundi concuti quidem persecutionibus, sed nequaquam posse subverti; tentari, non superari. Et hoc fiet, quia Dominus Deus eius, id est Ecclesiae, se facturum esse pollicitus est, cuius promissio lex naturae est;* in Is. 3, 8, 9f. 12, 41, 1 – 7.

[33] Vgl. Oros. hist. 7, 30, 4f.: *Iulianus autem bellum adversum Parthos parans cum Romanas vires contractas undique ad destinatam secum traheret perditionem, Christianorum sanguinem dis suis vovit, palam persecuturus ecclesias, si victoriam potuisset adipisci. Nam et amphiteatrum Hierosolymis extrui iussit, in quo reversus a Parthis episcopos monachos omnesque eius loci sanctos bestiis etiam arte saevioribus obiceret spectaretque laniandos.*

[34] Hieronymus orientiert sich in seiner Darstellung eng an dem Breviarium des Heiden Rufius Festus (verfaßt nach 369 n. Chr.), das er um einige Einzelheiten ergänzt: *Tantam adeptus gloriam, cum de reditu a comitibus admoneretur, intentioni suae magis credidit et exustis navibus, cum a transfuga qui se ad fallendum obiecerat inductus viae in Madenam compendia sectaretur, dextrum adversa Tigridis ripa nudato militum latere iter relegens, cum incautius per agmen erraret, excito pulvere ereptus e suorum conspectu, ab obvio hostium equite conto per ilia ictus inguinum tenus vulneratus est. Inter effusionem nimii sanguinis, cum suorum ordines licet saucius instaurasset, cunctantem animam multa suos adlocutus efflavit* (28, 3); vgl. aber auch Ps. Aur. Vict. epit. 43, 3: *cumque inconsulto ardore nititur ordines ad proelium componere, ab uno ex hostibus et quidem fugiente conto percutitur* ... Die Nachrichten der zeitgenössischen Historiker

Der an und für sich nüchtern gehaltenen Todesszene geht ihre christliche Interpretation unmittelbar voran: Der Verfolger lastet sich den schweren Frevel auf, seinen Göttern für ihren Beistand Christenblut zu geloben, und zahlt mit seinem Leben.[35] Das böse Ende erfolgt *Dei voluntate*.[36] In der Chronik gibt es keinen anderen Punkt, an dem das Eingreifen Gottes in das Geschick eines Menschen und in die Geschichte der Welt so eindeutig festgestellt wird. Einen noch polemischeren Ton jedoch schlägt Hieronymus in den Briefen an, außer in epist. 60, 15 auch in einem Abschnitt des siebzigsten Briefs (397/398 n. Chr.), in dem der römische Rhetor Magnus eine Lektion in christlicher Chrêsis erhält. Nach grundsätzlichen Überlegungen zur Nutzung paganer Literatur und Philosophie in der heiligen Schrift und zum Bild der Chrêsis in Deuteronomium 21, 10ff. beginnt im dritten Kapitel ein langer Katalog christlicher Autoren, welche dieses Prinzip vorbildlich befolgt hätten. Origenes habe dem Celsus geantwortet, Methodius, Eusebius und Apollinaris dem Porphyrius, und (epist. 70, 3):

über das Ende Julians stimmen nicht überein. Ammians Darstellung (25, 3) gilt heute als die verläßlichste (vgl. T. Büttner-Wobst, Der Tod des Kaisers Julian. Eine Quellenstudie, Philologus 51 [1892], 561–580; Demandt [1989], 105f.; neuere Lit. bei Leppin [1996], 72 Anm. 4): Im Getümmel persischer Angriffe auf die Nach- und die Vorhut des römischen Heeres und einer Attacke persischer Panzerreiter habe Julian ungepanzert, nur durch den Schild geschützt, in vorderster Front seine Soldaten angetrieben, ohne auf die eigene Sicherheit bedacht gewesen zu sein. Nachdem im Gewirr die Leibgarde zersprengt worden sei, habe eine *equestris hasta* – *incertum unde!* – den Kaiser schwer verletzt (*hasta ... cute brachii eius praestricta costis perfossis haesit in ima iecoris fibra*). Der heldenhafte Mut Julians ist nicht das einzige parteiliche, panegyrische Element der Schilderung Ammians: Der Imperator stürzt trotz seiner Wunde nochmals in die Schlacht – vergebens; die Truppen dürsten voll Leidenschaft und Zorn nach Rache für ihren Führer; Julian glaubt, in seinem Tod habe sich die Orakelprophezeiung, sein Schicksal werde sich in Phrygien vollenden, erfüllt, und stirbt im Zelt nach einer Rede über die Natur der Seele. An der Glaubwürdigkeit dieses Berichts darf man seine Zweifel haben (vgl. Arand [2002], 233–236). Zur späteren Legendenbildung um den Tod des Apostata vgl. vor allem Gregor von Nazianz (or. 5, 13f.) und Libanios (or. 18 und 24), der in Widerspruch zu Ammian und zu einer eigenen Aussage kurz nach dem Tod des Kaisers (or. 17, 23) die Verschwörungstheorie vorbringt, Julian sei einem christlichen Täter aus dem eigenen Heer zum Opfer gefallen; dazu auch Orosius (hist. 7, 30, 6), Rufin (hist. 10, 37), Augustin (civ. 4, 29. 5, 21) und Ps. Aur. Vict. epit. 43. Die griechischen Kirchenhistoriker Socrates, Sozomenos und Theodoret führen den Untergang des Apostata auf den Zorn Gottes zurück (vgl. Leppin [1996], 80f. 206).
[35] Zu Julians Christenverfolgung vgl. die Einträge in der Chronik, vor allem 242c (vgl. Oros. hist. 7, 30, 2) und 242f; Vita Hilarionis 23, 5f.
[36] So auch Oros. hist. 7, 30, 6: *Sic misericors Deus impia consilia impii morte dissolvit*. Vgl. Caltabiano (1993), 109, und Arand (2002), 194, dessen Behauptung: „Hinweise auf göttliches Eingreifen fehlen hier [sic!] wie auch bei den anderen Todesdarstellungen des Hieronymus" falsch ist.

Iulianus Augustus septem libros in expeditione Parthica adversum Christum evomuit[37] *et iuxta fabulas poetarum suo se ense laceravit. si contra hunc scribere temptavero, puto, interdices mihi, ne rabidum canem*[38] *philosophorum et historicorum doctrinis, id est Herculis clava, repercutiam? quamquam Nazareum nostrum et – ut ipse solebat dicere – Galileum statim in proelio senserit et mercedem linguae putidissimae conto ilia perfossus acceperit.*

Doch wie äußert sich Hieronymus zu den anderen Kaisern des vierten Jahrhunderts nach Constantin dem Großen? Sterben auch Constantius und Valens, die arianischen Gegner der orthodoxen Christen, einen schrecklichen Verfolgertod? Bei Constantius scheint dem Kirchenvater eine solche Wertung leicht zu fallen: Die Tyrannis des Kaisers ist scharf gezeichnet,[39] sein Tod eine Befreiung, und gerade in epist. 60, 15 klingt der Zusammenhang zwischen der Häresie (*Arrianae fautor hereseos*[40]) und seinem Ende (*in Mopsi viculo moriens magno dolore*) unüberhörbar an. Offenere Worte wählt Hieronymus in dem Dialogus contra Luciferianos. Nachdem er den Leser über die prohäretische Politik des Kaisers und den Erfolg der Arianer auf der Synode in Ariminum aufgeklärt hat,[41] fährt er fort (19):

---

[37] Gemeint ist Julians Schrift ‚Gegen die Galiläer'; vgl. auch epist. 57,9; in Matth. 1, 1, 16. 1, 9, 9 und in Os. 3, 11, 1f.

[38] Vgl. vir. ill. praef.: *Discant igitur Celsus, Porphyrius, Iulianus, rabidi adversum Christum canes, discant sectatores eorum qui putant ecclesiam nullos philosophos et eloquentes, nullos habuisse doctores …*

[39] Hieronymus verurteilt die Parteinahme des Kaisers für die Arianer, welche binnen kürzester Zeit zur offenen Verfolgung der Christen führte, in erster Linie der hohen kirchlichen Würdenträger; vgl. chron. 234g: *Ex hoc loco impietas Arriana Constantii regis fulta praesidio exiliis carceribus et variis adflictionum modis primum Athanasium, deinde omnes non suae partis episcopos persecuta est* sowie die vielen anderen Einträge in der Chronik und in vir. ill. zu Verfolgungen und Vertreibungen rechtgläubiger Kirchenmänner. Zu den politischen Absichten des Kaisers äußert sich Hieronymus an einer eindrucksvollen Stelle voll beißender Ironie im Dialogus contra Luciferianos: (17) *Sub rege Constantio … nomine unitatis fidei infidelitas scripta est … nam illo tempore nihil tam pium, nihil tam conveniens servo Dei* [sc. Constantio] *videbatur, quam unitatem sequi et a totius mundi communione non scindi … (19) … Idem enim regi et bonis omnibus curae fuerat, ut Oriens atque Occidens communionis sibi vinculo necterentur.*

[40] Vgl. Vita Hilarionis 20: *Constantius enim rex, Arianorum favens haeresi,* … Hieronymus unterscheidet zwischen den geistigen Führern der Arianer und der politischen Macht des Kaisers: Constantius entscheidet sich für die Begünstigung und den Schutz (s. auch chron. 234g. 235f. 236a. 239i) einer starken häretischen Bewegung, deren treibende Kräfte für Hieronymus die arianischen Geistlichen sind.

[41] In der vom Kaiser einberufenen und von kaiserlichen Beamten geleiteten Doppelsynode von Ariminum (Westen) und Seleukia (Osten) des Jahres 359 n. Chr. sieht er den Höhepunkt arianischer Machtentfaltung erreicht (chron. 241d): *Synhodus apud*

Periclitabatur navicula apostolorum, urgebant venti, fluctibus latera tun-
debantur, nihil iam supererat spei – Dominus excitatur, imperat tempe-
stati, bestia[42] *moritur, tranquillitas rediit.*

Diese Übertragung des Motivs der *mortes persecutorum* auf Constantius II.[43] läßt ahnen, wie genau Hieronymus registrierte, daß die aus
seiner Sicht gegen den orthodoxen Glauben gerichtete Politik der römischen Kaiser bis in seine Gegenwart fortdauerte.[44] Überhaupt maß er dem
Widerstand gegen die inneren Spaltungen der christlichen Kirche eine
nicht geringere Dringlichkeit bei als dem gegen das Heidentum,[45] so daß
ihm im Politischen jedenfalls die heidnischen und die häretischen Gegner
des Christentums nicht weit voneinander entfernt schienen.

Der Arianer Valens[46] hingegen bereut beim Aufbruch von Antiochia
gegen die Goten und hebt das Exil der orthodoxen Bischöfe auf (chron.

Ariminum et Seleuciam Isauriae facta, in qua antiqua patrum fides decem primum lega-
torum, dehinc omnium proditione damnata est (vgl. c. Lucif. 17–19) und (chron. 241i):
Omnes paene toto orbe ecclesiae sub nomine pacis et regis Arrianorum consortio
polluuntur (vgl. c. Joh. 4).

[42] So Laktanz häufig über die Christenverfolger (mort. pers. 2,7. 9,1. 16,1. 25,1.
32,4. 52,2). Vgl. inst. 5,11,1: *iis igitur hominibus qui deorum suorum moribus congru-*
unt quia gravis est et acerba iustitia, eandem impietatem suam qua in ceteris rebus
utuntur, adversus iustos violenter exercent, nec immerito a prophetis bestiae nominan-
tur (vgl. Ezech. 34,25/28, auch Lev. 26,6) sowie Lucifer über Constantius (Athan.
1,27. 2,13. 18; moriend. 5: *tu qui a sanctissimis prophetis bestia nominaris, a beatissi-*
mis apostolis canis et lupus rapax) und Theodoret hist. 2,32,6.

[43] Gegen Constantius schon Hilarius (c. Const. 7): *Proclamo tibi, Constanti, quod*
Neroni locuturus fuissem, quod ex me Decius et Maximianus audirent: Contra Deum
pugnas, contra Ecclesiam saevis, sanctos persequeris, praedicatores Christi odis,
religionem tollis, tyrannus non iam humanorum, sed divinorum es ... und Lucifer
(Athan. 1,12): *tu dicis fidem tuam, quam nos novimus haereticam, hoc tibi praestitisse,*
sed et Maxentius, Nero, et cuncti illi persecutores domus dei dixerunt deorum suorum
potentia fuisse factum, ut Christiani sub illorum ditionem veniremus (vgl. 1,36. 2,2;
non parc. 3; moriend. 1. 14 die Warnungen vor dem Zorn Gottes und ewiger Strafe).
Wie stark Hieronymus von den großen Kaiserkritikern des vierten Jahrhunderts beeindruckt wurde, kann an diesem Ort nicht weiter verfolgt werden.

[44] Aus Aug. c. Petil. 2,207f. erhellt, daß die Häretiker, in diesem Fall die Donati-
sten, ihrerseits versuchten, die Idee der *mortes persecutorum* gegen die orthodoxen
Christen zu wenden.

[45] Vgl. in Am. 3,7,10–13, wo Hieronymus das Wesen häretischer Herrschaft
grundsätzlicher zu erfassen sucht; zu den „falschen Christen" etwa epist. 7,5. 14,9.
22,34. 45,3. 57,2. 58,2. 125,16. 130,7; tract. in ps. 132 sowie in Matth. 2,12,43 und
in Abd. 14 (Häretiker gefährlicher als Heiden).

[46] Dessen Verfolgung wird in der Chronik ebenfalls notiert (245a): *Valens ab*
Eudoxo Arrianorum episcopo baptizatus nostros persequitur (vgl. Oros. hist. 7,32,6).
Die folgenden knappen Bemerkungen erwecken im Vergleich zu Constantius II. sogar

249b): *Valens de Antiochia exire conpulsus sera paenitentia nostros de exiliis revocat.*[47] Nichtsdestotrotz läßt er in der Niederlage bei Adrianopel auf eine so gräßliche Weise sein Leben, daß dem Leser auch diesmal der Gedanke an die *mortes persecutorum* kommen könnte, zumal da der Bericht über seinen Untergang an Ausführlichkeit nur von dem zu Julians Ende übertroffen wird. Es gab in jener Zeit durchaus Christen[48] und – wie am Beispiel Ammian oben vorgestellt – Heiden,[49] die das Unglück des Kaisers als göttliche Strafe auslegten. Hieronymus aber setzt weder in der Chronik noch in irgendeinem anderen Werk das arianische Bekenntnis dieses Princeps mit seinem Untergang in direkte Beziehung. Das 15. Kapitel des 60. Briefs, in dem allein der Tod der Kaiser Constantius II. und Julian als *mortes persecutorum* gedeutet werden, steht damit in Übereinstimmung mit den übrigen diesbezüglichen Äußerungen des Autors. Umso überraschender wirkt hier jedoch die Fortsetzung des Katalogs nach Constantius II. und Julian mit den rechtgläubigen Kaisern Jovian,[50] Valentinian I.,[51] Gratian[52] und Valentinian II.: Obwohl Hieronymus nirgends Kritik an ihrer Religionspolitik erhebt, stellt er ihr furchtbares Scheitern in eine Reihe mit dem des Häretikerkaisers und dem des Apostaten.

---

den Eindruck, Valens habe stärker als sein Vorgänger aus eigenem Antrieb, nicht unter Einfluß arianischer Geistlicher gehandelt.

[47] Die Quellen über diesen kaiserlichen Erlaß gehen auseinander. Hieronymus und Rufin (hist. 11, 13) schreiben ihn Valens zu, die späteren griechischen Kirchenhistoriker Socrates, Sozomenos und Theodoret jedoch Gratian. R. Snee, Valens' Recall of the Nicene Exiles and Anti-Arian Propaganda, GRBS 26 (1985), 395–419, votiert nach sorgfältiger Prüfung der Überlieferung für die Verläßlichkeit des hieronymianischen Zeugnisses.

[48] Vgl. z. B. Oros. hist. 7, 33, 9–19 und Theodoret hist. 4, 36; weitere Belege bei Staesche (1998), 104.

[49] Vgl. noch Eunap VS 480.

[50] Jovian war orthodoxer Christ. Nachdem er zunächst der Kirche die ihr von Julian genommenen Privilegien erneuert, den Christen ihre Lehrstühle zurückgegeben und das Heidentum erneut verboten hatte, erließ er kurze Zeit später eine „allgemeine Toleranzverfügung" (Demandt [1989], 111).

[51] Valentinian I., ebenfalls rechtgläubig, verfolgte eine weitgehend liberale Religionspolitik (CTh. 9, 16, 9; vgl. Demandt [1989], 115) und erntete dafür Lob von Seiten der Heiden (Amm. 30, 9, 5). Die christlichen Historiker schätzen gleichwohl seine Glaubenshaltung (Oros. hist. 7, 32, 2f.; Socr. hist. 4, 1; Soz. hist. 6, 6). Hieronymus spricht ein bemerkenswert direktes Urteil über den Charakter dieses Kaisers aus (chron. 244a): *Valentinianus egregius alias imperator et Aureliano moribus similis, nisi quod severitatem eius nimiam et parcitatem quidam crudelitatem et avaritiam interpretantur* (vgl. die Schilderung seiner Raserei gegen die Barbaren in epist. Morin [s. u.]; ähnlich urteilen Ammian, etwa 27, 7 oder 30, 8, und Ps. Aur. Vict. epit. 45, 5).

[52] Die Heiden sahen im Tode Gratians erneut den Zorn ihrer Götter walten (vgl. Ambr. epist. 73 [18], 34–38; Zos. 4, 36, 3–5).

Schon zwölf Jahre zuvor hatte Hieronymus in einem ähnlichen Kontext Valentinian I., Valens und Gratian als Exempla benutzt: In einem Antwortschreiben[53] (Herbst 384 n. Chr.) an Praesidius, Diakon aus Piacenza, der ihn um einen Hymnus auf die Osterkerze gebeten hatte, geht er auf dessen Anfrage nur kurz ein; stattdessen fordert er ihn eindringlich auf, sein kirchliches Amt und seine Heimat hinter sich zu lassen und den Rest seines Lebens in den Wüsten des Orients als Mönch zu verbringen. Im letzten Teil der Epistel preist er die monastische Lebensform und kommt in diesem Zusammenhang, gleichsam als Selbsttrost und als Ausdruck christlicher *meditatio mortis*, auf den Tod und die Vergänglichkeit menschlicher Existenz (epist. Morin Z. 136 – 152) zu sprechen:

Terra sumus et cinis, et per omnia momenta de nostra salute suspensi, continuo in pulverem dissolvendi. Quid retractamus de necessitate facere virtutem? Certe quandoque moriendum est, et stercoribus plena vitalia, quae nos cotidie nostrae commonent vilitatis, in similem putredinem omne secum tractura sunt corpus. Quam cito mundi relinquamus angustias; et si forte ob continentiam – quod tamen raro accidit – dolere stomachum, aestuare febribus coeperimus, perpetuae vitae ianuam morbum putemus, plenamque victoriam: quia scriptura docente cognoscimus „nullum ante vitae huius finem plene beatum esse dicendum." Quanti in mediis opibus et inter infulas consulatus repentina morte subtracti sunt! Nuper imperator Valentinianus cum adversus Sarmatas Quadosque propter Illyrici vastationem in consistorio saevus infremeret, et totius gentis excidium rigidus minaretur, sanguine erumpente discrepuit. Quid loquar de fratre eius, quem contra regale fastigium Thraciae ignis absorbuit? Necdum annus completus est, quo principem Gratianum prodente exercitu suo, ante foeda captivitas, dehinc miserabilior oppressit interitus. Et ut ista taceam, etiam qui communi fine perierunt, post mortem pari cum omnibus condicione sociantur. Quotusquisque eorum in die iudicii minimo de monachis comparabitur?

5. Zusammenfassung

In seinem Brief an Heliodor (epist. 60) gelangt Hieronymus zu einer tieferen Einsicht über die *mortes imperatorum* und gibt die polemische Formelhaftigkeit dieses Motivs auf, indem er den Schematismus, aus dem Ableben eines Kaisers sofort Schlußfolgerungen über dessen persönliche

---

[53] Der Brief, ediert von Morin, wird heute allgemein als echt angesehen (vgl. nur J. N. D. Kelly, Jerome. His Life, Writings, and Controversies, London 1975, 111 Anm. 34, und St. Rebenich, Hieronymus und sein Kreis. Prosopographische und sozialgeschichtliche Untersuchungen, Stuttgart 1992, 170 Anm. 182 mit Lit.).

und politische Haltung zum christlichen Glauben zu ziehen, überwindet.[54] Mit seiner Auflösung der kausalen Verbindung von rechtem Glauben und Frömmigkeit einerseits, politischem Erfolg und persönlichem Glück in Leben und Tod andererseits, geht Hieronymus Augustin voraus, der diese Trennung in civ. 5, 21–26 (bes. 24f.) nachdrücklich vollziehen sollte.[55] Die Bürgerkriege, der Kampf gegen die Perser und die Barbaren, der Umsturz der Religion – die Ambitionen und großen Vorhaben der kaiserlichen Politik des vierten Jahrhunderts erweisen sich für Hieronymus allesamt als gescheitert. Keiner der Imperatoren und Usurpatoren, ganz gleich, ob Heide, Häretiker oder Christ,[56] stirbt eines natürlichen Todes, sondern in der Schlacht, durch Erstickung oder Schlagfluß, durch Mord oder durch Hinrichtung.

Die abschließende christliche Deutung des bestürzenden Zustands Roms (epist. 60, 17) weist über die Person des Kaisers freilich weit hinaus: *no-stra peccata, nostra vitia, cervix nostra erecta* sind der Urgrund des schweren Unglücks, die *causae morbi*, an denen das römische Imperium leidet. Die Schuld für dieses Leid tragen die betroffenen Menschen selbst,

---

[54] In epist. 123, 16 entlastet Hieronymus die rechtgläubigen Kaiser Honorius und Arcadius ausdrücklich von dem Vorwurf, für die Mißerfolge Roms gegen die Barbaren verantwortlich zu sein: *quod non vitio principum, qui vel religiosissimi sunt, sed scelere semibarbari accidit proditoris* [sc. *Stiliconis*]*, qui nostris contra nos opibus armavit inimicos* (vgl. dazu jetzt D. Brodka, Die Romideologie in der römischen Literatur der Spätantike, Frankfurt a. M. [u.s.w.] 1998, 176f., mit übertriebener Interpretation). Vgl. zu der in der paganen und später dann auch in der christlichen Literatur verbreiteten Tradition, bestimmte Kaiser kategorisch als gut, andere als schlecht zu betrachten, jetzt Leppin (1996), 161, und Arand (2002), passim. Daß in der Spätantike besonders von den Christen die religiöse Haltung des Herrschers zum entscheidenden Kriterium bei der Bewertung seiner Politik, seiner Person und seines Sterbens erhoben wurde, betonen neuerdings wieder Leppin (1996), 165. 206; Staesche (1998), 96, und Arand (2002), 43f. 48. 94.

[55] Vgl. aber schon c. Petil. 2, 208 (401/402 n. Chr.): *nec … dicimus nos ideo cito mortuum Iulianum, quia vobis* [sc. den Häretikern] *basilicas dedit. possumus enim esse in his pariter copiosi, sed nolumus esse pariter vani*, und dazu die wichtigen Bemerkungen bei J. Szidat, Constantin bei Augustin, REAug 36 (1990), 243–256 (252–256).

[56] An anderer Stelle wertet Hieronymus den Übergang zum christlichen Kaisertum günstiger, vgl. in Zach. 2, 8, 6; in Is. 17, 60, 1–3. 10–12. Sowohl der Zacharias- als auch der Jesajakommentar stammen aus der Zeit der Kaiser Honorius und Arcadius, doch wird die bedrohliche innere und äußere politische Lage des Reiches an den genannten Stellen gar nicht thematisiert. Vgl. treffend Y.-M. Duval, Saint Cyprien et le roi de Ninive dans l'in Ionam de Jérôme. La conversion des lettrés à la fin du IVe siècle, in: Epektasis, Mélanges patristiques offerts au Cardinal Jean Daniélou, publiés par J. Fontaine - Ch. Kannengiesser, Paris 1972, 551–570 (564); s. zu diesen Stellen auch K. Sugano, Das Rombild des Hieronymus, Frankfurt a. M. - Bern - New York 1983, 96–101; Inglebert (1996), 212f. 216. 264–266 (widersprüchlich).

und solange nicht nach biblischem Vorbild der Lobpreis Gottes, Gebet und Buße den Zorn des Herrn zu besänftigen suchen, ist der Gewalt und des Unrechts, des Todes und der Vergänglichkeit kein Ende. Nicht einmal das einzigartige Imperium Romanum ist in einer solchen Welt und in einer solchen Geschichte privilegiert[57] (18, nach dem Exemplum des über die Vergänglichkeit seines riesigen Heeres weinenden Xerxes): *iam tibi ostenderem totius mundi ruinas, gentes gentibus et regnis regna conlisa; alios torqueri, alios necari, alios obrui fluctibus, alios ad servitutem trahi; hic nuptias, ibi planctum; illos nasci, istos mori; alios affluere divitiis, alios mendicare; et non Xerxis tantum exercitum, sed totius mundi homines, qui nunc vivunt, in brevi spatio defuturos.*

Die Frage nach der persönlichen Schuld der römischen Kaiser läßt Hieronymus zum Schluß des Briefes offen, vielleicht war sie nach Constantius II. und Julian nicht mehr individuell zu beantworten. Ihre Machtlosigkeit, ihr jämmerliches Versagen und ihr grausames Sterben offenbaren nicht nur die andauernde Verstrickung der – heidnischen, häretischen und christlichen – Herrscher in ein ungläubiges und gottfeindliches Imperium, das sie repräsentieren, sondern die Schwäche jeder noch so großen *humana potentia*.[58] Daß Nepotian dem fortdauernden Niedergang dieses Reiches und seiner Machthaber nicht weiter beiwohnen mußte, darin mag Heliodor Trost gefunden haben (15, 1; vgl. 17, 1): *Felix Nepotianus, qui haec non videt; felix, qui ista non audit.*[59]

---

[57] Hieronymus stellt diese Betrachtungen hier noch nicht wie in den späteren Briefen zum Fall Roms in einen weiteren eschatologischen Zusammenhang.

[58] Vgl. tract. in ps. 91: *Nihil bonum est, nisi quod aeternum est: nihil bonum est, nisi quod perpetuum est. Quodcumque finem habet, nec inter bona enumerandum est. Quid enim mihi prodest, si heri refectus fui, et hodie fame morior? Quid enim mihi prodest, si ante dies rex fui, et hodie in carcere morior?*

[59] Erst nach dem Abschluß der vorliegenden Arbeit konnte folgende Publikation eingesehen werden: Benoît Jeanjean, De la Chronique à la Consolation à Héliodore (Epist. 60). Les mutations de la matière historique chez Jérôme, in: L'historiographie de l'Église des premiers siècles, sous la direction de B. Pouderon et Y.-M. Duval, Paris 2001, 409–423 (Théologie Historique 114). Dieser Aufsatz behandelt vor allem die unterschiedliche Darstellung historischer Ereignisse in der Chronik und in epist. 60, 15, so daß er sich nur an wenigen Punkten mit den hier vorgestellten Überlegungen berührt. Auf eine detaillierte Besprechung einzelner Beobachtungen wurde daher verzichtet.

WIENER STUDIEN, Band 118/2005, 183–192
© 2005 by Österreichische Akademie der Wissenschaften Wien

ALBERTO CONDORELLI / CATANIA

Nota su Cassiodoro (Inst. 2, 5, 2/3)[*]

Nell'enciclopedica schiera degli interessi cassiodorei,[1] un posto di prim'ordine spetta senza dubbio alla musica. Cassiodoro si è infatti occupato di tale disciplina con assiduità, come dimostra la presenza di tematiche musicologiche in scritti databili in periodi assai diversi della vita e della produzione letteraria cassiodorea: l'epistola 40, contenuta nel secondo libro della raccolta delle Variae e indirizzata a Boezio, che si fa risalire perlopiù al 507;[2] l'Expositio Psalmorum, ultimata probabilmente nel 548;[3] la sezione musicale compresa nelle Institutiones, quella sintetica «introduzione alle lettere divine e umane»[4] concepita a uso dei monaci di Vivarium, monastero che appare soltanto dopo la fine del governo gotico in Italia.[5] Né mancano nel De anima, scritto immediatamente dopo le Variae,[6] alcuni interessanti accenni riguardanti la musica disciplina.

E' stata più volte giustamente affermata, talvolta in forma recisa e 'lapidaria', la totale assenza di originalità nella stesura del secondo libro delle

---

[*] Per i testi citati, si fa riferimento alle seguenti edizioni: Cassiodorus Senator, De anima, ed. J. W. Halporn, Traditio 16, 1960, 39–109 (= CCL 96, Turnhout 1973, 501–575); id., Expositio Psalmorum, ed. M. Adriaen, CCL 97/98, Turnhout 1958; id., Institutiones, ed. R. A. B. Mynors, Oxford ²1961; id., Variarum libri XII, ed. Å. J. Fridh, CCL 96, Turnhout 1973, 1–499; Augustinus, De musica libri VI, PL 32, coll. 1081–1194; id., Retractationum libri II, ed. A. Mutzenbecher, CCL 57, Turnhout 1984; Boethius, De institutione arithmetica libri duo. De institutione musica libri quinque, ed. G. Friedlein, Leipzig 1867, rist. an. Frankfurt 1966; Censorinus, De die natali liber, ed. O. Jahn, Hildesheim 1965.

[1] Non ci riferiamo soltanto alle Institutiones ma anche alle Variae, definite da A. Momigliano (s. v. Cassiodoro, in Dizionario biografico degli italiani 21, 1978, 497) «una specie di informe enciclopedia del sapere tardoantico e anche un documento di primo ordine della sensibilità artistica e tecnologica di questa età».

[2] Per la questione della datazione di Var. 2, 40 cfr. U. Pizzani, Boezio "consulente tecnico" al servizio dei re barbarici, Romanobarbarica 3, 1978, 191–204.

[3] Momigliano, s. v. Cassiodoro, cit., 498.

[4] Ibid. 500.

[5] Ibid. 499.

[6] Var. 11, praef. 7, 43–47, p. 421; De anima 1, 1–6, p. 68.

Institutitiones.[7] Non intendiamo riferirci qui, per esempio, alla tripartizione della musica in *armonica*, *rithmica* e *metrica*, ai tre *genera* degli strumenti musicali (*percussionalia*, *tensibilia* e *inflatilia*), alla teoria delle *symphoniae* o al discusso problema dei *toni*,[8] riguardo a cui Cassiodoro aderisce alla dottrina neoaristossenica[9] senza comprenderla a fondo e, anzi, snaturandola profondamente.[10] Vogliamo piuttosto concentrare l'attenzione sugli antichi capisaldi filosofici che stanno alla base della disciplina, quelli che fanno della musica una scienza dei numeri (oggetto dunque della ragione), e che la considerano un valido tramite tra dati sensibili e realtà trascendenti, tra agire umano e armonia universale.

Queste tematiche filosofiche tradizionali vengono riprese negli scritti cassiodorei sulla musica senza alcuna variazione esteriore. In perfetta sintonia con le concezioni e le teorie antiche (e con Agostino e Boezio), Cassiodoro sottolinea infatti con estrema chiarezza la base matematica della *musica scientia*: la musica è scienza dei numeri,[11] le cui leggi rispecchiano quelle della natura. Tutto l'universo risulta infatti regolato da superiori leggi armoniche: la musica è la disciplina *quae caeli machinam sonora dulcedine modulatur*,[12] infatti *caelum quoque et terra, vel omnia quae in eis*

---

[7] Cfr. per esempio F. Brunhölzl, Geschichte der lateinischen Literatur des Mittelalters I, München 1975, 38: «Originalität war nicht beabsichtigt und nicht nötig». D'altronde Cassiodoro ripete più volte nelle Institutiones di seguire i *maiores*, una volta anche nella sezione musicologica: *Nunc de musicae partibus, sicut est a maioribus traditum, prosequamur* (Inst. 2, 5, 4, 1/2, p. 144).

[8] Inst. 2, 5, 5–8, pp. 144–148. Cfr. Var. 2, 40, 5, 40–46, p. 88.

[9] Cfr. Å. Fridh, Cassiodorus' digression on music, Var. 2, 40, Eranos 86, 1988, 43–46.

[10] Cfr. H. Abert, Die Musikanschauung des Mittelalters und ihre Grundlagen, Halle 1905, rist. an. 1964, 134: «Wie wenig Fühlung Cassiodor mit der altgriechischen Musik hatte, zeigt seine Verwechslung der Oktavengattungen mit den Transpositionsskalen. Man sieht, wie bereits zu Cassiodors Zeiten bei dem raschen Verfalle der griechisch-römischen Tonkunst das subtile Gefühl für die antiken Tonarten und ihre Unterschiede in der Charakteristik sich auch in den Kreisen der Gebildeten rasch zu verflüchtigen begann.»; gli stessi concetti in: Zu Cassiodor, Sammelbände der Internationalen Musikgesellschaft 3, 1901/1902, 450 sgg. e in T. Gérold, La musique au moyen Âge, Paris 1932, 68: «Cassiodore a souvent mal compris les auteurs anciens ou a transmis leurs théories d'une façon incorrecte. L'une de ses plus graves erreurs a été de confondre, dans la musique grecque, les échelles d'octave et les gammes à transposition, erreur qui eut des conséquences assez fâcheuses pour toute la théorie médiévale.»

[11] Inst. 2, 5, 4, 2–5, p. 144: *Musica scientia est disciplina quae de numeris loquitur, qui ad aliquid sunt his qui inveniuntur in sonis, ut duplum, triplum, quadruplum et his similia quae dicuntur ad aliquid.* Cfr. anche il passo simile di Inst. 2, 3, 21, 3–5, p. 131.

[12] Var. 2, 40, 2, 7/8, p. 87. Poco dopo Cassiodoro aggiunge: *quicquid enim in conceptum alicuius modificationis existit, ab harmoniae concinentia non recedit* (Var. 2, 40, 2, 9–11, p. 87).

dispensatione superna peraguntur, non sunt sine musica disciplina.[13] La
teoria dell'armonia delle sfere trova spazio anche nel De anima. Essa, come
è noto, ha alle spalle una lunga tradizione di origine pitagorica e infatti
Cassiodoro stesso ricorda che anche i *mundani doctores* se ne occuparono.[14]

Se la musica, come già detto, è scienza dei numeri, non può stupire che
essa venga considerata oggetto della ragione ancor più che dei sensi. Cassiodoro non si discosta dalle opinioni tradizionali assegnando alla ragione
il superiore compito di giudicare e distinguere (*diiudicare*) *quid sit auditum*, cioè i *soni* o *aeris verberationes concrepantes*, che i sensi sono soltanto in grado di *accipere.*[15]

Tramite la musica è possibile anche pervenire a verità a l t r e, superiori
alla musica stessa e trascendenti il puro fatto fonico: lo aveva affermato
Agostino proponendosi come obiettivo della sua incompiuta enciclopedia
delle arti liberali di *pervenire per corporalia ad incorporalia.*[16] Lo ribadi-
sce Cassiodoro affermando che la musica è in grado di acuire i sensi innal-
zandoli *ad superna*[17] e di detergere, al pari delle altre *disciplinae,*[18] il *li-*

---

[13] Inst. 2,5,2,15–17, p. 143. Cfr. Inst. 2,5,9,5–9, p. 149: *Caelum ipsum, sicut supra memoravimus, dicitur sub armoniae dulcedine revolvi, et ut breviter cuncta com-
plectar, quicquid in supernis sive terrenis rebus convenienter secundum auctoris sui
dispositionem geritur, ab hac disciplina non refertur exceptum.* La presenza della musica *in rerum natura* oltre che in Var. 2,40 e in Inst. 2,5, è affermata testualmente
anche in Exp. Psalm. 80,4,100/101, p. 750.

[14] De anima 1,19–21, p. 68: *Haec* (sc. *planetarum caelo contrarii cursus, signorum
consentaneus lapsus*)*, ut mundani doctores exquirere temptaverunt, harmoniacis delec-
tationibus inaestimabili modulatione volvuntur, quorum tinnitus atque concentus adu-
natum efficit dulcisonum melos.*

[15] De anima 11,47–49, p. 91: *Secundus* (sc. *sensus*) *auditus est qui concavis ac co-
cleatis auribus sonos accipit, aeris verberationes concrepantes, ratione diiudicans quid
sit auditum.*

[16] Aug., Retract. 1,6,40–44, p. 17: *Per idem tempus quod Mediolani fui, baptis-
mum percepturus, etiam disciplinarum libros conatus sum scribere, interrogans eos qui
mecum erant, atque ab huiusmodi studiis non abhorrebant; per corporalia cupiens ad
incorporalia quibusdam quasi passibus certis vel pervenire vel ducere.*

[17] Inst. 2,5,10,10–12, p. 149: *Gratissima ergo nimis utilisque cognitio, quae et
sensum nostrum ad superna erigit et aures suavi modulatione permulcet.*

[18] Riportiamo le definizioni di *ars* e *disciplina* attribuite da Cassiodoro a Platone e
Aristotele: *disciplina ... est quae de his agit quae aliter evenire non possunt*; ad essa si
contrappone l'*ars*, intesa come *habitudo operatrix contingentium quae se et aliter
habere possunt* (Inst. 2,3,20,4–8, p. 130). In altre parole, le *disciplinae*, a differenza
delle *artes*, hanno per oggetto il necessario, ciò che prescinde dalla materia e dagli
accidenti, e sono immutabili come immutabili sono le loro regole (Inst. 2,3,22, 11–17,
p. 131). Esse costituiscono branche della *mathematica* o *doctrinalis* e sono trattate
dunque con la sola *ratiocinatio* (Inst. 2,3,21,19–23, p. 130 e cfr. Inst. 2, praef. 4,13–
16, p. 92).

mum ignorantiae, conducendo, in alcuni circoscritti casi, alla *inspectiva contemplatio*.[19]

Il fondo e l'origine della 'Musikanschauung' cassiodorea sono dunque dichiaratamente tradizionali, di stampo pitagorico-platonico. Proprio per questo riveste enorme interesse analizzare il modo in cui il Nostro riesce ad inserire nella cornice cristiana delle Institutiones spunti e perfino definizioni desunti da fonti pagane, dando in tal modo concreta realizzazione a quel processo di «cristianizzazione della tematica musicologica» a cui fa più volte riferimento Pizzani.[20]

Oggetto della nostra analisi saranno dunque il secondo e il terzo paragrafo del cosiddetto De musica[21] cassiodoreo. In essi, proprio per l'evidente compresenza di aspetti dichiaratamente cristiani e di concezioni di derivazione pagana (il passo in questione sembra fortemente influenzato da Censorino[22]), sarà possibile evidenziare maggiormente il riadattamento di quest'ultime in senso squisitamente cristiano, soprattutto per quel che riguarda la funzione 'etica' della musica.

* * *

Cassiodoro comincia il secondo paragrafo ricordando un motivo ripetuto dalla musicologia antica: la *musica disciplina* permea e sostanzia ogni nostra azione. Ben più importante è la concomitante limitazione posta dal Nostro al motivo topico:

Musica ergo disciplina per omnes actus vitae nostrae hac ratione diffunditur; primum, si Creatoris mandata faciamus et puris mentibus statutis ab eo regulis serviamus. quicquid enim loquimur vel intrinsecus venarum pulsibus commovemur, per musicos rithmos armoniae virtutibus probatur esse sociatum. musica quippe est scientia bene modulandi; quod si nos bona conversatione tractemus, tali disciplinae probamur semper esse sociati. quando vero iniquitates gerimus, musicam non habemus.[23]

---

[19] Inst. 2,3,22,17–20, p. 131: *Has* (sc. *disciplinas*) *dum frequenti meditatione revolvimus, sensum nostrum acuunt limumque ignorantiae detergunt, et ad illam inspectivam contemplationem, si tamen sanitas mentis arrideat, Domino largiente perducunt.* Cfr. anche Var. 2,40,16,128/129, p. 91.

[20] Fondamentale il suo contributo La cultura musicologica di Cassiodoro, in Cassiodoro. Dalla corte di Ravenna al Vivarium di Squillace. Atti del convegno internazionale di studi (Squillace, 25–27 Ottobre 1990), a cura di S. Leanza, Soveria Mannelli 1993, 27–60.

[21] Con tale nome si designa la sezione musicologica delle Institutiones (2,5).

[22] Cfr. Pizzani, La cultura musicologica, cit., 51.

[23] Inst. 2,5,2,7–15, p. 143. Per la tradizionale interpretazione in chiave musicologica del ritmo cardiaco, cfr. i passi segnalati in U. Pizzani - G. Milanese, «De Musica» di Agostino di Ippona, Palermo 1990, 72, n. 40.

Il discorso cassiodoreo si limita qui ad una dimensione umana. Più che sottolineare nelle parole del Nostro la stretta (e, lo ribadiamo, tradizionale) connessione tra armonia umana e *armoniae virtutes* nonchè la *societas* tra musica e *bona conversatio* che si realizza attraverso i *musici rithmi*, interessa maggiormente evidenziare la dimensione etico-cristiana a cui vengono piegate e si adattano motivi propri della musicologia antica e, in particolare, espressioni richiamanti il pagano Censorino: la musica appare quasi indissolubilmente legata alle azioni umane non solo grazie al tramite 'fisico' del ritmo, comune alla musica stessa e ai moti volontari (*conversatio*) e involontari (*venarum pulsus*) del corpo; la tradizionale connessione si realizza soprattutto, nel passo citato, sulla base di una 'corrispondenza etica' tra *musica disciplina* e *mandata* e *regulae* del Creatore. Come ha sinteticamente affermato Fubini, appare evidente nelle Institutiones l'adesione cassiodorea alle teorizzazioni tradizionali di matrice pitagorica, «anche se l'accento cade in modo più insistente sull'aspetto religioso della musica e sul suo valore etico … Pitagorismo e nuova religione cristiana si conciliano così pienamente».[24]

Ad una concezione della musica come «prassi virtuosa»[25] ci riporta anche la stessa definizione cassiodorea della disciplina, ripresa ancora una volta da Censorino[26] e presente anche nel primo libro del dialogo De musica di Agostino:[27] *musica … est scientia bene modulandi.*

Per rintracciare la prospettiva etico-religiosa nel passo in questione, bisogna cercare di comprendere che cosa Cassiodoro intenda per *modulari* e *modulatio.*[28] Tali termini (e affini quali *modulamen* e *modulabilis*) compaiono diverse volte nella sezione musicologica delle Institutiones,[29] ma non vengono definiti. E' noto però che essi indicavano «il *movimento*, il modo di procedere della voce o degli strumenti da un grado all'altro delle scale allora in uso»,[30] dunque un fatto eminentemente tecnico, come già

---

[24] E. Fubini, L'estetica musicale dall'antichità al Settecento, Torino [2]2002, 77.

[25] Ibid.

[26] Cens., De die natali 10, 3, 15, p. 23.

[27] Aug., De mus. 1, 2, 2, col. 1083.

[28] E' scontato che il loro significato risulta affatto diverso da quello di modulare e modulazione, con cui si designa, nell'armonia moderna, il passaggio da una tonalità ad un'altra.

[29] *modulatio* appare in Inst. 2, 5, 1, 1, p. 143, in 2, 5, 3, 24, p. 143, in 2, 5, 9, 22, p. 148 e in 2, 5, 10, 11/12, p. 149; *modulari* (*modulandi*) nella discussa definizione della musica (2, 5, 2, 13, p. 143); *modulamen* nella definizione delle *symphoniae* (2, 5, 7, 1, p. 145); *modulabilis* in 2, 5, 10, 22, p. 149.

[30] Fubini, L'estetica musicale dall'antichità, cit., 63, n. 2.

aveva inteso Censorino[31] e come si evince, fra l'altro, dalle parti propria-
mente tecniche del trattato cassiodoreo, nelle quali appaiono i termini in
questione.[32] Ma se è vero che il significato tecnico e strettamente musicale
di *modulatio* e derivati come «moto ordinato dei suoni» appare ineludibile
per il Nostro, sembra anche, nello stesso tempo, che esso assuma un significato che noi definiremmo e s t e r n o alla pura tecnica musicale e maggiormente acconcio alla cornice etica in cui la definizione di musica come
scientia bene modulandi viene introdotta. L'ambiguità e la difficoltà del
termine sembrano aggravate dalla compresenza nella discussa definizione
dell'avverbio *bene*, come sembra essersi reso conto Agostino: il dialogo
De musica mette in luce infatti come il termine *modulari* possa essere in-
terpretato come *bene moveri*,[33] mentre il termine *bene* significherebbe
semplicemente *congruenter*,[34] cioè «in armonia con le circostanze del
canto».[35] Di conseguenza, al fine di evitare inutili dispute verbali (*certa-
men verbi, rixae verborum*), i due interlocutori del dialogo agostiniano,
magister e *discipulus*, si trovano d'accordo nel ritenere indifferente l'inserimento di *bene* nella definizione di *musica*: *nihilque curemus, utrum musica
modulandi an bene modulandi scientia describatur.*[36]

Tornando a Cassiodoro, questi, come abbiamo visto, afferma nell'ordine:
la presenza della musica in tutti gli *actus vitae nostrae*; la necessità, perché
ciò avvenga, dell'obbedienza al Creatore; la *societas* delle *armoniae virtutes*
con ogni moto umano, volontario o involontario. A spiegazione delle as-
serzioni precedenti, il Nostro inserisce immediatamente la discussa definizione di *musica* e, di seguito, a conferma della definizione stessa, afferma
l'esistenza di una nuova *societas*, questa volta tra *musica* e *bona conversatio*. In netta opposizione a questa *societas*, Cassiodoro dichiara che la
musica non è presente in chi invece si macchia di *iniquitates* (in chi, cioè,
non obbedisce ai *Creatoris mandata* e non rispetta le *regulae* da Lui stabi-

---

[31] Cens., De die natali 10, 1, 9 – 3, 15, p. 23: *Sed haec quo sint intellectu apertiora,
prius aliqua de musicae regulis huic loco necessaria dicentur, eo quidem magis, quod
ea dicam quae ipsis musicis ignota sunt. nam sonos scienter tractavere et congruenti
ordine reddidere illorum, ipsis autem sonis motum modum mensuramque invenere
geometrae magis quam musici. igitur musica est scientia bene modulandi.* L'*excursus*
musicologico di Censorino e la definizione di musica risalirebbero, secondo i più, a
Varrone (per la questione, cfr. Pizzani - Milanese, «De musica», cit., 23 sgg.).

[32] Si pensi, per es., alla definizione tecnica di *symphonia* in Inst. 2, 5, 7, 21 sgg., p.
144/145: *symphonia est temperamentum sonitus gravis ad acutum vel acuti ad gravem,
modulamen efficiens sive in voce, sive in flatu, sive in percussione.*

[33] Aug., De mus. 1, 2, 3, coll. 1084/1085.

[34] Aug., De mus. 1, 3, 4, col. 1085.

[35] Pizzani - Milanese, «De musica», cit., 24.

[36] Aug., De mus. 1, 3, 4, col. 1085.

lite, come si era affermato all'inizio). Considerata, dunque, l'evidente matrice etica del passo e il motivato inserimento in esso della definizione censoriniana e agostiniana, ci si trova d'accordo con la conclusione a cui giunge Montico: «Poiché ... il *modulari* contiene già per definizione il *bene moveri* tecnico, delle voci e dei suoni, il *bene* del *modulandi* è dunque qualche cosa di più, di estrinseco al buon muoversi delle voci, ed è precisamente un elemento di bene etico, in rapporto cioè ai moti dello spirito».[37]

Cassiodoro prende dunque spunto da una definizione che tradizionalmente si muove in un'orbita scientifica e tecnico-musicale (si pensi a Censorino) ma, oltre a utilizzarla 'correttamente' in tale ambito, la piega, grazie anche al tramite agostiniano, ad un nuovo significato etico-cristiano, estendendone così formidabilmente il contenuto: la musica, in quanto *scientia bene modulandi*, viene dunque definitivamente concepita da Cassiodoro come «punto di convergenza del mondo etico ed intellettuale».[38]

Questa prospettiva etica limitata all'agire umano da Cassiodoro viene estesa, nella chiusa del secondo paragrafo, a tutta la creazione. Sottostanno a leggi musicali non soltanto i moti umani, ma anche quelli di cielo e terra e di ogni altra cosa:

Caelum quoque et terra, vel omnia quae in eis dispensatione superna peraguntur, non sunt sine musica disciplina. nam Pythagoras hunc mundum per musicam conditum et gubernari posse testatur.[39]

L'estensione delle regole musicali agli stessi moti delle sfere non è una novità per gli antichi (ne avevano parlato già Pitagora e, più in generale, come abbiamo già visto, i *mundani doctores*), né per Cassiodoro in particolare, ma va riconsiderata nel contesto delle Institutiones e del nuovo punto di vista adottato dall'autore. Considerando la musica fondamento e quasi legge ordinativa del mondo, Cassiodoro arriva per via indiretta ad affermare l'assoluta bontà della creazione. Il Nostro aveva già in precedenza sottoposto all'attenzione del lettore il fatto che soltanto quando *iniquitates gerimus* si rompe lo stretto legame tra l'uomo e la musica, *musicam non habemus*: il male, si direbbe, viene a configurarsi come assenza di musica. Questo mondo risulta invece fondato sulla musica e da essa governato: Cassiodoro lo dice qui espressamente, ma lo aveva affermato indirettamente in precedenza. Nella prefazione al secondo libro si riconosceva

---

[37] G. Montico, Il valore psicagogico ed anagogico della musica nel pensiero di S. Agostino e di altri filosofi cristiani (Boezio, Cassiodoro e S. Bonaventura), Miscellanea francescana 38 (1938), 407. Per la «musique morale» e l'estensione del concetto di modulatio, cfr. anche E. De Bruyne, L'esthétique du moyen age, Louvain 1947, 68–70.

[38] Fubini, L'estetica musicale dall'antichità, cit., 77.

[39] Inst. 2, 5, 2, 15–19, p. 143. Lo stesso concetto in termini più 'scientifici', come abbiamo visto, era affermato in Var. 2, 40, 2, 9–11, p. 87 (cfr. n. 12).

infatti la natura numerica della creazione, delle *operae Dei singulares atque magnificae*,[40] con il sostegno, tra l'altro, del famoso stico di Sap. 11, 21 (20), che viene così riportato: *Omnia in numero, pondere et mensura fecisti*. Ora, non è forse la musica la *disciplina* che, seppur in forma non così diretta come l'aritmetica e ad un livello dichiaratamente inferiore, *de numeris loquitur*?[41] Il *numerus* di cui si parla nello stico sapienzale non richiama direttamente tale disciplina? E la *mensura*, non ci riporta all'ambito semantico della *modulatio*?[42] E non così la *singularis moderatio*, con cui Dio *omnes creaturas suas ... distinxit*?[43] Gli stessi moti di cielo e terra, il loro armonico volgersi con *superna dispensatio*, non ricordano il *bene modulari* (o *bene moveri*), a base della definizione stessa della musica? Soltanto le *malae operae diaboli* non sono regolate da numero e misura:[44] tutto ciò che invece è creato da Dio, è animato e regolato da superiori leggi armoniche.[45]

Il successivo paragrafo, il terzo, è invece tutto dedicato alla *permixtio* tra musica e religione. Cassiodoro, «memore dell'esperienza maturata nel commento ai Salmi»,[46] elenca gli strumenti musicali collegati al rito cristiano e già utilizzati in quello ebraico: il *Decalogi decacordus*, la *cythara*, i *tympana*, l'*organum*, i *cymbala* e, infine e a parte, lo *Psalterium*.[47] L'impressione che ad una attenta lettura si trae è quella di un legame con la dimensione etica già sopra evidenziata. Tale legame emerge in modo chiaro se si pone in relazione il passo in questione con l'interpretazione simbolica degli strumenti che Cassiodoro fornisce nell'*Expositio Psalmorum*.

Che cosa Cassiodoro intenda per *Decalogi decacordus* si evince infatti dalla *Expositio in Psalmum XCI*. Nel commentare il versetto che recita *in*

---

[40] Inst. 2, praef., 3, 24 sgg., pp. 89/90. L'affinità tra questo passo e quello della sezione musicologica sull'armonia di cielo e terra, è sancita anche dalla figura di Pitagora. Questi viene infatti citato da Cassiodoro sia come sostenitore della teoria dell'armonia del mondo, sia come 'rielaboratore' dello stico sapienzale (Inst. 2, 4, 1, 21 sgg., pp. 132/133).

[41] Inst. 2, 3, 6, 17/18, p. 111 e 2, 5, 4, 2/3, p. 144.

[42] Pizzani - Milanese, «De musica», cit., 24.

[43] Inst. 2, praef., 3, 22/23, p. 90.

[44] Inst. 2, praef., 3, 15 – 17, p. 90.

[45] Su questa base, considerato anche che *quando ... iniquitates gerimus, musicam non habemus*, si può estendere, oltre che all'arithmetica, anche alla musica, in quanto scienza dei numeri, la qualifica di «Erkenntnismedium, um die Werke Gottes, die nach Zahl, Maß, Gewicht festgelegt seien, von denen des Teufels, für die diese Qualitäten nicht gelten, zu unterscheiden»: B. Englisch, Die Artes liberales im frühen Mittelalter (5.–9. Jh.), Stuttgart 1994, 114.

[46] Pizzani, La cultura musicologica, cit., 52.

[47] Inst. 2, 5, 3, 19 – 24, p. 143.

decachordo psalterio, cum cantico et cithara, si mette in evidenza sia il legame simbolico tra lo strumento musicale in questione e i dieci comandamenti, sia, per diretta conseguenza, il rapporto tra l'agire umano secondo la legge divina e la musica:

Decachordum psalterium decem praecepta legis significare manifestum est, quia ipsa chordae sunt; quas si bonorum actuum qualitate tangamus, salutare melos efficiunt et ad caelorum regna perducunt.[48]

Il simbolismo degli strumenti non è chiaramente espresso nelle Institutiones ma, come abbiamo visto, nell'Expositio. Anche il *tympanum*, oltre ad essere un ben determinato strumento, ci ammonisce ad una cristiana condotta di vita:

Tympanum est, quod tenso corio quasi supra duas (ut ita dixerim) metas sibi ab acuta parte copulatas solet resonare percussum; sic hominum corpus, dum pro Domino tribulatione quatitur, ad superna mandata dulcius temperatur. Hoc ergo commonet, ut accipientes divina verba Domino debeamus offerre terrena; quia tunc Deo bene damus tympanum, cum eleemosynas facimus, cum ieiuniis corpus affligimus, cum vitia saeculi cum suo nihilominus auctore despicimus.[49]

La combinazione di più strumenti, il loro *iucundissime copulari*, dà ovviamente luogo a più complessi significati allegorici, accomunati però dall'evidente matrice etica:

Addidit psalterium iucundum cum cithara. Admonet etiam et haec duo iucundissime copulari: ut et verba Dei quae in psalterio continentur et cithara quae humanos actus significare cognoscitur, in unam societatem debeant convenire: quia utrumque melos sibimet copulatum Domino probatur acceptum.[50]

Il terzo paragrafo del De musica si conclude con un elogio dello Psalterium, in cui si raccoglie la *caelestium virtutum suavis nimis et grata modulatio.*[51]

Un filo rosso, dunque, cuce fra loro e al loro interno i due paragrafi esaminati, solo apparentemente privi di consequenzialità: la prospettiva etica viene riscontrata sulla base dell'agire e dei moti umani e, di qui, si passa alla definizione di musica quale *scientia bene modulandi*; il discorso si allarga al *bene moveri*, per così dire, di cielo e terra. Il profilo etico del

---

[48] Exp. Psalm. 91, 4, 54–57, p. 837. Segue un interessante elogio aritmologico del numero dieci, con la menzione di Pitagora.

[49] Ibid. 80, 3, 59–67, pp. 749/750.

[50] Ibid. 80, 3, 67–72, p. 750.

[51] Inst. 2, 5, 3, 23/24, p. 143.

passo si rifà vivo implicitamente in considerazione del significato simbolico di alcuni degli strumenti citati da Cassiodoro.

In questo processo di rimodellamento in senso cristiano di ruolo e utilità della musica, i Padri della chiesa tendono a lasciare dunque formalmente immutate sia la teoria musicale tramandata, sia le stesse definizioni antiche.[52] Non sono soltanto i capisaldi filosofici (musica come armonia e riflesso dell'armonia dell'universo, 'Ethoslehre', scissione tra teoria e prassi) a essere accettati e reinterpretati in un ottica religiosa, ma la stessa teoria musicale, che rimane quella tradizionale, spesso non ben compresa e inattuale, viene cristianamente riletta. Attraverso il filtro del cristianesimo, sembra dunque sostenere il Nostro, deve passare la tradizione culturale antica, nella consapevolezza della priorità (anche cronologica) della scienza sacra in cui sono disseminati gli *indicia … quae postea doctores saecularium litterarum ad suas regulas prudentissime transtulerunt.*[53]

La «cristianizzazione della tematica musicologica» operata da Cassiodoro, dunque, non modifica esteriormente la teoria tradizionale pagana, ma la rilegge e ne varia profondamente finalità e significati, ponendoli al servizio della religione, nel «tentativo di collegare armonicamente l'antica tradizione culturale e il sentimento cristiano della vita».[54] Essa fa di Cassiodoro uno dei maggiori precursori di quel più vasto processo per cui «il Medioevo, pur richiamandosi continuamente al mondo antico, ai suoi teorici e filosofi, adottandone lo stesso linguaggio, la stessa terminologia musicale e filosofica, modifica profondamente il tessuto culturale a cui crede di riallacciarsi e costruisce a poco a poco e forse involontariamente un mondo che non ha più nulla a che vedere – se non nel suo vuoto involucro esteriore – a (*sic*) quello a cui si richiama continuamente».[55]

---

[52] Ci riferiamo per esempio alla teoria dei toni e delle consonanze e alle rispettive definizioni, oppure alle tradizionali ripartizioni della disciplina.

[53] Inst. 1, praef., 6, 19–21, p. 6. Cfr. 1, 27, 1, 13–17, p. 68: *est enim rerum istarum* (sc. *artium ac disciplinarum*) *procul dubio, sicut et Patribus nostris visum est, utilis et non refugienda cognitio, quando eam in litteris sacris, tamquam in origine generalis perfectaeque sapientiae, ubique reperis esse diffusam.*

[54] F. Prinz, Cassiodoro e il problema dell'illuminismo cristiano nella tarda antichità, in Cassiodoro. Dalla corte di Ravenna, cit., 3.

[55] Fubini, L'estetica musicale dall'antichità, cit., 81.

WIENER STUDIEN, Band 118/2005, 193–211
© 2005 by Österreichische Akademie der Wissenschaften Wien

HEINZ ERICH STIENE / KÖLN

Drei Beobachtungen zu karolingischen Gedichten

I.

Zum Epitaph des Paulus Diaconus auf Karls Tochter Hildegard

In seiner kommentierten Ausgabe der Gedichte des Paulus Diaconus führt Karl Neff zum kleinen Epitaph auf Karls Tochter Hildegard, die am 9. Mai 783 mit knapp vierzig Tagen verstorben war, mit freundlichen, teilnahmsvollen Worten hin: „Paulus zeigt aber hier, wie er auch einem so undankbaren Stoff einen poetischen Reiz zu verleihen vermag."[1] In den Anmerkungen zu einzelnen Versen beleuchtet Neff überzeugend gattungstypische Elemente der Sprache und Motivik in diesem Epitaphium und stellt überdies rhetorische Figuren sowie einige Similien bei anderen Dichtern, namentlich bei Vergil und Venantius Fortunatus, heraus. Letzteren Dichter hat Paulus ja zutiefst verehrt und ihm rühmende Verse auf sein Grab in Poitiers gewidmet.[2]

Wahrscheinlich hat er dem Venantius für den vierten Vers des Hildegard-Epitaphs auch die Junktur *lux geminata* entlehnt, die beim merowingischen Dichter zweimal begegnet, wenn auch in jeweils anderer Bedeutung. Paulus beklagt, daß die kleine Hildegard nicht einmal ihren ersten Geburtstag erleben durfte: *annua nec venit lux geminata tibi*. Venantius hebt im Epitaph auf Basilius, den Ehemann der Baudegundis, hervor, wie sich Gelehrsamkeit und Liebenswürdigkeit bei dem Verstorbenen zu einem doppelten Licht vereint hätten: *hinc doctrina rigans, illinc dulcedo redundans, / ornavit radio, lux geminata, virum* (carm. 4, 18, 9/10). In den Versen, die er dichtet, als Radegundis, die Gattin König Chlothars I., in Klausur

---

[1] Karl Neff, Die Gedichte des Paulus Diaconus. Kritische und erklärende Ausgabe (Quellen und Untersuchungen zur lateinischen Philologie des Mittelalters 3, 4), München 1908, 119/120 (119). Ediert ist das Epitaph auch von Ernst Dümmler, MGH Poetae I, Berlin 1881, 59/60.

[2] Neff (o. Anm. 1), 121/122.

geht, weiß sich Venantius mit ihr trotz der räumlichen Trennung im Gebet vereint. Er wünscht ihr österliche Freuden, und dann werde beiden (*nobis*: „uns" oder „mir"?) ein zweifaches Licht wiederkehren: *et nobis pariter lux geminata redit* (carm. 8, 9, 16). Di Brazzano deutet die *lux geminata* überzeugend als Freude über die Auferstehung und das Wiedersehen der Freunde.[3]

Möglicherweise hat Paulus Diaconus auch die Verbindung *nimium felix* (Vers 10) bei Venantius 8, 3, 299 gefunden; so jedenfalls legt es Neffs Kommentar zur Stelle nahe. Er hätte auch 1, 2, 27, 8, 3, 309 und 10, 6, 113 hinzufügen können. In diesem Falle sei allerdings Vorsicht angeraten, handelt es sich doch um eine höchst geläufige Formel, die schon bei Vergil, Aen. 4, 657 anzutreffen ist. In seinem Kommentar zum Augusteer führt Pease zahlreiche Belege auf.[4] Sie verraten, daß die Junktur gleichsam in der Luft lag, ebenso wie die im selben Paulus-Vers 10 anzutreffende Formel *gaudia longa*. Als Fundorte seien etwa Juvenal 8, 47, Sedulius 1, 366 und Martianus Capella 7, 725, 11 angeführt. Doch auch Venantius Fortunatus bedient sich ihrer carm. 4, 26, 86 und 9, 2, 140. Dazu macht Neff keine Angaben, auch nicht zur Prosodie *quadrăginta* in Vers 8.[5]

Aber hier soll nicht der Ort sein, Neffs verdienstvollen Kommentar kleinlich zu bekritteln oder durch das Anführen weiterer Similien und möglicher rezeptiver Bezüge ins Umfängliche zu erweitern.[6] Vielmehr sei nur noch einmal eine bekannte historische Tatsache ins Gedächtnis gerufen, an die zu erinnern Neff für das Epitaph auf die kleine Hildegard offenbar nicht für nötig befunden hat. Nachdem Paulus in den Versen 5/6 Anteil an der Trauer ihres königlichen Vaters genommen hat, fährt er im siebten Vers fort:

Matris nomen habens renovas de matre dolorem.

Neff läßt den Vers unkommentiert – ein Versäumnis mit Folgen. Sechzig Jahre nach Neffs Edition übersetzt Karl Langosch ihn so: „Mutters Namen

---

[3] Venanzio Fortunato, Opere 1, a cura di Stefano Di Brazzano (Corpus Scriptorum Ecclesiae Aquileiensis VIII/1), Roma 2001, 455, Anm. 46: „Alla gioia della Risurrezione si aggiunge la gioia di ritrovare gli amici."

[4] Publi Vergili Maronis Aeneidos Liber Quartus, ed. by Arthur Stanley Pease, Cambridge, Mass. 1935, Nachdruck Darmstadt 1967, 509.

[5] Die Kürzung des *a* ist in jener Zeit sicher nicht ungewöhnlich; vgl. etwa Anthologia Latina I, 2, rec. Alexander Riese, Leipzig 1906, 183, carm. 717, 3: *et super hos octingentis septem quadrăginta.*

[6] Kritik an Neffs Edition äußerte jüngst Francesco Stella, La poesia di Paolo Diacono: nuovi manoscritti e attribuzioni incerte, in: Paolo Diacono. Uno scrittore fra tradizione longobarda e rinnovamento carolingio. Convegno internazionale di studi, a cura di Paolo Chiesa (Libri e Biblioteche 9), Udine 2000, 551–574.

trugst du, erneuerst die Qual deiner Mutter." Dazu erläutert er: „die kleine Hildegard, die Karl und seiner Gemahlin Hildegard am 9. Mai 783 gestorben war."[7]

Übersetzung und Anmerkung führen in die Irre. Die Mutter des Mädchens, Karls zweite Gemahlin Hildegard, war nämlich wenige Tage vor ihrer Tochter gestorben, am 30. April 783. Paulus Diaconus hat die rasch aufeinanderfolgenden Todesfälle in seinen Gesta episcoporum Mettensium notiert: *quae Hildigard materno nuncupato nomine, matrem morientem citius subsecuta est.*[8] Bei dieser Gelegenheit verrät er obendrein, daß Karl selbst ihn aufgefordert habe, Epitaphien auf Mitglieder der königlichen Familie zu dichten. Auch Königin Hildegard hat Paulus auf diese Weise gewürdigt, und in der Edition dieser Verse hat Neff ihren Todestag natürlich mitgeteilt.[9] König Karl hatte also innerhalb weniger Tage zwei Trauerfälle zu beklagen. Zu übersetzen ist Vers 7 folglich: „Mutters Namen trugst du, erneuerst den Schmerz über deine Mutter." Der lateinische Wortlaut *renovas de matre dolorem* ist hier ein zuverlässiger Führer.

II.

Die Bibeldichtung des Alcimus Avitus im Werk des Petrus von Pisa

In einer umfänglichen Untersuchung ist Thomas Gärtner unlängst dem Nachwirken der Spiritalis historiae gesta des Alcimus Avitus in spätantiken und mittelalterlichen Dichtungen nachgegangen. Darin versucht er zu beweisen, daß die Rezeption des spätantiken Bibeldichters doch breiter war, als es nach herkömmlichem Urteil schien, und glaubt bei über fünfzig Werken bis ins hohe Mittelalter hinein seine Spur verfolgen zu können.[10]

Auch im schmalen poetischen Œuvre des Petrus von Pisa entdeckte Gärtner einen wörtlichen Bezug zu Avitus. In einem Gedicht an Paulus Diaconus malt Petrus die Mittagszeit mit diesem Verspaar:

> *Lumine purpureo dum sol perfunderet arva,*
> *Iam radiis medium caeli transcenderat axem.*[11]

---

[7] Karl Langosch, Lyrische Anthologie des lateinischen Mittelalters. Mit deutschen Versen, Darmstadt 1968, 75 und 342.

[8] Text in: MGH SS II, hg. v. G. H. Pertz, Hannover 1829, 260–268 (265).

[9] Neff (o. Anm. 1), 113–116 (113).

[10] Thomas Gärtner, Zum spätantiken und mittelalterlichen Nachwirken der Dichtungen des Alcimus Avitus, Filologia mediolatina 9 (2002), 109–221. Die Werke des Avitus sind ediert von Rudolf Peiper, Alcimi Ecdicii Aviti Viennensis episcopi opera quae supersunt (MGH AA VI), Berlin 1883, Nachdruck 1961.

[11] Die Gedichte des Petrus von Pisa sind unter den Gedichten des Paulus Diaconus mitherausgegeben von Neff (o. Anm. 1). In dieser Edition carm. 17, 1/2 (84).

Gärtner erkennt darin eine „Nachbildung aus dem Auftakt des dritten Avi-
tus-Buchs":

> *Tempus erat, quo sol medium transcenderat axem.*[12]

Die Parallele scheint auf den ersten Blick schlagend zu sein, doch sei
daran erinnert, daß die Schilderung des Mittags mit einer ganz ähnlichen,
der Poesie entlehnten Wendung auch in Wandalberts prosaischer Vita
sancti Goaris begegnet: *Iam advenerat diei medium tempus et illis euntibus
sol altiorem sui cursus axem conscenderat.*[13]

Vorerst mag man also die aufgezeigte Übereinstimmung des Wortlauts
bei Paulus Diaconus und Avitus mit verhaltener Neugier aufnehmen. Singuläre Similien, so erstaunlich sie auch zu sein scheinen, beschwören die
zweifelhafte Vorstellung von einem Dichter, der wie ein eingeschüchterter
Gast im Angesicht eines verschwenderisch bestückten Büffets sich und
seinem Teller nur ein einziges, höchst sparsam dosiertes Häppchen gönnt.
Ein bedauernswerter Gast. Auch ein bedauernswerter Dichter?

Gottlob hat Petrus von Pisa nicht gezaudert, seine Vertrautheit mit dem
Werk des Avitus auch in anderen Versen aufscheinen zu lassen. Diese
Behauptung sei im folgenden am Beispiel der Versus Petri in laude regis
belegt.[14] Das Gedicht umfaßt 61 Verse und bildet, wie Dieter Schaller vor
wenigen Jahren gelehrt hat, einen frühen Panegyrikus auf König Karl.[15]
Fidel Rädle hat Schallers Gedanken kürzlich vertieft und schlüssig aufgezeigt, wie dieses Gedicht „mit undeutlichen Grenzen die sakrale Potenz
auf Gott und den Herrscher" verteilt.[16]

In mehreren Versen dieses Gedichtes huldigt Petrus dankbar dem Vorbild des Avitus. In einem Fall hat er sich nicht einmal gescheut, einen ganzen Vers wörtlich zu übernehmen; Vers 19

> *Pauperibus largo dispensas plurima dono*

---

[12] T. Gärtner (o. Anm. 10), 137/138.

[13] H. E. Stiene, Wandalbert von Prüm, Vita et Miracula sancti Goaris (Lateinische
Sprache und Literatur des Mittelalters, 11), Frankfurt-Bern 1981, 17,3/4; vgl. ebd.
auch 182.

[14] Edition bei Neff (o. Anm. 1), 159–162.

[15] Wahrscheinlich hat Petrus „das Gedicht unter dem Eindruck der Ereignisse von
774–777" verfaßt; vgl. Dieter Schaller, Karl der Große im Licht zeitgenössischer politischer Dichtung, in: Karl der Große und sein Nachwirken. 1200 Jahre Kultur und Wissenschaft in Europa, I: Wissen und Weltbild, hg. v. P. L. Butzer-M. Kerner-W. Ober-
schelp, Turnhout 1997, 193–219 (198–201).

[16] Fidel Rädle, Tugenden, Verdienste, Ordnungen. Zum Herrscherlob in der karolingischen Dichtung, in: Am Vorabend der Kaiserkrönung. Das Epos „Karolus Magnus
et Leo papa" und der Papstbesuch in Paderborn 799, hg. v. P. Godman-J. Jarnut-P.
Johanek, Berlin 2002, 9–18 (14/15).

ist, abgesehen von einer winzigen Abweichung, identisch mit Avitus 6, 305:

Pauperibus largo dispensans plurima dono.[17]

Einige Male hat Petrus Verse des Bischofs von Vienne teilweise ausgeschrieben. So ist das Hemiepes *passae sub tempore carnis* (Vers 57) direkt aus Avitus 3, 409 geschöpft, und Vers 23 *restringis crimina freno* ist vorgebildet bei Avitus 6, 128 *restringere crimina freno.*

Die angeführten Parallelen dürften so gewichtig sein, daß nunmehr auch kleinere Similien zwischen dem Karls-Panegyrikus und den Spiritalis historiae gesta als Zeugnisse der Vertrautheit des Petrus von Pisa mit dem Bibelepos des Avitus ihre Geltung beanspruchen können. Namentlich gilt das für solche Wortverbindungen, die allem Anschein nach nicht zum immergrünen poetischen Formelgut gehören.

Im zweiten Teil seines Panegyrikus erinnert Petrus „an biblische Freunde Gottes, die in der Welt erfolgreich gehandelt und gekämpft haben."[18] Zu ihnen zählt der biblische Urvater Noe, dessen Epitheton *conditor arcae* den Vers 38 beschließt. So hatte es schon Avitus 4, 344 und 391 getan. Die Versklausel in 54 *parturit orbis* entspricht Avitus 3, 182. Weiter: Karls Vater Pippin ist in seinem Tod wieder zur Erde zurückgekehrt bzw. wieder zu Staub geworden (Vers 9): *ipse pater rediit per funus in arvum.* Auch für diese auffällige Junktur dürfte man den Urheber in Avitus sehen, bei dem es 3, 176 heißt: *Limo formatus rursus redigeris in arvum.*

Abschließend wollen wir unseren Blick zurückwenden zu den Eingangsversen des Karls-Panegyrikus. Wir verdanken Dieter Schaller die Entdeckung, daß Petrus auf ein berühmtes poetisches Vorbild Bezug nimmt, auf die programmatischen Eingangsverse von Sedulius' Carmen paschale: „Wenn schon die heidnischen Dichter großtönende Lügengebilde hervorbringen, warum soll ich dann die Wundertaten Christi beschweigen?"[19] Die Anklänge sind nicht zu überhören. Bei Petrus lauten die Verse 1 – 4:

> *Culmina si regum dudum cecinere poetae*
> *Falsaque pompifero dixerunt carmina gestu,*
> *Ut quid famosis splendentia facta triumphis*
> *Torporis lateant Karoli sub tegmine regis?*

Sedulius hatte Buch I seines Carmen paschale mit diesem Gedanken eingeleitet:

---

[17] Vgl. auch Venantius Fortunatus, carm. 6, 4, 17: *Pauperibus largas das esurientibus escas.*

[18] Rädle (o. Anm. 16), 15.

[19] Schaller (o. Anm. 15), 199/200.

> *Cum sua gentiles studeant figmenta poetae*
> *Grandisonis pompare modis ... Et ...*
> *Plurima Niliacis tradant mendacia biblis:*
> *Cur ego, Davidicis adsuetus cantibus odas*
> *Cordarum resonare decem ...*
> *Clara salutiferi taceam miracula Christi?*[20]

Treffend hebt Rädle hervor, daß Petrus die ruhmreichen Wundertaten
Christi, von denen Sedulius künden will, durch die glänzenden Taten des
Königs Karl auswechselt.[21] Doch so unbestreitbar Petrus in den Eingangs-
versen seines Karls-Panegyrikus dem großen Sedulius nacheifert, so wahr-
scheinlich ist auch, daß er zur Gestaltung seines Gedankens einen Vers des
Avitus in sie mit eingeschmolzen hat. Seine Erzählung von der Giganto-
machie im antiken Mythos beschließt der Bischof von Vienne mit den
Versen (4, 108/109):

> *Haec sunt priscorum quae de terrore gigantum*
> *Carmine mentito Grai cecinere poetae.*

Auch Avitus distanziert sich von dem lügenhaften Stoff, den die alten
Dichter besingen; damit folgt er einem wohlbekannten Topos.[22] Quid poetae cum fide? Die Versklausel *cecinere poetae* freilich läßt aufhorchen. Sie
begegnet ja auch im ersten Vers des Petrus. Zwar ist sie seit vorklassischer
Zeit gut bezeugt – schon Lukrez bedient sich ihrer –, aber nach allen Stellen, mit denen wir die Vertrautheit des Petrus mit dem Werk des Avitus zu
belegen versucht haben, kommt ihr doch gerade im vorgestellten Zusammenhang zur Erhärtung unserer Behauptung ein nicht unerhebliches Gewicht zu.

Die eingangs behandelte wörtliche Übereinstimmung zwischen Avitus
und Petrus von Pisa bei der Schilderung der Mittagszeit ist also keine zu-
fällige oder beiläufige Parallele. Vielmehr hat der Frühkarolinger dabei,
wie auch an anderen Stellen seines knappen poetischen Werkes, dankbar
auf den Bibeldichter zurückgegriffen. Wenn wir im oben gewählten Bild
bleiben wollen: Petrus hat sich nicht schüchtern, sondern freudig am üppi-
gen Büffet bedient, das Avitus ihm bereitet hatte.

---

[20] Zitierweise nach Rädle (Anm. 16), 15.

[21] Rädle (o. Anm. 16), 15.

[22] Vgl. z. B. Ludwig Gompf, Figmenta poetarum, in: Literatur und Sprache im europäischen Mittelalter. Festschrift für K. Langosch zum 70. Geburtstag, hg. v. A. Önnerfors - J. Rathofer - F. Wagner, Darmstadt 1973, 53 – 62.

III.

Vatorum – ein Solözismus als Spur zu einer Dichterfeindschaft am Hof Karls des Großen

In seinem Preisgedicht auf Karl den Großen *Surge, meo domno dulces fac, fistula, versus* rühmt Angilbert den verehrten Herrscher neunmal mit dem Schaltvers: *David amat vates, vatorum est gloria David.*[23] Das Gedicht ist von bukolischen, Vergil entlehnten Motiven geprägt, und auch in der Verwendung eines Kehrverses knüpft Angilbert an die Hirtendichtung des Augusteers an. In dessen achter Ekloge tragen die Hirten Damon und Alphesiboeus einen Sangeswettstreit aus. Ihre Strophen beschließen sie jeweils mit einem Schaltvers. Während Damon seine Flöte auffordert, arkadische Lieder zu spielen: *Incipe Maenalios mecum, mea tibia, versus* (man beachte die Nähe zu Angilberts Eingangsvers), beschwört Alphesiboeus seine Lieder, ihm den Daphnis nach Hause zu bringen: *ducite ab urbe domum, mea carmina, ducite Daphnin.*[24]

Wie uns Dieter Schaller in einer fundierten Studie gelehrt hat, gehören Angilberts Verse zur Vortrags- und Zirkulardichtung am Hof Karls des Großen. Ihre Abfassung dürfte in die Jahre 794 oder 795 fallen und damit den verwandten Gedichten Alkuins (carm. 26) und Theodulfs (carm. 25) zeitlich vorangehen.[25]

Keine Aufmerksamkeit hat Schaller dem irritierenden, mit seinem Schaltvers gleich neunmal wiederholten Genitiv *vatorum* geschenkt. Wie sollen wir uns diese seltsame sprachliche Erscheinung erklären, allzumal nach einem unmittelbar voraufgehenden Akkusativ *vates* und dem korrekt

---

[23] Angilberts Gedicht ist herausgegeben von Ernst Dümmler, MGH Poetae I (o. Anm. 1), 360–363. Eine kommentierte Edition bietet R. P. H. Green, Seven Versions of Carolingian Pastoral, Reading 1979, 11–13, Kommentar 52–62. Text, englische Übersetzung und Anmerkungen bei Peter Godman, Poetry of the Carolingian Renaissance, London 1985, 112–119. Text, deutsche Übersetzung und Anmerkungen bei Paul Klopsch, Lateinische Lyrik des Mittelalters, Stuttgart 1985, 104/115 (Anmerkungen 469–471). Der Schaltvers betrifft die Verse 3, 6, 10, 14, 18, 22, 27, 91 und 107.

[24] Die formale Abhängigkeit von Vergil ist schon früh erkannt worden; vgl. Dieter Schaller, Vortrags- und Zirkulardichtung am Hof Karls des Großen, in: Studien zur lateinischen Dichtung des Frühmittelalters (Quellen und Untersuchungen zur lateinischen Philologie des Mittelalters, 11), Stuttgart 1995, 87–109, Nachträge 412–414 (Beitrag zuerst in: Mittellateinisches Jahrbuch 6 [1970], 17–36).

[25] Schaller, Vortrags- und Zirkulardichtung (o. Anm. 24), 102–109. Der Einwand Greens (o. Anm. 23), 52: „the question of priority is hard to determine", ist zwar grundsätzlich berechtigt; andererseits aber hat Schaller seine Datierung aufgrund einer skrupulösen Untersuchung vorgenommen, deren Ergebnis nicht nur schwer zu erschüttern ist, sondern durch unseren Beitrag bestätigt wird.

gebildeten Genitiv *vatum* im Vers 36? Hierauf verweist auch R. P. H.
Green: „The solecism recurs six [!] times (cf. Alcuin, *c.* 42.16) notwith-
standing *gloria vatum* in Juvencus, *Pref.* 11 and Venantius, *c.* 8.3.133, both
authors which he could well have read, and the correct *vatum* in 36.“[26]
Immerhin erinnert Green also auch daran, daß Alkuin – übrigens der Lehrer
Angilberts – sich einmal des sonderbaren Genitivs bedient hat. Ihm folgt
Paul Klopsch, der sich mit dem Hinweis begnügt: „Der Gen. plur. *vatorum*
auch bei Alkuin *Carm.* 42, 16.“[27] Der Alkuin-Vers bietet in der Tat den
einzigen weiteren nachgewiesenen Beleg für *vatorum*; Peter Godmans
Erklärung, diese Form sei „a common variant for the gen. pl. *vatum* (*v.*
36)“[28], ist daher seltsam verfehlt.

Der bei Angilbert und Alkuin begegnende Genitiv *vatorum* ist also aus
mehreren Gründen verdächtig:

1. Das Paradigma von *vates* (oder auch *vatis*) läßt grundsätzlich keinen
Genitiv Plural *vatorum* zu.

2. Alle poetischen Vorbilder, ganz gleich ob sie der klassischen Epoche
oder der Spätantike angehören, kennen nur die reguläre Beugung von *vates*; auch kein Grammatiker erwähnt jemals eine abweichende Genitivbil-
dung *vatorum*.

3. Angilbert zeigt in Vers 36, daß ihm der reguläre Genitiv durchaus
geläufig ist: *quapropter laudat omnis te fistula vatum*.

4. Es wäre Angilbert ein Leichtes gewesen, ein formal korrektes *vatum*
in den Schaltvers einzuflechten, etwa: *David amat vates, est vatum gloria
David*, oder auch: *David amat vates, vatum exstat gloria David*. Ebenso
hätte Alkuin den fraglichen Vers carm. 42, 16 *Vatorum valeant si maculare
melos* regelgerecht gestalten können, z. B.: *Vatum si valeant commaculare
melos*. Beide, Angilbert und Alkuin, hätten unserer Belehrung sicherlich
nicht bedurft.

Was hat die beiden Dichter am Hof Karls wohl dazu ermuntert, ihre
Dichtung mit einem beispiellosen Solözismus zu zieren, mit dem sie im
gelehrten Hofkreis entweder Heiterkeit oder Kopfschütteln auslösen mußten, nicht anders als bei Lateinkundigen heute? Eine schlüssige Antwort
wird es wohl niemals geben können. Aber vielleicht gelingt es, mit der
Hilfe des irregulären Genitivs ein wenig Licht in die Stimmung zu bringen,
die zwischen einigen Gelehrten am Hofe herrschte.

---

[26] Green (o. Anm. 23), 54.
[27] Klopsch (o. Anm. 23), 471.
[28] Godman (o. Anm. 23), 113, Anm. zu Vers 3.

Dazu wollen wir uns zunächst Alkuins Carmen 42 zuwenden, jenem Gedicht, dessen Vers 16 den mysteriösen Genitiv *vatorum* bietet.[29] Es umfaßt elf Distichen und ist, wie die Anrede in Vers 7 verrät, an König Karl gerichtet: *David clarissime consul*. Alkuin schildert, wie er, der *senior* (Vers 4), am frühen Morgen das Bett verläßt und sich aufmacht, um mit ausgewählten Textstellen der alten Autoren die Knaben im rechten Gebrauch des Lateinischen zu unterweisen (Verse 5/6):

> *In campos veterum procurrens carpere flores,*
> *Rectiloquos ludos pangeret ut pueris.*[30]

Mit Vers 11 schlägt der Ton um. Aus dem alten Lehrer, der gerade seine Freude am Unterrichten bekundet hat, wird ein Mann, der sich Anfeindungen ausgesetzt sieht und den König ersucht, ihn vor böswilligen Zungen in Schutz zu nehmen. Es gebe viele, die lieber das Werk eines anderen zerpflückten, als selbst mit einem eigenen an die Öffentlichkeit zu treten. Vielmehr kämen sie sich ausnehmend klug vor, wenn sie das Lied von Dichtern heruntermachen könnten (Verse 15/16). Hier nun erscheint das sonderbare *vatorum*:

> *In hoc se studio sapientes esse putantes,*
> *Vatorum valeant si maculare melos.*

Gegen solche Schmäher solle die reiche Weisheit des Königs die geringen Gedichtchen – oder Worte – des alten Flaccus, Alkuins also, verteidigen (Verse 17/18):

> *Talibus occurrat tua, rex, sapientia dives*
> *defendens Flacci paucula dicta senis.*

Und nun setzt der Dichter eine unüberhörbar angriffslustige Warnung hinzu. Die Schmäher sollten sich gefälligst an den alten Entellus und den jugendlichen Dares erinnern. Sonst erwüchse ihnen aus der Ruhmsucht – wir dürfen vielleicht sagen: aus dem Streben, sich auf Kosten anderer in den Vordergrund zu spielen – am Ende ihr eigener Schaden (Verse 19/20):

> *Sint patris Entelli memores iuvenisque Daretis,*
> *Ne laus quam querunt detrahat ipsa magis.*

Die Warnung ist deutlich, denn die Namen der genannten Kontrahenten sind nur allzu vertraut. Im fünften Buch der Aeneis, in dem Vergil die

---

[29] MGH Poetae I, 253–254.

[30] Zum Inhalt der ersten Gedichthälfte vgl. Schaller, Vortrags- und Zirkulardichtung (o. Anm. 24), 107.

Wettspiele zu Ehren des Anchises schildert, sucht der junge, auf seine Kräfte vertrauende Dares einen Gegner, der sich mit ihm im Faustkampf messen möchte. Doch zunächst stellt sich niemand, und der Herausforderer wähnt sich schon als kampflosen Sieger. Da drängt Acestes den einst berühmten, nunmehr aber gealterten (Vers 409: *senior*!) Faustkämpfer Entellus zu einem letzten Kampf. Am Ende hat der Alte den jugendlichen Dares übel zugerichtet; ihm fallen die losen Zähne aus dem blutigen Mund, und nur das Einschreiten des Aeneas verhindert noch Schlimmeres.[31]

Offenkundig setzt Alkuin voraus, daß Karl die Adressaten der bitterbösen Drohung kennt. Leider jedoch verrät er uns in seinem Vers nicht, welche Schmäher am Königshof wir hinter der Maske des Dares zu suchen haben. Sicher ist nur, daß es sich um junge Männer handeln muß. Oder vielleicht doch nur um einen einzigen, ganz bestimmten jungen Störenfried, dessen Identität Alkuin diplomatisch mit dem verallgemeinernden Plural der Verse 13 – 20 verhüllt?

Die Vorstellung vom Kampf zwischen dem alten Entellus und dem jungen Dares scheint Alkuin nicht losgelassen zu haben. Noch an zwei anderen Stellen seines Werkes erinnert er daran. Aus der ersten freilich spricht tiefe Resignation. In einem Schreiben an König Karl vom März 798 (epist. 145) vergleicht er sich zwar wieder mit dem alten Haudegen der Aeneis; diesmal jedoch sieht er sich als den Entellus, der nach dem letzten Kampf seine Schlagriemen ausgezogen und sie den jüngeren Nachfolgern übergeben habe. Einer von ihnen habe ihm, dem Alten, einen so gewaltigen Schlag versetzt, daß ihm schwarz vor den Augen geworden sei und er sich nur allmählich wieder erholt habe:

Entellus senior effeto corpore dudum cestus deposuit suos, et aetate florentibus cedit illos indui. Ideo aliquis illorum seniorem ingenti pugno percussit, ita ut caligo obversabatur oculos senioris et, vix resumptis viribus, frigidus circa praecordia recaluit sanguis.[32]

Auch in diesem Brief spricht Alkuin zunächst allgemein von jungen Leuten – *aetate florentibus* –, doch sogleich geht es nur noch um einen jungen *Aliquis*, von dem der Senior den vernichtenden Hieb erhalten hat. Damit sind die aus der Aeneis bekannten Verhältnisse auf den Kopf gestellt worden! Auf die Frage, wer denn der siegreiche *Aliquis* sei (der Name des Entellus-Gegners Dares fällt nicht), bleibt Alkuin uns hier die Antwort schuldig. Gewiß scheint nur, daß er seine Versetzung vom Königshof und Erhebung zum Abt des Klosters St. Martin in Tours im Jahre 796 als per-

---

[31] Zum Kampf zwischen Entellus und Dares: Aeneis 5, 362 – 484. Vgl. auch Richard Heinze, Virgils epische Technik, 5. unveränd. Aufl. Darmstadt 1972, 154 – 155.
[32] MGH Epist. IV, 231, 18 – 21.

sönliche Niederlage bzw. als den Sieg eines bestimmten Gegners empfunden hat.

Mitteilsamer, erholter und angriffslustiger wirkt Alkuin in seinem Brief
Nr. 164 vom Beginn des Jahres 799, den er an eine Tochter Karls richtet.[33] In
Tours habe ihn die Nachricht erreicht, der König wolle einige Kirchen auf-
suchen, um in ihnen zu beten. Er hoffe von Herzen, daß auch sein Kloster
darunter sein werde. Das wäre ihm eine besondere Freude. Dann werde er
wie der alte Entellus triumphieren und den Spanier Dares besiegen, der mit
seiner jugendlichen Kraft prahle und den dichtenden Homer verstummen
lasse:

*Tunc habet Flaccus omni laetitia gaudere et more senis Entelli saltare,
tripudiare totis viribus, et Daretem Hispanicum vincere, qui gloriatur in for-
titudine iuvenilis aetatis Homerumque versificantem conticescere facit.*[34]

Allem Anschein nach hat Alkuin an dieser Stelle die Katze aus dem
Sack gelassen. Der Dichter Homer im Umkreis Karls des Großen ist bekanntlich Angilbert, wie bereits erwähnt, ein Schüler Alkuins. Die Identität
seines Gegners Dares ist zwar auch hier nicht verraten, aber der ausdrückliche Hinweis auf dessen spanische Herkunft läßt wenig Zweifel daran, daß
die Rede nur von einem sein kann: von Theodulf. Auf ihn paßt auch der
von Alkuin betonte Altersunterschied; Theodulf war etwa ein Menschen-
alter jünger als der um 730 geborene Alkuin.

Wenn wir Alkuins Worte richtig gedeutet haben, gab es an Karls Hof
erhebliche Spannungen zwischen Alkuin und Angilbert auf der einen und
Theodulf auf der anderen Seite. Sie dauerten auch fort, als Alkuin und
Theodulf ihre jeweiligen Ämter als Abt von Tours bzw. Bischof von Orléans angetreten hatten.

Vermutet hatte solche Spannungen bereits Dieter Schaller. Er hatte erkannt, daß Theodulf in seinem Carmen 25 auf eine Stelle in Alkuins Gedicht 26 repliziert.[35] Darin drängt letzterer den königlichen Küchenmeister
Audulf, genannt Menalcas, seine Köche anzuhalten, ihm warmen Brei auf-
zutischen (Verse 48–49):

---

[33] MGH Epist. IV, 266. Um welche Tochter Karls es sich handelt, ist nicht sicher.
[34] MGH Epist. IV, 266, 21–23.
[35] Schaller, Vortrags- und Zirkulardichtung (o. Anm. 24), 100/101. Gewisse Un-
ebenheiten im persönlichen Verhältnis zwischen Alkuin und Theodulf erahnt hatte zuvor schon Wolfram von den Steinen, Karl und die Dichter, in: Karl der Große. Leben und
Nachleben, II: Das geistige Leben, hg. v. Bernhard Bischoff, Düsseldorf 1966, 63–94
(83): „Dieser … Teil des Poems (sc. carm. 25), gut seine zweite Hälfte, verteilt viele
Worte des Lobes, würzt es aber gern mit verstecktem oder auch offenem Spott, dem
selbst der an sich verehrungsvoll geschilderte Alkuin nicht ganz entgeht."

Ipse Menalca coquos nigra castiget in aula,
Ut calidos habeat Flaccus per fercula pultes.[36]

Folgen wir Schallers Überlegungen zu Theodulfs Replik im Carmen 25:
„Wir bemerken nun, daß auch in Theodulfs Gedicht die *pultes* unmittelbar
neben dem Namen Alcuins stehen – doch in welch anderer Nuancierung!
Theodulf hat gerade vergnüglich-mokant geschildert, wie der *pater Albinus*
es sich an der königlichen Tafel wohlsein läßt, wie er auch den alkoho-
lischen Getränken herzhaft zuspricht und dabei immer redseliger wird:

195   *Quo melius doceat, melius sua fistula cantet,*
            si doctrinalis pectoris antra riget.

Nun aber folgt unmittelbar, fast etwas heftig, mit der Verwünschungs-
formel am Anfang:

197   *Este procul, pultes et lactis massa coacti,*
            sed, pigmentati, sis prope, mensa cibi!

Theodulf wünscht also die langweiligen Alltagsgerichte (Hafer- oder Hir-
sebrei und eingedickte Milch oder Quark) an diesem festlichen Tage nicht
auf der Tafel des Königs – stattdessen soll es scharfgewürzte Fleischge-
richte geben. Mir ist es nicht vorstellbar, daß Alcuin nach dem Ertönen
dieses *Este procul pultes* am Hofe noch in einem eigenen festlichen Vor-
tragsgedicht seinem bescheidenen Vergnügen an warmem Brei in einem
Vers wie dem oben zitierten 26. 49 Ausdruck geben konnte."[37]

Mit sicherem Gespür erkennt Schaller in den etwas faden *pultes* eine
Metapher für Alkuins Geistigkeit, mit welcher die deftige Speise, die
Theodulf selbst an diesem Festtage zu bieten hat, deutlich kontrastiert, und
er überlegt irritiert: „Speisemetaphorik als Waffe im Kleinkrieg eines Hof-
poeten mit einem andern? Ich weiß mir jedenfalls keine bessere Erklärung
der Textstellen."[38]

Ganz gleich, ob man von Spannungen, Feindschaft oder gar Kleinkrieg
spricht – man kommt nicht um den Befund herum, daß Alkuin und Theodulf einander nicht mochten. Über die Gründe kann man nur spekulieren,
doch dürfen wir vermuten, daß Theodulf als der begabtere, brillantere und
‚intellektuellere' Theologe und Dichter, der um 785 an den Königshof

---

[36] MGH Poetae I, 246.

[37] Schaller, Vortrags- und Zirkulardichtung (o. Anm. 24), 100.

[38] Schaller, Vortrags- und Zirkulardichtung (o. Anm. 24), 101. – Zur wissenschaft-
licheren Haltung des Theodulf gegenüber dem Bibeltext im Gegensatz zu Alkuin vgl.
etwa B. Fischer, Lateinische Bibelhandschriften im frühen Mittelalter, Freiburg/Br.
1985, 94f. 137–140.

gerufen worden war, sich dem älteren, poetisch hausbackeneren Alkuin überlegen fühlte und nicht daran dachte, mit seiner Sicht der Dinge hinter dem Berg zu halten. Auch Angilbert, der zu Alkuin stand, fand nicht das Wohlwollen des Homo novus am Hofe, dessen Selbstwertgefühl gewiß noch durch frühe offizielle Aufträge gesteigert wurde, zu fundamentalen, die Grenzen der Hofschule wahrlich überschreitenden kirchenpolitischen und theologischen Fragen Stellung zu beziehen. Auch machte Theodulf die geschmeidigeren Verse, war er doch – eine Besonderheit in jener Zeit, die er mit niemandem teilt – an den Dichtungen Ovids geschult. Bekannt ist seine Bereitschaft, seine Hofgenossen ironisch, spöttisch oder gehässig ab-zukanzeln; Theodulf demonstriert sie in der Vortragsdichtung carm. 25 an dem ihm verächtlichen Wibod und einem Scottulus.[39] Ob er mit giftigen Invektiven immer die Lacher auf seine Seite brachte, ist eher fraglich. Theo-dulfs Sonderstellung bei Hofe bekundet sich wahrscheinlich auch darin, daß ihm allein kein Sobriquet aus Mythologie, antiker Literaturgeschichte oder Altem Testament beigelegt wurde. Hat er dieses etwas betuliche Spiel als unwürdige Albernheit von sich gewiesen? Wir können es nur ahnen.

Wenn Alkuin und Theodulf aber einander so ablehnend gegenüberstan-den, wie wir es zu belegen unternommen haben, dann müssen wir uns fra-gen, ob die Würdigung Alkuins in Theodulfs eben erwähntem Gedicht 25 so gutmütig gemeint ist, wie es scheint und altgewohnt gedeutet wird. Man kann die Verse 131 – 140 durchaus auch mit böswilligem Grinsen lesen:

> *Sit praesto et Flaccus, nostrorum gloria vatum,*
> *Qui potis est lyrico multa boare pede.*
> *Quique sophista potens est, quique poeta melodus,*
> *Quique potens sensu, quique potens opere est.*
> *Et pia de sanctis scripturis dogmata promat,*
> *Et solvat numeri vincla favente ioco.*
> *Et modo sit facilis, modo scrupea quaestio Flacci,*
> *Nunc mundanam artem, nunc redibens superam:*
> *Solvere de multis rex ipse volentibus unus*
> *Sit bene qui possit solvere Flaccidica.*

Wir können nur einige Punkte herausgreifen, um unsere These zu stüt-zen. Theodulf preist Alkuin als Theologen; dabei hat er auf diesem Felde selbst schon als junger Mann den Ruhm des alten Angelsachsen übertrof-fen. Er rühmt ihn, jedenfalls scheinbar, als *nostrorum gloria vatum*. Doch ebenso wie seine Zuhörer weiß er sehr wohl, daß er selbst der weitaus ge-

---

[39] Schaller, Vortrags- und Zirkulardichtung (o. Anm. 24), 95/96.

wandtere Dichter ist. Das läßt Theodulf seinen Gegner auch formal spüren, nämlich durch ermüdende, schwerfällige Anaphern und Wortwiederholungen, wie sie in diesem Gedicht nur hier vorkommen. In den Versen 132 – 134 drängen sich *qui potis* und *quique potens* (*est*), während die drei folgenden Verse 135 – 137 jeweils mit *et* beginnen. Die Wiederholungen setzen sich in 137 und 138 mit *modo – modo* bzw. *nunc – nunc* fort: Antithesen von der rhetorischen Stange. Kein Zweifel, Theodulf parodiert Alkuin. So dichtet – was heißt dichtet –, so leiert, um nicht zu sagen: lallt eben jemand, der warmen Brei sein Leibgericht nennt und zum Zwecke poetischer Inspiration – und beflügelteren Lehrens: *quo melius doceat* (Vers 195) – den Alkohol bemüht.[40] Den Vers 140, mit dem Theodulf sein Portrait Alkuins beschließt, könnte man folglich ganz für sich sprechen lassen: Wohl dem, der die Rätsel des Flaccus zu lösen vermag!

Doch im selben Gedicht attackiert Theodulf seinen alten Gegner noch einmal. Im Distichon 145/146 gedenkt er des damals gerade vom Hofe abwesenden Angilbert:[41]

> *Dulce melos canerem tibi, ni absens, dulcis Homere,*
> *Esses, sed quoniam es, hinc mea Musa tacet.*

Damit greift er ein Verspaar des zeitlich vorangehenden Gedichts 26 von Alkuin auf. Darin hatte dieser seinem Schüler versprochen, ihn nach dessen Rückkehr mit gebührenden Versen zu empfangen (Verse 45/46):

> *Fistula tunc Flacci proprium tibi carmen, Homere,*
> *Iam faciet, tu dum sacram redieris ad aulam.*

Es scheint, daß Theodulf Alkuin auch hier parodiert, indem er für einen Augenblick des Vortrags die Maske des alten Hoflehrers anlegt. Effektvoll fällt er in den Ton Alkuins, mehr noch, er äfft ihn nach: Theodulf gebraucht die Apostrophe *dulcis Homere* nur an dieser Stelle. Sie ist indes charakteristisch für Alkuins Verhältnis zu Angilbert und begegnet in seinen Gedichten viermal, wie denn *dulcis* überhaupt zu seinen bevorzugten Epitheta zu zählen ist.[42] Die gewinnende Anrede bei Theodulf hat selbst

---

[40] Die zuweilen feuchtfröhliche Stimmung im Kreise Alkuins hebt auch Heinrich Fichtenau, Das karolingische Imperium. Soziale und geistige Problematik eines Großreiches, Zürich 1949, 101/102, hervor.

[41] Zu Angilberts Abwesenheit vom Hofe im Jahre 796 vgl. Schaller, Vortrags- und Zirkulardichtung (o. Anm. 24), 90/91.

[42] Die Apostrophe *dulcis Homere* begegnet carm. 16, 3; 37, 1 u. 2 und 60, 22. Auch für König Karl benutzt Alkuin *dulcis* als stetiges Epitheton. Hierzu bemerkt W. von den Steinen (o. Anm. 35), 76: „Wieder und wieder gibt er ihm das altgehegte Beiwort *dulcis*, das sich trotz seines größeren Radius wohl doch nur mit ‚süß' übersetzen läßt."

einen feinfühligen Gelehrten wie Wolfram von den Steinen überrumpelt, der aus dem fraglichen Verspaar die ganz gegensätzliche Wertung herauslas: „Einzig der abwesende Angilbert bekommt in nur einem Distichon uneingeschränkte Zuneigung zu hören."[43]

An dieser Stelle gilt es, sich der scharfsinnigen Analyse von Theodulfs Carmen 27 zu erinnern, die Dieter Schaller vor über drei Jahrzehnten vorgenommen hat.[44] Es handelt sich um ein Briefgedicht, das wahrscheinlich „nach Mai 796 anzusetzen"[45] ist und hinter der Maske von Vogelnamen junge Leute der Hofschule bissig aufs Korn nimmt. Der darin angesprochene *Corvus, Corvulus, Corvinianus* ist niemand anders als der „krächzende" junge Hrabanus Maurus, auch er ein Schüler Alkuins, den Theodulf ironisch verunglimpft. Was haben wir von einem anderen Vogel in diesem bunten Käfig zu halten, einem Papagei, der sich im Nachplappern verschiedener Musen gefällt und ausgerechnet Angilberts Dichtungen verschandelt, „deine Dichtungen, *vatis Homere*"?[46] Mag sein, daß er, wie Schaller und frühere Gelehrte geurteilt haben, zu den in Theodulfs Augen kleinen Geistern, Anfängern und stümperhaften Imitatoren gehört.[47] Nach unseren Ausführungen kann aber auch der solidarische Schulterschluß mit Angilbert nur bare Ironie sein. Keineswegs zählt Theodulf diesen, wie Schaller gemeint hat, zu den Großen am Hofe.[48] Im Gegenteil, in diesem Verspaar kristallisiert die herzliche Verachtung, die Theodulf für den ganzen ‚Alkuin-Clan' empfindet und die seine eigene Sonderstellung am Hofe erklärt. Gerade aus ihm höhnt nur „die scheinbar wohlmeinende Freundlichkeit", die Schaller sonst bei Theodulf gegenüber Hraban, dem „jungen Raben", beobachtet.[49] Was für ein Hohn: ein Papagei, der sich darin gefällt, Angilberts Stümpereien nachzuplappern!

Es liegt nahe, auch in Theodulfs Spiel mit Vogelnamen eine Imitation Alkuins zu sehen, in malam partem, versteht sich. Wiederholt hat Alkuin in Gedichten und Briefen ein offenes Versteckspiel mit Vogelnamen getrie-

---

[43] Von den Steinen (o. Anm. 35), 83.

[44] D. Schaller, Der junge ‚Rabe' am Hof Karls des Großen (Theodulf, carm. 27), in: Studien zur lateinischen Dichtung des Frühmittelalters (o. Anm. 24), 110–128, Nachträge 415–419 (Erstveröffentlichung in: Festschrift für B. Bischoff zu seinem 65. Geburtstag hg. von J. Autenrieth–F. Brunhölzl, Stuttgart 1971, 123–141). Edition des Gedichts in: MGH Poet. I, 490–493.

[45] Schaller, Der junge Rabe (o. Anm. 44), 119.

[46] Verse 5/6: *Psittacus et varias imitatur voce camoenas, / Commaculans musas, vatis Homere, tuas.*

[47] Vgl. Schaller, Der junge Rabe (o. Anm. 44), 127.

[48] Schaller, Der junge Rabe (o. Anm. 44), 127.

[49] Schaller, Der junge Rabe (o. Anm. 44), 128.

ben, so in seinen ‚Versus de cuculo' (carm. 57), wo sich hinter dem Kuk-
kuck sein Schüler Dodo verbirgt, oder im (späteren) Brief 181, in dem er
„sich selbst und die politischen Akteure des Jahres 799 durchweg mit Vogelnamen" bezeichnet.[50] Theodulf macht sich über Alkuins Vogelkolonie
lustig. Offenbar bot ihm diese Marotte des alten Angelsachsen ebenso eine
willkommene Zielscheibe wie die schon erwähnten literaturgeschichtlichen
oder biblischen Decknamen, die für zahlreiche Personen am Hof König
Karls zirkulierten. Es gilt ja als wahrscheinlich, daß niemand anders als
Alkuin sie in Umlauf gebracht hatte.[51] Theodulf hatte, darin ist Schaller
beizupflichten, „nicht gerade sympathische Gefühle für diejenigen …, die
er als Raben bezeichnet". Unbedingt einzuschließen in diese unfreundli-
chen Gefühle jedoch sind, und hierin gehen wir über Schallers Analyse
hinaus, Angilbert und vor allem der alte Hofschullehrer Alkuin.

Ziehen wir ein vorläufiges Resümee: Alkuin und Theodulf haben keinen geselligen, freundschaftlichen Umgang gepflogen. Im Gegenteil, wir
haben allen Grund anzunehmen, daß sie einander spinnefeind waren. Allzu
gegensätzlich waren die beiden Geister, die an Karls Königshof aufeinan-
derprallten. Dazu fügt sich die Feststellung Brunhölzls, Theodulf sei ein
Humanist gewesen; nie habe er, „wie Alkuin noch in seinen letzten Jahren,
die Alten abgelehnt."[52] Das verwundert nicht: Wer ist schon so weitherzig,
sich die Vorlieben seines Feindes zu eigen zu machen? Die spätere räumli-
che Trennung der beiden Gegner, hier Alkuin als Abt in Tours, dort Theodulf als Bischof in Orléans, hat an ihrer Feindschaft, wie schon erwähnt,
nichts geändert. Wahrscheinlich war die über Jahre gewachsene gegenseitige Abneigung sogar der fruchtbare Nährboden für das schwere offene
Zerwürfnis, zu dem es 802 kam. Einem Kleriker, der in Orléans für ein
Vergehen bestraft worden war, gelang die Flucht nach Tours in Alkuins
Kloster St. Martin, wo er am Altar der Kirche Asyl suchte – er schien zu
wissen, wer ihn gegen Theodulf in Schutz zu nehmen bereit war. Doch
dieser schritt mit Waffengewalt dagegen ein. „Schließlich mußte eine kai-
serliche Verfügung herbeigeführt werden, die zuungunsten Alcuins lautete
– ein Ereignis, das Alcuin seine letzten beiden Lebensjahre ziemlich ver-

---

[50] Schaller, Der junge Rabe (o. Anm. 44), 125; dort auch weitere Beispiele.
Vermutlich sind hinter manchen der Alkuinschen ‚Vogel-Gedichte' noch unerkannte,
reizvolle Bezüge zu entdecken.
[51] Vgl. A. Önnerfors, Die lateinische Literatur der Karolingerzeit, in: Neues Handbuch der Literaturwissenschaft, VI: Europäisches Frühmittelalter, hg. v. Klaus von See,
Wiesbaden 1985, 151–187 (161).
[52] F. Brunhölzl, Geschichte der lateinischen Literatur des Mittelalters, 1, München
1975, 292.

gällt hat."[53] Mit dem dramatischen Vorfall aus dem Jahre 802 lodert eine Feindschaft zwischen zwei der bedeutendsten Gestalten ihrer Epoche hell auf, die bis dahin für uns nur als Schwelbrand unter der Oberfläche erkennbar ist.

Unsere Deutung verführt dazu, eine Chronologie der poetischen Abläufe am Königshof um die Mitte der 790er Jahre aufzustellen. Zumindest sei es gestattet, ein wenig darüber zu spekulieren, wobei davon auszugehen ist, daß die damaligen Ereignisse keineswegs eine in sich abgeschlossene Einheit bilden dürften, sondern Teil eines Prozesses sind, der vorher begonnen hat und noch Jahre später seine Fortsetzung findet. Zunächst tritt Angilbert mit einem Zirkulargedicht hervor, möglicherweise mit jenem 108 Verse umfassenden *Surge, meo domno dulces fac, fistula, versus*. Während Angilberts Abwesenheit vom Hofe stellt Alkuin sein Carmen 26 vor. Theodulf gießt seinen Spott darüber aus, wie er es vermutlich auch schon über andere Gedichte Alkuins getan hat. Nun wendet sich letzterer an König Karl; im Carmen 42 zürnt er, weil der Kritiker (eigentlich ,die': Alkuin spricht ja verallgemeinernd im Plural) sich zwar über andere erhaben dünke, selbst aber keine eigenen poetischen Produkte vorzustellen geneigt sei. Auf diese Herausforderung Alkuins antwortet Theodulf schließlich selbstbewußt mit dem bis dahin weitaus umfänglichsten Zirkulargedicht, dem 244 Verse umfassenden Carmen 25. Damit nimmt er gleichsam einen poetischen Rundumschlag vor, in dem er ebenso brillant wie höhnisch-triumphierend mit seinen Gegnern abrechnet. Nicht viel später schlägt er mit seinem Carmen 27 in die gleiche Kerbe.

Es drängt sich die Frage auf, ob das seit Generationen verinnerlichte liebenswerte Bild von der geselligen, freundschaftlich-gelehrten Atmosphäre am Hof Karls des Großen die Wirklichkeit widerspiegelt. Oder erfreuen wir uns am Ende an einer bloßen Chimäre, einem Trugbild, herausgelesen aus den warmherzigen, gewiß ehrlich empfundenen Stimmungen des Hoflehrers Alkuin, der uns mit fröhlichen Farbtönen einen – seinen – heiteren Musengarten gemalt hat? Wie bitter ist ihm dann doch die abgenötigte (!) Entfernung aus dieser seiner persönlichen Idylle geworden: *O mea cella, mihi habitatio dulcis, amata*, mit diesem Vers beginnt sein berühmtes, anrührendes Gedicht 23.[54]

Mit ganz anderen Augen betrachtet der junge Theodulf die Szene. Er ist hier ein Außenseiter, er gehört nicht dazu, hat seine hohe Bildung anderswo genossen und sich niemals mit Inhalten, Gepflogenheiten und Um-

---

[53] Schaller, Vortrags- und Zirkulardichtung (o. Anm. 24), 89.
[54] MGH Poet. I, 243/244.

gangsformen der Schule Alkuins identifiziert. Derselbe Gegenstand, der den alten Angelsachsen zur Genremalerei inspiriert, formt Theodulf zum Karikaturisten. Seine überlegene formale Meisterschaft und intellektuelle Schärfe verhelfen ihm dabei zu einem unangreifbaren Selbstbewußtsein, das er in Gedichten wie dem Carmen 25 glänzend entfaltet. Gerade dieses Gedicht ist eine hochgemute Demonstration seiner Sonderstellung und poetischen Potenz sowie eine höhnische Abrechnung mit der von ihm verachteten Gegenpartei. Schwerlich spiegelt es „festlich-hochgestimmt" die „Euphorie eines Festtages",[55] jedenfalls nicht im Sinne einer Dichtung, deren Urheber nach Harmonie und allgemeinem Einvernehmen strebt und mit herzlichem Übermut in die geneigte versammelte Runde blickt. Vielmehr scheint Theodulf mit lächelnd herausfordernder Gebärde zu bekunden: Was i h r könnt, kann i c h schon lange – und besser! Aus diesem Blickwinkel betrachtet sind die Grundstimmungen von Carmen 25 und 27 gar nicht so weit voneinander entfernt, wie es in Schallers Deutung den Anschein hatte. Auch Theodulfs Carmen 25 ist, jedenfalls in weiten Teilen, „voller Zweideutigkeiten, Sticheleien und Bosheiten."[56] Beizupflichten ist folglich Wolfram von den Steinens Ahnung, „wie spannungsvoll es in diesem Kreise zuging", anzuzweifeln hingegen seine glättende Gewißheit: „und doch und gerade so halten sie zusammen."[57]

Noch einmal: Ist unsere Vorstellung von der gelehrt-geselligen Atmosphäre an Karls Hof ein Phantasiegebilde? Man bedenke, daß zumindest das Phänomen der Vortrags- und Zirkulardichtung nur für einen kurzen Augenblick in wenigen Zeugnissen vorbeihuscht. Dabei zeigt sich Theodulf, wie wir zu zeigen versucht haben, nicht etwa als liebevoller Teilnehmer, sondern als galliger Widerpart. Er spielt lediglich mit, um auftrumpfend seine Gegnerschaft zu feiern.

Schon bald zerplatzt denn auch die gesellige – Seifenblase? Jedenfalls wird Alkuin, der Mann, der jahrelang als Lehrer im Mittelpunkt der Hofschule gestanden hatte, noch 796, jenem Jahr, in dem die Feindseligkeiten der rivalisierenden Lager am Hof zu eskalieren scheinen, nach Tours abberufen. Sein noch jugendlicher Schüler Hrabanus Maurus folgt ihm dorthin. Alkuins anderer, schon älterer Schüler Angilbert wird im selben Jahr in diplomatischer Mission nach Italien entsandt. Der weitere Werdegang Theodulfs bleibt für eine kurze Zeit im Dunkeln. 798 jedenfalls ist er als Bischof von Orléans nachgewiesen; wann genau er dieses Amt angetreten hat, ist nicht bekannt. Die Frage, ob wir bei unserer Vorstellung von einer

---

[55] Schaller, Der junge Rabe (o. Anm. 44), 124 und 119.

[56] Schaller, Der junge Rabe (o. Anm. 44), 124; vgl. auch 119.

[57] Von den Steinen (o. Anm. 35), 83/84.

launigen Gelehrtenrunde am Hof Karls des Großen womöglich einer Fata Morgana folgen, ist zu vielschichtig, als daß sie schon an dieser Stelle schlüssig beantwortet werden könnte. Eine neue, belebende Diskussion darüber scheint aber dringend geboten.

Doch kommen wir noch einmal auf die Frage zurück, von der wir ausgegangen waren, die wir aber bei unseren Überlegungen ganz aus den Augen verloren haben: Wie ist der sonderbare Genitiv *vatorum* bei Alkuin und Angilbert zu erklären? Ehrlich gesagt, wir wissen es nicht. Aber man darf ein wenig spekulieren. Denkbar wäre, daß die beiden Dichter einen im Unterricht oder bei sonstiger Gelegenheit unterlaufenen Lapsus linguae oder calami scherzhaft aufgenommen und in ihrer Dichtung verewigt hätten. War einer der beiden Beteiligten der Urheber? Oder König Karl? Oder gar, wenn auch wenig wahrscheinlich, Theodulf? War es überhaupt nur eine Laune, ein Spaß, die irreguläre Form in den Vers zu fügen? Es fällt auf, daß sich die Verwendung von *vatorum* nur auf den Lehrer Alkuin und seinen Schüler Angilbert beschränkt; sie stehen zusammen, werfen sich als Wissende einen Ball zu.

Für uns hingegen sind diese Überlegungen rein spekulativ. Gesichert scheint mir, daß der Genitiv *vatorum* eine wie auch immer geborene künstliche Bildung ist. Keinesfalls fügt er sich zu jenen Beispielen für den lautlich gewichtigeren Genitiv-Ausgang *-orum*, der sich außerhalb der o-Deklination in der Antike und im frühen Mittelalter in volkstümlichen oder anspruchslosen Texten findet und zum Teil in die romanischen Sprachen hinein fortsetzt, etwa *fratrorum, mensorum* oder *parentorum*.[58] Hingegen ist *vates* allein ein Wort der gehobenen Dichtersprache; dem lebendigen Latein gehörte es seit alter Zeit nicht mehr an.[59] Und sehr einsam ist die Notiz des Grammatikers Caper, daß *vates* bei den Alten *vatius* gelautet habe.[60] Von hier führt gewiß keine Linie an die Hofschule Karls des Großen, abgesehen davon, daß diese Variante den Genitiv **vatiorum* gebildet hätte.

Die Frage, wie der Genitiv *vatorum* in die Verse von Alkuin und Angilbert geraten ist, wird vermutlich immer ungelöst bleiben. Auf jeden Fall aber steckt viel mehr dahinter als ein versehentlicher Griff in die falsche ‚Deklinationskiste‘.

---

[58] Vgl. P. Stotz, Handbuch zur lateinischen Sprache des Mittelalters, IV: Formenlehre, Syntax und Stilistik (Handbuch der Altertumswissenschaften II.5.4), München 1998, § 10.7 (29/30). Unser *vatorum*-Beleg erscheint hier meines Erachtens zu Unrecht.

[59] Folgerichtig gibt es keinen *vates*-Eintrag bei Wilhelm Meyer-Lübke, Romanisches etymologisches Wörterbuch, Heidelberg ⁵1972.

[60] W. M. Lindsay, Die lateinische Sprache. Ihre Laute, Stämme und Flexionen in sprachgeschichtlicher Darstellung. Übersetzung v. H. Nohl, Leipzig 1897, 430.

WIENER STUDIEN, Band 118/2005, 213–232
© 2005 by Österreichische Akademie der Wissenschaften Wien

Rezensionsaufsatz

MICHAEL VON ALBRECHT / HEIDELBERG

Neue Vergilstudien: Selbstzitat, Poetologie, Intertextualität

Im Folgenden bespreche ich drei europäische Arbeiten aus jüngster Zeit, die, wie mir scheint, traditionelle und neue Wege zum Verständnis der Aeneis produktiv verbinden.

Rüdiger N i e h l, Vergils Vergil: Selbstzitat und Selbstdeutung in der Aeneis. Ein Kommentar und Interpretationen. Frankfurt am Main: Peter Lang 2002. 249 S. (Studien zur klassischen Philologie. 134.) ISBN 3-631-38649-4

In Ergänzung zu den höchst schätzbaren angelsächsischen Kommentaren zu einzelnen Büchern der Aeneis[1] liegt mit N.s Buch seit längerer Zeit erstmals wieder ein Gesamtkommentar zu diesem Werk vor. Der Ansatz ist neu. Seit etwa fünfzig Jahren setzt sich in der klassischen Philologie allmählich die historisch korrekte Aussprache des Lateins und der historisch korrekte Vortrag antiker Verse durch. Trotzdem fehlt es noch immer an Arbeiten, die diese neuen Erkenntnisse für die Literaturinterpretation fruchtbar machen. Ein Anliegen von N. ist, die Aeneis als ein Sprachkunstwerk für den mündlichen Vortrag zu interpretieren, in der Hoffnung, daß diese neue Betrachtungsweise auch auf andere Werke der antiken Dichtung in größerem Maße Anwendung findet. Vergils Aeneis ist von einem Geflecht lautlicher Motive durchzogen, die syntaktisch, semantisch und lexikalisch variiert werden, aber eine einheitliche phonetische Struktur bewahren und auf subtile Weise Bau und Sinn des Werkes unterstreichen. Die bisherige Forschung zu Vergils Selbstzitaten hat diese Formeln in der Regel nur zur Entscheidung von Fragen der Entstehungschronologie herangezogen,[2] dabei aber zumeist die Wirkung im Vortrag außer acht gelassen. Dadurch wurden zahlreiche Referenzen nicht erkannt, die sich nicht lexikalisch, sondern phonetisch konstituieren; ja sogar der Motivcharakter geriet soweit in den Hintergrund, daß Schlüsse für die Interpretation meist gar nicht erst gezogen wurden (selbst W. Moskalew zeigt nur gelegent-

---

[1] Zuletzt: Virgil, Aeneid 7. A Commentary by N. Horsfall, Leiden 2000.

[2] Z. B. Th. Berres, Die Entstehung der Aeneis, Hermes Einzelschriften 42, Wiesbaden 1982.

lich interpretatorische Ansätze;[3] viele einschlägige Einsichten sind dagegen in Zeilenkommentaren versteckt).[4]

N. liefert deshalb nicht nur eine Liste vergilischer Selbstreferenzen, sondern bietet in der Form eines Zeilenkommentars für jede Passage der Aeneis Kurzdeutungen zu den das literarische Verständnis erhellenden Selbstzitaten an, um so die ursprünglich auf den mündlichen Vortrag abgestimmten lautlichen Effekte für den modernen Leser faßbar zu machen. Mit Rücksicht auf einen internationalen Leserkreis, aber auch um die Lautgestalt der zitierten Passagen möglichst zu bewahren (und den Umweg über Übersetzungen zu vermeiden, die den Text nur verwässern und ohnehin nicht mit ihm dekkungsgleich sind), ist dieser Kommentar, der sich auch als Grundlage und Hilfsmittel für künftige Interpretationen versteht, auf lateinisch abgefaßt.

Der Kommentar unterscheidet (in der Regel lediglich aufgelistete) „erkennbare" und (durchgehend kommentierte) „signifikante" Reminiszenzen; als erkennbar gelten dem Verfasser alle lautlichen Motive, bei denen sich „mit gutem Willen an wenigstens einer Stelle ihres Vorkommens eine absichtliche Bezugnahme auf eine andere Stelle vermuten läßt", während als signifikant die Fälle gekennzeichnet werden, „in denen inhaltliche oder formale Gründe die Annahme intentionaler Verweise zwingend erscheinen lassen" (8).

Offenkundige, kleinräumige Verweise, die der Leser auch ohne besonderen Hinweis deuten kann (wie beispielsweise die Formel *comes infelicis Ulixis* in den Versen 3,613 und 691, mit der die Erzählung des Achaemenides umrahmt wird; ebenso 4,232–237 und 270–276), bleiben ebenfalls in der Regel unkommentiert. Dadurch wird dem Benutzer die Weitschweifigkeit eines Kommentars zu jeder zweifelhaften Reminiszenz erspart, während gleichzeitig die Auswahl des Signifikanten überprüfbar bleibt. Die knappen Kommentare sind als Anregungen für ausführlichere Interpretationen zu verstehen; punktuell werden sie im dritten Werkteil ausgeführt. Daß N. sich hier nicht zu mechanischer Anwendung seiner hermeneutischen Methode hinreißen läßt, zeigt z. B. seine gelungene Interpretation des oft mißdeuteten Errötens der Lavinia (zu 8,390 und 12,66; ebenso differenziert sein Kommentar zu Turnus' Ruhmesstreben, 12,49).

Zu dem lateinischen Zeilenkommentar treten zwei deutschsprachige Teile, die den Materialbefund in größerem Zusammenhang auswerten und weitere Methoden demonstrieren, wie die genauere Kenntnis des antiken Vortrags für die Interpretation nutzbar gemacht werden kann. Der Abschnitt „Statistische Auswertung" analysiert die Verteilung der Referenzen innerhalb des Gesamtwerkes und untersucht besonders aufschlußreiche Motivketten, um das referentielle Relief der Einzelbücher zu erforschen. Die systematische Betrachtung der Selbstzitate erweist sich als ein brauchbares Mittel, um Kernszenen der Erzählung herauszuarbeiten und so die Brücke von der motivischen zur strukturellen und narrativen Analyse zu schlagen. Auffallend ist die Verflechtung durch Selbstzitate zwischen den Büchern 1 und 12; neben dieser Rahmung des Werkganzen betonen enge Bezüge zwischen Buch 1 und 7 sowie Buch 7 und 12 die Gliederung der Aeneis in zwei Hälften. Die ‚Reisebücher' 3 und 8 sind ebenfalls besonders auf einander bezogen, ebenso wie die in vieler Hinsicht spiegelbildlichen Bücher 9 und 11. Bedeutsam ist die starke Einbindung des vierten Buches in die Erzählung; die bedeutungstragenden Bezüge reichen sogar in die Dido eher fernstehenden Bücher 2, 5 und

---

[3] W. Moskalew, Formular Language and Poetic Design in the Aeneid, Leiden 1982.
[4] Z. B. bei R. D. Williams, The Aeneid of Virgil, Basingstoke-London 1972.

11 hinein. Zahlreiche Verweise an unheilvollen Stellen der Kampfbücher und vor allem im 12. Buch deuten zudem die Wirkung von Didos Fluch an.

Auch innerhalb einzelner Bücher lassen sich an der Verwendung der Reminiszenzen narrative Gestaltungsabsichten ablesen, wie etwa im Falle des zweiten Buches; hier setzt Vergil die Technik des Selbstzitats sparsam ein, um gezielt wichtige Szenen hervorheben zu können (Hektors Erscheinung, den Tod des Priamus, das Eingreifen der Venus und die Erscheinung Creusas). In der eigentlichen Kampfbeschreibung suggerieren die intertextuellen Bezüge zu den Georgica eine Klimax der Gewalt, die im Tode des Priamus gipfelt.

Im Teil „Einzeluntersuchungen" werden zentrale Szenen, Motive und Figuren der Aeneis in der Zusammenschau der thematisch einschlägigen Selbstzitate neu interpretiert. Gegenstände eigener Interpretationen sind: die narrative Einbettung der Naturschilderungen („Landschaft und Handlung"), die Erzählstruktur des 9. Buches („Nisus und Euryalus"), die assoziative Untermalung der Dido-Figur („Didos Doubles"), die Verwendung der Georgica als Subtext der Aeneis („Die Georgica und die Aeneis"), die unterschiedliche Charakterisierung von Mezentius, Camilla und Turnus („Die italischen Heerführer") und die typologische Deutung des Kriegsgeschehens („Die Technik der Spiegelungen in der Aeneis").

Die Vorteile des gewählten Interpretationsansatzes liegen in der Nähe zum Text und in der Berufung auf die Intention des Autors in Hinsicht auf die Rezeptionsgewohnheiten seines antiken Publikums. Bei vorsichtiger Handhabung verspricht ein solches Vorgehen in der Tat die größtmögliche Sicherheit auf dem Gebiet der Interpretation. Wie diese Methode zur Korrektur willkürlicher Interpretationen beitragen kann, zeigt sich am Beispiel von Parrys bis heute immer wieder aufgegriffener Two-voices-Theorie, nach der Vergil zwar mit seiner ‚offiziellen' Stimme regierungstreu sei, jedoch unterschwellig (mit seiner ‚privaten Stimme') seine eigenen konstruktiven Aussagen unterlaufe. Während die Beispiele Parrys und anderer stets die Frage aufwerfen, warum die angeblich subversiven Elemente des Gedichtes zwar der Intelligenz des modernen Philologen, nicht aber der antiker Muttersprachler und Literaturkenner am Hofe des Augustus kenntlich sein sollten, bietet die Behandlung der Selbstzitate einen Testfall: Die Suggestion durch solche variierten Motivketten ist ebenso eindringlich für den Leser wie unangreifbar für jede Zensur. Zwar findet N. in Vergils Reminiszenzen keine direkte Negation der ‚offiziellen' Stimme, doch gibt Vergils Selbstkommentar dem Interpreten Differenzierungen, Brechungen und unerwartete Gesichtspunkte an die Hand. Insbesondere die Mission des Aeneas und des römischen Volkes erscheint dem Dichter zwar nicht unproblematisch – man betrachte nur die lautlichen Motive, die sich um das Kriegsgeschehen ranken –, doch unterschwellig negiert wird sie keineswegs. Ebenso können die Selbstzitate, mit denen die Gestalt Didos kommentiert wird, als wichtiges Korrektiv für so manche moderne Deutung fungieren. Der Verdammung des angeblich kaltherzigen Aeneas hat Vergil nicht nur explizit vorzubeugen versucht (Aen. 5, 5f.: *Duri magno sed amore dolores / polluto*), sondern auch durch seine Lautmotive, besonders schlagend in der suggerierten Parallelisierung Didos und Creusas: Über Creusas Verschwinden berichtet Aeneas (Aen. 2, 774): *Obstipui, steteruntque comae et vox faucibus haesit*, und wie ähnlich ist seine Reaktion auf den göttlichen Befehl, Dido zu verlassen (4, 280): *Arrectaeque horrore comae et vox faucibus haesit*. Ähnliche typologische Parallelen zum Entschwinden des Geistes des Anchises belegen ebenfalls, daß es keineswegs die Intention des Dichters war, Aeneas' Liebe zu Dido als lediglich lauwarm darzustellen. Bestätigend sei hier auf das Kallimachos-Zitat Aen. 6, 460 hingewiesen: *Invitus, regina, tuo de litore cessi* (aus Catull 66, 39), das (schon im ur-

sprünglichen Zusammenhang) die Antinomie zwischen Pflicht und Neigung, Liebe und
göttlicher Bestimmung thematisiert (die Haarlocke Berenikes wäre lieber bei ihrer
Königin geblieben, statt an den Himmel versetzt zu sein). Gerade das Geflecht der
Selbst- und Fremdzitate läßt eine kunstvolle Polyphonie erkennen, im Vergleich mit der
die Two-voices Theorie eine Vergröberung darstellt. Natürlich liegt es N. fern zu
behaupten, Aeneas akzeptiere die Verbindung als legitime Ehe. Auch bei der Gestalt
des Aeolus, die von der modernen Forschung häufig als Abbild des subalternen Klien-
ten Roms gedeutet wird (zuletzt bei Feeney), bietet N.s genaue Beobachtung der
sprachlichen Darstellungsmittel ein nützliches Korrektiv (158). In anderen Fällen können die Reminiszenzen auch durch psychologische oder soziologische Interpretationsmethoden gewonnene Schlüsse erhärten: so etwa bei der Deutung der Camillagestalt
(vgl. 206–213, im Einklang mit Jenkyns).

Während die Forschung zumeist Versweiderholungen stärker beachtet hat als vari-
ierte Ausdrücke oder Teilversweiderholungen, gibt N. in seiner Untersuchung zu Recht
allen formelhaften Ausdrücken a priori den gleichen Stellenwert; denn ebenso wie für
die kleineren Formeln ist auch für die Wiederholungen ganzer Verse im Einzelfall die
Intentionalität der Verwendung zu prüfen. Als wohltuend erweist sich die Trennung der
Referenzanalyse von Fragen der Werkchronologie, ein Ansatz, der speziell im Falle
Vergils auch methodisch gerechtfertigt ist; belegt doch die Donat-Vita die quasi synchrone Ausarbeitung der einzelnen Werkteile.[5]

In der Tat legen N.s Ergebnisse den Schluß nahe, daß sogar die Georgica, insbesondere deren viertes Buch, noch gleichzeitig mit der Aeneis bearbeitet wurden. Ebenso ist
es angesichts der ausgreifenden Kompositionsweise Vergils nur zweckmäßig, das
Problem der Nichtvollendung der Aeneis aus der Betrachtung der Reminiszenzen aus-
zuklammern; denn selbst in den (wenigen) Fällen, in denen vorhandene Selbstzitate
keinen offenkundigen Sinn ergeben, folgt daraus nicht notwendig, daß die betreffenden
Passagen ‚unfertig' seien. Ebenso unbeantwortbar muß die Frage bleiben, ob eine Reminiszenz allein metrischer Konvenienz zuzuschreiben sei: Die Arbeitsweise und der
sprachliche Perfektionismus Vergils lassen dergleichen in den fertigen Werkteilen nicht
erwarten, so daß die Frage nach „Flickversen" mit der nach den unvollendeten Werkteilen zusammenfällt.

Für die Textkritik ist das von N. herausgearbeitete Reminiszenzengeflecht von Bedeutung. Mit der gebotenen Vor- und Umsicht nutzt N. selbst schon einige dieser Möglichkeiten (so z. B. im Kommentar zu 10, 718 oder 2, 76). Nicht geringer dürfte der
Nutzen für die weitere Untersuchung der Intertextualität in der Aeneis ausfallen.
Obwohl es nicht N.s Absicht ist, das Verhältnis von interner und externer Referentialität
erschöpfend zu untersuchen (150), ist er sich der Bedeutung dieses Zusammenspiels
bewußt (236) und verweist im Kommentar wie in den Einzelinterpretationen immer
wieder auch auf externe Zitate. Exemplarisch demonstriert seine Behandlung des 9.
Buches das Potential eines Interpretationsansatzes, der beide Formen der Intertextualität
heranzieht (165–169).

Den lateinischen Kommentar ergänzen auf deutsch geschriebene interpretierende
Kapitel. Diese stellen zugleich eine Reihe von Methoden und Anwendungsgebieten für
die Analyse lautlicher Motivketten vor: Sie werden werkumfassend für die Untersuchung von Sachthemen, die Analyse der Erzähltechnik oder die Interpretation von

---

[5] [23] *Aeneida prosa prius oratione formatam digestamque in XII libros particu-
latim componere instituit, prout liberet quidque, et nihil in ordinem arripiens.*

Charakteren nutzbar gemacht oder lokal zur narrativen Strukturierung einzelner Episoden herangezogen. Dabei bleibt festzuhalten, daß die Methode der vortragsorientierten Analyse von Selbstreferenzen nicht nur auf das Œuvre Vergils fruchtbringend angewandt werden kann. Besonders das Werk Ovids dürfte für eine solche Betrachtung ebenfalls geeignet sein. Darüber hinaus ist die Beachtung der Vortragsweise für die gesamte antike Literatur eine Verständnishilfe.

Wenn das Buch insgesamt den wissenschaftlichen Nutzen einer vortragsbezogenen Interpretation dokumentiert, so weist es zugleich einen Weg, wie die einsprachige lateinische Kommentierung in Klassenzimmer und Hörsaal sinnvoll eingesetzt werden kann und wie gut sich diese Methode mit den modernen hermeneutischen Einsichten von der Unübersetzbarkeit poetischer Texte verträgt. Dabei geht es nicht um eine Verurteilung der Übersetzung, sondern nur um ihren Einsatz im richtigen Augenblick des Verstehensprozesses. Die Übersetzung kann nicht am Anfang dieses Prozesses stehen, sie muß als Endprodukt und Krönung aus ihm erwachsen. Erst dann ist sie Ausdruck eigenen Textverständnisses. Erst dann vermag sie auch sowohl den Nuancen des Originals als auch den Gesetzen der Muttersprache gerecht zu werden. Das ernste Ringen mit der Muttersprache und deren Bereicherung durch eine angemessene Übersetzung ist ein wertvolles Nebenprodukt des Textverständnisses, sollte aber methodisch klar von diesem getrennt werden.

Alles in allem ein neuartiger Kommentar, der Referenzen innerhalb von Vergils Œuvre erschließt und sowohl dem Wissenschaftler als auch dem Didaktiker wesentliche Anregungen bietet und neue Wege weist. Hervorzuheben ist das durchgehende Ernstnehmen der Dichtung und ihrer Sprache als eines Verlaufes in der Dimension der Zeit, wobei Akustisches und Semantisches unzertrennlich verbunden sind.

Antonio M a u r i z   M a r t í n e z, La palabra y el silencio en el episodio amoroso de la *Eneida*. Frankfurt am Main: Peter Lang 2003 (Tesis doctoral, Santiago de Compostela 2002). 347 S. (Studien zur klassischen Philologie. 141.) ISBN 3-631-51721-1

Der Verfasser untersucht Wort (Rede) und Schweigen als literarische Motive in einer der berühmtesten Episoden der Aeneis, der Liebesgeschichte zwischen Dido und Aeneas. Er will ergründen, was der Dichter unter Reden und Schweigen versteht, wie er den Akt des Redens und Schweigens bewertet, welche Auswirkungen Reden und Schweigen auf Menschen und Situationen haben, warum Personen das Wort nehmen oder nicht. Schließlich wagt er sich sogar auf das Gebiet des Poetologischen und fragt nach den Überlegungen Vergils über seine eigenen dichterischen Mittel. M.s Suche nach Vergils textimmanenter Poetik beruht, ohne Kenntnis der Arbeit von Rüdiger N i e h l, auf einem dieser verwandten Ansatz: Auch er betrachtet die Aeneis in ihrem sprachlich-musikalischen Verlauf. Beide Autoren bleiben jedoch nicht beim Akustischen stehen, sondern entziffern die hinter den Zeichen, ihrer Verflechtung, ihrer Wiederkehr oder ihrem Ausbleiben stehende semantische Dimension. Um die allgemeine Bedeutung des Redens und Schweigens in der betrachteten Episode zu ergründen, gilt es nicht, Belegstellen isoliert zu betrachten, sondern jede Einzelerscheinung darauf hin zu befragen, was sie als Teil zur Erkenntnis von Vergils Reflexion über Reden und Schweigen beitragen kann. Diese umfassende Fragestellung durchdringt und verbindet die einzelnen Teile der Arbeit. Auch innerhalb der Aeneis arbeitet der Verf. Sinnbezüge zwischen unterschiedlichen Kontexten heraus, in denen Schweigen, Reden oder beides zusammen auftritt; die Legitimität eines solchen intra-textuellen Verfahrens wird man spätestens nach der Untersuchung von N i e h l nicht bezweifeln.

Nach einer einführenden Analyse des Vokabulars des Schweigens in der Aeneis (Kapitel 1) handelt das zweite Kapitel von „Reden, Schweigen und Liebe". Besonderes Augenmerk gilt dabei dem Anfangsstadium der Liebe zwischen Dido und Aeneas während des Gastmahls zu seinen Ehren. Augenblicke, in denen das Schweigen vorherrscht (so die Pause zwischen Essen und Trinken, das Verstummen vor Didos Trinkspruch, die vollkommene Stille vor Aeneas' Erzählung) alternieren mit anderen, in denen die Ruhe durchbrochen wird (festliches Lärmen, Gesang des Iopas, Beifall, Didos Fragen und die Worte des Aeneas). Manifestationen von Klängen tragen zur Verhüllung der Tragödie bei, die hinter der festlichen Stimmung lauert. Dagegen können Momente der Stille als versteckte Mahnungen oder Vorahnungen künftigen Unheils wirken (der verhängnisvollen Liebe, die den Selbstmord der Königin und die historische Feindschaft zwischen Rom und Karthago nach sich zieht). Hier entdeckt M. eine dialektische Spannung zwischen der verhüllenden Kraft der Worte und der aufschließenden Wirkung des Schweigens. Der Text wird zum musikalischen Prozeß, in dem auch Pausen semantischen Wert besitzen.

Ferner zeigt dieses Kapitel, daß die nächtliche Erzählung des Aeneas über seine Vergangenheit (Bücher 2 und 3) ein Hauptauslöser der Liebesleidenschaft und des Todes der Königin ist. Hier wird Sprache zur Vermittlerin menschlicher Leidenschaft mit verhängnisvollen Folgen. Dies ist eine zentrale Erkenntnis für die ‚immanente Poetik' Vergils. Als einzig mögliche Haltung, um solche Folgen des Redens zu verhindern, erscheint das Schweigen. Darauf spielt Aeneas in seinem Prolog vor der eigentlichen Erzählung an. Während die Zuhörerin schon erste Anzeichen der Liebe empfindet, erklärt Aeneas, er wolle lieber schweigen als von seiner Vergangenheit berichten. Freilich gibt er letzten Endes den dringenden Bitten der Königin nach und redet.

In beiden Teilen dieses Kapitels ist das Hörbare – einschließlich des Wortes – als Negativum gesehen. Einerseits lenkt Akustisches vielfach die Aufmerksamkeit von der sich abzeichnenden Tragödie ab; andererseits entfesselt das Wort des Aeneas letztlich eine zerstörerische Leidenschaft, die zum Selbstmord führt. Umgekehrt hat das Schweigen positive Geltung: Augenblicke des Schweigens dienen als Warnungen, lenken sie doch die Aufmerksamkeit auf die künftige Bedrohung; zudem wäre das Schweigen, das Aeneas den Worten vorzuziehen behauptet, die einzige Form, die erwachende Liebesleidenschaft im Herzen der Königin zu ersticken.

Das dritte Kapitel („Reden, Schweigen und Schmerz") untersucht die Reden des Aeneas in den Büchern 2 und 3. Im Unterschied zu dem vorhergehenden Kapitel geht es nun um den Schmerz, den die Erinnerung an seine leidvollen Erfahrungen im Erzähler hervorruft. Auf der einen Seite stehen Wort, Erinnerung und Schmerz, auf der anderen: Schweigen, Vergessen und Abwesenheit von Schmerz. Aeneas, der lieber geschwiegen hätte, unterzieht sich der Qual des Erinnerns. Er erzählt mit solcher Anschaulichkeit – in der Rhetorik spricht man von *evidentia* – , daß er die unglücklichen Ereignisse buchstäblich aufs neue zu durchleben scheint und daß Dido – und mit ihr die karthagische Zuhörerschaft – sie mit eigenen Augen zu sehen glaubt, als handelte es sich um eine geradezu magische Erfahrung. Hier vereinigen sich zwei emotionale Wirkungen der Erzählungen des Aeneas: Der Schmerz des Helden, wiederbelebt durch die Worte, die ihn beschreiben, ruft bei der Königin Bewunderung und Liebe hervor. Dadurch erweist sich Sprache wieder (wie im vorhergehenden Kapitel) als negative Macht. Abermals wäre Schweigen das einzige Mittel gewesen, Leid zu verhindern.

Das vierte Kapitel heißt „Wort, Schweigen und Moral". Während Dido im Laufe der Nacht den Erzählungen des Helden lauscht, entsteht in ihrem Herzen eine „verschwiegene Wunde" (*tacitum vulnus*). Im Sinne des römischen Ideals der *univira* (wonach eine Frau sich auch nach dem Tode ihres Mannes nicht wieder verheiraten sollte) ist Dido ihrem Gemahl Sychaeus zu Treue verpflichtet. Didos Selbstverfluchung am Anfang des vierten Buches zeigt, daß sie sich diesem Maßstab unterwirft. Somit wäre ein Verschweigen der Liebeswunde das korrekte ethische Verhalten. Dido freilich tut mehrere Schritte in der entgegengesetzten Richtung. Nach der Liebesbegegnung in der Höhle nennt sie ihre Beziehung *coniugium*, ohne sich einzugestehen, daß sie eine Verfehlung begeht, die für sie selbst und ihr Volk schwerste Folgen haben wird. Verkehrter Gebrauch der Sprache geht an der Wahrheit vorbei und versucht, der Wirklichkeit nach den Wünschen des Sprechers Gewalt anzutun. Als Aeneas ihr mitteilt, daß er Karthago und sie verlassen muß, ist sie überzeugt, von einem verräterischen Ehemann verlassen worden zu sein, und überläßt sich der Wut und dem Wahnsinn der Liebe. Nur ihre zornigen Reden, auf die das nächste Kapitel zurückkommt, bilden einen Gegenpol zu der ursprünglichen ‚Verschwiegenheit' ihrer Liebeswunde. Im Gegensatz dazu ist die letzte Wunde, die sich Dido mit dem Schwert zufügt, eine öffentliche, ja schreiende. Vergil betont nicht zufällig das Geräusch, das bei der Verwundung entsteht. Der akustische Kontrast zwischen beiden Wunden ist mit Bedacht gesetzt. Um einem Mißverständnis vorzubeugen: Der Verfasser will nicht etwa Dido moralisierend herabsetzen, sondern zeigen, aus welchen Fehleinschätzungen ihre erschütternde Tragödie erwachsen ist.

Im fünften Kapitel („Wortreichtum Didos und Schweigsamkeit des Aeneas") zeigt der Verfasser, daß Dido ausgesprochen dazu neigt, sich des Wortes zu bedienen, während sich Aeneas in der Regel schweigsam zeigt oder nur gezwungenermaßen das Wort ergreift. Im vierten Buch hält Dido eine Reihe leidenschaftlicher Reden, auf die Aeneas nur einmal und mit wenigen Worten entgegnet.

Kurz geht der Verf. auch auf Reden und Schweigen im religiösen Zusammenhang ein. Die menschlichen Reden Didos stehen den *fata Iovis* gegenüber. Das Wort der Gottheit wird unwiderruflich wahr, und es ist der künftigen Wirklichkeit völlig angemessen, ohne jede Verzerrung. Menschenwort aber kann solche Kongruenz nur erstreben. Ständig stößt es mit der Realität zusammen, gerät sogar in Konflikt mit den *fata Iovis*, die es bedingen. Dido will verhindern, daß Aeneas aus Karthago nach Italien zieht. Juppiters *fata* haben dies aber verordnet, so daß Didos Worte den göttlichen Worten diametral entgegenstehen. Im Falle des Aeneas erweist sich sein Schweigen als offenes Akzeptieren von Juppiters Auftrag, obwohl er es vielleicht vorziehen würde, bei der Königin zu bleiben. Wegen dieses Widerspruchs erweist sich sein Schweigen nicht nur als einfaches Annehmen des Götterwillens, sondern es schließt auch Melancholie und Pessimismus ein – im Bewußtsein der Unmöglichkeit, seinen innersten Wünschen nachzugeben. Sein Schweigen ist auch ein Zeichen der Einsamkeit des Helden angesichts seiner irdischen Aufgabe.

Das sechste Kapitel („Der Name, sein Verschweigen und die Magie") handelt von der magischen Vorstellung, wonach der Name einer Person ihr Wesen einschließt. Eine Überprüfung der insgesamt drei Nennungen und der zahlreichen absichtlichen Auslassungen von Aeneas' Namen ergibt, daß Dido den Namen des Aeneas nennt, als sie beginnt, sich für den Helden zu begeistern. Das Auslassen und Verschweigen findet hingegen statt, als die Beziehung ihrem Ende entgegengeht. Während Aeneas sich zur Abfahrt rüstet, setzt Dido eine Reihe magischer Praktiken ins Werk, deren Zweck nach M. ein doppelter ist: Sie will einerseits den Geliebten vergessen, andererseits ihn physisch vernichten. In diesem Zusammenhang beruht das wiederholte Verschweigen seines Namens auf der magischen Absicht, beide Ziele zu erreichen.

Das siebte Kapitel handelt von „Wort, Schweigen und Tod". Der Tod kehrt, wie sich ergibt, bisherige Verhaltensweisen und Situationen um und gibt dem Reden und Schweigen neue Bedeutung. In Italien angelangt, muß Aeneas in den Hades hinabsteigen, um über die Geheimnisse von Leben und Tod und die Mission, die ihn erwartet, Aufschluß zu erlangen. Auf den Gefilden der Trauer begegnet er inmitten der Schatten der durch Liebe zu Tode Gekommenen auch der Seele Didos. Erschüttert von der Tatsache, daß sie nicht mehr unter den Lebenden weilt, spricht er zu ihr Worte voll schmerzlicher Bewegtheit und hofft auf eine Antwort, die freilich ausbleibt. Der Topos, Reden sei Sache der Lebenden, Schweigen der Toten, scheint sich im Verhalten der beiden Gestalten zu bestätigen. Aber die Situation geht weit über das Topische hinaus. Die leidenschaftlich erregten Worte des Aeneas wie auch das zürnende Schweigen Didos sind Verhaltensweisen, die wir bei beiden Gestalten bisher nicht kennen. Bisher war das Schweigen und die Selbstbeherrschung dem Troianer, das leidenschaftliche Wort aber der Phönizierin zugeordnet. Die Situation hat sich umgekehrt. Darüber hinaus gewinnt die Rede des Aeneas paradoxen Charakter, weil sie trotz der Absicht, Didos Zorn zu beschwichtigen, das Gegenteil erreicht: Dido bleibt stumm und entflieht schließlich. Wie Worte schon im Leben negative Affekte wachriefen, so verdoppelt sich diese Negativität im Tode. Die Worte des Helden werden seinen aufrichtigen Absichten nicht gerecht und erregen nutzlos den Zorn des Schattens. Der Lebende kann nicht hoffen, durch die Sprache Welten miteinander zu versöhnen, zwischen denen es weder Versöhnung noch auch nur ein Verstehen geben kann. Das absolute Schweigen der toten Königin steht daher im Einklang mit der Totenstille in der Unterwelt. Didos Schweigen zeugt letzten Endes von Kontrolle über den eigenen Willen und von wiedergewonnener Würde nach unbedachtem Verhalten zu Lebzeiten: Sprache findet eine negative Bewertung; denn die Verständigung scheitert. Schweigen, so scheint es, gewinnt einen positiven Stellenwert wegen des Vorrangs, den ihm die Tote gegenüber dem Wort einräumt. Freilich handelt es sich nur um Schein; denn in einer unerwarteten Wendung, wie sie der Kunst Vergils eigen ist, verschwindet die Positivität des Schweigens, sofern man bedenkt, daß alle Würde, aller Wille und alle Selbstbeherrschung Dido im Tode nichts nützen. Didos Schweigen hat nicht das Gewicht, das es gehabt hätte, wenn sie es zu Lebzeiten, in Karthago, gewahrt hätte.

Abschließend stellt der Verfasser eine poetologische Frage: Lassen sich die Bedeutungen, die Schweigen und Reden angesichts des Todes haben, mit jener Bedeutung vergleichen, welche die künstlerische, genauer: die dichterische Schöpfung – ebenfalls angesichts des Todes – gewinnt? Sieht sich das Kunstwerk, ähnlich den Worten des Aeneas im Hades, zum Scheitern verurteilt, sobald der Tod ins Spiel kommt? Der Verf. erinnert an Daedalus, der sein Werk im Tempel von Cumae nicht vollenden kann: angesichts von Icarus' Tod versagt all seine Kunst. Auch die ‚Wesenlosigkeit' der Bilder (*pictura … inani*, Aen. 1,464) aus dem Trojanischen Krieg im karthagischen Tempel gehört hierher. Die Rede des Aeneas erregt einen Affekt in einer toten Seele, aber sein eigentliches Ziel – Verständigung und Versöhnung zwischen dem Lebenden und der Toten – bleibt unerreicht. Auch ein Kunstwerk erregt Emotionen; ist es aber imstande, Totes buchstäblich zum Leben zu erwecken? Muß nicht die Emotion des Lesers wiederum im Grundlegenden scheitern? Ist es dies Ungenügen, das den Dichter zum Schweigen verurteilt?

Am Ende des vorliegenden Berichtes wird die Bedeutung der Ergebnisse von M., die sich vortrefflich mit denen von Rüdiger N i e h l und Andreas H e i l ergänzen, noch klarer hervortreten.

Andreas H e i l, Alma Aeneis. Studien zur Vergil- und Statiusrezeption Dante Alighieris. Frankfurt am Main: Peter Lang 2002. XVI, 215 S. (Studien zur klassischen Philologie. 135.) ISBN 3-631-39842-5

Das Wechselspiel zwischen hermeneutischen Denkmodellen und der Erfindung neuer Epen in Auseinandersetzung mit früheren ist in der Klassischen Philologie auf Anregung von Ernst Zinn insbesondere von Georg Nikolaus Knauer (Die Aeneis und Homer, Göttingen 1964) untersucht worden. Knauer war von der bloßen *imitatio* zu tieferen Schichten der geistigen Nachfolge vorgestoßen: zu Entsprechungen von Szenen und Personen und ihren ‚typologischen' Beziehungen untereinander (letzteres unter Bezugnahme auf Erich Auerbachs Beitrag ‚Figura' in: Neue Dantestudien. Istanbuler Schriften 5, 1944, 11–71). Dabei wies Knauer auch Dreierbeziehungen von Texten nach – so in seinen anschaulichen Diagrammen zu Vergil, Homer und Apollonios Rhodios. Darüber hinaus zog er Parallelen zur stoischen Hermeneutik und wies darauf hin, Vergil habe Interpretationsmethoden „umgestülpt" (E. Zinn) und so (um die heutige Terminologie zu verwenden) Methoden der Rezeption in solche der Produktion umgewandelt. Auch die aufschlußreiche Parallele zum Umgang Philons von Alexandrien – aber auch neutestamentlicher Autoren – mit dem Alten Testament hat Knauer gezogen.

Sein Buch war freilich der Klassischen Philologie seiner Zeit um Jahrzehnte voraus und ist in seiner methodologischen Bedeutung damals nicht voll verstanden worden. Die Vergil-, Apollonios- und Homernachfolge der späteren lateinischen Epiker wurde vor Knauer von Friedrich Mehmel, nach ihm z. B. von Herbert Juhnke und dem Referenten untersucht,[6] wobei nach Ansicht des Ref. Flaccus und Statius die vergilische Gattungstradition als Prisma verwenden, um neue Bereiche des griechischen Mythos als eine Art ‚Altes Testament' für das römische Selbstverständnis, die Schöpfung einer römischen Identität, hinzuzugewinnen. Seit der Spätantike fließen die pagan-epische und die christliche Tradition zusammen.[7]

Hier setzen H.s Untersuchungen zur Vergil- und Statiusrezeption Dante Alighieris mit beachtlich selbständigem Zugriff ein. Thema des Buches sind die verschiedenen Deutungen, welche Vergils Aeneis in der Divina Commedia durch den Wanderer Dante, durch die *personae* des Jenseitsführers Virgilio und des Christen Stazio sowie durch den (vom Wanderer klar unterschiedenen) Dichter Dante finden. Der Wanderer Dante ist zu jedem Zeitpunkt seiner Reise noch auf dem Weg zu jenem Ziel, das der Dichter bereits erreicht hat. Der Horizont des durch die Jenseitsreiche zu Gott aufsteigenden früheren Ichs des Commedia-Dichters erweitert sich beständig. In diesem Prozeß wird der Leser mit einbezogen: Der Rezipient der Commedia soll sich mit dem

---

[6] F. Mehmel, Valerius Flaccus, Diss. Hamburg 1934; H. Juhnke, Homerisches in römischer Epik flavischer Zeit, München 1972; M. v. Albrecht, Silius Italicus, Amsterdam 1964; zu Lucan ders., Roman Epic, Leiden 1999, 227–250.

[7] Vgl. z. B. R. Herzog, Die Bibelepik der lateinischen Spätantike, München 1975; zu Dante und Ovid: M. v. Albrecht, Das Buch der Verwandlungen, Düsseldorf 1999, 345–353.

Protagonisten identifizieren und auf diese Weise erkennen, daß auch er sich auf dem Weg zu Gott befindet. Die Lektüre wird so zu einem Äquivalent der Jenseitsreise. Auf dieser ‚Reise‘ läßt der Dichter den Leser nicht allein. Wie den Wanderer die Jenseitsführer Vergil, Beatrice und Bernhard begleiten, so steht dem Leser von Anfang an der Dichter Dante zur Seite. Am vernehmlichsten wird seine Stimme in den zahlreichen Leseranreden. Hintergründiger spricht sie sich etwa in der Verwendung mehrdeutiger Wörter und in intertextuellen Beziehungen aus, deren ganze Bedeutung oft erst vom Ende des Werkes her verständlich wird. Die größte Sünde des Lesers gegen einen Text ist, wie Dante am Beispiel von Paolo und Francesca zeigt, das Nicht-Weiter-Lesen (Inf. 5, 138): *Quel giorno più non vi leggemmo avante.* Literatur soll, darin stimmt Dante mit Augustinus überein, nicht um ihrer selbst willen geliebt, sondern ‚gebraucht‘ werden. Der richtige Gebrauch besteht darin, das Gelesene auf Gott zu beziehen. Jeder Leser, der an dieser Aufgabe scheitert, hat seinen Text noch nicht zu Ende gelesen. Das gilt sogar für den Verfasser. Dieses Paradoxon demonstriert der Dichter Dante am Beispiel Vergils. Durch die ‚richtige‘ Lektüre der Werke Vergils hat der heidnische Dichter Statius zu Gott gefunden. Der Wanderer Dante wird ihm auf diesem Weg folgen. Vergil selbst hat es dagegen zu Lebzeiten nicht verstanden, seine Werke in dieser Weise für sich fruchtbar zu machen. Deshalb muß er gegen Ende des Purgatorio an den für die tugendhaften Heiden bestimmten Aufenthaltsort, den Limbo, zurückkehren, während sein Text, die Aeneis, vom Dichter Dante ‚weitergelesen‘ werden kann und darf: Die intertextuelle Beziehung der Aeneis zur Commedia bleibt über das Verschwinden ihres Verfassers hinaus im Purgatorio, aber auch im Paradiso bestehen. Diese Trennung von Text und Autor ist ein wesentliches Charakteristikum der Vergilrezeption Dantes.

Vor diesem Hintergrund wird klar, warum Statius in einer Arbeit, deren Hauptthema die Rezeption der Aeneis ist, eine so prominente Stelle einnimmt: Statius erscheint in der Commedia in erster Linie nicht als Dichter der Thebais, sondern als erfolgreicher Leser der Werke Vergils. In dieser Funktion ist er eine Identifikationsfigur für Dante. Den jeweils durch Vergillektüre herbeigeführten Dreischritt seiner Bekerung (Berufung zum Dichter; Abkehr von der Sünde der Verschwendung; Taufe) wird der Wanderer Dante auf seine Weise nachvollziehen. Zugleich ist aber die Thebais, die Dantes Statius nach eigener Angabe bereits als Christ verfaßt hat, ein Modell für die Deutung der Aeneis. Die *persona* Vergil scheitert wie an ihren eigenen Werken so auch an der Deutung dieses Textes. Der Dichter Dante gibt dem Leser der Commedia jedoch genügend Anhaltspunkte, die ihn in die Lage versetzen, die christliche Dimension der Thebais zu erkennen. Mindestens ebenso wichtig ist die Auseinandersetzung mit der Vita des Statius. Eine Durchsicht der mittelalterlichen Einleitungen zu den Werken des Statius (*Accessus*) zeigt, daß die Bekehrung des Thebais-Dichters eine Neuerung Dantes ist. Die Antwort auf die vieldiskutierte Frage, warum Dante Statius zu einem Christen gemacht hat, wird dabei auf einem Weg gesucht, der bisher von der Forschung nicht beschritten worden ist. Ausgangspunkt ist dabei der Beiname, den Statius im Mittelalter trug: Sursulus. Diesen Namen unterzieht Dante einer originellen etymologischen Deutung. Der Vorzug dieses Ansatzes besteht darin, daß Dante selbst im Text der Commedia auf diese Lösung hinweist. Die Auseinandersetzung des Dichters Dante mit der Vita und dem Werk des Statius ist ein weiteres Beispiel für den ‚richtigen‘ Gebrauch der Überlieferung, der innerhalb der Commedia modellhaft am Umgang der *persona* Statius mit den Werken Vergils aufgezeigt wird.

Die drei voneinander unabhängigen Kapitel beleuchten das Thema mit Hilfe unterschiedlicher hermeneutischer Ansätze. In den ersten beiden Kapiteln stehen zwei Begegnungen im Mittelpunkt. Die Begegnung mit Vergil in Inferno 1 und die Begegnung mit dem Vergil-Leser und Thebais-Dichter Statius in Purgatorio 20 bis 22 markieren zwei entscheidende Etappen auf dem Weg des Wanderers Dante zu einem ‚richtigen‘ Verständnis der Aeneis: Vergil konfrontiert den Wanderer, der die Werke seines maestro bislang nur als stilistische Vorbilder zu schätzen wußte, mit einer ‚moralischen‘ Deutung der Aeneis. Im Purgatorio weist Statius auf die Übereinstimmungen zwischen der vierten Ekloge Vergils und der christlichen Lehre hin und bereitet so die ‚heilsgeschichtliche‘ Deutung der Aeneis vor, die in der Prozession des Irdischen Paradieses einen ersten Höhepunkt findet (Purgatorio 29 und 30). Dante, Statius und Vergil werden Zeugen dessen, was in der Aeneis nur ‚geträumt‘ worden ist: Ein Greif, Symbol des *imperium Romanum*, zieht den Triumphwagen, der für die Menschheit steht und auf dem Beatrice in der Rolle Christi erscheinen wird. Das dritte Kapitel untersucht, wie Dante im Purgatorio das Epos Vergils gegen seinen Verfasser ausspielt: Je deutlicher die Inkompetenz des Heiden Vergil in der fremden christlichen Umwelt des Läuterungsberges zu Tage tritt, desto fester knüpft der Dichter Dante das Band zwischen der Aeneis und der zweiten Cantica der Commedia.

Von Kapitel zu Kapitel wechselt die Interpretations-Technik: Das erste Kapitel arbeitet vor allem intertextuelle Beziehungen zwischen der Aeneis, dem Buch Exodus und der Commedia heraus und faßt sie unter dem Begriff der ‚Dreieckstypologie‘ zusammen. Im zweiten Kapitel dient die Etymologie dazu, biographische Fakten zu ermitteln oder zu beglaubigen, eine bestimmte Interpretation eines Textes zu ‚beweisen‘ oder diese allererst hervorzubringen. Das dritte Kapitel untersucht, ob und inwiefern Dante sich in der Commedia der Zahlenkomposition bedient hat. Die keineswegs zufälligen zahlenmäßigen Übereinstimmungen zwischen der ersten Aeneis-Hälfte und der zweiten Cantica der Commedia unterstreichen die Tatsache, daß das Epos Vergils auch nach dem Verschwinden seines Verfassers einer der wichtigsten Referenztexte für Dante bleibt; sie helfen außerdem in einzelnen Fällen auch bei der Interpretation schwieriger Stellen im Purgatorio.

So erweist sich die Aeneis für Dante auf drei Ebenen als ‚nahrhaft‘: als stilistisches Vorbild, als moralisch und letztendlich als heilsgeschichtlich relevanter Text. In dieser Mehrschichtigkeit gleicht das Epos Vergils ebenso wie die Commedia selbst den Schriften der „nährenden“ (*almi*: Par. 24, 138) Apostel: ALMA *AENEIS*. Die Commedia erscheint somit als ein Buch, in dem immer wieder neu nach der richtigen Weise des Lesens gesucht wird (13). Diese Feststellung H.s überwindet treffend die schematische Qualifizierung von Dantes Werk als „book about books“.

Der erste Teil des ersten Kapitels ist Dante und dem Prooemium der Aeneis gewidmet. Anders als das Purgatorio und das Paradiso beginnt das Inferno ohne ein traditionelles Prooemium. Wie der Wanderer Dante im Wald so ist der Leser gezwungen, im Text nach Orientierung zu suchen. Insofern erfüllt der erste Gesang des Inferno gerade durch den Verzicht auf das traditionelle Prooemium eine der drei zentralen Forderungen, die in der Rhetorik an den Anfang einer Rede gestellt werden: *auditorem attentum parare*. Darüber hinaus steuert die Identifikation mit dem Protagonisten das Rezeptionsverhalten des Lesers: Er soll das Gelesene auf die eigene Situation, den Akt des Lesens, beziehen. Der Rezipient, der lesend den Spuren des Jenseitswanderers folgt, ist wie dieser auf der Suche nach Gott. Auf beiden Ebenen ist das Finden des richtigen Weges bzw. der richtigen Interpretation heilsentscheidend.

Im dunklen Wald begegnet der Wanderer Dante dem Dichter Vergil. Vergil verweist durch ein Zitat aus dem Prooemium der Aeneis (Inf. 1, 73–75) auf sein Epos, weil die richtige Deutung dieses Textes Dante und dem Leser helfen wird, den verlorenen Weg wiederzufinden: Das Aeneis-Prooemium soll die vorerst noch fehlende Einleitung der Commedia ersetzen. Die Begegnung von Dante und Vergil steht als Einführung in das richtige Lesen dem falschen Lesen in Inferno 5 gegenüber. Daß eine solche Einführung nötig ist, zeigen die Verse, in denen Dante Vergil begrüßt: Er läßt erkennen, daß er die Werke seines maestro (Inf. 1, 85) bislang nicht richtig gelesen, d. h. nicht auf Gott bezogen hat. Sein Interesse galt dem ‚schönen Stil‘, nicht dem Inhalt, geschweige denn der richtigen Deutung dieses Inhalts. Dante muß begreifen, daß die Aeneis für ihn geschrieben ist, daß Aeneas sein Typos ist. Um Dante diese Übertragung zu erleichtern, interpretiert Vergil die Aeneis allegorisch: Der Weg von Troia nach Italien ist ein Weg vom Stolz zur Demut. Nur wenn Dante seinen Stolz – er hatte in Inferno 1 versucht, den rettenden Berg aus eigener Kraft zu besteigen – überwindet, kann er gerettet werden. Neben die einseitige rhetorische Aeneis-Auffassung des Wanderers Dante tritt die überlegene, zur *conversio* führende Deutung der *persona* Vergil.

Der zweite Teil des ersten Kapitels gilt hermeneutischen Dreiecksbeziehungen. Der Dichter Dante setzt in Inferno 1 einen weiteren Text mit der Aeneis in Beziehung: das Buch Exodus. In einer Landschaft, die dem Leser aus dem Buch Exodus vertraut ist, begegnet Dante nicht etwa Moses, sondern dem Dichter der Aeneis. Vergil zitiert aus dem Prooemium seines Werkes und hebt dabei die Flucht aus Troia und die Irrfahrten des Aeneas hervor (Inf. 1, 73–78). In Vergils ‚Odyssee‘ geht es wie im Buch Exodus um die Suche nach einem ‚gelobten Land‘. Vergil versucht, Dante auf die Rolle des Aeneas festzulegen. Aber er selbst ist zugleich, ohne sich dieser Tatsache bewußt zu sein, ein neuer Moses. Der Wanderer Dante soll sich als Antitypos des Aeneas begreifen, er steht aber zugleich, so deutet der Dichter Dante an, stellvertretend für das Volk Israel. Ohne expressis verbis darauf hinzuweisen, stellt der Dichter Dante im ersten Gesang des Inferno eine Beziehung zwischen drei Texten her: Aeneis, Exodus und Commedia. So kann die Durchquerung des passo (Inf. 1, 26) sowohl auf den Durchzug durch das Rote Meer als auch auf die stürmische Überfahrt der Troianer von Sizilien nach Karthago gedeutet werden. Beide Typoi – biblische wie außerbiblische – verweisen auf Antitypoi in der Commedia („typologie triangulaire“).[8] Während Vergil dem Wanderer Dante nahelegt, sich mit Aeneas zu identifizieren (moralische Aeneis-Deutung), stellt der Dichter Dante das heidnische Epos gleichberechtigt neben ein Buch der Bibel. Die Übereinstimmungen mit dem Schicksal des Aeneas, auf die Vergil ausdrücklich hinweist, sollen dem Wanderer Dante helfen, sein eigenes Leben zu deuten.[9] Vergil kann mehr für ihn sein als ein Musterautor und die Aeneis mehr als ein stilistisches Vorbild. Bezieht er die Erzählung von Aeneas auf sich, so kann sie zum Ausgangspunkt seiner *conversio* werden. Indem der Dichter Dante die Aeneis neben das Buch Exodus stellt, deutet er bereits im ersten Gesang des Inferno an, daß das Epos Vergils und die Gründung Roms eine weit über das Schicksal des Wanderers hinausgehende Bedeutung haben. Die Zusammenschau der Ursprungsgeschichten von Rom und Israel zeigt, daß der heilsgeschichtliche Auftrag des Imperium Romanum, der dem Wanderer Dante vollständig erst in der allegorischen Prozession des Irdischen Paradie-

---

[8] Zum Terminus: M. Simon, Hercule et le christianisme, Strasbourg 1955, 169–171.

[9] Hierzu sei erinnert an G. Highet, The Classical Tradition, Oxford 1949, 78: „I have sometimes thought that Dante chose Virgil as his guide because, like Aeneas, he was himself a great exile." Nur ein Schritt ist hier zu Milton, der in seiner Aeneis-Nachfolge an die Situation des Menschen zwischen der Vertreibung aus dem Paradies und der Rückkehr dorthin denkt (M. v. Albrecht, Rom: Spiegel Europas, Tübingen 1998, 395–402).

ses (Purg. 29) und in der großen Rede Justinians über den Flug des Kaiseradlers (Par. 6) aufgeschlossen wird, bereits am Anfang der Commedia präsent ist.

Die Annahme einer Dreieckstypologie zwischen Aeneis, Exodus und Commedia kann zur Klärung problematischer Stellen beitragen. Vergil schweigt bei seiner ersten Begegnung mit dem Wanderer zunächst, und das, obwohl ihn dieser als *fonte che spandi di parlar sì largo fiume* (Inf. 1, 79/80) bezeichnet. Das Schweigen Vergils wird verständlich, wenn man es typologisch auf die ἀλογία des Moses in der Berufungsszene im Buch Exodus bezieht. Gott spricht zu Moses aus dem brennenden Dornbusch und gibt ihm den Auftrag, das Volk Israel aus Ägypten herauszuführen. Moses fühlt sich der Größe dieser Aufgabe nicht gewachsen und wendet ein, daß er kein Redner sei. Dieses Gefühl eigenen Unvermögens habe sich durch das Gespräch mit Gott nur noch verstärkt (4, 10): *Obsecro Domine non sum eloquens ab heri, et nudius tertius et ex quo locutus es ad servum tuum impeditioris et tardioris linguae sum.* Moses ist – nach der Deutung des Origenes – „in der Weisheit der Ägypter" unterrichtet worden. Moses besaß also nach den Maßstäben dieser Welt nicht nur eine kräftige, wohlklingende Stimme, sondern er verfügte zugleich – wohl durch eine entsprechende rhetorische Ausbildung – über eine „unvergleichliche Beredsamkeit". Da hörte er die Stimme und die Rede Gottes. In diesem Augenblick erkennt er, daß seine Stimme „schwach" und seine Beredsamkeit „schwerfällig" ist. Wie Moses die „Stimme Gottes" (*vox Dei*) und die „göttlichen Reden" (*eloquia divina*) vernommen hat, so hat Vergil – davon wird er im zweiten Gesang des Inferno berichten – die *angelica voce* und das *parlar soave e piano* Beatrices gehört. Aus dieser Erfahrung resultiert das außergewöhnliche Verhalten Vergils bei seiner ersten Begegnung mit Dante. Er ist verstummt, weil er wie Moses erkannt hat: *Ego autem gracili voce et tardus lingua sum.* Es ist fesselnd, diese Beobachtung H.s mit den Gedanken von A. M a r t í n e z über das Schweigen bei Vergil zu verbinden: Dante hat Vergils Poetologie des Verstummens verstanden und neu gedeutet.

Zugleich ist Dantes Begegnung mit Vergil der Begegnung Hectors mit Aeneas nachgestaltet. Die ersten Worte, die Aeneas innerhalb seiner Erzählung vom Untergang Trojas in direkter Rede spricht, sind an den Schatten Hectors gerichtet (Aen. 2, 270ff.). Auch Dante war „voll Schlaf" (Inf. 1, 12), als er vom Weg abkam. Auch er richtet seine ersten Worte an einen Toten. Beide – Aeneas und Dante – sprechen zuerst, der Schatten antwortet. Und wie Dante in emphatischer Weise sein großes Vorbild Vergil begrüßt (*O delli altri poeti onore e lume …*, Inf. 1, 82), so spricht auch aus den Worten des Aeneas die tiefe Verehrung für den Verteidiger Trojas (*o lux Dardaniae*, Aen. 2, 281). Weder Hector noch Vergil antworten auf das Lob, das ihnen gezollt wird (Aen. 2, 287): *Ille nihil, nec me quaerentem vana moratur.* Beide sind sie ‚Lichter', aber zugleich ‚Schatten': Schatten, die leuchten. Diese Paradoxie ist tief in ihrem Wesen verankert. Sie sind Lichter in einem anderen Sinn, als Aeneas bzw. Dante glauben. Hector, der Verteidiger Trojas, der überragende Vertreter des Alten, das untergehen soll, ist der einzige, der das neue Heldentum des Aeneas legitimieren kann. Nur wenn Hector zur Flucht rät, kann Aeneas Troja verlassen.[10] Er ist das Licht, das Aeneas aus Troja hinausführen soll, aber Aeneas sieht in ihm nur die *lux Dardaniae*, die ‚Rettung' der alten Stadt. Ähnlich ergeht es Dante mit Vergil. Nur seine Stimme, seine *parola ornata*, erreicht ihn noch. Nur Vergil kann Dante aus dem „dunklen Wald" herausführen. Doch für den Wanderer ist er zunächst lediglich das literarische Vorbild. Die Tragik Hectors in der Aeneis ist die

---

[10] Vgl. M. v. Albrecht, Roman Epic, Leiden 1999, 95.

Tragik der *persona* Vergil in der Commedia. Sie treten auf, um Zeugnis von ihren Grenzen, von ihrem Versagen abzulegen. Wie Moses ist Dantes Vergil ein Redner, der seine Sprache verloren hat, und wie Hector ist er ein Licht, das sich – zumindest was seine eigene Rettung angeht – letztendlich als Schatten erwiesen hat.

Der dritte Teil des ersten Kapitels handelt von Dantes Aeneis. Im Inferno lassen sich – trotz des fehlenden Prooemiums – bei genauerem Zusehen freilich die beiden Bestandteile eines Prooemiums, Ankündigung des Themas und *invocatio*, auch in den ersten zwei Inferno-Gesängen finden – nur eben nicht am Anfang. Außerdem werden sie sozusagen mit verteilten Rollen vorgetragen: Am Ende des ersten Gesanges beschreibt Vergil die Reise durch die drei Jenseitsreiche, die Dante unter seiner Führung unternehmen wird, und referiert damit zugleich den Inhalt der Commedia (112–123). Die *invocatio* folgt am Anfang des zweiten Gesanges. Hier hören wir zum ersten Mal die Stimme des Dichters Dante. Die Ankündigung des Themas hatte er noch Vergil überlassen, die „höheren Substanzen" ruft er selbst an (7–9). Dieser ‚Rollentausch' soll offenbar andeuten, daß Dante erst durch die Begegnung mit dem *poeta* (Inf. 1,73) Vergil zum Dichter der Commedia geworden ist. Doch Vergil und Dante tauschen ihre Rollen noch in einem anderen Sinn: Der heidnische Dichter spricht in seinem Prooemium der Commedia von der himmlischen ‚Stadt' des *imperador che lassù regna* (Inf. 1,124). Der christliche Wanderer äußert sich umgekehrt im zweiten Gesang zur Bestimmung des Aeneas und zum irdischen Rom (20–24) und greift damit das Thema der Aeneis auf. Wieder erscheint Vergil als der Überlegene. Doch diese Überlegenheit wird zugleich in Frage gestellt: Vergil kann Dante nicht in die himmlische ‚Stadt' führen, weil er, wie er selbst betont, gegen das Gesetz Gottes verstoßen hat (Inf. 1,125, vgl. 131). Da er vom Paradies keine eigene Anschauung hat, beschreibt er es in römischen Begriffen: Sein Himmel ist eine Stadt (128), sein Gott ist ein Kaiser (124). Diese Gottesvorstellung steht offenbar ganz im Bann des ‚guten Augustus', unter dem er lebte (Inf. 1,71) und den er in seiner Aeneis feierte. So erweist sich der von Vergil übernommene Teil des Commedia-Prooemiums als Provisorium: Vergil blickt zwar weiter als der Wanderer Dante, aber er beurteilt die Jenseitsreise von einem begrenzten, heidnischen Standpunkt aus. Die Überlegenheit Vergils wird im zweiten Gesang noch weiter eingeschränkt. Nicht nur hören wir hier zum ersten Mal die Stimme des Dichters Dante, Vergil wird sogar vom Wanderer Dante in seiner eigenen Domäne geschlagen: Wie nämlich Vergil die Commedia von einem begrenzten, heidnischen, so betrachtet Dante die Aeneis von einem erweiterten, christlichen Standpunkt aus. Dabei steht zunächst das sechste Buch im Vordergrund. Eine genauere Betrachtung zeigt jedoch, daß Dante in diesem unmittelbar auf das verschobene Prooemium der Commedia folgenden Abschnitt insbesondere den Anfang der vergilischen Dichtung verbessert bzw. ergänzt. Im ersten Gesang hatte Vergil dem Dichter Dante mit einem Prooemium ausgeholfen, im zweiten Gesang tritt der Wanderer Dante an die Stelle Vergils und dichtet für die Aeneis einen neuen Anfang. Pointiert beginnt dieser Passus mit *Io cominciai* (10–15). Dante bestätigt ausdrücklich die Glaubwürdigkeit der im sechsten Buch der Aeneis geschilderten Jenseitsreise des Aeneas: Es ist nicht unwahrscheinlich, daß Gott dem ‚Vater' des römischen Reiches eine solche Gnade erwiesen hat (Inf. 2,16–21). So weit gehen Dante und Vergil konform. Doch Rom ist mehr als das Imperium Romanum (Inf. 2,22–24): Das Rom der Aeneis bedarf der Ergänzung durch das christliche, um seine Erfüllung zu finden.

Dante hat diese drei Terzinen (Inf. 2,16–24) bewußt als Replik auf den Anfang der vergilischen Dichtung gestaltet (Aen. 1,1–7). Der Erzählerstandpunkt im Prooemium der Aeneis wechselt: Aus der Sicht der Aeneashandlung erscheint Rom als ein Stück

Zukunft (sprachlich spiegelt sich dies in der Konjunktivkonstruktion *dum conderet urbem / inferretque deos Latio*). Dieser Standpunkt wird ergänzt durch den komplementären, den der Zeit Vergils. Mit den Worten *genus unde Latinum* tritt der Wechsel ein. Ähnlich betrachtet Dante, indem er sich in die Gedanken Gottes hineinversetzt, Rom zunächst als Zukunft: *Pensando l'alto effetto, / Ch'uscir dovea di lui ...* (17). Dann blickt er von seiner eigenen Gegenwart zurück: *Ch'e' fu dell'alma Roma ... per padre eletto* (20/21). Soweit bleibt Dante im Rahmen des Aeneis-Prooemiums. Erst danach ergänzt er den Teil der Geschichte, den der heidnische Dichter nicht kennen konnte, die christliche Zukunft Roms. Was für Vergil das Ziel war, das Rom des Augustus und die augusteische Friedensordnung, ist für Dante nur eine Vorstufe: Das Wohin der Aeneis ist für ihn zu einem Woher geworden.

Das Aeneis-Prooemium Dantes ist auf raffinierte Weise mit dem Commedia-Prooemium Vergils einerseits und dem Anfang der Aeneis andererseits verbunden. Der heidnische Dichter hatte von Gott als *imperador* gesprochen. Dante spricht vom irdischen Imperium Romanum, aber vom *empireo ciel*. Indem er die christliche Vorstellung des *coelum empyreum* dem Imperium unmittelbar gegenüberstellt, deutet er an, daß die von Vergil für Gott gewählte Bezeichnung *imperador* nur als Metapher Gültigkeit besitzt. Dasselbe Kunststück gelingt Dante noch einmal, und diesmal ändert er nur einen einzigen Buchstaben: Er spricht von der *alma Roma* (Inf. 2, 20), während Vergil im Aeneis-Prooemium die *altae moenia Romae* (7) besungen hatte. Die Junktur *alta Roma* findet sich – außerhalb der Aeneis – in der heidnischen Literatur der Antike nur zweimal (Ovid, Ars amatoria 3, 337; Silius Italicus 3, 182), und beide Stellen evozieren das Prooemium der Aeneis. Noch aufschlußreicher ist das Ergebnis bei der Verbindung *alma Roma*. *Alma Roma* kommt bei Vergil und auch sonst in der heidnischen Literatur nicht vor. Erst bei christlichen Autoren findet sich diese Wendung. Die *alma Roma* ist also das christliche Rom im Gegensatz zur *alta Roma*, dem heidnischen Rom, das Vergil besungen hat. Bewußt korrigiert Dante das Prooemium der Aeneis. Unterstrichen wird diese Absicht durch die dreimalige Verwendung des Adjektivs *alto* im unmittelbaren Kontext. Dante ruft den *alto ingegno* (7) an, bezeichnet die Jenseitsreise als *alto passo* (12) und die weitreichenden Folgen der Mission des Aeneas als *alto effetto* (17). Nur Rom bekommt dieses Beiwort nicht, das es in der Aeneis an so prominenter Stelle trägt.

Im ersten Gesang des Inferno bleibt die Autorität Vergils unangetastet. Er ist es, der die Reise Dantes durch die drei Jenseitsreiche skizziert und damit einen Teil des Prooemiums der Commedia übernimmt. Dante vertraut sich seiner Führung vorbehaltlos an (Inf. 1, 130–134). Im zweiten Gesang des Inferno stellt Dante nicht nur indirekt die Kompetenz Vergils als Geleiter in Frage, er kritisiert offen die Aeneis: „Aeneas mag das Jenseits besucht haben. Aber Gott hat dies erlaubt aus Gründen, die du, Vergil, in deiner Aeneis nicht erkannt hast." Vergil antwortet auf die Kritik des Wanderers Dante mit keinem Wort – weder auf die indirekte an seiner Kompetenz noch auf die direkte an der Aeneis.

Die Aeneis ist für den Dichter Dante noch weit mehr als ein Modell für die Jenseitsreise des Wanderers. Die Übereinstimmungen mit dem Buch Exodus weisen sie als heilsgeschichtlich relevanten Text aus. Die Aeneis handelt nicht nur, wie der Wanderer Dante und auch ihr Verfasser glauben, von der *alta Roma*, sie spricht zugleich von der *alma Roma* und gehört damit selbst – wie die Werke der Apostel – zu den ‚nährenden' Schriften. Ein Text kann klüger sein als sein Autor. Diese für die Vergilrezeption innerhalb der Commedia zentrale Erkenntnis deutet der Dichter Dante bereits im zweiten Inferno-Gesang an. Jeder Leser, der, irritiert durch die Ersetzung der bekannten Junktur *alta Roma* durch *alma Roma*, noch einmal das Prooemium der Aeneis aufschlägt und den Text längere Zeit betrachtet, dürfte eine überraschende Entdeckung machen:

> *Arma uirumque cano, Troiae qui primus ob oris*
> *Italiam fato profugus Laviniaque venit*
> *Litora, multum ille et terris iactatus et alto*
> *vi superum, saevae memorem Iunonis ob iram,*
> **M**ulta quoque et bello passus, dum conderet urbem
> *inferretque deos Latio; genus unde Latinum*
> *Albanique patres atque altae moenia* **Roma**e.

Während Vergil die *alta Roma* besingt, weist sein Text, die Aeneis, ohne daß der Verfasser dies zu bemerken scheint, auf das christliche Rom, die *alma Roma*, hin. Für die Annahme, daß Dante dieses Akrostichon entdeckt hat, spricht, daß die ersten sieben Verse der Commedia ebenfalls ein Akrostichon enthalten: Die Anfangsbuchstaben der drei ersten Terzinen ergeben ein Wort, das in einer eindeutigen Beziehung zum *ALMA* der Aeneis steht: *NAT(a)* oder *NAT(o)*: Die Commedia ist die ‚Tochter‘ der ‚nährenden‘ Aeneis. Was die Akrosticha nur andeuten, spricht der christliche Dichter Statius im Purgatorio offen aus (21, 97–99):

> *... de l'Eneida dico, la qual mamma*
> *fummi, e fummi nutrice, poetando;*
> *sanz'essa non fermai peso di dramma.*

Es lohnt sich, den Blick noch einmal auf den Anfang des ersten Inferno-Gesanges zu richten. Zunächst fällt auf, daß die ersten sieben Verse eine Sinneinheit bilden. Sie handeln von dem „dunklen Wald", in dem Dante sich verirrt hat. Am Ende des ersten und siebten Verses stehen die Worte *vita* und *morte*. Der Wald, in dem Dante sich befindet, scheint eine Einbahnstraße zu sein, die unweigerlich vom ‚Leben‘ zum ‚Tod‘ führt, ein *passo che non lasciò già mai persona viva* (Inf. 1, 26/27). Auch die ersten sieben Verse der Aeneis bilden eine Einheit. Wieder stehen die zentralen Begriffe am Ende des ersten und siebten Verses: Troia und Rom. Troia und Rom sind Eingangssymbole, die sich im Laufe des Gedichtes mit poetischer Anschauung füllen sollen. Sie symbolisieren Geburt und Tod in überraschend antirealistischer Reihenfolge: Der troianische Tod liegt hinter Aeneas, die Geburt Roms ist die Zukunftsaufgabe. Troia ist zugleich Ende und Anfang. Der Tod des Alten ist die Voraussetzung für die Geburt des Neuen. Dante ist in der ersten Hälfte seines Lebens einen Weg gegangen, der ihn vom Leben bis fast zum Tod geführt hat. Unter der Leitung Vergils soll und wird er den Rückweg finden. Dante, der Dichter, ist klüger als Dante, der Wanderer. Er deutet die Lösung bereits in den ersten Versen durch eine versteckte Anspielung auf das Prooemium der Aeneis an, während sein früheres Ich und der Leser noch im „dunklen Wald" nach Orientierung suchen.

Nun zum zweiten Kapitel! Statius (besonders Purg. 20–22) ist, was das Verhältnis zu Vergil angeht, die wichtigste Identifikationsfigur Dantes in der Commedia. Die drei Stationen der Auseinandersetzung des Statius mit Vergil, die letztendlich zu seiner Bekehrung führt, entsprechen den drei abweichenden Aeneis-Deutungen, die im Prolog der Commedia miteinander konkurrieren. In den zitierten Versen, in denen Statius die Aeneis als ‚Mutter‘ und ‚Amme‘ bezeichnet, erscheint Vergil wie für den Wanderer Dante im ersten Gesang des Inferno als der Musterautor schlechthin. Die Lektüre von zwei Aeneis-Versen führt in einem zweiten Schritt zur Abkehr des Statius von der

Sünde der Verschwendung (Purg. 22, 37–45). Statius löst die Aeneis-Verse (3, 56/57) über die *auri sacra fames* aus dem Kontext und bezieht sie auf sich selbst. Aus einer Verurteilung der Habgier („verfluchter Hunger nach Gold") wird so ein Lob der Sparsamkeit („heiliger Hunger nach Gold"). Nicht als hätte die *persona* Statius oder gar der Dichter Dante den Vergiltext mißverstanden! Vielmehr soll gezeigt werden, daß auch eine Interpretation, die den vom Autor intendierten Sinn völlig vernachlässigt, moralisch fruchtbar sein kann. Statius macht genau das, was Vergil im ersten Gesang des Inferno vom Wanderer Dante einfordert. Seine moralische Deutung der Aeneis führt zur Erkenntnis des eigenen Fehlers und zur Reue. Den dritten und letzten Schritt auf dem Weg des Statius zum Christentum bildet die Lektüre der vierten Ekloge Vergils (Purg. 22, 76–81). Statius läßt sich von den Übereinstimmungen zwischen diesem Gedicht und der neuen Lehre überzeugen. Ebenso zeigt der Dichter Dante durch die Konkordanz zwischen der Aeneis und dem Buch Exodus, daß das Werk Vergils ein heilsgeschichtliches Dokument ist. Dieselbe Kunst des synoptischen Lesens, die Statius übt, verlangt Dante auch vom Rezipienten der Commedia.

Ähnlich wie beim Fehlen des Prooemiums und dem hinausgezögerten Erscheinen Vergils (aber mit viel größerer Verspätung) liefert Dante auch im Falle des Statius die Lösung des Rätsels nach: Seine auffällige Abwesenheit im Limbo des Inferno wird erst 50 Gesänge später durch das ‚Christentum' des Statius begründet. Für diese ungewöhnliche These Dantes gab es vielfältige Erklärungen. Ein Teil der Forscher rechnet mit Erfindung Dantes, ein anderer betont Anhaltspunkte im Werk des Statius oder in der Tradition. H.s eigener Lösungsversuch verbindet beide Ansätze, doch nicht rein additiv; für ihn ist die Notwendigkeit der „Quellenforschung" selbst „ein Teil der Erfindung Dantes": In Purg. 21/22 setzt sich Dante mit Leben und Werk des Statius auseinander und erfindet („rekonstruiert") dessen Vita im Zeichen des Christentums: Statius berichtet, er habe durch Vergil zum Christentum gefunden. Dabei erweisen sich der Leser Statius und der Leser Dante als „durchaus kongenial" (ebd.). Der Leser der Commedia ist aufgefordert, all dies nachzuvollziehen.

So gelingt H. der Nachweis, daß Dante das Christentum des Statius aus einer originellen etymologischen Deutung der Namen des Statius erschlossen oder zumindest diese Etymologie zur Beglaubigung seiner Erfindung herangezogen hat. Ein erhellender Exkurs weist Etymologie als Denkform besonders in profanen und sakralen Biographien, z. B. in den *Accessus* und in den Heiligenviten, nach. Der Reihe nach entfalten die Namen des Statius Stationen seines Lebens: Wachstum (vgl. *Surculus*, ‚Zweig') und Aufstehen (*Sursulus*, „*sursum canens*"); Papinius (von *papae*: ‚Staunen erregend' – durch Wortgewalt oder durch Weisheit – oder von *pampinus*: ‚Weinlaub', das die Rebe schmückt) und schließlich *Statius* (‚der Stehende', nämlich auf der Höhe der Erkenntnis). Das Aufsteigen ins Paradies erfüllt den anagogischen Sinn seines Namens. So macht Dante Namensdeutungen für die Rekonstruktion der Vita des Statius fruchtbar.

Das dritte Kapitel des Statius-Teils geht denkbaren Spuren in Statius' Werk nach, die Dante in seiner christlichen Deutung bestärkt haben mögen. Mit seinem brüderlichen Gruß (*O frati miei, Dio vi dea pace*, 2, 21, 13) negiert Statius die Welt des von ihm besungenen Bruderkrieges. Der Gruß des verklärten Statius ist identisch mit dem des Auferstandenen an die Jünger in Emmaus. Der Schwerpunkt liegt in der Schrifterklärung durch Christus (Luc. 24, 25–27). Dantes Vergil freilich vermag die Thebais nicht christlich zu interpretieren. Statius wie Dante werden durch Vergil zum Heil geführt. Als erfolgreicher Vergilleser ist Dante Statius gleichwertig, als christlicher Dichter wird er ihn übertreffen. Eine mehrdimensionale typologische Beziehung besteht zwischen Amphiaraus, Statius, Dante und Christus, dem die beiden letzteren in *imitatio* nachfolgen. Hier hat – so könnte man hinzufügen – die existentielle *imitatio*, wie sie z. B. Lukrez gegenüber Epikur übt, die Priorität vor der literarischen. *Conversio* impliziert die Erschließung des ‚eigentlichen' Sinnes des gelesenen Textes.

Als Dichter ist Statius von Vergil abhängig. Als Leser ist er ihm in jeder Hinsicht überlegen: Seine Verehrung für Vergil hat ihn nicht gehindert, die Werke seines Meisters richtig zu gebrauchen. Er hat also genau das getan, was der Wanderer Dante im ersten Gesang des Inferno lernen soll: Literatur nicht um ihrer selbst willen zu genießen, sondern auf Gott zu beziehen. Vergil scheitert an dieser Aufgabe auch im Purgatorio. Er vermag nicht zu begreifen, daß die Thebais das Werk eines Christen ist. Der Dichter Statius erfüllt seine Funktion als Kontrastfigur zu Vergil nur dann optimal, wenn in seinem Leben und Werk nach der Fiktion des Dichters Dante tatsächlich Anzeichen für sein Christentum versteckt sind. Die Aufgabe, die Dante in pädagogischer Absicht dem Rezipienten der Commedia stellt, ist es, diesen Anzeichen nachzugehen. Auch er soll sich in der Kunst des richtigen Lesens üben, die den Wanderer Dante und den Dichter Statius in das Paradies geführt hat.

Der dritte Hauptteil handelt vom Purgatorio als Dantes Anti-Odyssee. Von der Markierung von Intertextualität durch Personen schreitet H. nun zur Markierung von Intertextualtät durch Zahlen fort (vgl. oben zu Inferno 20 und Purgatorio 20). H. belegt durch zahlreiche antike und moderne Beispiele, daß solche zahlenmäßigen Entsprechungen Intertextualität markieren sollen.

Beim Verschwinden Vergils steigert sich die innere Anteilnahme Dantes zu dem Attribut *dolcissimo*. Wie das Haupt des Orpheus vom Rumpf getrennt weitersingt, so verschwindet der Einfluß Vergils auch im Paradiso nicht. Das zeigt, daß die Aeneis einer christlichen Deutung fähig ist. Das Purgatorio und die ersten sechs Bücher der Aeneis zählen jeweils genau 4755 Verse. Indem ein Autor zahlenmäßige Übereinstimmungen zu Werken anderer Autoren herstellt, kann er die Rezeption des eigenen Werkes steuern.

Die Angleichung der Verszahl von Purgatorio und erster Aeneis-Hälfte ist aus zwei Gründen besonders sinnvoll: (1.) Das durch Zahlenkomposition geknüpfte Band mit der Aeneis dient als Gegengewicht gegen den zunehmenden Kompetenzverlust der *persona* Vergil im Purgatorio. Nachhaltig wird so die bleibende Bedeutung des Werkes über das Verschwinden seines Verfassers hinaus betont. (2.) Die Besteigung des Läuterungsberges ist die erfolgreiche Fortsetzung der gescheiterten Bergbesteigung des Wanderers Dante in Inferno 1. Der ‚Odyssee' des Wanderers setzt der Dichter Dante am Anfang der Commedia zwei von der göttlichen Gnade geleitete Reisen entgegen: Die Fahrt des Aeneas von Troia nach Italien und den Auszug des Volkes Israel aus Ägypten. Im Purgatorio wird diese Dreieckstypologie wieder aufgegriffen: Die Besteigung des Läuterungsberges ist die Anti-Odyssee des Wanderers Dante. Diese Tatsache unterstreicht der Dichter Dante, indem er einerseits explizit auf das Buch Exodus verweist: Die Seelen der Büßer stimmen bei der Ankunft am Ufer des Läuterungsberges den 113. Psalm an (Purg. 2,46): *In exitu Israel de Aegypto*. Zugleich stellt er eine Übereinstimmung der Verszahlen zwischen diesem Teil der Commedia und der ersten Hälfte der Aeneis – Vergils ‚Odyssee' – her.

Wenn die letzten sechs *canti* des Purgatorio (28–33) dem sechsten Buch der Aeneis entsprechen, so müßte das Ende des 27. Gesangs auf den Schluß von Buch 5 verweisen. Es kann kein Zufall sein, daß beide Protagonisten an diesen durch Zahlenkomposition verknüpften Stellen ihren *magister* verlieren. Bei Vergil ist es der Steuermann Palinurus, der kurz vor der Landung in Cumae, von Somnus eingeschläfert, ins

Wasser stürzt (854–871). Aeneas übernimmt an seiner Stelle selbst das verlassene Ruder (868): ... *Ipse ratem nocturnis rexit in undis.* Anders als Palinurus ist sich Dantes Vergil bewußt, daß er seine Aufgabe erfüllt hat. Er erklärt seinen Schüler ausdrücklich für frei und übergibt ihm das ‚Ruder' (Purg. 27, 139/ 140): *Libero, dritto e sano è tuo arbitrio* ... Aeneas trifft den Schatten seines unbestatteten Steuermanns am Acheron wieder (Aen. 6, 337–383). Dante spricht, als er nach dem Erscheinen Beatrices das Verschwinden Vergils bemerkt, ergreifende Abschiedsworte (Purg. 30, 49–54). Auch diese beiden Szenen – Begegnung des Aeneas mit Palinurus am Acheron, Verschwinden Vergils und Klage Dantes – sind durch die Übereinstimmung der Verszahl verklammert. Die Palinurus- bzw. Vergilszenen sind chiastisch angeordnet: Bei Vergil verschwindet Palinurus unbemerkt, Aeneas bleibt nur die Klage (Aen. 5, 869–871). Die Aussprache zwischen Palinurus und Aeneas erfolgt erst in der Unterwelt. Bei Dante verabschiedet sich Vergil zunächst ausführlich, um sich dann im Irdischen Paradies unbemerkt zu entfernen. Hier ist es Dante, dem nur die Klage bleibt. Das Verschwinden Vergils, das im Purgatorio schweigend vor sich geht, bekommt erst vor dem Hintergrund der Palinurus-Szene seine Tiefendimension. Ein grundlegender Unterschied besteht nämlich zwischen Palinurus und Vergil: Palinurus, der nur gewaltsam von seinem Steuerruder getrennt werden konnte, bittet Aeneas, ihn über den Acheron mitzunehmen (Aen. 6, 370/371). Er vermag die ihm vom Schicksal gesetzten Grenzen nicht zu erkennen. Anders Vergil. Er wiederholt das *da dextram misero* seines Palinurus nicht. Wie bei seinem ersten Auftreten, so schweigt Vergil auch im Fortgehen. Die Bedeutung dieses Schweigens kann der Leser erst vor dem Hintergund der Palinurus-Episode im sechsten Buch der Aeneis vollständig ermessen. Wieder kongruiert die synoptische Betrachtung der Verszahlen mit der Hervorhebung analoger Gestalten. Zahlenmäßig entspricht der Schluß des fünften Buches der Aeneis dem 27. Gesang des Purgatorio. An beiden Stellen verliert der Protagonist seinen *magister*: Der Steuermann Palinurus stürzt vom Schiff, und der bisherige Mentor Vergil verläßt Dante. Weitere Parallelen aus Aen. 6 erhellen den Sinn der rätselvollen Prozession und der Prophetie Beatrices (im Vergleich mit der Anchises-Rede bei Vergil). So stützt H. mit zum Teil neuen Argumenten den politischen Charakter der Prophetie und ihren Bezug auf Heinrich VII. Gerade da, wo sich Dante bewußt in Schweigen hüllt, geben die durch Zahlenkomposition verknüpften Aeneis-Stellen Antworten. So gewinnt das Verschwinden Vergils seine Tiefendimension erst vor dem Hintergrund der vermessenen Bitte des Palinurus, den Acheron gemeinsam mit Aeneas überschreiten zu dürfen. Der Horizont, in dem die Lösung der rätselhaften Prophezeiung der Beatrice zu suchen ist, wird durch den ‚parallelen' Hinweis des Anchises auf Iulius Caesar und Octavianus Augustus erheblich eingeschränkt.

Somit erscheint Dante als Leser wie als Autor in einem neuen Lichte; auch für unser Verständnis der Arbeitsweise Vergils und des Statius erzielt H. einen Fortschritt und zeigt neue Wege für weitere Forschungen auf. (Wünschenswert wären z. B. ähnlich anspruchsvolle Studien zu Dantes Lucan-Lektüre und zu Dantes ‚Lesen' im Buche der Natur unter Einbeziehung der antiken Naturwissenschaft.)

Die drei besprochenen Bücher eröffnen der Vergilforschung Perspektiven nach verschiedenen Richtungen. Jeder der drei Autoren macht auf seine Weise ernst mit der modernen Einsicht, daß narrative Texte den Leser einen Weg nachvollziehen lassen, der nicht durch andere Darstellungsformen ersetzbar ist. Der Kommentar von N i e h l verweist uns auf das

Wort des Dichters als immer noch sicherste Quelle für das Verständnis des
Werkes. Das Prinzip *scriptura sui interpres* gestattet vielfach, die Stich-
haltigkeit von Interpretationen zu prüfen. Somit können die Selbstzitate als
wertvolles hermeneutisches Rüstzeug gelten. Darüber hinaus ergibt
N i e h l s Würdigung des Textes als akustischen Prozesses eine Vielfalt
neuer Einsichten. Nebenbei bestätigt sich auch der wissenschaftliche Wert
einsprachiger (hier also lateinischer) Kommentierung.

Einen verwandten akustischen Ansatz entwickelt M a r t í n e z in anderer Weise fort, indem er den musikalischen Verlauf des Werkes im Wechsel von Reden und Schweigen untersucht. Vergils *scriptura* verrät dem
hellhörigen Leser viel von der in sie eingegangenen literarischen Reflexion
des Autors. Ein bedeutsamer Ertrag dieser Untersuchung ist der detaillierte
Nachweis der von Vergil im Text vorausgesetzten Poetologie. Bezeichnend ist dabei die überwiegend kritische, ja negative Beurteilung verbaler
Äußerungen, ein Ergebnis, das auf das Selbstverständnis von Roms größ-
tem Dichter ein unerwartetes, geradezu bestürzendes Licht wirft. Die poetologische und hermeneutische Bedeutung des Zugangs von M a r t í n e z
tritt durch eine Synopse mit N i e h l und H e i l in vollem Umfang ans
Licht.

Vergils extrem selbstkritische Poetologie wird durch H e i l s Untersuchungen überraschend bestätigt. Diese weisen auch Altertumswissen-
schaftlern den Weg zu einer Autorenlektüre im Zeichen mehrfacher Intertextualität. Die Zusammenschau unterschiedlicher Traditionen in den
Werken der großen Epiker gewinnt dabei Modellcharakter für stets neue
kreative Antworten auf Herausforderungen durch unterschiedliche kultu-
relle Hintergründe. Folgt man den drei hier besprochenen Forschern, so
führt Intertextualität nicht zu einer unverbindlichen Beliebigkeit, sondern
zu jeweils neuer Identitätsfindung und Identitätsschöpfung, wobei sich
Originalität besonders präzise an der gründlichen Auseinandersetzung
schöpferischer Individuen mit den Vorgängern ablesen läßt.[11] Die Tatsache, daß Europas Epen von Homer bis Milton einen großen geistigen
Zusammenhang (oder, wenn man so will, ‚Text') bilden, wäre ohne
Vergils subtile Kunst des Redens und Schweigens, Lesens und Schreibens,
wie sie in den hier besprochenen Untersuchungen herausgearbeitet wird,
nicht denkbar gewesen.

---

[11] Vgl. M. v. Albrecht, Literatur als Brücke. Studien zur Komparatistik und Rezeptionsgeschichte, Hildesheim 2003, 237–255.

WIENER STUDIEN, Band 118/2005, 233–300

Rezensionen und Kurzanzeigen

Zur antiken Philosophie

Enzyklopädie Philosophie und Wissenschaftstheorie. Unter ständiger Mitwirkung von Siegfried B l a s c h e, Gottfried G a b r i e l, Herbert R. G a n s l a n d t, Matthias G a t z e m e i e r, Carl F. G e t h m a n n, Peter J a - n i s c h, Friedrich K a m b a r t e l, Kuno L o r e n z, Klaus M a i n z e r, Peter S c h r o e d e r - H e i s t e r, Oswald S c h w e m m e r, Christian T h i e l, Reiner W i m m e r in Verbindung mit Martin C a r r i e r und Gereon W o l t e r s herausgegeben von Jürgen M i t t e l s t r a ß. Stuttgart-Weimar: J. B. Metzler 2004 (Unveränderte Sonderausgabe.). 4 Bde.: 835, 1105, 866, 872 S. Ill. ISBN 3-476-02012-6

Die ‚Enzyklopädie‘, ursprünglich zwischen 1984 und 1996 (Bd. 1 und 2 auch 1995 in verbesserter Neuauflage) erschienen, ist mit ihren rund 4000 Sach- und Personenartikeln unentbehrlich und zum Begriff geworden, und dies wird so bleiben, wenn auch mittlerweile schneller abzufragende und aktuellere, nicht immer aber bessere Hilfsmittel zur Verfügung stehen. Der Grund dafür liegt – neben der Unabhängigkeit des gedruckten Mediums – in der überlegten Konzeption des Werkes, das seine Informationen in gültiger und zeitloser Form präsentiert und so die Vorzüge eines Wörterbuchs mit denen einer Enzyklopädie verbindet. Der Herausgeber Jürgen M i t t e l s t r a ß hat dies zu Beginn des ersten seiner für sich lesenswerten und auch über den Status der Wissenschaftstheorie reflektierenden Einführungsessays formuliert: „Wissenschaftliche *Wörterbücher* sind Instrumente wissenschaftlicher Arbeit, ihrer Diktion und ihrer systematischen Organisation nach dazu tendierend, sich gegenüber der Arbeit, der sie dienen sollen, im Schein des schon Geleisteten zu verselbständigen. Wissenschaftliche *Enzyklopädien* sind die Form, in der sich die Wörterbücher schreibende wissenschaftliche Welt mit diesem Schein abgefunden hat. Sie führen im Unterschied zur rein additiven und definitorischen Form von Wörterbüchern das, was die Wissenschaften wissen, in einer so auf begriffliche und sachliche Vollständigkeit bedachten Weise auf, daß die wissenschaftliche Arbeit fast wie ein Umweg erscheint, durchmessen, um das zu wissen, was die wissenschaftliche Enzyklopädie weiß.“ (Bd. 1, 5). Der Anspruch, „ein Instrument wissenschaftlicher Arbeit“, nicht „ein Monument des wissenschaftlich schon Geleisteten“ zu schaffen – Diderots Problem! –, ist bestens erfüllt. Die Informationen, die die einzelnen Eintragungen vermitteln, sind sachlich, meistens knapp, und ausreichend abgefasst, jeder Artikel wird – soweit nötig und verfügbar – mit Hinweisen zur wichtigsten Literatur versehen; bei Personenartikeln kommt dazu noch ein Werkverzeichnis. Das Konzept ist weit ausgreifend und gründlich durchdacht, der Begriff

‚Philosophie' umfasst alle Zeiten und alle bekannten Kulturkreise (also z. B. auch arabische, indische und chinesische Philosophie), und ein besonderer Vorzug der ‚Enzyklopädie' sind die kompetenten Artikel aus den Bereichen der Mathematik und der Logik, die in Nachschlagewerken oft fehlen. Die ungetrennte Anordnung von Personen- und Sachartikeln vermittelt zumeist auch von selbst Hinweise auf Rezeption und Weiterwirken: so folgen – um nur ein Beispiel zu geben – auf den Artikel ‚Platon' (mit 5 Seiten Literaturangaben!) die Artikel ‚Platonische Akademie' – ‚Platonische Körper' – ‚Platonismus' – ‚Platonismus (wissenschaftstheoretisch)', zusammen mit allen in diesen Artikeln enthaltenen Querverweisen eine umfassende Abfolge von Informationen, die den Gehalt einer Enzyklopädie ausmachen: denn auf seinem Gebiet wird so mancher naturgemäß etwas vermissen, doch zur Orientierung über das eigene Fach sind solche Werke nicht verfasst. (Im Artikel ‚Platon', Bd. 3, 259, fehlt ebenso wie im Artikel ‚Ficino', Bd. 1, 647, wenigstens ein Hinweis auf die erste Übersetzung Platons ins Lateinische; zufällig aufgefallen ist mir das Fehlen des Stichworts ‚Euhemeros'.)

Die Arbeit mit der ‚Enzyklopädie' ist unter diesen Gesichtspunkten und mit den selbstverständlichen Einschränkungen erfreulich und förderlich. Um einen alten Schlusssatz aus Rezensionen zu zitieren: Dieses Werk sollte in keiner Bibliothek fehlen.

Herbert Bannert

Die Philosophie der Antike. Band 3: Ältere Akademie – Aristoteles – Peripatos. 2., durchgesehene und erweiterte Auflage. Hrsg. von Hellmut F l a s h a r. Basel: Schwabe 2004. XIII, 747 S. (Grundriss der Geschichte der Philosophie. Begründet von Friedrich U e b e r w e g. Völlig neubearbeitete Ausgabe. Antike 3.) ISBN 3-7965-1998-9

Die neue Auflage dieses Bandes, der als der erste des ‚neuen Ueberweg' 1983 erstmals erschienen ist, dokumentiert das Interesse an den Inhalten und die außerordentliche Güte der Darstellung, die eine sachliche und wissenschaftsgeschichtliche Orientierung anstrebt und in allen Teilen (Darstellung der Lehre, Biographische Zeugnisse zu einzelnen Philosophen, Werkverzeichnisse, Bibliographie) in hohem Maß erreicht. Die 2. Auflage wurde gründlich überarbeitet und auf den letzten Stand gebracht, denn sowohl bei der Darstellung der Älteren Akademie, des Aristoteles, des Peripatos und auch des Theophrast sind Fragmentsammlungen, Einzeldarstellungen und – bei Theophrast – neue Textausgaben und Gesamtbeurteilungen hinzugekommen. (Leider wurde die Geschichte des Gesamtwerks von Ueberweg [-Praechter], die W.J. T i n n e r in der 1. Auflage nachgezeichnet hat, nicht übernommen. – Zu den übrigen bisher erschienen Bänden zur Philosophie der Antike s. WSt. 112 [1999], 245/246 und 115 [2002], 352–354.)

Hans K r ä m e r behandelt die Ältere Akademie mit Abschnitten zur Geschichte der Schule, zu Speusipp, Xenokrates, Eudoxos aus Knidos, Herakleides Pontikos, Philippos aus Opus und die ‚Epinomis' und zur Spätphase mit Polemon, Krantor, Krates und Eratosthenes. – Hellmut F l a s h a r hat seine Behandlung des Aristoteles neu gefasst und informiert über den Stand der Aristoteles-Forschung, über die Schriften des Aristoteles und die Bewertung der Schriftenverzeichnisse, über Ausgaben, Übersetzungen und antike Kommentare, über die biographischen Zeugnisse, einzelne erhaltene Werke, über die Lehre und die Wirkungsgeschichte, geordnet jeweils nach einzelnen Lehrbereichen und Wissenschaftsdisziplinen. – Georg W ö h r l e und Leonid Z h m u d haben das von Fritz W e h r l i (†) verfasste Kapitel über den Peripatos bis zum Beginn der römischen Kaiserzeit (das 1983 übrigens die erste umfassende Behandlung des

Themas war) überarbeitet und aktualisiert: Geschichte des Peripatos, Theophrast, Eudemos aus Rhodos, Menon und andere Aristotelesschüler, Pasikles aus Rhodos und Neleus aus Skepsis, Dikaiarchos aus Messene, Aristoxenos aus Tarent, Klearchos aus Soloi, Phainias aus Eresos, Chamaileon aus Herakleia, Duris aus Samos, Demetrios aus Phaleron (und Ps.-Demetrios, ‚Über den Stil‘), Praxiphanes, Straton aus Lampsakos, Aristarchos aus Samos, Hieronymos aus Rhodos, Lykon aus der Troas, Ariston aus Keos, Prytanis und Phormion und einige andere, namentlich bekannte Peripatetiker bis in das 1. Jh. v. Chr. werden abgehandelt. Doch diese Namen bleiben nicht nur Namen, sondern auch entlegene und ungenügende Quellen werden herangezogen, miteinander in Beziehung gesetzt und ausgewertet und, soweit es möglich ist, in ihrem historischen Aussagewert beurteilt.

Die Konzeption des Ueberwegschen Grundrisses, Fakten und Daten mit einer knappen, aber lesbaren Darstellung zu verbinden, macht den Band besonders wertvoll; dies können Lexikonartikel, seien sie auch noch so ausführlich, nicht erreichen. H. F l a s h a r fasst im Vorwort (XII) die Intentionen des Herausgebers und gleichzeitig die Erfahrungen der Leser seit dem Erscheinen der ersten Auflage dieses Bandes treffend (und mit berechtigtem Anspruch) zusammen. „Es ist zunächst die Zuverlässigkeit der Information, wie sie vor allem die Werkbeschreibungen und die Bibliographien vermitteln. Für die punktuelle Benutzung wie für die kohärente Lektüre bieten die Werkbeschreibungen, die in dieser Form und Ausführlichkeit in keiner Monographie und in keinem Handbuch sonst zu finden sind, rasche Auskünfte über Echtheit, Datierung und Thematik der einzelnen Werke, in die in stärkerem Masse jetzt auch die Fragmente von im Ganzen verlorenen Schriften einbezogen sind. Nirgends wird man die weit verzweigte wissenschaftliche Literatur so ausführlich (wenn auch bewusst nicht vollständig) und zuverlässig verzeichnet und aufbereitet finden. … Insgesamt erhält der Leser ein vielfältiges und repräsentatives Bild der Forschung, wie es so weder andere Monographien noch vergleichbare Handbücher bieten." Ausführliche Indizes erleichtern die Suche und erschließen das Ganze.   *Herbert Bannert*

Ernst H e i t s c h, Gesammelte Schriften II. Zur griechischen Philosophie. München-Leipzig: K. G. Saur 2001 (2002). 356 S. (Beiträge zur Altertumskunde. 153.) ISBN 3-598-77702-7

Gesammelte Schriften III. München-Leipzig: K. G. Saur 2003. 464 S. 1 Porträtabb. (Beiträge zur Altertumskunde. 154.) ISBN 3-598-77703-5

Die im zweiten Band der Gesammelten Schriften von Ernst H e i t s c h (Gesammelte Schriften I: WSt. 116 [2003], 291f.) zusammengetragenen Arbeiten beginnen mit einer Anleitung zur Lektüre Hesiods (1996) und führen über eine Darstellung der Bedingungen jonischer Philosophie (‚Jonien und die Anfänge der griechischen Philosophie‘, 1999), Xenophanes (1994), Parmenides (‚Parmenides‘, 1977; ‚Evidenz und Wahrscheinlichkeitsaussagen bei Parmenides‘, 1974; ‚Der Ort der Wahrheit‘, 1979, eine grundlegenden Studie zum Begriff der ἀλήθεια) zum Hauptteil des Bandes, der – als Fortsetzung und Ergänzung von ‚Wege zu Platon‘, Göttingen 1992 – der Interpretation Platons, dem Charmides, Euthydemos, Kratylos, Phaidon, und besonders dem Phaidros gewidmet ist, zu dem H. einen wegweisenden Kommentar vorgelegt hat (2. Aufl., Göttingen 1997).

Und Platon bildet auch den Anknüpfungspunkt zu ergänzenden Kapiteln des dritten und letzten Bandes: einer Untersuchung, vereinigt mit einem Teilkommentar, zum

,Großen Hippias' (1999), dessen Unechtheit H. erwiesen erscheint, und einigen wichtigen Studien zur Wortgeschichte, von denen zwei die philologische Basis zu einigen Schlussfolgerungen der Platonarbeiten legen: zum Begriff ἀ-λήθεια (1962) und zur umstrittenen Interpretation der Bedeutung der τιμιώτερα im Phaidros (1989; s. u.). – Der einleitende Beitrag über das Fragen in Zeiten der Schriftlosigkeit beschäftigt sich unter anderem auch mit Vorbedingungen zum Verständnis der Dialoge und des Sokratischen Fragens. Der griechischen Dichtung gelten Beiträge zu Hymnen auf Helios (1960), zu Sappho (1962, 1967), und eine sehr eindringliche Untersuchung zu dem von Euripides im Jahre 413 im öffentlichen Auftrag verfassten Grabepigramm auf die in Sizilien Gefallenen (,Τὰ θεῶν. Ein Epigramm des Euripides', 1967). Den Hauptteil des Bandes bilden drei Arbeiten zu Thukydides und vor allem eine Serie von Untersuchungen zum griechischen Recht und zum Verständnis attischer Gerichtsreden, darunter die hervorragend gearbeitete und umfassend informierende Darstellung des Prozesses, der Antiphons sechster Rede zu Grunde liegt: ,Recht und Argumentation in Antiphons 6. Rede. Philologische Erläuterungen zu einem attischen Strafprozeß' (1980), eine fundierte Beschreibung der Hintergründe und der praktischen Durchführung eines Gerichtsverfahrens. Zwei Arbeiten zum neuen Testament (,Glossen zum Galaterbrief', 1995, und ,Jesus aus Nazareth als Christus', 1960), und weit voraus gedachte Überlegungen zur Stellung der Philologie und zum Anspruch der Interpretation antiker Texte aus früher Zeit, niedergeschrieben 1960, 1974 und 1986, ergänzen die Auswahl.

In der letzten Anmerkung des Aufsatzes ,ἄνω κάτω' bei Platon' (1991, Band 2, 229; vgl. auch Bd. 3, 282), nimmt H. noch einmal zur Auffassung und Interpretation der τιμιώτερα in Platons Phaidros 278d Stellung und wendet sich einmal mehr gegen das von H. J. K r ä m e r begründete Platonbild und besonders gegen die von Th. A. S z l e z á k vertretene Auffassung dieser für die Lehre Platons entscheidenden Stelle (vgl. auch die in einer Gnomon-Rez. neuerlich entbrannte Unstimmigkeit, bei H e i t s c h Band 2, 350/351, und Band 2, 173f. Anm. 16). Man muss aber doch, wenigstens aus heutiger Sicht, hinzufügen, dass S z l e z á k u. a. in seinem Buch: Platon lesen, Stuttgart - Bad Cannstatt 1993, 71 – 76, auch 58 Anm. 1 und 62, und in seiner ,Einführung' zu der weiter unten angezeigten Neuausgabe der Politeia-Übersetzung von Rudolf R u f e n e r (472) sehr viel differenzierter zu den umstrittenen Aussagen des Sokrates Stellung genommen hat. Ein gewisser Rest an Unstimmigkeit, gleichzeitig Raum für Interpretation, bleibt in Platons Sätzen wohl ebenso wie in der Zeichnung des ,Tübinger Platonbildes'.

Herbert Bannert

Zu Platon

Platon, Apologie des Sokrates. Übersetzung und Kommentar von Ernst H e i t s c h. Göttingen: Vandenhoeck & Ruprecht 2002. 216 S. (Platon, Werke. Übesetzung und Kommentar. II 1.) ISBN 3-525-30401-3

Herausragend und in jeder Beziehung beispielhaft ist dieser Kommentar zur Apologie des Sokrates in der von H. herausgegebenen Reihe der Übersetzungen und Kommentare von Platons Werken. H. ist eine Übersetzung gelungen, die nicht nur ,korrekt', ,lesbar' und ,aus sich heraus verständlich' ist (5), vielmehr eröffnet er durch eine präzise und dabei gleichzeitig äußerst elegante Übertragung, die der platonischen Vorlage in jeder Beziehung gerecht wird, einen neuen Zugang zu einem Text, der durchaus

Anspruch darauf erheben kann, wie sein Protagonist (Sokrates) einen „Platz in unserer kulturellen Erinnerung zu haben" (5).

Platons Apologie nimmt unter den Dialogen eine Sonderstellung ein. Allein die Tatsache, dass es sich bei der Apologie ja um eine vor Gericht gehaltene Verteidigungsrede handelt, gibt die Form vor, anders ausgedrückt: Platon ist bei der formalen Gestaltung der Apologie weniger frei als bei den anderen Dialogen, muss er doch die Bedingungen einer attischen Gerichtsrede berücksichtigen (37f.). Er darf also die Regeln, die in zeitgenössischen Texten über Gerichtsrhetorik formuliert sind, nicht vernachlässigen – dargelegt u. a. in der Rhetorik des Aristoteles (etwa die Aufzählung der vier Teile einer Gerichtsrede: Einleitung, Bekanntgabe des Gegenstandes der Rede, Beweis und Epilog in Rhet. 1414b7–9), den Verteidigungsreden des Demosthenes und des Antiphon; und er muss auch seine eigene, im Phaidros (Phdr. 264c und 268d) ganz allgemein formulierte Forderung nach der Herstellung eines organischen Textes berücksichtigen (38f.). Insgesamt erfahren wir aus H.s Kommentar Wesentliches und Interessantes zur attischen Rechtsordnung an sich, nach deren Verständnis etwa allein „die Tat und nicht der Täter bestraft" wird (43), was eine heute übliche freie Strafzumessung durch ein Gericht von vornherein ausschließt und eine gänzliche Aufklärung des Sachverhalts um jeden Preis notwendig macht. Höchstes Ziel des attischen Gerichts ist es also, die ἀλήθεια τῶν πραγμάτων, den wahren Sachverhalt, herauszufinden. Da jedoch das größte Anliegen des Klägers bzw. des Angeklagten dahin gehen muss, den Sachverhalt in einem für ihn günstigen Licht darzustellen – und dies mit jedem Mittel (Erregung von Mitleid durch Mitnahme von Familie, Freunden, etc.) und um jeden Preis, auch um den Preis der Wahrheit – gerät eben dieses Anliegen ins Hintertreffen. An diesem Punkt hakt Sokrates ein mit seiner grundsätzlichen Kritik an der Gerichtsrhetorik, die wie die Rhetorik im allgemeinen auch nichts weiter ist als eine ‚Schmeichelkunst' (H. verweist auf Gorg. 462b–466a), die ausschließlich dazu dient, die Wahrheit zu verschleiern, nicht aber sie herauszufinden (43f.). Die Verteidigung des Sokrates wird in ganz platonischer Manier zu einer Verteidigung der Wahrheit selbst. Die Rede des Sokrates ist daher im Gegenzug „einfach und ohne rhetorischen Aufwand" gestaltet (47), sie steht, wie schon sein Leben auch, im Dienst der Wahrheitsfindung, und dazu bedarf es nicht des kunstvollen Konzepts einer konventionellen Rhetorik. In dem ausführlichen Kommentarteil geht H. Punkt für Punkt auf die Argumentation des Sokrates ein, er hebt das Wesentliche hervor, stellt die Bezüge zu dem platonischen Gesamtwerk her (da vor allem zum Gorgias und zum Phaidros) und zu anderen relevanten Texten (der Gerichtsredner und Rhetoriker), und er weist durchgehend hin auf die historische und die philosophische Dimension der Aussage. Insgesamt ein sehr lesenswerter Kommentar, der das Verständnis eines vermeintlich bekannten Textes wesentlich erweitert. *Maria-Christine Leitgeb*

Platon, Gorgias. Übersetzung und Kommentar von Joachim D a l f e n. Göttingen: Vandenhoeck & Ruprecht 2004. 524 S. (Platon, Werke. Übersetzung und Kommentar. VI 3.) ISBN 3-525-30422-6

Thematisch in engem Zusammenhang mit der Apologie steht Platons Dialog Gorgias, der nun von D. übersetzt und kommentiert in derselben Reihe der Platonübersetzungen erschienen ist. Die Auseinandersetzung mit der von den Sophisten geprägten Rhetorik wird im Gorgias von Platon fortgeführt und erreicht argumentativ einen Höhepunkt; zentral ist wiederum der Themenkomplex um das Phänomen der Gerechtigkeit (ἀδικεῖν, ἀδικεῖσθαι).

D. legt eine gut lesbare Übersetzung vor, die das Griechische möglichst getreu wiedergibt – kein leichtes Unterfangen. Im Kommentarteil ordnet D. den Dialog in das Gesamtwerk Platons ein. Der Entstehungszeit (114–118), dem Schauplatz (118–124) und den Protagonisten des Dialogs (124–141) widmet D. eingehende und detaillierte Untersuchungen, er zieht zu diesem Zweck literarische und historische Zeugnisse gleichermaßen heran. Das Kapitel ‚Verlauf und Inhalt der Gespräche' (141–158) macht die Gliederung des Dialogs (161/162) anschaulich. Zudem gibt D. einen kurzen Forschungsüberblick über die Rezeptionsgeschichte des Gorgias (108/109). (Zu den bei Platon genannten Personen stehen jetzt auch die Biographien von Debra N a i l s, The People of Plato. A Prosopography of Plato and other Socratics, Indianapolis-Cambridge 2002, zur Verfügung.)

Das Hauptinteresse D.s gilt jedoch der Sprache Platons, denn sie ist „Medium, Inhalt und Objekt des platonischen Dialogs" (105). Ein dem Übersetzer besonders wichtiges Anliegen ist es, das „Verhältnis Platons zur Umgangssprache seiner Zeit" darzustellen: „Platon lässt seine Personen die alltägliche Umgangssprache seiner Zeit sprechen. Wer nur die Sprache der platonischen Dialoge kennt, wird manche Wendungen und Ausdrücke als genuin philosophisch-platonisch auffassen … Ein Vergleich mit den Texten anderer Autoren jener Zeit, vor allem mit Aristophanes und den Rednern, zeigt aber, dass auch sie der Alltagssprache angehören." (105). Termini philosophischen Gehalts sind Prägungen aus dem Bestand alltagssprachlicher Wendungen („Platon lebte nicht auf einer abgeschiedenen Insel"), die Sprache Platons erweist sich anschaulich als das eigentliche „Instrument der sokratischen Dialektik" (105). *Maria-Christine Leitgeb*

Platon, Phaidon. Übersetzung und Kommentar von Theodor E b e r t. Göttingen: Vandenhoeck & Ruprecht 2004. 516 S. (Platon, Werke. Übersetzung und Kommentar. I 4.) ISBN 3-525-30403-X.

Literarisch wie philosophisch ein Meisterwerk, steht der Phaidon mehr noch als andere Dialoge Platons seit jeher im Mittelpunkt des Interesses der Platon-Exegeten. Die sich daraus für jeden neuen Kommentator ergebende Schwierigkeit liegt daher auf der Hand: es gilt, dem schon im Überfluss gehaltvoll Vorhandenen substantiell Neues hinzuzufügen. E., der sich dieser Problematik bewusst ist, konzentriert sich daher bei der Interpretation im Wesentlichen auf zwei Gesichtspunkte, die seiner Meinung nach bisher „nicht oder noch nicht angemessen berücksichtigt" (8) worden sind: den pythagoreischen Gehalt der im Phaidon erörterten Probleme und die Analyse der formalen Struktur der von Sokrates vorgebrachten Argumente, die durchwegs nicht unproblematisch erscheinen. Jeweils im Zentrum steht die Gestalt des Sokrates, zum einen als der von Platon im Phaidon zu einem „pythagoreischen φιλόσοφος" Stilisierte (150ff.), und dann als derjenige, der das Gespräch führt und es so in eine von ihm gewollte Richtung lenkt (195ff.). Die forcierte Betonung des einen oder anderen Gesichtspunkts birgt naturgemäß die Gefahr der Einseitigkeit in sich, und so erscheinen sowohl Sokrates als auch der ganze Dialog in E.s Interpretation in einem allzu pythagoreischen Licht. Worauf stützt sich der Kommentator, wenn er behauptet, Platon zeichne Sokrates im Phaidon als „anima naturaliter Pythagorica" (151)? Denn aus historischer Sicht gibt es keinen Anhaltspunkt, Sokrates in pythagoreischen Zirkeln anzusiedeln, das betont E. selbst. Damit unterstellt er gleichzeitig jedoch die Intention der bewussten Stilisierung der Gestalt des Sokrates und provoziert damit die Frage nach der eigentlichen Absicht Platons. E. beantwortet sie mit der These, Platon versuche auf diese Weise, im Phaidon eine Distanz zwischen sich und seiner Hauptfigur zu erzeugen. „Aber Platon als Autor hat bereits in der ‚Apologie' (am Anfang des Phaidon) selbst die Art der Darstellung so gewählt, daß klar wird, daß wir hier keine von Platon vertretene Position vor uns haben." (151). Allerdings drängt sich so die Frage auf, wer im Phaidon dann die Position Platons vertritt. Dass Sokrates seine Vorstellungen und Erwartungen vom Jenseits nicht als Feststellungen formuliert, sondern mit Verben des Glaubens und Meinens umschreibt, kann wohl nicht als Indiz dafür gewertet werden, dass Platon sein eigenes philosophisches Denken von den Aussagen des Sokrates trennen möchte (151f.). Freilich steht Sokrates' Lebensabgewandtheit im Phaidon im Kontrast zu dem Bild, das Platon in anderen Dialogen entwirft. Doch welcher Kontext wäre für Platon besser geeignet, die Lehre von der Katharsis einzuführen als der Bericht über die letzten Stunden des Sokrates? „Daß Platon sich im Phaidon zunächst so negativ über alle Aspekte des diesseitigen Lebens äußert, mag nun auf die Dramatik der Gesprächssituation wie auch auf die Konzentration auf die Frage der Unsterblichkeit der Seele zurückzuführen sein. Denn bereits dieses Thema legt eine Betonung des grundsätzlichen Unterschieds der Natur von Leib und Seele nahe." (D. Frede, Platons ‚Phaidon', Darmstadt 1999, 19). Vor dem Hintergrund des vermeintlich pythagoreischen Charakters des Phaidon und anderer platonischer Dialoge versucht E. letztlich auch Platons Ideenlehre aus pythagoreischen Vorstellungen abzuleiten (154–161). Zur Gewinnung zusätzlicher Argumente für diese These zieht E. die Ideenlehre auch deshalb heran, weil er sie in Platons Texten zu wenig explizit erklärt findet: Der Sophistes und der Parmenides gelten ihm nicht als Zeugnisse für, sondern im wesentlichen als Kritik an der Ideenlehre selbst und nicht etwa an einer schon zu Platons Zeiten falsch verstandenen Auslegung derselben (154f.).

Die Übersetzung ist gut lesbar, der Kommentar in den wesentlichen Passagen informativ, bedauerlicherweise erschließt sich der Blick auf das Ganze für den Benützer oft nur sehr schwer. E.s Durchführung der von ihm geforderten Strukturanalyse der sokratischen Argumente erschöpft sich zumeist im genauen Aufzeigen von Vor- und Rückverweisen, bleibt repetitiv, konzentriert sich auf formale Details und ist für das Verständnis des ohnehin schwierigen Inhalts eher hinderlich als hilfreich. Weniger wäre oft mehr gewesen. *Maria-Christine Leitgeb*

Platonis *Rempublicam* recognovit brevique adnotatione critica instruxit S. R. S l i n g s. Oxford: Clarendon Press 2003. XXIII, 428 S. (Oxford Classical Texts.) ISBN 0-19-924849-4

Die Ausgabe, der zweite Band des neuen Platontextes in der OCT-Serie, basiert auf der umfangreichen und gründlichen Aufarbeitung der Platonüberlieferung durch G. J. B o t e r, The Textual Tradition of Plato's Republic, Leiden 1989; einzelne Entscheidungen begründet S. in seinem Buch Critical Notes on Plato's Politeia, Leiden 2003. S. hat die drei Haupthandschriften ADF im Original kollationiert und gibt gegenüber der alten Oxoniensis von Burnet (1902 bzw. 1903) dem ältesten Textzeugen, dem cod. A (Parisinus graecus 1807, spätes 9. Jh.) wieder mehr Gewicht; F (cod. Vindobonensis suppl. Gr. 39, 13./14. Jh.) repräsentiert nicht, wie Burnet glaubte, einen alten Platontext, doch finden sich eher Lesarten einer spätantiken Textausgabe in F als in AD (D = cod. Marcianus Graecus 185). Bei der Erstellung des Textes dieser Edition hat S., auch hier über frühere Editoren hinausgehend, antike Platonzitate ausgiebig verwendet und eingearbeitet (der abschließende Index testimoniorum gibt davon die wichtigsten).

Sieben principia hat S. in usum editorum zusammengestellt: (1) nihil antiquius habendum editori quam ut lectoribus editio facilis sit usu; (2) editori non licet ignavo esse; (3) editori non est deligendum sed iudicandum; (4) editori usus auctoris potius quam grammatica Graeca sequenda est; (5) ante omnia editori est usus constituendus; (6) editori correctio in libro manu scripto ne plus valeat quam usus aut sensus bonus; (7) editori non est fatiscendum (XIV–XVI).   *Herbert Bannert*

Platon, Der Staat. Übersetzt von Rudolf R u f e n e r. Einführung, Erläuterungen, Inhaltsübersicht und Literaturhinweise von Thomas Alexander S z l e z á k. Düsseldorf-Zürich: Patmos Verlag (Artemis & Winkler) 2003. 564 S. (Bibliothek der Alten Welt.) ISBN 3-7608-4106-6

Die Übersetzung der Politeia von Rudolf R u f e n e r, die Genauigkeit mit Lesbarkeit zu verbinden suchte (1950 erstmals in der Bibliothek der Alten Welt erschienen, damals mit einer Einführung von Gerhard K r ü g e r), hat ihren verdienten Platz neben den unzähligen und immer wieder bearbeiteten und veränderten (nicht verbesserten!) Versionen der Schleiermacherschen Übersetzung behauptet; sie ist in dieser Neuausgabe der Bibliothek der Alten Welt im wesentlichen unverändert abgedruckt, die Erläuterungen früherer Ausgaben sind ersetzt durch knappe, aber alles Wichtige souverän erfassende Anmerkungen und eine ausführlich die Themen und den Gang der Diskussion dokumentierende Inhaltsübersicht von Th. A. S z l e z á k. Besonders willkommen ist die das sprachliche ebenso wie das inhaltliche Verständnis fördernde ‚Einführung‘, in der S., notwendig kurz gehalten, in vorbildlicher Sachlichkeit über Platons Leben und Werk informiert und zu den entscheidenden Fragen der Platoninterpretation und zum philosophischen Gehalt der Politeia Stellung nimmt. Als Fazit der Darstellung von Platons Haltung zu mündlicher Rede und zur Schriftlichkeit hält S. fest: „Von allen Seiten werden wir also auf die Tatsache geführt, daß Platon zwar nicht eine ‚Geheimlehre‘, wohl aber eine ‚esoterische‘ Prinzipienlehre hatte, die er in den Dialogen nicht ausführte, nur in Umrissen und gleichsam von Ferne sichtbar werden ließ." (472). Denn wahre philosophische Erkenntnis kann ja, wie der Phaidros lehrt, nur im Gespräch und bestenfalls für einen kurzen günstigen Augenblick sich zeigen. Und S. macht auch in diesem Zusammenhang unmissverständlich klar, dass ‚esoterisch‘ nur im antiken Sinn zu verstehen ist.

Die zahlreichen Seitenverweise in der Einführung und in den Erläuterungen wurden von der großen zweisprachigen Tusculum-Ausgabe (Düsseldorf-Zürich 2000) in diese um den griechischen Text verkürzte Ausgabe unverändert übernommen. Ein Rechenrätsel? Da der griechische Text ebenso wie der deutsche 444 Seiten umfasst, muss von den Zahlen der Seitenverweise in der vorliegenden Ausgabe die Zahl 444 subtrahiert werden und man erhält die richtige Seite (Hinweis zur Gegenprobe: ein einziges Mal wurden die Ziffern korrigiert, S. 549 unten rechts).   *Herbert Bannert*

Norbert B l ö ß n e r, Musenrede und ‚geometrische Zahl‘. Ein Beispiel platonischer Dialoggestaltung (‚Politeia‘ VIII, 545 c 8 – 547 a 7). Stuttgart: Franz Steiner Verlag 1999. 194 S. (Akademie der Wissenschaften und der Literatur Mainz. Abhandlungen der geistes- und sozialwiss. Klasse 1999, 7.) ISBN 3-515-07540-2

Ernst und Spiel, die Führung der Musen und die Ironie des Sokrates begleiten die Gespräche in Platons Schriften, und kaum jemals sind sie so nahe aneinandergerückt wie in der verwirrenden, in feierlichem, rhetorisch-gorgianischem Ton Rätselhaftes aussagenden Rede der Musen zu Beginn des achten Buchs der Politeia. Ist es mit der Kenntnis der „geometrischen Zahl", zu der die Musen Angaben machen, aber nicht ausreichende Angaben machen für eine glatte Berechnung, ist es mit dieser „geometrischen Zahl" möglich, einen in Folge der falschen Auswahl der Entscheidungsträger unaufhaltsam eintretenden Niedergang des Staates zu verhindern? Aber welchen Nutzen bringt die Kenntnis der Zahl, wenn eine solche überhaupt gemeint ist, und was bezeichnet diese Zahl? Oft glaubte man seit der Antike dies zu wissen, oft aber diente Platons „Hochzeitszahl" auch lediglich dazu, etwas als dunkel zu bezeichnen: *numero Platonis obscurius* sagt Cicero (ad Att. 7, 13, 5, 2).

B. bespricht die umfangreiche, nicht nur philologische Literatur zu der Stelle (sie wurde zuletzt eingehend behandelt von K. G a i s e r, Die Rede der Musen über den Grund von Ordnung und Unordnung: Platon, Politeia VIII 545 D – 547 A. Studia Platonica, Festschrift für Hermann Gundert, Amsterdam 1974, 49–85, jetzt auch in den lange erwarteten, von Th. A. S z l e z á k unter Mitwirkung von K.-H. S t a n z e l herausgegebenen Gesammelten Schriften Gaisers, Sankt Augustin 2004, 411–450), gibt einen genauen Kommentar zu Pol. 8, 545 c 8 – 547 a 7, interpretiert die Musenrede im Kontext, und dokumentiert umfassend die zahlreichen Versuche, das ‚Rätsel' zu lösen, die eines gemeinsam haben: Die Berechnung der Zahl führt immer in irgendeiner Form zu einem Ergebnis, doch Bedeutung und Funktion der Stelle im Kontext bleiben durchwegs unklar: „Der systematische Durchgang durch alle Deutungsmöglichkeiten, die mit den Textangaben vereinbar sind, führt somit auf das Ergebnis, daß die mathematische Passage und die dort enthaltenen Angaben zur Berechnung oder Konstruktion der ‚geometrischen Zahl' im Argument der Musen keinerlei echten Erklärungswert besitzen können, und dies ganz unabhängig davon, wie man sich die ‚geometrische Zahl' und die Art ihres Einflusses ausmalt." (130). Es ist ein Spiel, das die homerischen Musen spielen, und der Leser kann, aber er muss es nicht mitspielen, und es ist zugleich eine Prüfung, denn wer sich weniger eifrig mit der mathematischen Rätselaufgabe beschäftigt, den wird das Rätsel vielleicht auch nicht vom eigentlichen Problem ablenken können: den Verlust des Interesses der Bürger am hohen Standard des Staates zu verhindern. Man kann schließen: Wer sich durch solches Spiel ablenken lässt, ist weder zum Staatsmann noch zum Philosophen geeignet.   *Herbert Bannert*

Études Platoniciennes. I. Publication annuelle de la Société d'Études Platoniciennes. Paris: Les Belles Lettres 2004. 350 S. ISBN 2-251-44265-0

Diese neue, von der Société d'Études Platoniciennes begründete, jährlich mit einem Band erscheinende Zeitschrift ist Platon, dem Platonismus und der Tradition platonischer Philosophie gewidmet und entsteht aus der Zusammenarbeit dreier Universitäten: der Universität Carlos III in Madrid (Instituto de Estudios Clásicos sobre la Sociedad y la Política Lucio Anneo Séneca), der Università degli Studi di Lecce (Dipartimento di Filosofia), und der Université de Paris X - Nanterre (Département de Philosophie). Der Band enthält folgende Beiträge: (1.) Zu Platon: Anne M e r k e r, Corps et châtiment chez Platon; Klaus S c h ö p s d a u, Richten und Strafen. Zum Strafrecht in Platons *Nomoi*; Francisco L. L i s i, El mito del *Político*; Francesco G r e g o r i o, Οὐ καλῶς: éléments pour une métacritique de l'interpretation aristotélicienne de la *République* de

Platon; Walter G. L e s z l, Plato's attitude to poetry and the fine arts, and the origins of aesthetics; Francesco B e a r z i, Il contesto noetico del *Simposio*; (2.) Zum Platonismus: Francesco F r o n t e r o t t a, La genèse et la succession des réalités atemporelles. Un argument paradoxal chez Plotin (Ennéades V 1 [10] 6, 19–22)? Luc B r i s s o n, La doctrine des degrés de vertus chez les néo-platoniciens. Une analyse de la *Sentence 32* de Porphyre, de ses antécédents et de ses conséquences; (3.) einen Rezensionsaufsatz von Francesco F r o n t e r o t t a, L'unità del Platonismo: Alcuni studi sulla tradizione medioplatonica e neoplatonica. Und schließlich (4.) eine Bibliographie der Platon betreffenden Literatur für die Jahre 2002/2003; diese Platon-Chronik soll in jedem Band fortgesetzt werden.

Herbert Bannert

Platonisches Philosophieren. Zehn Vorträge zu Ehren von Hans Joachim K r ä m e r. Herausgegeben von Thomas Alexander S z l e z á k unter Mitwirkung von Karl-Heinz S t a n z e l. Hildesheim: Olms 2001. VIII, 338 S. 1 Porträtabb. (Spudasmata. 82.) ISBN 3-487-11435-6 ISSN 0548-9705

Diese ‚doppelte' Festschrift dokumentiert zwei Veranstaltungen für H. J. Kr ä m e r in den Jahren 1994 und 1999. Die 10 Vorträge kreisen in unterschiedlichem Abstand um das Thema ‚Platon und die Schriftlichkeit der Philosophie' und dokumentieren Diskussionen und historische Entwicklungen der Platoninterpretation und der Rezeption der Arbeiten Krämers. Vittorio H ö s l e, ‚Die Philosophie und ihre Medien', stellt die Probleme der Verbreitung wissenschaftlicher Ergebnisse aus der Sicht Platons, begründet durch die Ähnlichkeit des Übergangs von der Mündlichkeit zur Schriftlichkeit und vom Buch zu neuen, audio-visuellen Medien, versuchsweise den Thesen und richtungweisenden Erkenntnissen der Kommunikationswissenschaft seit Marshall McLuhan gegenüber. – Günter F i g a l ordnet das Spezialgebiet der Platonforschung in den großen Zusammenhang der hermeneutischen Philosophie ein. – Klaus O e h l e r und Jens H a l f w a s s e n beschreiben aus verschiedenen Blickwinkeln – wissenschaftsgeschichtlich und philosophisch – die Diskussion über Platons veröffentlichte und nicht veröffentlichte Lehre seit dem Erscheinen von H. J. Krämers grundlegendem Werk ‚Arete bei Platon und Aristoteles' (1959). – Michael E r l e r untersucht Elemente epikureischer Theologie im Platonismus der Spätantike (‚Selbstfindung im Gebet'). – Karl A l b e r t informiert über ‚Platonisches bei Louis Lavalle' (1883–1951). – Der eigentlichen Platonexegese sind die übrigen Beiträge gewidmet: Jens H a l f w a s s e n, ‚Monismus und Dualismus in Platons Prinzipienlehre'; Giovanni R e a l e über „Aristophanes' Rede im ‚Symposion' als sinnbildliche Verhüllung der ungeschriebenen Lehren Platons"; Maurizio M i g l i o r i über „Dialektik und Prinzipientheorie in Platons ‚Parmenides' und ‚Philebos'"; und schließlich eine unvergleichlich gründliche und fundierte Untersuchung von Wilhelm S c h w a b e, „Der Geistcharakter des ‚überhimmlischen Raumes'. Zur Korrektur der herrschenden Auffassung von Phaidros 247 c–e."

Herbert Bannert

Giovanni R e a l e, Zu einer neuen Interpretation Platons. Eine Auslegung der Metaphysik der großen Dialoge im Lichte der „ungeschriebenen Lehren". Übersetzt von Ludger H ö l s c h e r. Eingeleitet von Hans K r ä m e r. Hrsg. von Josef S e i f e r t. 2., um ein Nachwort erweiterte Auflage.

Paderborn-München-Wien-Zürich: Ferdinand Schöningh 2000. 677 S. Abb. ISBN 3-506-77052-7

Dieses Buch bleibt auch in der 2. deutschen Auflage gewichtig, in seiner philosophiegeschichtlichen und in seiner didaktischen Intention, im steten, beharrlichen Kreisen um die Interpretation Platons, und in den ausführlichen Darstellungen wesentlicher Textpassagen unter dem einzigen Gesichtspunkt der schriftlichen und der nicht schriftlich niedergelegten Lehren. Es ist ein Lehrbuch, und es bleibt den Lesern überlassen, Lehren und Informationen aus den Texten und aus deren Aufbereitung zu ziehen. Es ist die erklärte Absicht des Verf., mit seiner in zahlreichen Arbeiten zu Platons Dialogen und zur Geschichte der griechischen Philosophie niedergelegten Sicht auf Platon (vgl. 19/20) in einer neuen, umfassenden Zusammenschau die in Tübingen entwickelten Argumente und Interpretationen zu Platons veröffentlichten und nicht veröffentlichten Werken zu unterstützen und abzusichern. (Die erste, italienische Ausgabe des Werks, Milano 1989, ist in enger Zusammenarbeit von R. mit Hans Joachim K r ä m e r und Konrad G a i s e r entstanden.) – Der Inhalt und die langen und reichhaltigen, mit deutschen Übersetzungen und griechischen Originaltexten belegten Erläuterungen R.s können nur kurz angedeutet werden. Im ersten Teil des Buches ordnet R. zuerst die Platoninterpretation ganz allgemein in den Zusammenhang von Forschungsparadigmen ein und postuliert dann auch in ihrem Fall die Vorteile eines Paradigmenwechsels, d. h. eines Wechsels von bloß am Text orientierter inhaltlicher Auslegung hin zu einer Interpretation, die unter der These von der Ungeschriebenen Lehre zu sehen ist. Der zweite Teil setzt Platons Philosophie gegen die Forschungsebene der Vorsokratiker, setzt also metaphysisches Fragen gegen physikalische Untersuchungen, und enthält eine Darstellung der Ideenlehre. Der dritte Teil, „Die systematischen Zusammenhänge zwischen Ideenlehre und Protologie", will eine schlüssige Lektüre von Politeia, Parmenides, Sophistes, Politikos und Philebos (unter Einbeziehung des ungeschriebenen Philosophos, 351–353) anregen. Der vierte Teil bringt den Auftritt des Demiurgen, mit Interpretationen zum Phaidon und zum Timaios. R. „hat gemäß dem neuen Forschungsprogramm einer wechselseitigen Erhellung von direkter und indirekter Platonüberlieferung im Hauptteil seines Buches (Teile II–IV) den Zusammenhang zwischen beiden Traditionszweigen zusehends enger geknüpft und durch glückliche Textinterpretationen die Erklärungskraft der ungeschriebenen Lehre für Platons Schriften in vielfältiger Weise bewährt." (H. J. K r ä m e r in der Einleitung, 13). In einem Nachwort von J. S e i f e r t und einem neuen Nachwort zu dieser 2. deutschen Aufl. von R. ist noch einmal eine Absicherung des Dargestellten unter verschiedenen Gesichtspunkten und eine Zusammenfassung des Erreichten angestrebt. Es ist zweifellos ein Buch, das man, stimmt man der Grundthese zu, gerne, stimmt man nicht zu, dennoch mit Belehrung liest.

Herbert Bannert

Stefan B ü t t n e r, Die Literaturtheorie bei Platon und ihre anthropologische Begründung. Tübingen-Basel: A. Francke Verlag 2000. XIII, 408 S. ISBN 3-7720-2754-7

Platons Bewertung der Literatur – negativ als Mimesis, positiv als Enthusiasmos – ist das Thema dieses bemerkenswerten Buches, das als Marburger Dissertation bei Arbogast S c h m i t t entstanden ist. Doch B. handelt das Thema nicht einfach durch Aufsammeln von Stellen und Referaten der Forschungsbeiträge ab, sondern setzt das Ganze zunächst in einen umfassenden Rahmen. Das erste Kapitel ist überschrieben:

„Platons Anthropologie": B. versucht, Platons Lehre von der Seele in einen größeren Zusammenhang einzuordnen, der auch die Entwicklung von Platons Menschenbild umfasst, ein Faktum, für das ‚Psychologie' letztlich auch nur einen Teilbereich bezeichnet. (Platon hat, in unterschiedlicher Deutlichkeit und entgegen den Ansichten vieler Interpreten, „über sein ganzes Werk hinweg an einer Dreiteilung der Seele festgehalten ..., bei der die Seelenteile als Strebevermögen zu verstehen sind, deren Lust- und Unlustempfinden und deren Wollen von je verschiedenen Erkenntnisleistungen abhängig sind." 20.) Der Begriff Anthropologie benennt jedenfalls den Hintergrund, vor dem B. Platons Erkenntnistheorie, die Seelenlehre und die Ideenlehre in der Auseinandersetzung antiker und neuzeitlicher Philosophie zeichnet. Denn einen wesentlichen Grund für die ambivalente Bewertung von Platons Verhältnis zur Literatur und zu literarischen Formen legt B. vor allem in der Sichtweise der Interpreten frei, die Platon eben nicht aus dem Horizont Platons, sondern mit modernen Interpretationskategorien beurteilen. „Was die Platon-Interpreten an Platon beklagen, ist im Grunde die zweipolige Diskurslandschaft der Moderne, wodurch einmal mehr darauf hingewiesen wird, wie wichtig es ist, sich der Vorbegriffe und Kategorien zu vergewissern, mit deren Hilfe man einen fremden Text verstehen will. Auch wenn eine solche Hermeneutik eine unendliche Arbeit ist, so ist in dieser Arbeit doch der Versuch gemacht, dadurch näher an Platons Gedanken heranzutreten, daß in ihr Platons ... psychologische Grundbegriffe wie Wahrnehmen, Erkennen, Meinen, Denken, Fühlen, Wollen usw. genauer als bisher in ihre Bestandteile aufgelöst und dabei vor allem von bewußtseinsphilosophischen Ansätzen abgegrenzt werden. Unter diesen Prämissen ergibt sich nach der Sammlung der Platonischen Bewertungskriterien das Bild einer systematischen und weitgehend einheitlichen Literaturtheorie." (366). Damit ist ein neuer Ansatzpunkt gefunden, von dem aus die Frage nach Platons Haltung zu Dichtung und Literatur zu stellen ist.

Den Hauptteil des Buches bildet eine Beschreibung des Platonischen Literaturbegriffs und eine Zusammenstellung und Besprechung aller Stellen, an denen Platon von Literatur spricht, mit einer ausführlichen Abhandlung über die Politeia und kürzeren Kapiteln über das Symposion, Phaidros, Gorgias, abgeschlossen von einer Untersuchung der Passagen über die musische Erziehung in den Nomoi. Die Stellen sind gründlich durchgearbeitet, zitiert, kommentiert und bewertet, und diese sorgfältige und eingehende Besprechung der Grundlagen jeder Interpretation, verbunden mit kurzen Berichten über die Forschungslage und zusammengefasst in treffenden Schluss-Statements, gibt der Arbeit Gewicht. B. geht vom Text aus, legt keine Interpretationsvorgaben unter, sondern stellt heraus und beurteilt, was Platon ausspricht.

Nach dieser gründlichen, stets auf das Ganze von Platons Werk blickenden Zusammenstellung aller, letztlich, wie B. zeigen kann, bei allen Verschiedenheiten über die Zeiten doch einheitlichen Ansichten Platons über Literatur, Dichtung und Musik folgt eine Darstellung des Konzepts von Enthusiasmos bei Platon, mit einer gründlichen Analyse der Forschung und Kapiteln über das Weiterdenken des Enthusiasmos-Begriffs bei Aristoteles.

B. fasst seine Ergebnisse und sein Anliegen einmal so zusammen (366):

„Diese Arbeit versucht Antwort auf die Frage zu geben, nach welchen Kriterien Platon die Literatur bewertet und ob sie zu einer einheitlichen Theorie zusammenstimmen. Die Annahme einer einheitlichen Theorie scheint zunächst auf Grund von Äußerungen Platons, die bald die Literatur als verstandesferne Mimesis verwerfen oder bestenfalls unter bestimmten Auflagen gelten lassen und bald den enthusiastischen Schriftsteller für seine ästhetisch-intuitive Weise, die Welt zu erfassen, loben, bezweifelbar, ... Die vorliegende Untersuchung kann demgegenüber zeigen, daß die ...

Annahme, Platon widerspreche sich in seinen Äußerungen über Schriftsteller und Literatur – erstens, im zehnten Buch der Politeia würde die Dichtung als solche verworfen, zweitens, Platon setze in seiner Seelenlehre ein zwar spontanes und methodisches, aber bloß abstraktes, leeres und emotionsloses Denken einer zwar unkontrollierten und rezeptiven, aber dafür unendlich reichen und authentisch fühlenden Sinnlichkeit gegenüber, weswegen eine rationalistische Poetik einerseits und eine irrationalistische Ästhetik andererseits, die Platon zugleich vertrete, nicht zusammenpaßten –, aus Platons Dialogen nicht ablesbar ist. Im zehnten Buch der Politeia wird nur eine bestimmte Art zu dichten verworfen und die genannte Zweiteilung der Seele ist zum einen ein Systemstück neuzeitlicher Bewußtseinsphilosophie und für sich betrachtet sehr problematisch, zum anderen weit entfernt von Platons Erkenntnis- und Handlungstheorie."

Das Buch hat, wie ich meine, zu Recht große Beachtung gefunden, denn B. verbindet ein klares Anliegen mit einer gründlichen, umfassenden und auch vieles am Rande des Themas Liegende miteinbeziehenden Durchführung (über nicht ganz fehlerfreie griechische Textstellen sieht man hinweg). Für ausführliche Stellungnahmen verweise ich auf die Besprechungen von I. Männlein-Robert, Gnomon 75 (2003), 662–666 und Wolfgang Scheibmayr, Internationales Archiv für Sozialgeschichte der deutschen Literatur (27. 11. 2000, Adresse: iasl.uni-muenchen.de/rezensio/liste/scheibm2. htm).

Herbert Bannert

Arbogast S c h m i t t, Die Moderne und Platon. Stuttgart-Weimar: J. B. Metzler 2003. XII, 584 S. ISBN 3-476-01949-7

S. dokumentiert in diesem Buch Ergebnisse des am Seminar für Klassische Philologie der Universität Marburg laufenden Forschungsprojekts ‚Neuzeitliches Selbstverständnis und Deutung der Antike', das er seit Jahren leitet. Als zentrale Frage wirft S. „das Verhältnis der platonisch-aristotelischen Erkenntnistheorie zur Erkenntnistheorie der Moderne und die sich aus diesem Verhältnis ergebenden Folgen für die Bereiche der Ästhetik, der Ethik und der Politik" auf. ‚Metaphysik des Empirischen', ‚Wende zum Diesseits', das sind die Begriffe, die der Autor als Charakteristika für das Denken der Moderne prägt. Ein Denken, das sich für ihn konstituiert aus einer vom Mittelalter ausgehenden, im Lauf der Jahrhunderte sich immer weiter fortsetzenden Subjektivierung. Die Wahrheit wird demnach nicht mehr in einer transzendentalen Überwirklichkeit gesucht, die das Diesseits überhaupt erst begründet, vielmehr liege sie in den Dingen selbst. Denken sei nunmehr die ‚Verdeutlichung des Gegebenen' (Descartes, Kant). Das sich aus dieser Annahme entwickelnde Bewusstsein von Überlegenheit der Moderne gegenüber einem scheinbar ‚finsteren Mittelalter' und einer ‚naiven Antike' hinterfragt S. kritisch, indem er die scheinbare ‚Naivität der Antike' der postulierten ‚Reflexivität der Moderne' gegenüberstellt. Die Antike wird von den Denkern der Neuzeit aus der „Perspektive des sich selbst frei bestimmenden und entwerfenden Subjekts" betrachtet, das den „naiven Glauben an eine umfassende natürliche Ordnung der Welt" überwunden hat (207). Das Individuum der Antike, scheint es, habe sich aus der „Abhängigkeit von einem äußerlichen Sein" noch nicht gelöst (exemplifiziert an G. Vico, 81f.) und verfüge noch über keinerlei „Erkenntnis der Autonomie der eigenen Innerlichkeit und der Wechselwirkung zwischen Subjekt und Objekt, zwischen Innen und Außen, zwischen Ich und Welt." Das Festhalten an diesem Ordnungsgedanken impliziere eine ‚unkritische Haltung' gegenüber der ‚Subjektivität des Erkennens' und in weiterer Folge eine Abhängigkeit von dieser anerkannten äußeren Ordnung, sei diese nun natürlicher Art, wie etwa eine kosmische Weltordnung, oder eben auch gesetzt, wie es etwa eine autoritative, staatliche ist (207). Erst der Befreiung von dieser Ordnung und der ‚Entdeckung der Souveränität des Denkens' (70) verdanke sich die ‚Geburt der Wissenschaften' in ihrem heutigen Sinn. Denn sie ziehe als Konsequenz die Auflösung des antik-mittelalterlichen, hierarchisch gegliederten Wissenschaftssystems und die Betonung der Autonomie der einzelnen Wissenschaften nach sich, die dem Verständnis der Neuzeit nach jeweils die sie begründenden Prinzipien in sich tragen und somit an den Maßstäben anderer Wissenschaften gar nicht erst gemessen werden können (208). Ein Autonomieanspruch, den S. keineswegs als unproblematisch wertet – er verweist u. a. auf die Vernachlässigung ethischer Fragen in der naturwissenschaftlichen Forschung. Erst in jüngster Zeit zeichne sich wieder eine tendenzielle ‚Sensibilität' oder ‚Offenheit' gegenüber einer allzu strikten Grenzziehung zwischen den einzelnen Wissenschaftsdisziplinen ab, und dies geschehe unter Einbeziehung der antiken Philosophie, respektive der platonischen und der aristotelischen, die von S. zumeist ineins gesehen werden; als unbedingte Voraussetzung dafür gilt S. der unverstellte Blick auf dieselben. Die neuzeitliche These von der ‚naiven Antike', und dies ist das Hauptanliegen der umfassend argumentierten Darstellung, müsse überwunden und zugunsten einer neuen, der Antike gerecht werdenden Sicht aufgehoben werden, und dies geschehe vor allem durch die Entlarvung der neuzeitlichen Antikenrezeption als einer in ihrem eigentlichen Sinne nicht originär platonischen, sondern als einer von der Stoa vom Platonbild des Hellenismus geprägten (Kap. 7 „Die Renaissance: nicht die Wiedergeburt ‚der' Antike, sondern die Wiederbelebung der hellenistischen Antike", 66ff.). Das durch diese These gewonnene Bild wendet der Autor auf ästhetische, ökonomische, politische, naturwissenschaftliche und auch evolutionstheoretische Bereiche an. – Eine ausführliche Stellungnahme zu Hintergrund, Thesen und Absichten des Autors bietet die Rezension von Rüdiger Bubner, Gnomon 76 (2004), 19–23. *Maria-Christine Leitgeb*

Burkhard R e i s, Der Platoniker Albinos und sein sogenannter Prologos. Prolegomena, Überlieferungsgeschichte, kritische Edition und Übersetzung. Wiesbaden: Dr. Ludwig Reichert Verlag 1999. XII, 356 S. 29 Abb. (Serta Graeca. Beiträge zur Erforschung griechischer Texte. 7.) ISBN 3-89500-128-7

Der Prologos des Albinos, der als Einleitung vor den Platontext des berühmten cod. Vindobonensis suppl. gr. 7 gesetzt ist (2. H. des 11. Jh.; der gesamte Text ist in den Abb. 20–27 beigegeben), hat in den letzten Jahren – mit ausgelöst durch die vorbildliche und sorgfältige Zusammenstellung der Dokumente zum Platonismus, die Heinrich D ö r r i e begründet und Matthias B a l t e s fortgesetzt hat (Der Platonismus in der Antike. Grundlagen – System – Entwicklung, Bände 2 und 3, Stuttgart-Bad Cannstatt 1990 und 1993) – vermehrt das Interesse der Forschung gefunden. Der kleine Text ist trotz seiner unscheinbaren Kürze und des auf den ersten Blick wirr anmutenden Aufbaus ein beachtliches und vor allem authentisches Dokument zur Kenntnis des sog. Mittelplatonismus. Der Text bietet eine kurze Abhandlung über die Literaturgattung des Dialogs und zwei Lektürevorschläge als Anleitung zum Studium der Platondialoge: Als essentielle Kenntnis Platons werden Alkibiades I, Phaidon, Politeia und Timaios vorgeschlagen, gefolgt von einer ausführlicher begründeten Abfolge weiterer Platondialoge für das gründliche Studium der Philosophie. Die Schrift diente als Anleitung für die Platonlektüre und als Einführung in Grundkurse der Philosophie; Marsilio Ficino hat im

Jahr 1460 bei der Vorbereitung seiner Plotinübersetzung eine Kurzfassung hergestellt, die im cod. Parisinus gr. 1816 in seiner eigenen Handschrift erhalten ist (Abb. 15).

R. gibt zunächst einen Überblick über die Forschung; es folgen Zeugnisse zu Leben und Werk des Albinos und seines Lehrers Gaios (2. Jh. n. Chr.), dessen Einführungsvorlesungen in die Philosophie Platons und dessen Interpretation des Schlussmythos der Politeia gut bezeugt sind, und über das Verhältnis zum sog. Didaskalikos des Alkinoos (R. begründet neuerlich, unter Einbeziehung aller älteren Argumente, die Trennung der beiden Autoren Albinos und Alkinoos). In Auseinandersetzung mit den Arbeiten von O. N ü s s e r (Albins Prolog und die Dialogtheorie des Platonismus, Stuttgart 1991, Beiträge zur Altertumswissenschaft 12) und T. G ö r a n s s o n (Albinus, Alcinous, Arius Didymus, Göteborg 1995, Studia Graeca et Latina Gothoburgensia 61) erweist R. dann überzeugend, dass der Prologos nicht als eigenständige propädeutische Schrift des Albinos zu sehen ist, sondern als ein verselbständigtes Fragment aus den einflussreichen Vorlesungen des Gaios, dessen Erbe und Herausgeber Albinos gewesen ist. Mit gutem Grund wird ja angenommen, dass die (von Albinos publizierten) Vorlesungen des Gaios als Grundkurs des Platonismus das Ausgangswissen für die Neuplatoniker gebildet haben und unmittelbar selbst oder in Abschriften und Exzerpten oder auch durch die Vermittlung des Porphyrios benutzt wurden. Mit der Erkenntnis, dass der Prologos ein Teil dieser Einführungsvorlesungen ist, erübrigt sich auch die Diskussion um die Möglichkeit eines epitomierten Textes. Im umfangreichen zweiten Teil des Buches legt R. die Überlieferungsgeschichte des Textes offen, mit einer Aufarbeitung aller bekannten Textzeugen und mit Beschreibungen und Bewertungen der einzelnen Hss. Zum Abschluss und als Ergebnis der Untersuchung steht eine Neuedition und eine Übersetzung des Prologos auf der Grundlage des Texts, den K. F. Hermann im 6. Band seiner Platonausgabe gedruckt hat (1853). – Anmerkung zur Wirkungsgeschichte des Thukydides: Am Ende des Einleitungskapitels, der Erörterung der Frage, was eigentlich ein Dialog ist, führt Albinos in einem Nachsatz als typisches Beispiel für einen unechten, nur künstlich hergestellten Dialog den Melierdialog an (Prologos 2,15–18 Hermann): „So werden wir das, was bei Thukydides gesagt wird, um dem Sinn nach (τῶν δυνάμεων) die Eigenheit von Dialogen abzubilden, nicht als einen Dialog bezeichnen, sondern eher als zwei Volksreden, die mit Überlegung einander schriftlich entgegengesetzt wurden." (Zu den Textproblemen des Satzes vgl. den Apparatus criticus bei R. 307; zu dem nur schwer zu verstehenden und von Hermann und anderen getilgten Ausdruck τῶν δυνάμεων, der im cod. Vindobonensis eindeutig zu lesen ist [hier mit der technisch-rhetorischen Bedeutung von δύναμις wiedergegeben], kann man vielleicht τῶν λεχθέντων bei Thuk. 1,22 assoziieren.)   *Herbert Bannert*

Zur Römischen Philosophie

Cicero, Gespräche in Tusculum. Herausgegeben und übersetzt von Olof G i g o n. Düsseldorf-Zürich: Patmos Verlag (Artemis & Winkler) 2003. 394 S. (Bibliothek der Alten Welt.) ISBN 3-7608-4107-4

Es ist dies der unveränderte, um den lateinischen Text gekürzte Neudruck der zuerst 1951, dann in 2. Auflage 1970 (4. Auflage 1998) in der zweisprachigen Tusculum-Bücherei erschienen Übersetzung von Olof G i g o n. Erneuert wurde lediglich das Literaturverzeichnis (387/388).   *Herbert Bannert*

Karin S c h l a p b a c h, Augustin, Contra Academicos (vel de Academi-
cis), Buch 1. Einleitung und Kommentar. Berlin - New York: Walter de
Gruyter 2003. VIII, 254 S. (Patristische Texte und Studien. 58.) ISBN 3-
11-017811-7

Unter der Leitung von Therese F u h r e r und als Ergänzung zu ihrem 1997 publizierten Kommentar zu Buch 2 und 3 von Contra Academicos entstand diese 2001 als
Dissertation an der Universität Zürich approbierte und für die Drucklegung geringfügig
überarbeitete Publikation; somit steht nun für Augustinus' früheste erhaltene Schrift ein
durchgehender detaillierter philologisch-philosophischer Kommentar zur Verfügung.
Die Zäsur zwischen Buch 1 und 2 zu setzen, lag angesichts kompositioneller (in Buch 2
markiert ein Proömium einen Neubeginn; aus ihm geht freilich nicht hervor, wie von S.
angedeutet [3], daß Buch 1 getrennt von den beiden anderen an Romanianus, den
Adressaten des Werks, geschickt wurde) wie auch inhaltlicher Kriterien (Buch 1 enthält
philosophische Propädeutik) nahe.

Dem Detailkommentar stellt S. in ihrer Einleitung, in der sie die allgemeineren
Themen ausspart, die bereits F u h r e r diskutiert hatte (Chronologie etc.), zunächst die
Behandlung der Thematik von Buch 1 voran; die stichwortartige Nachzeichnung von
Handlungsablauf und inhaltlicher Gliederung (5 – 7) läßt (leider nur implizit) erkennen,
daß die genannte Gliederung von c. acad. (Buch 1; Buch 2/3) in Buch 1 verkleinert
gespiegelt wiederkehrt: Der das erste Buch abschließende dritte Gesprächstag ist dadurch von den beiden vorangegangenen abgesetzt, daß er mit der Erörterung eines
neuen Themas beginnt. Es ist übrigens kein Zufall, daß dies exakt die Stelle ist, an der
Augustinus Ciceros berühmte Definition der Philosophie (off. 2, 5; Tusc. 4, 57; vermutl.
auch in Hort. enthalten, s. 157 – 159) in die Diskussion einbringt. Ferner behandelt S. in
der Einleitung die Bedeutung von philosophischer Protreptik und Propädeutik für Buch
1 sowie sein Verhältnis zum Hortensius – ein gleichermaßen wichtiges wie kontrover-
sielles Thema, das S. klar und klug differenzierend präsentiert. Im Vorwort systematisch behandelt zu werden, hätte weiters die Frage nach Augustinus' Kompositions-
technik verdient; S. geht nur im Kommentarteil vereinzelt darauf ein (z. B. 74 zu
1, 5, 7 – 12: Alypius' Abreise als retardierendes Element), wobei freilich manche Details
unberücksichtigt bleiben (z. B. daß dadurch, daß die Schüler Trygetius und Licentius
öfters ihnen aus dem Unterricht bekannte Definitionen aus Ciceros Hortensius vergessen zu haben scheinen, der Autor einen aus der Gesprächssituation erwachsenden Anlaß
hat, Ciceros Positionen dem Adressaten und den Lesern in Erinnerung zu rufen).

Der Kommentar selbst fokussiert mit großem Gewinn für den Benutzer philosophische Fragen: Es gelingt S. sehr gut, die Positionen der Diskutierenden, ihre Argumen-
tationswege sowie deren Originalität bzw. Abhängigkeit von der Tradition darzustellen.
Dieser Zugang zum Text führt bisweilen auch zu philologischen Ergebnissen im engeren Sinn: So kann S. z. B. durch genaues Nachzeichnen der logischen Abfolge eines
Gedankengangs in 1, 13, 16f. den bisher als Frage verstandenen Satz *et eam sapientiam
nominat nemo* als Aussage erweisen. Diese und weitere von der Ausgabe Greens (CC
29) abweichende Interpunktionen sind gemeinsam mit Vorschlägen zur Textgestaltung
in einer Appendix zusammengefaßt. – Die Texterklärungen bieten auch dem sprachlich
weniger geschulten Leser nützliche Hilfestellungen; sie sind philologisch solide und nur
selten verbesserungswürdig (z. B. 1, 11, 43f.: *corporis labe* nicht „körperliche Schwäche", sondern „Kontamination durch den Leib"). Manche Beobachtungen zu sprachlich
wenig auffälligen Erscheinungen (z. B. zu 1, 5, 25; 26; 1, 11, 33) hätten zugunsten der

Textinterpretation kürzer ausfallen können; so hätte der Leser aus einer Erklärung, warum Augustinus sich erst in 1, 6, 38f. auf die Rolle des Schiedsrichters zurückziehen kann, Nutzen gezogen: Entgegen der literarischen Tradition kommt die Diskussion in c. acad. nämlich zunächst nicht in Gang (dazu paßt das erwähnte retardierende Moment von Alypius' Abreise). Erst als nach einigen Interventionen von seiten des Augustinus die Schüler gegensätzliche Positionen einnehmen, ist ihr Lehrer als Dialogpartner (fürs erste) entbehrlich.

Abgesehen von diesen vereinzelten Punkten ist die Publikation rundum gelungen. Sie leistet nicht nur Erhebliches für das Verständnis dieser Frühschrift, sie ist auch dazu geeignet, im Philologen wie im Philosophen Lust zu wecken, sich mit den Originaltexten des Kirchenvaters eingehend zu beschäftigen.   *Dorothea Weber*

Zur antiken Medizin, Pharmakologie und Naturwissenschaft

Medizin

Hippocratis De aere aquis locis / Hippokrates, Über die Umwelt. Herausgegeben und übersetzt von Hans D i l l e r. Zweite, unveränderte Auflage. Berlin: Akademie Verlag 1999. 101 S. (Corpus Medicorum Graecorum. I 1, 2.) ISBN 3-05-003344-4 ISSN 0070-0347

Diese maßgebliche moderne Ausgabe der Schrift von der Umwelt (erstmals 1970 erschienen) ist wieder zugänglich. Gültig bleibt die sorgfältige Aufarbeitung der Handschriftenüberlieferung und die treffsichere Übersetzung des wichtigen Textes. Mit Respekt sei auf den vorbildlichen Stil der lateinischen Einleitung verwiesen.

Herbert Bannert

Hippocratis De capitis vulneribus / Hippocrates, On head wounds. Edition, translation and commentary by Maury H a n s o n. Berlin: Akademie Verlag 1999. 130 S. (Corpus Medicorum Graecorum. I 4, 1.) ISBN 3-05-003339-8 ISSN 0070-0347

Für diese erste Ausgabe der schädelchirurgischen Schrift aus dem Corpus Hippocraticum seit der von H. Kühlewein (Leipzig 1902) wurden die neun griechischen Handschriften und die sekundäre Überlieferung neu untersucht und bewertet. Die Abhandlung, die im Corpus sonst nicht erwähnt, aber von Galen mehrfach zitiert wird, hat einige Beziehungen zur Schrift De ulceribus und weniger auffällige Verbindungen zu anderen Texten (zusammengestellt 53–57). Die Schrift kann mit einiger Wahrscheinlichkeit in die erste Hälfte des 4. Jh. v. Chr. datiert werden. Es handelt sich um eine konzentriert zusammenfassende Fachschrift, „in the context of pre-twentieth century medicine and given the knowledge available to its author, De capitis vulneribus is a fine example of a practical surgical handbook." (57). Die Schrift ist für die rasche Orientierung des behandelnden Arztes gut aufgebaut, zur Diagnose versehen mit Beschreibungen der Verletzungsmöglichkeiten und möglichen Orte einer Läsion, Entscheidung für eine Operation, Behandlung und Versorgung der Wunde. Die Übersetzung gibt diesen Stil gut wieder, der Kommentar ist ausreichend, der Wortindex erleichtert die Benützung.

Herbert Bannert

Anargyros A n a s t a s s i o u - Dieter I r m e r, Testimonien zum Corpus Hippocraticum. Teil II: Galen. 1. Band: Hippokrateszitate in den Kommentaren und im Glossar. Göttingen: Vandenhoeck & Ruprecht 1997. XXXIX, 535 S. ISBN 3-525-25807-0

Dies ist der erste Band einer Reihe, die alle Testimonien der über 60 Traktate des Corpus Hippocraticum, also die für die Textedition und auch die Rezeption der Schriften des Hippokrates wichtige, weitgehend unaufgearbeitete Sekundärüberlieferung dokumentieren soll, aufgeteilt in die Testimonien im Werk des Galen (Teil II; mit der Edition dieser Texte wurde im vorliegenden Band begonnen; Band II 2 ist mittlerweile erschienen: Hippokrateszitate in den übrigen Werken Galens einschließlich der alten Pseudo-Galenica, Göttingen 2001) und die Zitate bei Autoren vor Galens Zeit (Teil I, in Vorbereitung). Die besondere Schwierigkeit der Edition und damit die große Leistung der Herausgeber liegt, wie bei allen Versuchen, sich dem Werk des Pergamenischen Starmediziners zu nähern, in der Beurteilung der disparaten Überlieferungs- und Editionsverhältnisse des Galen, denn viele der Schriften liegen nur in der Ausgabe von C. Kühn vor; in diesen Fällen haben die Herausgeber den Text der herangezogenen Abschnitte nach Möglichkeit neu erstellt. Dazu tritt fallweise noch die Berücksichtigung der arabisch überlieferten Kommentare oder Kommentarteile und die arabische Übersetzung mancher Primärtexte – mit Sicherheit eines der umfassendsten, schwierigsten und arbeitsaufwändigsten Gebiete der Philologie.

Die einzelnen Eintragungen informieren zunächst über Titel und Autorenverhältnisse der von Galen kommentierten Schriften aus dem Corpus Hippocraticum (A); es folgen die zuweisbaren Testimonien, die jeweils als ein in sich geschlossener Textabschnitt zitiert und mit Kontext ausgeschrieben sind (B), fallweise ergänzt durch eine Zusammenstellung von Testimonien, die aus einem bestimmten Traktat zitiert werden, in dessen uns erhaltenem Text aber nicht nachgewiesen werden können (C). Besonders wertvoll sind die an den Anfang der einzelnen Eintragungen gestellten Informationen zu den einzelnen Schriften des Hippokrates und den dazugehörigen Kommentaren Galens, denn sie geben einen Einblick in die bekannt schwierige Situation der Zusammengehörigkeit der Texte. Die Einleitung bietet, über die Benützungshinweise hinausgehend, eine Einführung in die Gattung der Galenischen Hippokrateskommentare, einen Überblick über die verwendeten Primärquellen, und eine ausführliche Bibliographie. Neben den benötigten Registern sind in zwei Anhängen Testimonien, die in der Hippokratischen Schriftensammlung nicht eindeutig lokalisiert werden können, und antike Nachrichten über Hippokrates und die Hippokratische Schriftensammlung zusammengestellt.

Es ist ein wichtiges Werk entstanden, das eine Grundlage bietet für die Texterstellung und für die Interpretation der Schriften des Corpus Hippocraticum und die noch unübersichtlicheren Schriften des Galen.　　　*Herbert Bannert*

Lorenzo P e r i l l i, Menodoto di Nicomedia. Contributo a una storia galeniana della medicina empirica con una raccolta commentata delle testimonianze. München-Leipzig: K. G. Saur 2004. 252 S. (Beiträge zur Altertumskunde. 206.) ISBN 3-598-77818-X

Der Ausgangspunkt der Arbeit P.s ist ein Satz von Karl D e i c h g r ä b e r (Die griechische Empirikerschule. Sammlung der Fragmente und Darstellung der Lehre,

Berlin 1930): „Bei allen Lehren, die Galen dem Menodot zuschreibt, ist die Frage zu stellen, ob sie nicht einfach als verarbeitetes Gut früherer Empiriker bei Menodot gestanden haben." P. macht es sich zur Aufgabe, die Quellen (in erster Linie Galen) und die Belege für echten Einfluss des Menodot zu prüfen und zu verifizieren, gleichzeitig aber auch den Platz des Menodot in der Medizin- und Philosophiegeschichte zu bestimmen, also die Beziehungen zu früheren Lehrmeinungen (Empiriker und Alexandriner zur Zeit des Herophilos) herauszuarbeiten. Das Buch ist eingeteilt in (1.) ‚Koordinaten': Anfänge der Empirikerschule, Galen als Quelle für Menodotos und Menodotos als Quelle des Galen; (2.) ‚Daten': Schriften des Menodotos (und die Frage der ihm von Galen zugewiesenen Titel), Darstellung und Rekonstruktion der wichtigsten medizinischen Beiträge des Menodotos (Phlebotomie), Beziehungen zu anderen Empirikern und zu Skeptikern; (3.) ‚Interpretationen': medizinische und philosophische Konzepte (Vorgehen nach Analogie oder Similitudo). Belegstellen, Testimonien, Zitate und Fragmente sind über diese Kapitel verteilt, die somit gleichzeitig Quellen und gewonnenen Text enthalten. *Herbert Bannert*

Αἰμίλιος Δημ. Μ α υ ρ ο υ δ ή ς, Ἀρχιγένης Φιλίππου Ἀπαμεύς. Ὁ βίος καὶ τὰ ἔργα ἑνὸς Ἕλληνα γιατροῦ στὴν αὐτοκρατορικὴ Ῥώμη. Ἀθῆναι: Ἀκαδημία Ἀθηνῶν. Κέντρον Ἐκδόσεως Ἔργων Ἑλλήνων Συγγραφέων 2000. LXI, 469 S. (Πονήματα. Συμβολὲς στὴν Ἔρευνα τῆς Ἑλληνικῆς καὶ Λατινικῆς Γραμματείας. 3.) ISBN 960-7099-83-4

Dies ist die erste umfassende Monographie, die ausschließlich dem Leben, den Resten der Werke, den Quellen und der Lehre des berühmten Arztes Archigenes aus Apamea (1./2. Jh. n. Chr.) gewidmet ist. Die Untersuchung ist in vier Teile gegliedert: (1.) Testimonien zur Biographie: Hauptquelle ist der Artikel in der Suda, wichtig sind auch Zeugnisse bei Galen. (2.) Werke des Archigenes: 17 Titel können als gesichert gelten, dazu 5 Briefe. Für die Schrift De pulsibus (zu ihr hat Galen einen – sehr kritischen – Kommentar verfasst) können Struktur und Inhalt einigermaßen genau rekonstruiert werden. (3.) Überlieferungsgeschichte: Die Überlieferung von De pulsibus, De locis affectis und der Briefe lässt sich nachzeichnen; Weiteres kann für die Schriften Σύνοψις τῶν Χειρουργουμένων und Χειρουργούμενα vermutet werden. Für die Überlieferungsgeschichte ausgewertet werden auch Informationen bei arabischen und armenischen Ärzten; den Hauptteil des Abschnitts bildet ein Verzeichnis der Hss., in denen vermutlich Werke des Archigenes (meist bisher unerkannt) überliefert sind, und eine Zusammenstellung von Fragmenten, die aus anonym überlieferten Texten stammen, weiteren, die in die Libri medicinales des Aetios aus Apamea eingeschoben sind, sowie die Kapitel der Epitoma medica des Paulus Aegineta, die sich als Einlage bei Aetios finden und die der cod. Vaticanus Palat. Graec. 199 dem Archigenes zuweist. (4.) Die Quellen des Archigenes, soweit sich diese erkennen und aussondern lassen (es handelt sich vor allem um Namen von Ärzten, die im Zusammenhang mit Heilmitteln genannt werden). In drei Anhängen stellt M. noch weiteres Material zusammen: Schriften, die von arabischen Ärzten dem Archigenes zugewiesen werden; falsche Zuschreibungen in der Sekundärliteratur; antike Autoren, die als Quellen für Archigenes ausgeschlossen werden können. Ausführliche Register erschließen die Darstellung und ihre Quellen. *Herbert Bannert*

Galeni De foetuum formatione / Galen, Über die Ausformung der Keimlinge. Herausgegeben, übersetzt und erläutert von Diethard N i c k e l. Berlin: Akademie Verlag 2001. 198 S. (Corpus Medicorum Graecorum. V 3, 3.) ISBN 3-05-003691-5 ISSN 0070-0347

Es ist dies die erste nach den Handschriften (mit einer zweisträngigen Überlieferung) gearbeitete Ausgabe des Textes (zuletzt gedruckt 1822 von Kühn in Bd. 4, 652 – 702) dieser kleinen Schrift des Galen, die in den Jahren nach 193 n. Chr., also in der letzten Lebenszeit des Autors (43/44) entstanden ist. Das Ziel der Darstellung ist eine Zusammenfassung und neuerliche Erklärung medizinischer Fakten (die gegen andere, von Galen verworfene, weil nicht auf anatomischer Untersuchung aufgebaute Meinungen verteidigt werden), aus denen schließlich philosophische Zusammenhänge gefolgert werden können: Eine wesentliche Erkenntnis Galens ist, dass auf Grund seiner Beobachtungen der Entwicklung des Embryos, analog zum Wachstum der Pflanzen, bei denen auch zuerst die für die Existenz des Organismus wichtigen umgebenden Teile ausgebildet werden, das Herz erst nach der Leber (die Galen für eine Verdickung des Blutes hält) entsteht. Die Existenz des Embryos ist also zuerst wie bei den Pflanzen eine vegetative, die mit dem Einsetzen des Herzschlags beendet wird. In einer dritten Phase entsteht das Gehirn, in einer vierten werden die später ausgebildeten Körperteile (und die Schädelknochen) gekräftigt. Diese These verteidigt Galen gegen verschiedene philosophische Schulmeinungen. Die Frage nach der Schöpfungsursache und die Frage nach der Substanz der Seele bekennt Galen nicht beantworten zu können, so dass die Schrift in diesem Punkt aporetisch endet. Dokumentiert ist auch das Dilemma des Arztes und Naturforschers, dem sich die Existenz der Seele notwendig ergibt, der aber nicht glaubt, dass diese in den Lebewesen nachweisbar ist – ein Grund für die zornige Reaktion des Galen bei einem Problem, das er doch nicht befriedigend lösen kann, bei dessen Behandlung es sich aber seiner Meinung nach Philosophen viel zu leicht machen. Hingewiesen sei noch auf die von Galen aufgeworfene Frage nach dem Grund für die Fähigkeit, beim Sprechen mit auch dem Anatomen nicht genauer bekannten Muskeln der Zunge und ohne dabei überlegen zu müssen, welche Muskeln benötigt werden, Laute zu artikulieren (6, 6ff. 23ff.). Auch die Ähnlichkeit von Kindern und Eltern kann er sich nur durch das Weitergeben von Seelensubstanz erklären, freilich ohne auch dies an der Stelle genauer auszuführen (6, 29; dazu jeweils eingehende Erklärungen und Parallelstellen im Kommentar). Bei aller Schroffheit, in Argumenten und Sprache, ist in diesem späten Werk, das die beiden Leidenschaften des Galen – sachliche Beschreibungen auf der Basis von Autopsie und Erfahrung und Einordnen der Fakten in philosophische und religiöse Zusammenhänge – vereinigt, die Reverenz an Platon nicht zu übersehen.

Alle Dokumente zur Texterstellung und zur Einordnung der Schrift, zu Sprache, Stil, Aufbau und Inhalt hat N. in seiner Einleitung zusammengestellt. Der Erklärung des Textes dient der ausführliche Kommentar, der Wege durch das reichlich belegte, aber schwer zu überblickende Denken des Galen weist und seine Ansichten zur Embryologie ebenso wie seine Stellung zu einzelnen philosophischen Schulmeinungen ordnet und zu begründen sucht.   *Herbert Bannert*

Galeni De propriis placitis / Galen, On my own opinions. Edition, translation and commentary by Vivian N u t t o n. Berlin: Akademie Verlag 1999. 247 S. (Corpus Medicorum Graecorum. V 3, 2.) ISBN 3-05-003340-1 ISSN 0070-0347

De propriis placitis ist Galens letzte Schrift, und sie ist ein rares Dokument des Versuchs einer Autobiographie oder besser einer Bilanz des Lebens, gespiegelt in unzähligen eigenen Publikationen, die der Autor selbst als ein zusammenhängendes Ganzes begreift. Und N. legt hier die Editio princeps dieses Textes vor. Denn die verzweigten Wege der Überlieferung dieser Retraktationen Galens sind ganz außergewöhnlich. Der vorliegende, fast die ganze Schrift (eingeteilt in insgesamt 15 Kapitel) überliefernde Text ist die mittelalterliche (oft sehr missverständliche) lateinische Übersetzung einer arabischen Übersetzung des griechischen Originals, und diese lateinische Fassung ist als Hauptüberlieferung anzusehen. Die ursprüngliche arabische Übersetzung ist, bis auf einige (ungenaue) Zitate bei anderen arabischen Autoren, verloren, aber geringe Textausschnitte (cap. 2/3) sind in der hebräischen Übersetzung des arabischen Textes erhalten, die der jüdische Philosoph Ibn Falaquera im Jahre 1263 in Spanien angefertigt hat (1995 von M. Zonta entdeckt). Galens eigener griechischer Text liegt schließlich in insgesamt zehn Zitaten und für die letzten drei Kapitel der Schrift zur Gänze vor; die letzten beiden Kapitel sind als eigener Titel De substantia virtutum naturalium im griechischen Original überliefert, und von diesem Text gibt es auch eine zweite lateinische Übersetzung von Niccolò da Reggio aus der ersten Hälfte des 14. Jh. Kein Zweig all dieser Überlieferungen enthält den Text der ganzen Schrift; doch aus den einzelnen Teilen lässt sich dieser zusammenstellen, und dies hat N. zum ersten Mal geleistet.

In der Einleitung zeichnet N. die Geschichte der Editionen und Ersteditionen der disiecta membra der Schrift, deren moderne Teileditionen allmählich ab dem Anfang des 20. Jh. publiziert wurden (Georg H e l m r e i c h, Karl K a l b f l e i s c h, Benedict E i n a r s o n). Galen gibt in seinen Schriften De ordine librorum suorum und De libris propriis in erster Linie seinen eigenen Texten eine authentische Interpretation und so seinen Lesern Kriterien in die Hand, echte von unechten Schriften zu unterscheiden. In De propriis placitis ist sein Zugang ein anderer: Absicht der Schrift ist die philosophische und geistesgeschichtliche Rechtfertigung seiner umfassenden Tätigkeiten, verbunden auch mit einem deutlich erkennbaren literarischen Anspruch. Es ist der Versuch, sein Denken als einheitliches Ganzes darzustellen. Wie er in De libris propriis seine Werktitel mit der Anerkennung der Echtheit versieht, so gibt er in De propriis placitis seinen wissenschaftlichen und praktischen Ansichten und Denkergebnissen Gültigkeit.

Der Text ist in allen vorliegenden Fassungen und Varianten im Paralleldruck dargeboten; ein sehr ausführlicher Kommentar erläutert in der Hauptsache die sprachlichen Probleme, die sich unter anderem aus den Arabismen des lateinischen Textes ergeben, und hier sind auch die oft entstellten Eigennamen richtig wiedergegeben und erklärt. Ein seltenes und wichtiges Buch, das die Mühen des Editors durch seine Ergebnisse rechtfertigt.   *Herbert Bannert*

Marcus Terentius Varro, Gespräche über die Landwirtschaft, herausgegeben, übersetzt und erläutert von Dieter F l a c h. Darmstadt: Wissenschaftliche Buchgesellschaft.

Buch 1: 1996. XII, 382 S. ISBN 3-534-11647-X
Buch 2: 1997. IX, 405 S. ISBN 3-534-11648-8
Buch 3: 2002. X, 340 S. 12 Abb. ISBN 3-534-11649-6
(Texte zur Forschung. 65. 66. 67.) ISSN 0174-0474

M. Terentius Varros Bücher über die Landwirtschaft gelten als schwierig und scheinen wegen des oft schwer verständlichen und gewundenen Stils des Autors Texteingriffe zu fordern. F. hat demgegenüber nicht nur die handschriftliche Überlieferung neu durchgearbeitet, sondern auch Varros Stileigenheiten zu akzeptieren versucht und kommt so zu einem neu erstellten Text, dessen Lesarten in einem umfangreichen textkritischen Apparat dokumentiert sind. Dazu hat F. zum ersten Mal eine deutsche Übersetzung des Textes erarbeitet und einen aufschlussreichen und gleichzeitig knapp gehaltenen Kommentar verfasst. Die drei Bände der Ausgabe sind getrennt konzipiert und können jeder für sich benützt werden. Jedem der Bücher Varros (Ackerbau, Viehzucht, Hof- und Gehegetierhaltung) hat F. ein sehr lesenswertes Vorwort beigegeben, das nur die Grundinformationen wiederholt und jeweils Inhalt, Form, Quellen und die Handschriftenlage ausführlich behandelt. Varro hinterließ bekanntlich in 600 Büchern zwischen 60 und 70 Schriften, und dass wir die Gespräche über die Landwirtschaft als einzige der größeren Schriften nahezu vollständig erhalten haben, rechtfertigt eine umfassende Behandlung. Text, Übersetzung und Kommentar machen mit hoher, bei der schwierigen Materie bewundernswerter Präzision den Text zugänglich.

Varro hält sich, obwohl er und seine Frau Galla Fundania selbst Ländereien und Landwirtschaft besaßen, im Gegensatz zu seinem römischen Vorgänger Cato ausdrücklich nicht selbst für einen Agrar-Fachmann, wie in seinen anderen Schriften sind es auch antiquarische Interessen, die ihm das Thema nahelegen. (Die literarische Form des Dialogs, am besten durchgeführt im 2. Buch, kontrastiert offensichtlich Catos Stil der Anweisungen und Regeln.) Es geht ihm auch nicht in erster Linie, wie Cato, um den kargen Vorrang der Bearbeitung des Landes vor allen anderen Annehmlichkeiten, sondern er sieht sehr genau, dass der Gutsbesitzer und Landwirt auch gewissen Komfort benötigt, um die Mühen und Kosten der Landarbeit auf sich zu nehmen; Vorschläge zur Organisation von Festen kann man wohl so verstehen, ebenso wie das Augenmerk, das Varro darauf richtet, Gelegenheiten und Einrichtungen für Gastmähler etwa in den Obstgalerien des Gutshofes (1, 59, 2) zu schaffen (vgl. die Einleitung zu Bd. 2, 8). Als Quellen seiner Darstellung (abgeschlossen mit ziemlicher Sicherheit im Jahre 36 v. Chr.: 15) nennt Varro eigene Erfahrungen und Beobachtungen, die Lektüre von Fachschriften, und die Befragung von Fachleuten. In einer langen Liste zu Beginn des 1. Buches gibt Varro seine Quellen an (1, 1, 7 – 11), und es bleibt von Interesse, dass er sein Werk durch mehrfache Vermittlung auf das große landwirtschaftliche Lehrbuch des Karthagers Mago zurückführt; von den beiden Pflanzenschriften des Theophrast sagt er: *isti* (sc. *Theophrasti*) *libri non tam idonei iis, qui agrum colere volunt, quam qui scholas philosophorum* (1, 5, 2). Die rerum rusticarum libri tres sind ihrerseits Quellen für die Bücher des Columella und die Naturgeschichte des älteren Plinius.

Besonderes Interesse fand seit jeher das 3. Buch über die *pastio villatica*, die Hoftierzucht (Geflügel, Bienen, Fische, Wildgehege), denn mit der Beschreibung seiner Vogelhausanlage bietet Varro einen direkten Zugang zu einer Einrichtung eines römischen Gutsbesitzers. Dennoch aber blieb die Rekonstruktion der Anlage in ihren Details unklar und umstritten; auch in diesem Punkt kommt F. nach Prüfung aller vorliegenden Texte, Interpretationen und Rekonstruktionen zu einem neuen, überzeugenden Ergebnis (dokumentiert in den Abb. des 3. Bandes).

F. hat mit den drei Bänden nicht nur eine kommentierte Ausgabe eines schwierigen Autors, sondern ein Kompendium zur Kenntnis der römischen Landwirtschaft vorgelegt.
Herbert Bannert

Christian S c h u l z e, Celsus. Hildesheim - Zürich - New York: Georg Olms Verlag 2001. 158 S. (Studienbücher Antike. 6.) ISBN 3-487-11293-0 ISSN 1436-3526

Von dem enzyklopädischen Gesamtwerk des Celsus, das Werke über die Landwirtschaft, die Rhetorik, die Philosophie, das Militärwesen und wohl auch die Jurisprudenz umfasst hat, sind uns nur die acht Bücher über die Medizin fast vollständig überliefert. Sie wurden schon 1478 bei Bartholomaeus Fontius in Florenz zum ersten Mal gedruckt (allerdings nach schlechten Hss., die Aldina folgte 1528) und liegen seit 1915 als erster Band des Corpus Medicorum Latinorum in einer durchgearbeiteten, aber auch umstrittenen Edition von Friedrich M a r x vor. Das elegant-vorbildliche Latein des Celsus, vor allem seine kunstvollen und stilsicheren Proömien, und die detailgenauen Beschreibungen medizinischer und pharmazeutischer Fakten haben den Fachschriftsteller für Philologen und Medizinhistoriker interessant gemacht, wenn auch, wie bei vielen lateinischen Quellen für medizinische Themen, die Rezeption verhältnismäßig gering geblieben ist; die Medizin war eine griechische Wissenschaft, und auch nur griechisch schreibende Autoren wurden über arabische und syrische Übersetzungen tradiert. Die Frage nach der Ausbildung des A. Cornelius Celsus – Arzt oder Fachschriftsteller – und die Frage nach den Adressaten seiner Werke wurde lange und mit vielen Argumenten, jedoch ohne schlüssiges Ergebnis diskutiert. S. vertritt wieder die Ansicht, dass Celsus Arzt war und für Ärzte schrieb (78–84).

Der Band ordnet Celsus in die Literatur- und Medizingeschichte ein, verweist auf wichtige Ansätze der Interpretation, und beschreibt Aufbau und Inhalt der acht Bücher (mit einigen kurzen Textproben). Eine umfangreiche Bibliographie, in der Aufmachung eines Forschungsberichts, gibt einen guten Überblick und ergänzt den Bericht von P. M u d r y in ANRW 2, 37, 1 (1993), 787–799.

Zu einigen Einzelheiten. S. 21: „der spätantike Arzt Galen (129–216 [?] n. Chr.)": das Fragezeichen gilt nicht der Bezeichnung ‚spätantik‘, sondern der von Vivian Nutton begründeten neuen Datierung der Lebenszeit des pergamenischen Starmediziners. – S. 50: Die Droge, die Helena den am Gastmahl zu Ehren des Telemach teilnehmenden Helden in den Wein mischt (Od. 4, 219–229), ist kein „schmerzstillendes Mittel", sondern eine Art Psychopharmakon, das Vergessen schafft und Wohlbefinden verursacht; Helena unterstützt die Wirkung noch mit einer Geschichte, die Freude und Heiterkeit bewirkt und die trübe Stimmung aufhellen soll. – S. 69: Zu den Ansichten über die Kenntnis der Antike von Keimen oder Bakterien, die ein einziges Mal bei Varro, res rusticae 1, 12 zum Ausdruck kommt und dort vielleicht weniger visionär ist als viel eher dem Volksglauben entspringt, dass unerklärte Krankheiten von unsichtbaren Kleinstlebewesen verursacht werden könnten, vgl. die zusätzlichen Literaturangaben im Kommentar von F l a c h z. St. (Marcus Terentius Varro, Gespräche über die Landwirtschaft. Buch 1, herausgegeben, übersetzt und erläutert von Dieter Flach. Darmstadt: Wissenschaftliche Buchgesellschaft 1996, 263). *Herbert Bannert*

František Š i m o n, Terminologia Medicinae Antiquae. Beiträge zur Geschichte der medizinischen Terminologie. Košice: Pavol Jozef Šafárik-Universität 2003. 94 S. (Bestellungen beim Verf.: simonf@kosice.upjs.sk) ISBN 80-7097-540-7

Der Band versammelt, teilweise erstmals in deutscher Übersetzung, einige der wichtigen Arbeiten des Verf. zur medizinischen Terminologie und zeigt deutlich die besondere Verbindung zwischen klassischer Philologie, Medizin, Medizingeschichte und Linguistik. Die Beiträge im Einzelnen: ‚Über die historische Forschung der medizinischen Terminologie' (1989); ‚Über den Bedeutungswandel der Suffixe -itis, -oma und -osis in der medizinischen Terminologie' (1988); ‚Was ist λύγξ κενή? (Thuc. II 49, 4)' (aus WSt. 112, 1999, 29–37); ‚Die Pestbeschreibung des Thukydides als Übersetzungsproblem' (1996); ‚Kann μαῖα als „lady doctor" übersetzt werden?' (1997; Š. kommt zu dem Ergebnis, dass diese Übersetzung nicht korrekt ist und auch die Frage nach Ärztinnen in der Antike mit diesem Terminus nicht verbunden werden darf: 58); ‚Zu Galens medizinischer Terminologie' (2000); ‚Krankheitsbezeichnungen bei Galen, Caelius Aurelianus und Isidor von Sevilla' (1992/1998). Alle Beiträge sind überarbeitet und mit weiterführenden Hinweisen versehen.   *Herbert Bannert*

Ärztekunst und Gottvertrauen. Antike und mittelalterliche Schnittpunkte von Christentum und Medizin. Herausgegeben von Christian S c h u l z e und Sibylle I h m. Hildesheim - Zürich - New York: Georg Olms Verlag 2002. 138 S. (Spudasmata. 86.) ISBN 3-487-11603-0 ISSN 0548-9705

Zur interdisziplinären Behandlung eines in dieser Form noch nicht gestellten Themas haben die Herausgeber für diesen Band Fachleute für theologische, medizinische, philologische und historische Sichtweisen und Denkansätze zusammengebracht. Der Band enthält fünf Beiträge: Michael D ö r n e m a n n, ‚Medizinale Inhalte in der Theologie des Origenes', stellt Texte vor, in denen Origenes sich medizinischer Ausdrücke oder Vergleiche bedient (z. B. Θεὸς und Χριστὸς ἰατρός); den Hintergrund bildet eine christliche Sichtweise, die den (unerlösten) Menschen als krank (in Folge des Sündenfalls), als Patient, als der Heilung bedürftig und der Heilung fähig sieht. – Sibylle I h m macht auf die Literaturgattung der (griechischen) sakro-profanen Florilegien aufmerksam. ‚Einführende Bemerkungen zur Gattung der Florilegienliteratur', deren jüngere Zusammenstellungen meist einen eigenen Abschnitt über Ärzte und Medizin enthalten, sind ergänzt durch ausgewählte Beispiele aus einer dem Maximus Confessor zugeschriebenen Sammlung von *loci communes* aus dem 9. oder 10. Jh. und eine eingehende Untersuchung zu den Quellen, der Nachwirkung und den entsprechenden Abschnitten in anderen Gnomologien der byzantinischen Zeit. Als Information ist festzuhalten, dass „Pseudo-Maximus aus der Vielzahl möglicher und in seinen Quellen vorhandener Themenbereiche sein Kapitel auf zwei Bereiche fokussiert hat: Die Heilung der Seele als die erhabenste Form der Heilung und die Vermittlung von Orientierung und Kritikfähigkeit im Umgang mit dem Arzt." – Irmgard M ü l l e r, ‚Hugo de Folieto: *De medicina animae*. Antike Humoralpathologie in christlicher Deutung', behandelt eine Schrift aus der Mitte des 12. Jh., die die Doppelfunktion der Medizin als Heilkunst für die Seele und für den Körper zum Inhalt hat, in einer Zeit, in der das körperliche Wohlbefinden nicht ausschlaggebend sein konnte für die Erlangung höchster Glückseligkeit und in der in Folge dessen auch die Medizin mitunter als weltlich und eher hinderlich betrachtet wurde. „Nach dieser einleitenden Rechtfertigung seiner Beschäftigung mit offiziell nicht sanctionierten Gegenstandsbereichen konstruiert Hugo de Folieto ein dichtes Netz von Beziehungsgefügen zwischen Makrokosmos und Mikrokosmos, das von der Elementen- und Säftelehre ausgeht, die vier *humores* mit den Jahreszeiten und Lebensaltern verknüpft, zur ärztlichen Kunst der Prognostik überleitet und mit einer

Betrachtung über die verschiedenen Leiden des Kopfes endet. Dabei verwandelt Hugo übergangslos die mitgeteilten Tatsachen in heilsgeschichtliche Bedeutungsträger, stellt Analogien zu den christlichen Tugenden und Lastern her und leitet aus den physiologischen Funktionen moralische Weisungen ab, die vor allem die Ordensdiziplin der Klosterangehörigen betreffen und seinem eigenen Ideal des zisterziensischen Reformprogramms entsprachen." (75). – Einen Beitrag zum Thema der Bedeutung von Ärztinnen liefert Christian S c h u l z e, ‚Christliche Ärztinnen in der Antike‘, mit einer Auswertung der auf Grabinschriften gegebenen Daten zum Thema. Als Ergebnis ist festzuhalten (110), dass christliche Ärztinnen im ganzen römischen Reich belegt sind, dass der Frauenanteil am Ärztestand bei den Christen höher gewesen ist als bei den Heiden, und dass Ärztinnen sowohl gesellschaftlich als auch innerhalb der Ärztehierarchie hohe Stellungen innehaben konnten (das letztere ergibt sich aus einer Untersuchung der in den Inschriften verwendeten Berufsbezeichnungen). – Der letzte Beitrag von Christoph S c h w e i k a r d t und Christian S c h u l z e behandelt ‚Facetten antiker Krankenpflege und ihrer Rezeption‘. Aus den Quellentexten ergibt sich, dass im heidnischen Bereich vorwiegend Männer, bei den Christen vor allem Frauen (Witwen) in der Krankenpflege tätig waren; es ergibt sich weiters, dass diese – trotz der bekannten Vorbehalte des frühen Christentums gegenüber der Medizin und dem Arztberuf – von Christen als Ausdruck und als Auftrag des *caritas*-Gedankens planmäßig besetzt wurde.

Herbert Bannert

Pharmakologie und Botanik

Pedanius Dioscurides aus Anazarba. Fünf Bücher über die Heilkunde. Aus dem Griechischen übersetzt von Max A u f m e s s e r. Hildesheim-Zürich-New York: Olms-Weidmann 2002. 364 S. (Altertumswissenschaftliche Texte und Studien. 37.) ISBN 3-487-11604-9 ISSN 0175-8411

Die hier vorgelegte neue Übersetzung der Materia medica ist Ergebnis und Ergänzung der von A. ausgearbeiteten Erklärungen zu den von Dioskurides mitgeteilten Pflanzen- und Heilmittelnamen, die zwei Jahre zuvor erschienen sind (Etymologische und wortgeschichtliche Erläuterungen zu De materia medica des Pedanius Dioscurides Anazarbeus. Hildesheim - Zürich - New York: Olms 2000; Diss. Univ. Salzburg 1999). Der Übersetzer, Arzt in Radstadt (Salzburg), kommt mit seiner sachlichen und gut verständlichen Sprache dem Lehrbrief-Stil des Dioskurides sehr nahe. Medizinische Fachausdrücke sind, wenn möglich, mit den heute üblichen direkt und ohne Umschreibungen wiedergegeben, und auch dies ist sehr treffend, denn das Werk des Dioskurides ist ja, wie medizinische Werke der Antike fast durchwegs, ebenso für den gebildeten Laien wie für den Mediziner verfasst: Wer einen solchen Text liest, kennt die Terminologie, damals wie heute; wenn nicht, genügte damals ein Blick in den Oreibasios, heute eine Überprüfung bei Pschyrembel.

Die Übersetzung und auch die Identifizierungen der Pflanzen und Drogen ist sorgfältig und mit aller Vorsicht durchgeführt, und so weit erfüllt die Arbeit ihren Anspruch und ihren Zweck. Leider gibt es unzählige Druckfehler (auch in den unentbehrlichen Registern) und einen unangenehmen Wechsel zwischen alter und neuer Rechtschreibung; dies kann freilich nicht nur dem Verfasser angelastet werden. Zur kurzen allgemeinen Einleitung und zur Bibliographie (bes. 7/8, 14 und 16/17), in denen sich einige

Irrtümer finden, und zur Kenntnis der Geschichte von Textedition und Übersetzung der Materia medica, sollen einige ergänzende Informationen und Korrekturen mitgeteilt werden.

Julius B e r e n d e s (1837–1914), Pharmazeut und Pharmaziehistoriker, Verfasser der Standardwerke Das Apothekenwesen. Seine Entstehung und geschichtliche Entwicklung (1907) und Die Pharmacie bei den alten Culturvölkern (1891), war der erste deutsche Übersetzer des Dioskurides (1902; der Text ist übrigens im Internet zugänglich: www.tiscalinet.ch/materiamedica/ und in einer Kopie der vollständigen Originalausgabe auch unter www.heilpflanzen-welt.de/dioskurides/, jeweils mit Abbildungen) und des Paulus Aegineta (1914). Kurt Sprengel (1766–1833), und sein Onkel Christian Konrad Sprengel (1750–1816), waren bedeutende Botaniker; der jüngere S p r e n g e l, „med. et philos. doctor, illius et rei herbariae prof. in universit. Halensi" (so auf dem Titelblatt der Ausgabe), ist auch als Philologe hervorgetreten und hat eine Edition des Dioskurides (nach dem Text der ersten Aldina von 1499) besorgt (verlegt in Leipzig bei Karl Knobloch, 1829). Diese Ausgabe mit griechischem Text und lateinischer Übersetzung wurde betreut und herausgegeben von Karl (Carl) Gottlob K ü h n (1754–1840), der ab 1802 an der Leipziger Universität nacheinander die Ordinariate für Anatomie und Chirurgie, Therapie, Chirurgie, Physiologie und Pathologie innehatte, und der die erste, einzige und bis heute zu benützende Gesamtausgabe des griechischen Textes des Galen, versehen mit einer lateinischen Übersetzung, in 20 Bänden, ebenfalls bei Knobloch in Leipzig (1821–1833) herausgegeben hat. Die philologisch verbindliche Textausgabe des Dioskurides schließlich ist die von Max W e l l m a n n, in drei Bänden bei Weidmann in Berlin gedruckt (1. Bd. 1907, 2. Bd. 1906, 3. Bd. 1914; 2. Aufl. 1958; der Text ist auch zugänglich im TLG), und diese liegt auch der Übersetzung von A. zugrunde. Die Geschichte der Materia medica im Mittelalter und in der Renaissance wurde aufgearbeitet von J.M. R i d d l e, Catalogus Translationum et Commentariorum 4, Washington, D.C. 1980, 1–143; und schließlich gibt es auch eine neue spanische Übersetzung mit Anmerkungen von Manuela G a r c í a V a l d é s, 2 Bde., Madrid: Editorial Gredos 1998.   *Herbert Bannert*

Friedhelm S a u e r h o f f, Etymologisches Wörterbuch der Pflanzennamen. Die Herkunft der wissenschaftlichen, deutschen, englischen und französischen Namen. Stuttgart: Wissenschaftliche Verlagsgesellschaft 2003. XX, 779 S. ISBN 3-8047-1899-X

„Warum hat diese Pflanze diesen Namen?" (V u. ö.) – Die größten Schwierigkeiten bei der Bearbeitung und vor allem der korrekten Übersetzung antiker Texte über Botanik und Heilkunde ist die Wiedergabe der Pflanzennamen und eine weitest gehende Identifikation der bezeichneten Pflanzen. Das damit gestellte Problem hat im wesentlichen eine historische und eine topographische Komponente: Können den mit Namen und oft auch noch mit Synonymen erwähnten Pflanzen moderne wissenschaftliche botanische Benennungen zugeordnet werden? Und können, wenn dies möglich ist, auch noch eindeutige deutsche Bezeichnungen, mit Synonymen, geordnet nach Sprachbereichen, gefunden werden? Und selbst wenn dies alles möglich und die richtige Zuordnung erreicht ist, führt der Weg dahin doch häufig über englische oder französische Quellen, und dieselben Probleme stellen sich noch einmal in diesen und auch noch anderen Sprachen und vermehren sich auf diese Weise.

„Insgesamt gesehen gibt das hier vorliegende Wörterbuch die Möglichkeit, sich an Hand der Vielfalt der Namen und ihrer Deutungen einen Überblick über die verschiedenartigen Beziehungen des Menschen zur Pflanzenwelt zu verschaffen. Dazu tragen auch volksetymologische und sogar falsche Namendeutungen bei, wenn sie denn im Hinblick auf den Bezug zur damit benannten Pflanzensippe möglich sein könnten." (VI). Mehr als 2300 Pflanzennamen und deren Synonyme hat S. untersucht und geordnet – sehr reichlich, aber naturgemäß eine Auswahl, wenn man das (von S. benützte) Standardwerk danebenhält: Wörterbuch der deutschen Pflanzennamen. Bearbeitet von Heinrich M a r z e l l unter Mitwirkung von Wilhelm W i s s m a n n. Aus dem Nachlaß herausgegeben von Heinz P a u l, 5 Bde. Leipzig-Stuttgart: Hirzel-Steiner 1943–1958 (verzeichnet ca. 80 000 Pflanzennamen).

Die einzelnen Eintragungen enthalten jeweils die botanische(n) Bezeichnung(en), Herkunftsangaben zu diesen Bezeichnungen, eine Untersuchung der möglichen Gründe, warum für die Pflanze historisch gesehen der jeweils belegte Name gewählt wurde oder worden sein könnte (mit Angabe der Quellen: an diesem Punkt setzt das besondere Interesse des Philologen ein – leider sind die wesentlichen antiken Quellen, also Theophrast, Dioskurides und Plinius d. Ä., meist sehr ungenau oder gar nicht wiedergegeben); es folgen verkürzt zitierte Beschreibungen und Benennungen der Pflanze in alten und jüngeren Standardwerken der Botanik (hier ist auch der Ort, die eigentlichen etymologischen Daten festzuhalten), und zuletzt werden die deutsche(n) Bezeichnung(en) mitgeteilt und, soweit eindeutig zuzuordnen, die englischen und französischen (fallweise – und gar nicht selten – sind auch noch Bezeichnungen aus anderen europäischen Sprachen hinzugefügt). Es erschließen sich so, das soll dankbar angemerkt werden, wesentlich leichter die Identifikationen, die die Herausgeberin der neuen französischen Theophrast-Edition, Suzanne Amigues, in anerkannter Weise gefunden hat. Und so erfährt man auch, dass Arbutus unedo L., der Erdbeerbaum, der nach Plinius (n. h. 15, 99) seinen Namen von den sehr sauren, roten und erdbeerähnlichen Früchten hat (*pomum inhonorum, ut cui nomen ex argumento sit unum tantum edendi*), mit seinen immergrünen, dem Lorbeer ähnlichen Blättern auch in Südtirol und in der südlichen Schweiz zu finden ist (67).

Der raschen Orientierung und der leichteren Suche dienen eine deutsche und eine lateinische Namenliste, die gelegentlich auch Identifizierungsmöglichkeiten für Pflanzen bieten, die im Lexikonteil nicht behandelt werden (z. B. Heilpflanzen). Die Benützung ist einfach und gut erklärt; ein etwas ausführlicheres Abkürzungsverzeichnis, in dem auch die nicht immer von selbst verständlichen Namen der Verfasser moderner Erstbeschreibungen verzeichnet sein sollten, oder ein beschreibendes und erklärendes Literaturverzeichnis wäre wünschenswert.

S. hat ein Arbeitsinstrument geschaffen, das alle mit antiker Botanik und Heilkunde Befassten vermisst haben; die Mängel in der Verzeichnung griechischer und lateinischer Quellen und manche Ungenauigkeit und eine gewisse Undurchsichtigkeit bei den der Rückverfolgung dienenden Angaben freilich muss man vermerken.   *Herbert Bannert*

Ben-Erik v a n W y k - Coralie W i n k - Michael W i n k, Handbuch der Arzneipflanzen. Ein illustrierter Leitfaden. Stuttgart: Wissenschaftliche Verlagsgesellschaft 2004. 480 S. Ill. ISBN 3-8047-2069-2

320 Arzneipflanzen (Drogen) sind ausführlich, mit aussagekräftigen Photos unterstützt, in Monographien nach einem einheitlichen Schema abgehandelt: Lemma (latei-

nischer und geläufiger deutscher Name), Photos, Merkmale (Beschreibung der Pflanze), Herkunft (und heutige Verbreitung), Verwendete Teile (mit Hinweisen zur Zubereitungsart der Medikamente), Indikation, Anwendung (Aufschlüsselung der medizinischen Anwendungsempfehlungen), Zubereitung und Dosierung, Wirkstoffe (biochemische Daten), Pharmakologie (Angaben zu den pharmakologischen targets), weitere Informationen (Warnungen vor und Hinweise auf besondere Gefahren) und der rechtliche Status als Medikament; dazu kommen, am Fuß der Seite, die botanische Bezeichnung (mit Varianten) und Klassifikation, sowie englische, französische, italienische und spanische Benennungen. Das Buch enthält außerdem eine umfangreiche ‚Checkliste' wichtiger Arzneipflanzen mit mehr als 900 Einträgen (in denen die 320 Monographien enthalten sind). Ein Glossar mit den verwendeten medizinischen Termini und ein ausführliches Register erleichtern die Benützung und das Verständnis. Es liegt damit ein verlässliches und für Philologen und Historiker willkommenes Arbeitsinstrument zur Klärung des Verständnisses antiker botanisch-pharmazeutischer Texte vor.

Einleitende Abhandlungen geben einen Abriss der Heilkräuternutzung, geordnet nach Zeiten und Kulturkreisen (europäische, traditionelle chinesische, ayurvedische, traditionelle afrikanische Medizin, traditionelle Medizin in Nordafrika und im Mittleren Osten, in Nordamerika, in Mittel- und Südamerika, in Australien und Südostasien; weiters kurze Informationen zur Aromatherapie, zur Homöopathie, zur anthroposophischen Medizin nach Rudolf Steiner, und zur Bach-Blüten-Therapie – die drei letzteren werden nicht zur Phytotherapie gezählt). Es folgen, zur Begründung der gewählten Rubriken in den Monographien, pharmazeutische Informationen zu den unterschiedlichen Behandlungs- und Konservierungsarten der verwendeten Pflanzenteile, den Arten der Zubereitung und der Applikation von Phytopharmaka, zu den Wirkstoffen, und zu Fragen der Qualität und der Sicherheit des verwendeten Pflanzenmaterials sowie zu gesetzlichen Bestimmungen für die Anwendung. Unentbehrlich ist der knapp und sehr gezielt informierende Abschnitt über Gesundheitsstörungen und Arzneidrogen, also eine Umkehrung der alphabetischen Liste der Pflanzen und ihrer Zuordnung zu Krankheitssymptomen. Dazu kommt noch ein Kapitel „Sekundärstoffe in Arzneipflanzen und ihre Wirkungen", eine biochemische Abhandlung zur Begründung und Erklärung der in diesem Punkt sehr kurz gehaltenen Eintragungen in den Monographien.

Und wieder ist es sehr erleichternd, für die Arbeit mit den Texten des Theophrast, Dioskurides, Plinius und Galen ein Hilfsmittel zur Verfügung zu haben, dessen Stil in den Pflanzenbeschreibungen und dessen wohlbemessene Ausführlichkeit den Bedürfnissen des Übersetzers und Erklärers antiker Texte entspricht. Denn es ergibt sich, nicht zufällig, dass manche der Kurzmonographien des vorliegenden Nachschlagewerks in den beschreibenden Abschnitten den entsprechenden Textstellen bei Dioskurides gleichen (von den 380 Pflanzen sind ca. 145 auch in der Materia medica genannt oder beschrieben!) – dessen Text ja auch, um besser benützbar zu sein, in manchen Hss. aus der literarischen Originalform der Lehrbriefe in eine alphabetische Reihenfolge der Lemmata umgeschrieben wurde. Und es ist ein weiterer Beweis für die Qualität der Beobachtungen, die Dioskurides zusammengetragen hat.   *Herbert Bannert*

Teedrogen und Phytopharmaka. Ein Handbuch für die Praxis auf wissenschaftlicher Grundlage. Herausgegeben von Max W i c h t l. Unter Mitarbeit von Franz-Christian C z y g a n - Dietrich F r o h n e - Karl H i l l e r - Christoph H ö l t z e l - Astrid N a g e l l - Peter P a c h a l y - Hans Jürgen P f ä n -

d e r - Günter W i l l u h n - Wolfram B u f f. 4., erweiterte und vollständig
überarbeitete Auflage. Stuttgart: Wissenschaftliche Verlagsanstalt 2002.
XLIII, 708 S. 519 Farbabb. 314 s/w-Abb. 447 Formelzeichnungen ISBN
3-8047-1854-X

‚Der Wichtl‘, seit 1984 das Standardwerk auf dem Gebiet der Pflanzendrogen und
neuerlich in einer erweiterten Ausgabe vorgelegt, ist das umfassendste, ausführlichste
und mit allen zur Verfügung stehenden Informationen in Wort und Bild am besten
ausgestattete Handbuch für Arzt und Apotheker zum Thema, sozusagen eine Ergänzung
auf höchster Ebene zu den hier angezeigten Werken über Pflanzen und pflanzliche
Heilmittel.

Der erste der drei Teile des Bandes („Allgemeiner Teil“) enthält Informationen über
die pflanzlichen Anwendungen, über Zubereitung und Mischung der Drogen, Darrei-
chungsformen, über Kontrollmöglichkeiten und über Rückstände, ferner Hinweise
betreffend die Definition als Heilmittel, die Zulassungen und andere für den Apotheker
relevante gesetzliche Bestimmungen. Das Hauptstück des Bandes bilden die 210 Dro-
gen-Monographien (ergänzt um sieben sogenannte ‚Kurzmonographien‘ über Pflanzen,
die in Europa als Handelsware nicht sehr oder nicht mehr verbreitet sind); sie sind
einheitlich in folgende Rubriken gegliedert: Stammpflanze, Synonyme, Herkunft, In-
haltsstoffe, Indikationen, Teebereitung, Teepräparate, Phytopharmaka, Prüfungen,
Verfälschungen (die hier gegebenen Hinweise auf mögliche Verfälschungen der Droge
entsprechen dem regelmäßig bei Dioskurides erscheinenden, mit δολοῦται eingeleiteten
Satz!) und, wo erforderlich, Aufbewahrung; hinzu kommen Literaturangaben und Be-
legdokumente. Die sehr ausführlichen Abhandlungen sind illustriert mit Farbabbildun-
gen der Pflanze und ihrer für die pharmazeutische Anwendung geschnittenen Teile, zur
besseren Identifikation im Original und in Vergrößerung, dazu kommen häufig, sofern
bekannt, die Strukturformeln der chemischen Analyse der Wirkstoffe. Weitere Photos
dienen der Qualitätskontrolle. All dies ist für den Apotheker gedacht, leistet aber auch
unschätzbare Hilfe bei der Identifizierung in antiken Texten genannter und antiken
Autoren bekannter Pflanzen. Ein Indikations-Verzeichnis, gegliedert in zu großen
Gruppen zusammengefasste Bereiche von Erkrankungen, stellt eine Verbindung zwischen den für Teedrogen und Phytopharmaka typischen Indikationsgebieten und den im
Buch beschriebenen pflanzlichen Drogen her, wobei vorwiegend volksmedizinische
Anwendungen gesondert angeführt werden – auch dies eine willkommene Hilfe für den
Erklärer antiker Texte. Ausführliche Register erschließen das Ganze.

Um den heutigen Bestand an Heilpflanzen und Phytopharmaka aus der Sicht der
Nutzung durch den Apotheker zu dokumentieren, gebe ich im Folgenden die Liste der
in den Monographien abgehandelten Drogen.

Absinthii herba (Wermut), Agni casti fructus (Mönchspfeffer, Keuschlamm),
Agrimoniae herba (Odermennig), Alchemillae herba (Frauenmantel), Alkannae radix
(Alkanna), Allii sativi bulbi pulvis (Knoblauch), Allii ursini herba (Bärlauch), Aloe
barbadensis et capensis (Curaçao-Aloe, Kap-Aloe), Althaeae folium (Eibischblätter),
Althaeae radix (-wurzel), Ammeos visnagae fructus (Ammi-visnaga-Früchte), Angeli-
cae radix (Angelika), Anisi fructus (Anis), Anisi stellati fructus (Sternanis), Anserinae
herba (Gänsefingerkraut), Apii fructus (Selleriefrüchte), Arnicae flos (Arnika), Artemi-
siae herba (Beifuß), Aspalathi linearis herba (Rooibostee), Aurantii amari epicarpium et
mesocarpium (Bitterorangenschalen), Aurantii amari flos (-blüten), Aurantii fructus
immaturi (unreife Pomeranzen), Avenae herba (grüner Hafer), **B**alsamum peruvianum

(Perubalsam), Bardanae radix (Klettenwurzel), Barosmae folium (Buccoblätter), Basilici herba (Basilikum), Betulae folium (Birkenblätter), Boldi folium (Boldoblätter), Bursae pastoris herba (Hirtentäschel), Calami rhizoma (Kalmus), Calendulae flos (Ringelblume), Capisci fructus acer (Cayennepfeffer), Cardui mariae fructus (Mariendistelfrüchte), Cardui mariae herba (-kraut), Carlinae radix (Eberwurz), Carvi fructus (Kümmel), Caryophylli flos (Gewürznelken), Castaneae folium (Edelkastanienblätter), Centaurii herba (Tausendgüldenkraut), Chamomillae romanae flos (Römische Kamille), Chelidonii herba (Schöllkraut), Cinchonae cortex (Chinarinde), Cinnamomi cortex (Zimtrinde), Citri pericarpium (Zitronenschale), Cnici benedicti herba (Benediktenkraut), Condurango cortex (Condurangorinde), Consolidae regalis flos (Rittersporn), Coriandri fructus (Koriander), Crataegi folium cum flore (Weißdornblätter mit Blüten), Crataegi fructus (-früchte), Croci stigma (Safran), Cucurbitae semen (Kürbissamen), Curcumae longae rhizoma (Curcuma), Curcumae xanthorrhizae rhizoma (Javanische Gelbwurz), Cynarae folium (Artischockenblätter), Droserae herba (Sonnentau), Echinaceae angustifoliae radix (Schmalblättrige Sonnenhutwurzel), Echinaceae pallidae radix (Sonnenhut), Eleutherococcae radix (Taigawurzel), Epilobii herba (Weidenröschen), Equiseti herba (Schachtelhalm), Eucalypti folium (Eucalyptusblätter), Euphrasiae herba (Augentrost), Fagopyri herba (Buchweizen), Farfarae folium (Huflattichblätter), Foeniculi amari/dulcis fructus (Bitterer/Süßer Fenchel), Foenugraeci semen (Bockshornsamen), Fragariae folium (Erdbeerblätter), Frangulae cortex (Faulbaumrinde), Fucus (Tang), Fumariae herba (Erdrauch), Galangae rhizoma (Galgant), Galegae herba (Geißraute), Galeopsidis herba (Hohlzahn), Galii veri herba (Echtes [gelbes] Labkraut), Gei urbani rhizoma (Nelkenwurz), Genistae herba (Färberginster), Gentianae radix (Enzianwurzel), Ginkgo folium (Ginkgoblätter), Ginseng radix (Ginsengwurzel), Graminis flos (Heublumen, Grasblüten), Graminis rhizoma (Queckenwurzelstock), Hamamelidis cortex (Hamamelisrinde), Hamamelidis folium (-blätter), Harpagophyti radix (Teufelskralle), Hederae folium (Efeublätter), Helenii rhizoma (Alant), Helichrysi flos (Katzenpfötchen), Hennae folium (Hennablätter), Herniariae herba (Bruchkraut), Hibisci sabdariffae flos (Hibiskusblüten), Hippocastani cortex (Rosskastanienrinde), Hippocastani folium (-blätter), Hippocastani semen (-samen), Hyperici herba (Johanniskraut), Ipecacuanhae radix (Ipecacuanhawurzel), Iridis rhizoma (Veilchenwurzel), Juglandis folium (Walnussblätter), Juniperi lignum (Wacholderholz), Juniperi pseudofructus (-beeren), Kava-Kava rhizoma (Kavakavapfeffer), Lamii albi flos et herba (Weiße Taubnessel), Lavandulae flos (Lavendel), Leonuri cardiacae herba (Herzgespann), Levistici radix (Liebstöckelwurzel), Lichen islandicus (Isländisches Moos), Lini semen (Leinsamen), Liquiritiae radix (Süßholzwurzel, Lakritzenwurzel), Lupuli flos et glandula (Hopfenzapfen, -mehl), Lycopodii herba (Bärlapp, Hexenkraut, Wolfsraute), Malvae folium (Malvenblätter), Malvae sylvestris flos (-blüten), Marrubii herba (Andorn), Mate folium (Mate), Matricariae flos (Kamille), Maydis stigma (Maisgriffel, -haare), Melaleucae aetheroleum (Teebaumöl), Meliloti herba (Steinklee), Melissae folium (Melissenblätter), Menthae crispae folium (Krauseminzblätter, Spearmint), Menthae piperitae folium (Pfefferminzblätter), Mentzeliae herba (Anguraté, Herzblatt), Menyanthidis trifoliatae folium (Bitterklee, Fieberklee), Millefolii herba (Schafgarbe), Myrrha (Myrrhe), Myrtilli folium (Heidelbeerblätter), Myrtilli fructus siccus (getrocknete Heidelbeeren), Nasturtii herba (Brunnenkresse), Nigellae semen (Schwarzkümmel), Olibanum (Weihrauch), Ononidis radix (Hauhechel), Orthosiphonis folium (Javatee), Paeoniae flos (Pfingstrose), Passiflorae herba (Passionsblume), Pasta Guarana (Guarana), Pasta Theobronae (Schokolade), Petasitidis folium (Pestwurz), Petroselini fructus (Petersilienfrüchte), Petroselini radix (-wurzel), Phaseoli pericarpium (Bohnenhülsen), Pimpinellae radix (Bibernellwurzel, Pimpernelle), Plantaginis lanceolatae folium et herba (Spitzwegerich), Plantaginis ovatae semen (Indische Flohsamen), Polygalae radix (Senegawurzel), Polygoni avicularis herba (Vogelknöterich), Primulae flos cum calyce (Schlüsselblumenblüten), Primulae radix (Primelwurzel), Pruni spinosae flos (Schlehenblüten, Schwarzdorn), Psyllii semen (Flohsamen), Pulmonariae herba (Lungenkraut), **Q**uassiae lignum (Bitterholz), Quebracho cortex (Quebrachorinde), Quercus cortex (Eichenrinde), Quillajae cortex (Seifenrinde, Panamarinde), **R**atanhiae radix (Ratanhiawurzel), Rauwolfiae radix (Rauwolfiawurzel), Rhamni cathartici fructus (Kreuzdornbeeren), Rhamni purshianae cortex (Cascararinde), Rhei radix (Rhabarberwurzel), Rhoeados flos (Klatschmohn), Ribis nigri folium (Schwarze Johannisbeere), Rosae pseudofructus (Hagebuttenschalen), Rosae „semen" (-kerne), Rosmarini folium (Rosmarinblätter), Rubi fruticosi folium (Brombeerblätter), Rubi idaei folium (Himbeerblätter), Rusci rhizoma (Mäusedorn), **S**alicis cortex (Weidenrinde), Salviae officinalis folium (Salbeiblätter), Salviae trilobae folium (Dreilappiger Salbei), Sambuci flos (Holunderblüten), Sambuci fructus (-beeren), Santali rubri lignum (Sandelholz), Saponariae rubrae radix (rote Seifenwurzel), Sarothamni scoparii herba (Besenginster, Ginster), Sassafras lignum (Sassafrasholz, Fenchelholz), Senecionis herba (Kreuzkraut), Sennae folium (Sennesblätter), Sennae fructus acutifolae et angustifolae (Alexandriner Sennesfrüchte, Tinnevelly-Sennesfrüchte), Serpylli herba (Quendel), Sinapis nigrae semen (schwarzer Senf), Solidaginis herba (Riesengoldrute), Solidaginis virgaureae herba (echte Goldrute), Spiraeae flos (Mädesüß), Symphyti radix (Beinwellwurzel), **T**abebuiae cortex (Lapachorinde), Taraxaci radix cum herba (Löwenzahn), Theae nigrae folium (Schwarzer Tee), Theae viridis folium (Grüner Tee), Thymi herba (Thymian), Tiliae flos (Lindenblüten), Tormentillae rhizoma (Tormentill), **U**rticae folium et herba (Brennnessel), Urticae fructus (semen), Urticae radix (Brennnesselwurzel), Uvae ursi folium (Bärentraubenblätter), **V**alerianae radix (Baldrianwurzel), Verbasci flos (Königskerze), Verbenae herba (Eisenkraut), Veronicae herba (Ehrenpreis), Viburni prunifolii cortex (Schneeballbaum), Violae herba cum flore (wildes Stiefmütterchen), Visci herba (Mistelkraut), **Z**ingiberis rhizoma (Ingwer). In den Kurzmonographien werden zusätzlich noch abgehandelt: Centellae asiaticae herba (Wassernabelkraut), Cimicifugae racemosae rhizoma (Traubensilberkerze), Colae semen (Kolanuss), Lythri herba (Blutweiderich), Sabalis serrulatae fructus (Sägepalme), Saniculae herba (Sanikelkraut, Bruchkraut), Tanaceti parthenii herba (Mutterkraut, falsche Kamille).

Zusammen mit den hier angezeigten Bänden bilden die folgenden Titel eine Sammlung hervorragender moderner Hilfsmittel zur Identifizierung und Benennung bei antiken Autoren erwähnter und beschriebener Pflanzen:

Chr. J ä n i c k e - J. G r ü n w a l d - Th. B r e n d l e r, Handbuch Phytotherapie. Indikationen, Anwendungen, Wirksamkeit, Präparate, Stuttgart 2003; E. T e u s c h e r, Gewürzdrogen. Ein Handbuch der Gewürze, Gewürzkräuter, Gewürzmischungen und ihrer ätherischen Öle. Stuttgart: Wissenschaftliche Verlagsgesellschaft 2003; H. W a g n e r - M. W i e s e n a u e r, Phytotherapie. Phytopharmaka und pflanzliche Homöopathika, Stuttgart ^{2}2003; und schließlich:

D. F r o h n e, Heilpflanzenlexikon. Ein Leitfaden auf wissenschaftlicher Grundlage, Stuttgart ^{7}2002.   *Herbert Bannert*

Naturwissenschaft

Georg W ö h r l e (Hg.), Biologie. Mit Beiträgen von: Jochen A l t h o f f, Suzanne A m i g u e s, Philip J. v a n d e r E i j k, Sabine F ö l l i n g e r, Herwig G ö r g e m a n n s, Bernhard H e r z h o f f, Christian H ü n e - m ö r d e r, Wolfgang K u l l m a n n, Alf Ö n n e r f o r s, Alain T o u w a i d e und Georg W ö h r l e. Stuttgart: Franz Steiner Verlag 1999. 284 S. (Geschichte der Mathematik und der Naturwissenschaften in der Antike. 1.) ISBN 3-515-07389-2

Von den 470 Autoren, die Plinius der Ältere im ersten Buch der Naturalis Historia als Quellenautoren nennt und die für die Kenntnis der antiken biologischen Forschungen von Bedeutung wären, können wir kaum mehr erkennen, als uns Plinius selbst mit seinen nicht nur kompilierten, sondern beim Studium der Quellen oft auch korrigierten und aus eigener Beobachtung ergänzten Studien zur Naturkunde überliefert. Und es ist auch ein starkes Ungleichgewicht in den uns vorliegenden Quellen zu bemerken: dem einen Werk eines Römers stehen unzählige griechische, direkt oder indirekt erhaltene und überlieferte Spezialschriften ebenso wie zusammenhängende Gesamtdarstellungen gegenüber. Ein erheblicher Teil ist erhalten: Von Hippokrates über Platon und Aristoteles zu Theophrast lässt sich die Geschichte der biologischen Wissenschaft gut erkennen. Der vorliegende Band stellt sich dieser Aufgabe einer Geschichte der antiken Biologie (der Terminus stammt bekanntlich erst aus dem frühen 19. Jh.). B. H e r z - h o f f, ‚Das Erwachen des biologischen Denkens bei den Griechen‘, stellt die Anfänge bei den Vorsokratikern zusammen; Ph. J. v a n d e r E i j k beschreibt die Beiträge des Corpus Hippocraticum zur Entwicklung der Biologie und ordnet sie einzelnen Gebieten und ihrer Terminologie zu; H. G ö r g e m a n n s setzt fort mit ‚Biologie bei Platon‘; Aristoteles gewidmet sind die Beiträge von Chr. H ü n e m ö r d e r, ‚Aristoteles als Begründer der Zoologie‘, der die von Aristoteles erstmals erkannten und gesonderten Darlegungen zur Morphologie, Physiologie, Ökologie und Ethologie der Lebewesen deutlich macht, und W. K u l l m a n n, ‚Aristoteles’ wissenschaftliche Methode in seinen zoologischen Schriften‘. Die Hg. der neuen französischen Theophrast-Ausgabe (Les Belles Lettres, Paris), Suzanne A m i g u e s, gibt einen Überblick über die botanischen Schriften des Theophrast und beschreibt die wissenschaftlichen Voraussetzungen, auf denen und mit denen Theophrast gearbeitet hat. J. A l t h o f f, ‚Biologie im Zeitalter des Hellenismus (ca. 322 – 31 v. Chr.)‘ macht deutlich, dass sich in dieser Zeit das Interesse an Fragen der Biologie auf ethologische und (sinnes)physiologische Gesichtspunkte richtete und belegt dies durch Hinweise auf Diskussionen in der epikureischen und stoischen Philosophie und mit dem deutlich zunehmenden Interesse an sog. Mirabilienliteratur, aber auch mit dem Niederschlag, den dieses Interesse in eigentlich für den praktischen Gebrauch verwendbaren, doch hochartifiziell gestalteten Werken findet wie in den Dichtungen des Nikander von Kolophon. – Die Verbindung zu späteren Zeiten bietet W. K u l l m a n n mit einer Abhandlung über ‚Zoologische Sammelwerke in der Antike‘; A. Ö n n e r f o r s, ‚Biologie in Rom (insbesondere Plinius)‘ mit einer Inhaltsaufgliederung der Nat. hist., A. T o u w a i d e mit einer Darstellung des 1. Jh. n. Chr. und den Beiträgen, die Dioskurides in der Materia medica nicht nur für die Pharmakologie, sondern mehr noch für die wissenschaftliche botanische Systematik geleistet hat, und S. F ö l l i n g e r mit einer Darstellung biologischer Forschungsansätze in der Spätantike (bis in das 5. Jh. n. Chr.) beschließen den Band. Jeder Beitrag ist mit einem Verzeichnis der Quellen und der weiterführenden Literatur versehen.   *Herbert Bannert*

Jochen A l t h o f f - Bernhard H e r z h o f f - Georg W ö h r l e (Hgg.), Antike Naturwissenschaft und ihre Rezeption. Band XIII. Trier: Wissenschaftlicher Verlag 2003. 180 S. ISSN 0942-0398 ISBN 3-88476-595-7

Der Band dokumentiert zwei Veranstaltungen zu Aristoteles und zur Rezeption antiker Naturwissenschaft mit folgenden überarbeiteten und mit weiterführenden Hinweisen versehenen Beiträgen: Georg W ö h r l e, Aristoteles und die moderne Biologie; Wolfgang K u l l m a n n, Die Prägung der neuzeitlichen Biologie durch Aristoteles; Arbogast S c h m i t t, Geisteswissenschaftliche Aspekte in naturwissenschaftlicher Forschung. Historisch-kritische Anmerkungen zur Evolutionsbiologie aus platonisch-aristotelischer Perspektive; Klaus F i s c h e r, Aristoteles' Schrift „Über die Seele" und die moderne Neurophilosophie; Leonid Z h m u d, The Historiographical Project of the Lyceum. The Peripatetic History of Science, Philosophy, and Medicine; Renate B u r r i, Die Wiederentdeckung der Geographie des Ptolemaios durch Planudes; Maria L i a t s i, Der Begriff der Tyche in Aristoteles' Physik und die Tychismus-Theorie bei Peirce; Wolfram B r i n k e r, Platon aus der Sicht moderner Biologie. *Herbert Bannert*

Zum antiken Drama

Euripide. Reso. I canti a cura di Giovanna P a c e. Roma: Edizioni dell'Ateneo 2001. 75 S. ISBN 88-8476-094-1

P., die aus der Schule Bruno G e n t i l i s stammt, folgt bei dieser metrischen Interpretation der Gesangspartien des Rhesos (dessen Echtheit von ihr offenbar vorausgesetzt wird) im wesentlichen der Kolometrie der Codices (der einzige relevante Papyrus zum Rhesos weist analoge Kolometrie auf). Das Verhältnis der Hss. L und P, ein altes Problem der Euripides-Philologie, wird eingehend diskutiert (10ff.); da für den Rhesos keine eindeutigen Hinweise für eine Abhängigkeit der Hs. P von L erkannt werden, dürfte es sich bei den beiden Hss., jedenfalls was den Rhesos betrifft, um gemelli handeln (dazu Diggle in seiner Edition). Der Text der Cantica (Strophe und Antistrophe) wird jeweils von einem Variantenapparat begleitet, der sich auf metrisch Relevantes beschränkt; dazu treten die metrische Analyse, ein kolometrischer Apparat und eine Diskussion interessanter metrischer Phänomene.

Ein Vergleich mit der Oxoniensis Diggles zeigt, dass die Übereinstimmung der antiken Kolometrie mit der besten modernen Edition insgesamt signifikant ist (z. B. bei 23ff. respondiert mit 41ff.; 224ff. respondiert mit 233ff.), dass es aber auch zu signifikanten Abweichungen kommen kann: z. B. 242ff.; hier muten den Metriker traditioneller Schule manche Analysen merkwürdig an – sie ergeben sich aber aus dem Usus der antiken Editoren. Eine umfassende Diskussion der damit verbundenen Probleme ist an dieser Stelle leider nicht möglich.   *Walter Stockert*

J. H. H o r d e r n, Sophron's Mimes. Text, Translation, and Commentary. Oxford: Oxford University Press 2004. XIV, 202 S. ISBN 0-19-926613-1

Während wir mit der Literatur Athens in der zweiten Hälfte des 5. Jh. v. Chr., Tragödie und historischer Prosa, vertraut sind, wissen wir über andere Zentren literarischer Produktion sehr wenig. Sophron aus Syrakus schrieb seine Theaterstücke (Mimen) in dorischer Prosa, sie sollen nach einer alten Mitteilung, die Legende sein mag, Platon und seine Schriftstellerei beeinflusst haben (Diog. Laërt. 3, 18; vgl. 5 Anm. 10 und 26 Anm. 86), und Aristoteles nennt die Mimen zusammen mit Sokratischen Dialogen (Poet. 1447 b 10). Sophron war offenbar in mehrfacher Hinsicht ein Neuerer und ungewöhnlich: Er schrieb seine Theaterstücke in Prosa, in einer rhythmisierten Prosa, vielleicht auch um eine lokale Tradition zu schaffen, und er hob sie, bei allem derben Humor, doch über andere mimische oder pantomimische Produktionen hinaus, denn schwerlich wären sie noch lange später bekannt gewesen und zitiert worden, hätten sie keinen literarischen Wert gehabt, und er teilte seine Stücke in ‚Männerstücke' und ‚Frauenstücke' ein. Die geringen Reste sind für uns also wegen der dorischen Sprache und wegen der Verwendung von Prosa auf dem Theater von Interesse, und wegen des Einflusses auf spätere Autoren, Theokrit und Herondas. H. präsentiert den Text (meist antike Zitate und zwei größere Papyrusreste), abgestimmt mit dem von R. Kassel - C. Austin, Poetae Comici Graeci I, Berlin - New York 2001, eine englische Übersetzung und einen umfassenden Sprach- und Sachkommentar. In der Einführung sind Daten gesammelt zu Biographie und Werk des Sophron, zu Sprache und Stil, zur Nachwirkung und zur Textüberlieferung.   *Herbert Bannert*

Peter v o n M ö l l e n d o r f f, Aristophanes. Hildesheim-Zürich-New York: Georg Olms Verlag 2002. VII, 223 S. 4 Abb. (Studienbücher Antike. 10.) ISBN 3-487-11487-9 ISSN 1436-3526

Kapitel über „Das Komische und die Komödie", die Geschichte der Jahre 432 – 380 v. Chr., Vorformen und Formen der Komödiendichtung, Informationen zur Organisation der Festaufführungen, über den Dichter selbst, über Sprache, den Stil der Parodie, und über Möglichkeiten der Interpretation bilden den Hintergrund für die genaue Behandlung der elf auf uns gekommenen Komödien des Aristophanes. Im Hauptteil des Buches werden die Komödien nach Themen geordnet besprochen (‚Krieg', ‚Innenpolitik', ‚Bildung, Erziehung und Kultur') und mit einer Gliederung und Inhaltsangabe, ausgewählten Interpretationsproblemen und Hinweisen auf besondere Fragen der Forschung vorgestellt.

Die Darstellung ist detailreich und ohne Vereinfachungen, zugleich aber gut lesbar (Druckfehler – nicht sinnstörende: mal fehlt ein Buchstabe, mal ist einer zu viel – kann man übersehen). Den literaturgeschichtlichen Rahmen beschreiben eine genaue Erklärung der strukturellen Elemente, die den Bau der Komödie ausmachen, mitsamt Untersuchungen zu den in der Forschung vorhandenen verschiedenen Auslegungen, und eine sehr umfassende, Gesichertes von Ungesichertem trennende Besprechung der Daten zu den Anfägen und zur Entwicklung der Alten Komödie.

Zwei Einzelheiten möchte ich hervorheben. Zum Frieden (Dionysien 421): Die Rekonstruktion der Bühnenhandlung mit dem Zeuspalast auf dem Dach des Bühnenhauses und dem Flug des Trygaios auf dem Mistkäfer von der Bühnenebene auf das

Dach ist von M. gut argumentiert (75 – 80) und entspricht auch modernen Inszenierungen des Stückes, in denen der Flug und die Angst des Trygaios ebenso ausgespielt werden wie im Stück des Aristophanes. Man sollte die Möglichkeiten der antiken Bühnentechnik und das Geschick des Kranführers (ὦ μηχανοποιέ, πρόσεχε τὸν νοῦν, 174) nicht gering schätzen. – Zu den Thesmophoriazusen (Lenäen? 411): M. begründet sehr überzeugend, dass mit dem Verwandten des Euripides, der – einzigartig im Werk des Aristophanes! – im Stück ohne Namen bleibt, sich Aristophanes, der εὐριπιδαριστοφανίζων des Kratinos (fr. 342 K.-A.), selbst als kongenialen Geistes- und Kunstverwandten des Tragödiendichters in sein Stück eingezeichnet hat (153 – 155).

Eine ausführliche Bibliographie, detailliert gegliedert und aufgeschlüsselt mit kurzen charakterisierenden Anmerkungen, und die nötigen Register ergänzen diese empfehlenswerte Darstellung. *Herbert Bannert*

Georg G r a f v o n G r i e s, „Hercle" ante Herculem natum? De Amphitruonis Plautinae discrepantiis quaestiuncula. München: DZA Verlag 2003 (Georg Graf von Gries, Gerner Straße 36, D-80638 München). II, 22 S. (Festschrift für Erwin A r n o l d zum 70. Geburtstag.) ISBN 3-936300-08-9

Diese kleine Schrift wurde von Georg G r a f v o n G r i e s im Eigenverlag publiziert und nur in einer sehr kleinen Auflage gedruckt; sie ist in einem flüssigen Latein verfasst und verdient durchaus die Beachtung der Wissenschaft. Der Verf. behandelt diverse Probleme des plautinischen Amphitruo, insbesondere die Frage nach dem Zeitpunkt der Zeugung des Hercules, zu der es im überlieferten Text widersprüchliche Hinweise gibt. – Eine ausführlichere Besprechung werde ich in Eikasmos 15 (2004) veröffentlichen und möchte daher bloß noch auf eine Entdeckung des Verf. hinweisen, die allem Anschein nach neu ist: Man schwört im Amphitruo wiederholt bei Hercules, der nicht einmal noch geboren ist. Der Autor meint, dass dieser ‚Scherz' vielleicht dem Plautus ebenso entgangen ist wie der neuzeitlichen Wissenschaft. *Walter Stockert*

Peter K r u s c h w i t z, Terenz. Hildesheim - Zürich - New York: Georg Olms Verlag 2004. 240 S. (Studienbücher Antike. 12.) ISBN 3-487-12518-8

Wie K. in seinem Vorwort betont, ist es das Ziel dieser Arbeit, die „Terenzphilologie wieder auf die Beine zu stellen", d. h. den Autor und sein Anliegen ins Zentrum zu rücken und demgegenüber die vielfach im Vordergrund stehende Analyse der griechischen Vorbilder etwas zurücktreten zu lassen. Entsprechend der Intention der Reihe, die einen weiteren Leserkreis ansprechen will, werden Zitate in der Regel nur in Übersetzung gegeben und der Leser für den lateinischen Text auf die kritischen Editionen verwiesen.

Den Anfang macht ein geraffter Abschnitt zu „Leben und Zeit des Terenz" (9ff.), in dem neben dem historischen Kontext die Dramatiker der archaischen römischen Literatur vorgestellt werden (das wichtigste lateinische Vorbild, Plautus, kommt dabei eindeutig zu kurz; ebenso 207); ferner wird der Aufführungsrahmen (Theater, Kult, Feste) kurz vor Augen geführt. Im Zentrum des Buches steht die Darstellung der sechs Komödien des Terenz (25ff.), jeweils mit Angabe des Vorbildes / der Vorbilder, einer Besprechung des theaterkritischen Prologs und der Szenerie. Zentral ist bei jedem Drama der ausführliche Gang durch die Handlung; in reichen Fußnoten werden die verschiedensten Probleme und ihre Behandlung durch die Wissenschaft dargestellt. Hier sei e. g. ein signifikantes Problem angeschnitten: der Schluss der Adelphoe und die Charakteristik der beiden *senes* des Dramas; insbesondere das ‚Comical reversal‘ des Dramas wird ja von der Forschung sehr unterschiedlich beurteilt. Im Gegensatz zu der früher fast allgemein akzeptierten Ansicht von der Superiorität Micios gegenüber seinem Bruder Demea (ich erwähne nur R i e t h und B ü c h n e r), auf welche freilich durch die Darstellung in der Exodos (vermutlich auch durch diverse Änderungen des Terenz) ein gewisser Schatten falle, will K. diese Figur eher ambivalent sehen (vgl. besonders 162f.); er meint, auch bei Menander könnte es eine vergleichbare Umkehrung der Beurteilung des ‚Micio‘ gegeben haben (der Dyskolos mit seiner burlesken Exodos, in der der Menschenfeind mit Gewalt und List in die feiernde Familie integriert wird, bietet eine nicht voll vergleichbare Form des ‚Comical reversal‘). – Der letzte Abschnitt des Buches stellt in einer Art Synthesis die Ergebnisse zusammen: Prologe; Bühnentechnik und Bauelemente der Dramen des Terenz, Kontamination (179ff.; hier geht mir ein Hinweis auf das Buch G. G u a s t e l l a s ab); Ästhetik, Komödienfiguren und Menschenbild; Vorgänger und Vorbilder, Textgeschichte und Rezeption. Ein sehr brauchbares, ausgiebiges Literaturverzeichnis (23 Seiten) und ein Register beschließen den Band, der seiner Aufgabe als ‚Einführung in den Dichter Terenz‘ gut gerecht wird.

Abschließend einige Bemerkungen. S. 21: Es ist wohl richtig, dass das Bildungsniveau des Auditoriums der römischen Komödien vielfach unterschätzt wird. – S. 22: Livius Andronicus hat 240 v. Chr. nach den wichtigsten Testimonien nur ein Drama aufgeführt (vgl. HLL 1, 83). – S. 27: Charinus ist gewiss kein älterer athenischer Bürger. – S. 35: K. macht gut auf die metatheatralischen Bemerkungen Simos aufmerksam. – S. 43 und öfter: K. legt bei seinen Strukturanalysen besonderen Wert auf Verszahl-Responsionen, m. E. ein recht unsicheres Beurteilungskriterium. – S. 61 und öfter: Die Tatsache, dass bürgerliche Mädchen (vor allem in Griechenland) von der Öffentlichkeit abgeschirmt wurden und daher kaum auf der Bühne auftraten, wird von K. manchmal nicht hinreichend berücksichtigt. – S. 82: Die Tat des Chaerea kann man nicht allen Ernstes als „Wiedersehen mit Pamphila“ klassifizieren. – S. 88 Anm. 55: Derartige Widersprüche in der Figurenführung wie bei Chremes in Eun. IV 7 ff. (V 3 tritt er plötzlich von außen auf) gehen nach allgemeiner Ansicht auf strukturelle Änderungen seitens des Römers zurück. – S. 116 Anm. 78: Chremes im Phormio als „Parasiten“ zu bezeichnen (dies mit Moore) ist eine merkwürdige Pointe. – S. 139 und öfter: die angebliche *bona meretrix* Bacchis könnte man in der Tat mit K. als ambivalente Figur klassifizieren. – S. 157 Anm. 55: Bei Menander wehrt sich ‚Micio‘ gemäß Donat, zu Ad. 938, nicht gegen die Ehe (*apud Menandrum senex de nuptiis non gravatur*); irrtümlich meint K., die Hochzeit bleibe dem Hagestolz dort erspart.

Walter Stockert

La riscrittura e il teatro dall'antico al moderno e dai testi alla scena, a cura di Paola R a d i c e C o l a c e e Antonino Z u m b o. Messina: Edizioni Dr. Antonio Sfameni 2004. IX, 316 S. (Università degli studi di Messina. Dipartimento di Filologia e Linguistica. Cattedra di Filologia Classica. Cattedra di Storia della Filologia e della Tradizione Classica. Collana Lessico e Cultura. 6.) ISBN 88-7820-199-5

Die Texte griechischer Tragödien geben im einzelnen immer wieder Fragen und Rätsel auf, die eine gültige Gesamtinterpretation in Frage stellen. Aufgabe der Klassischen Philologie ist es daher, aus den Veränderungen und Bearbeitungen, die eine lange Überlieferungsgeschichte hervorgebracht hat, einen möglichst gesicherten Text und eine dem Zeithorizont des Autors entsprechende Interpretation zu erstellen, die dem in der Regel nur ein einziges Mal zur Aufführung gebrachten Original nahekommt. Erst wenn die sprachliche Form und die künstlerische, gesellschaftliche und politische Intention des Autors erkannt sind, können adäquate Übersetzungen und in der Folge dann die Zeiten überspannende Interpretationen entstehen. Von dieser Basis aus sind aber auch neue Zugänge zu den alten Texten möglich: denn das griechische Drama ist als Literaturgattung bis heute in unzähligen Neuinterpretationen aktuell.

Der vorliegende Band sammelt einige Ergebnisse die Zeiten und Fächer übergreifender Studien an der Universität von Messina, die dem Aufzeigen derartiger Linien gewidmet sind. Die einzelnen Beiträge des ersten Teiles beschäftigen sich mit der Andromache von Racine und dem Ödipus-Mythos im französischen Theater des 20. Jh. (Rosalba G a s p a r r o), einer Interpretation von ‚L'illusion comique' (1636) von Pierre Corneille (Salvatore C o s t a n z a), der Geschichte der Phaedra-Rezeption (Francesca M i n i s s a l e - Salvatore C o s t a n z a); Calogero C o s t a n z a behandelt die Verwandlung des Iphigenie-Stoffs bei Racine, Goethe und Pier Jacopo Martello (1665 – 1727); dem Medeamythos gelten folgende Beiträge: Paola R a d i c e C o l a c e behandelt Beispiele für die Rezeption und die Umschreibung des Mythos, Antonino Z u m b o die Verwendung der Geschichte der Medea in Corrado Alvaros ‚La lunga notte di Medea', Paola R a d i c i C o l a c e untersucht die Möglichkeiten der Übersetzung am Beispiel der offensichtlich in zeitgenössischer sizilianischer Mundart gearbeiteten Theater-Übersetzung von Emilio Isgrò (Messina, Saison 2001/2002), Caterina S c o l i e r e geht den Erscheinungsformen von ‚Schmerz' in einigen Tragödien nach; dem Antigone-Stoff gelten schließlich noch ein Beitrag von Paola R a d i c e C o l a c e und eine italienische und eine altgriechische Nachdichtung einzelner Passagen des Prologs von Saverio S i c i l i a n o (1949/2001, nom de plume: Archilochus).

Der zweite und dritte Teil sind den „Realien teatrali" und dem Theater in Byzanz gewidmet, mit Beiträgen von Paola R a d i c e C o l a c e über Intertextuelles in den Dramentexten und Domenico F a l c o n e über Theaterarchitektur bei Griechen und Römern, Emilio P i n t o über das italienische Theater im Mittelalter und Francesca I a d e v a i a über das Theater in Byzanz. *Herbert Bannert*

Gotthold Ephraim Lessing, Sofocle, introduzione, traduzione e note a cura di Gherardo U g o l i n i, con le testimonianze antiche sulla vita di Sofocle. Napoli: Bibliopolis 2003. 178 S. (Materiali per la Storia degli Studi Classici. 2.) ISBN 88-7088-432-5

U. übersetzt und kommentiert den Text von Lessings Sophokles aus dem Jahre 1760 (nach der Ausgabe von Wilfried B a r n e r im Deutschen Klassiker Verlag, Frankfurt am Main 1990, 5/1, 233 – 373). Die Geschichte des Werks und die Einarbeitung einiger Nachträge sind in der Einleitung dokumentiert. Beigegeben sind eine Zusammenstellung der von Lessing benützten Textausgaben und italienische Übersetzungen der biographischen Zeugnisse zu Sophokles (aus TrGF 4, T 1). *Herbert Bannert*

Zur griechischen und römischen Historiographie

Holger S o n n a b e n d, Thukydides. Hildesheim-Zürich-New York: Georg Olms Verlag 2004. 140 S. (Studienbücher Antike. 13.) ISBN 3-487-12787-3 ISSN 1436-3526

Das Geschichtswerk des Thukydides ist bekanntlich das erste ausschließlich zum Lesen bestimmte Literaturwerk, während Herodot sein Geschichtswerk erst allmählich aus verschiedenen Vorträgen zusammengestellt hat. Das Analysieren, nicht die Beschreibung, das Erklären, nicht die Erzählung sind das Neue am Werk des Thukydides, und genau so wollte der Autor es auch: die Berichte sollte man lesen, die Analysen hingegen sind sprachlich so geformt, dass kursorische Lektüre unmöglich ist, man muss sie buchstäblich buchstabieren, um verstehen zu können. Thukydides wollte sich so davor schützen überlesen zu werden, und er wollte den Leser davor schützen, die Erkenntnisse des Autors zu leicht zu nehmen. Denn das eigentliche Anliegen des Thukydides ist und bleibt es, den Menschen ein Instrument in die Hand zu geben, politische Vorgänge und Entwicklungen, wenn sie sich so oder so ähnlich wiederholen sollten, zu erkennen.

S. zeichnet die Entstehung des Werks, soweit erkennbar, und die Geschichte der Interpretation nach und bemüht sich mit Erfolg klarzumachen, warum Thukydides trotz seiner Strenge, seiner damit verbundenen Auswahl der mitgeteilten Quellen, seiner Sprache und der Unfertigkeit mancher Partien des Werks so faszinierend geblieben ist. Ausgewählten Textpassagen hat S. ein eigenes Kapitel gewidmet; vorgestellt werden die Rede des Perikles für die Gefallenen, die Beschreibung der Pest, die Mytilenäische Debatte und der Melierdialog, alles dem Bedürfnis einer Einführung entsprechend knapp, aber instruktiv. Freilich vermisst man einen der erschütternden Berichte über das Schicksal der hoffnungsfrohen Athener, dem sie in Sizilien begegnet sind, Berichte, in denen Thukydides oft allein durch seinen Stil die Ausweglosigkeit der tatsächlichen Ereignisse und die Einschnürung der Athener fühlbar macht.

„Das Geschichtswerk des Thukydides ist über weite Strecken keine spannende Lektüre. ... Typisch ist dafür etwa eine Aussage wie die folgende: «Um Skione war gegen Ende des Sommers die Mauer ringsum vollendet. Die Athener ließen eine Wache dabei und gingen mit dem übrigen Heer zurück» (4, 133). Hätte das Werk ausschließlich aus solchen Stellen bestanden, wäre Thukydides sicher niemals in den Verdacht geraten, zur ersten Riege der europäischen Historiker zu gehören." (85). Doch solche Mitteilungen sind wie eine weiße Wand, wie eine Projektionsfläche, vor der Thukydides die Allgegenwärtigkeit der Athener zeichnet und auch die Schatten sichtbar macht, die folgende, unheilvolle, in der Berechnung der politischen Verhältnisse im Voraus zu erahnende Ereignisse werfen: die Tatsache, dass die Athener des öfteren erscheinen, ohne etwas Bestimmtes zu tun, einfach um ihre Macht zu demonstrieren. Als solche erste Hinweise sind die beiden ersten Fahrten nach Sizilien zu werten, einmal mit ganz wenigen, das andere Mal mit einer größeren Anzahl von Schiffen, einmal unter einem Vorwand, das andere Mal ohne eigentliches Ziel, bloß zur Demonstration (3, 86, 4; 88 und 90), und auch die kurze Erwähnung der Fahrt nach Skione erfüllt diesen Zweck. Die Katastrophe von Sizilien ist in der Konzeption des Thukydides, nach der große Ereignisse oft durch kleinere, weniger wichtig erscheinende angekündigt werden, eine Strafe für den Hochmut und die rücksichtslose Machtnutzung der Athener und somit, im Fall der Melier, auch eine für Alkibiades. Gebüßt aber hat, und dies entspricht noch viel mehr der bitteren Weltsicht des Thukydides, das Ungeheure nicht Alkibiades, der sich in Sparta einzurichten verstand, sondern der pflichtbewusste Nikias, der von Anfang an gegen das Unternehmen war und dennoch, zum Strategen gewählt, das von ihm Abgelehnte zum bitteren Ende bringen musste (103/104). In den Berichten über Sizilien findet sich manches, dem man Spannung nicht absprechen kann, wenn die Spannung auch wohl eine ins Negative gewendete ist: Es kommt immer noch bei weitem schlimmer, als der Leser aus den Ereignissen erschließen kann. Das eine oder andere Stück aus den Sizilienbüchern hätte dies noch deutlicher machen können.

Mit Thukydides verbinden sich, neben vielen anderen, wenigstens drei große Leistungen der modernen Philologie: Der umfassende Kommentar von A. W. G o m m e - A. A n d r e w e s - K. J. D o v e r (Oxford 1945–1981), die deutsche Gesamtübersetzung von Georg Peter L a n d m a n n (erstmals 1960 in der alten Bibliothek der Alten Welt erschienen), und der große RE-Artikel von Otto L u s c h n a t (RE Suppl. 12, 1970, Sp. 1085–1354 und Suppl. 14, 1974, Sp. 760–786). Nicht vergessen werden sollte die Ausgabe der Biblioteca della Pléiade mit dem Text nach der Oxfordausgabe (H. S t u a r t J o n e s - J. E. P o w e l l), italienischer Übersetzung, reichem Kommentarmaterial und einer umfangreichen Zusammenstellung der Quellen und Testimonien, hg. von Luciano C a n f o r a (Torino: Einaudi-Gallimard 1996).   *Herbert Bannert*

Caesar. Der Gallische Krieg. Herausgegeben und übersetzt von Otto S c h ö n b e r g e r. Düsseldorf-Zürich: Patmos Verlag (Artemis & Winkler) 2004. 304 S. Karten (Bibliothek der Alten Welt.) ISBN 3-7608-4110-4

Es ist dies ein unveränderter Nachdruck, allerdings ohne den lateinischen Text, der zuletzt 1999 in zwei verschiedenen Ausgaben bei Artemis & Winkler erschienenen Übersetzung des Bellum Gallicum mit knappen Erläuterungen und einer Literaturliste.
Herbert Bannert

Ulrich H u t t n e r, Recusatio Imperii. Ein politisches Ritual zwischen Ethik und Taktik, Hildesheim - Zürich - New York: Georg Olms Verlag 2004. 530 S. (Spudasmata. 93.) ISBN 3-487-12563-3

In der vorliegenden überarbeiteten Fassung seiner Habilitationsschrift untersucht H. ein wichtiges Phänomen der römisch-kaiserzeitlichen Geschichte, nämlich die „lediglich inszenierte, oder aber die konsequente Ablehnung der Machtübernahme durch den Prätendenten" (16). Die als Buchtitel verwendete Fügung „recusatio imperii" ist übrigens, wie H. ausführlich darlegt („Zur Problematik der Terminologie", 11–16), kein antiker terminus technicus für den genannten Sachverhalt, vielmehr ein althistorischer Kunstbegriff der zweiten Hälfte des 20. Jh., der in der wissenschaftlichen Literatur neben „refutatio imperii", „cunctatio" o. ä. Verwendung findet.

Nach einführenden Bemerkungen (17–42) und einer kurzen Analyse von Macht und politischem Machtverzicht im griechischen Bereich (43–80) nimmt H. eine sehr detaillierte, den Leser manchmal beinahe ermüdende Untersuchung der in den antiken Quellen zur römischen Kaiserzeit belegten recusationes vor, die er – abgesehen von der am Anfang stehenden Diskussion der Machtverzichtsgesten des Augustus und des Tiberius (81–148) – nicht streng chronologisch, sondern nach Kategorien gliedert. Dabei unterscheidet H. naheliegender Weise die vorläufige oder „inszenierte" recusatio imperii, die das Präludium zu so vielen Kaiserherrschaften bildete (160–295), von der konsequenten Verweigerung der Machtübernahme (296–364), wobei er im Zusam-

menhang mit letzterer treffend auch verwandte Phänomene in den Blick nimmt: die
Weigerung, eine Magistratur anzutreten („Exomosie": 297ff.), die magistratische abdi-
catio und Sullas Niederlegung der Dictatur (393ff.) sowie die Abdankung der Augusti
Diocletian und Maximian im Jahre 305, die er ausführlich und ansprechend kommentiert (365ff.). Im Rahmen der Einzelanalysen nimmt aufgrund der günstigen Quellen-
lage vor allem die Untersuchung der Rekusationsgesten des Iulianus Apostata recht
breiten Raum ein (248–295).

Es erscheint vom Methodischen her wesentlich, daß H. nach der detaillierten Be-
handlung der einzelnen historischen Episoden in einer gelungenen Modellanalyse die
Struktur der oft komplexen Abläufe herausarbeitet, auf diese Weise die wesentlichen
Charakteristika des von ihm untersuchten Phänomens herausdestilliert und seine Arbeit
in diesem Kapitel durch die Berücksichtigung methodischer Ansätze aus Politologie,
Soziologie und Psychologie in innovativer Weise zusammenfaßt (406–472). Den
Abschluß der schulmäßig aufgebauten Monographie bildet ein knapper Ausblick auf
ein neuzeitliches Analogon, nämlich den Machtverzicht des Simón Bolívar im Venezu-
ela des Jahres 1819 (473–482).

Überaus positiv fällt auf, daß H. durchgehend in intensivem Dialog mit den antiken
Primärquellen arbeitet: vor allem mit den literarischen – er bringt dankenswerter Weise
stets ausführliche Zitate in der Originalsprache, denen er immer eine deutsche Übersetzung beifügt –, aber punktuell auch mit epigraphischen oder mit numismatischen
Testimonien; vgl. 371ff. zu den umfangreichen Münzemissionen mit den Büsten der
Seniores Augusti Diocletian bzw. Maximian. Dementsprechend ist der gebotene ausführliche Quellenindex zur Erschließung der Arbeit essentiell (490–515; H.s Benützung der vitae Plutarchs in der Ausgabe der Loeb Classical Library ist wissenschaftlich
wohl nur schwer zu rechtfertigen). Daß „innovative" Interpretationen der Quellen, die
H. gelegentlich versucht, manchmal zumindest problematisch sind, sei freilich nicht
verschwiegen: So ist etwa sein Verständnis der Stelle HA Prob. 10, 5 (gegen alle früheren Übersetzer) im Kontext betrachtet sinnwidrig und daher mit Sicherheit falsch (107),
genausowenig akzeptabel wohl auch die apodiktische Neuinterpretation des Zweiges in
der Rechten des mit der *trabea* bekleideten und die *mappa* haltenden Diocletian bzw.
Maximian auf den genannten Münzprägungen als Verweis auf *quies* (372).

Ein zentrales Charakteristikum der vorliegenden Arbeit stellt die bewundernswert
gründliche Auswertung der modernen Sekundärliteratur dar, über die gesamte chrono-
logische Breite des Themas der Monographie hinweg. Umso mehr ist es zu bedauern,
daß das Literaturverzeichnis allzu knapp ausfiel (487–489) und nur die häufiger zitierten Werke enthält, also nur einen Bruchteil des von H. im Rahmen einer höchst re-
spektablen Arbeit zu einem wesentlichen Gegenstand bewegten modernen Materials.

Bernhard Woytek

Zum hellenistischen Epos

Apollonios von Rhodos. Die Fahrt der Argonauten. Griechisch/Deutsch.
Herausgegeben, übersetzt und kommentiert von Paul D r ä g e r. Stuttgart:
Philipp Reclam jun. 2002. 592 S. ISBN 3-15-018231-X

Wenige Jahre nach dem Erscheinen der Übersetzung von G l e i und N a t z e l -
G l e i (1996; vgl. dazu WSt. 112, 1999, 235f.) legt D. eine zweisprachige Ausgabe vor,
die in vielem einen Gegensatz dazu bietet: Der Text orientiert sich an der Edition von

Vian, die notierten Abweichungen rücken zumeist (noch) näher an die Überlieferung heran. Die Übersetzung ist dokumentarisch, akribisch, in erster Linie um ein präzises Verständnis des Wortlauts bemüht. Damit ist ein unbestreitbarer Fortschritt gegenüber dem Vorläufer erzielt; es handelt sich um die erste deutsche Argonautika-Übersetzung, die sich erfolgreich um eine exakte Wiedergabe des Textes bemüht. D. verwendet für Wortwahl und Ausdruck konsequent Schadewaldts Homer-Übersetzungen als ‚Vorlage'. Dieses Verfahren ist stimmig, weil damit, so wie die Sprache des Apollonios nur für einen Leser erschließbar ist, der seinen Homer im Kopf hat, auch D.s Übersetzung sich auf einen ‚deutschen Homer' bezieht – auch wenn ich persönlich die Orientierung an der Ilias- anstatt der Odyssee-Übersetzung bevorzugt hätte.

Im Einzelfall wird D.s Übersetzung dabei vielleicht zu umständlich: so wird εὔζυγον Ἀργώ mit „die aus Balken gut zusammengefügte Argo" wiedergegeben. Das macht das Dilemma des Übersetzers sichtbar: Apollonios re-etymologisiert Epitheta; versucht man jedoch diese Bedeutungs-Ebene mit zu übersetzen, so stellt man damit die Übersetzung stilistisch in weite Entfernung vom Original.

Für die Erschließung des Wortverständnisses hat D. die Erkenntnisse von A. R e n - g a k o s eingearbeitet (Apollonios Rhodios und die antike Homererklärung, 1994; Der Homertext und die hellenistischen Dichter, 1993; vgl. dazu WSt. 110, 1997, 254f.), wonach Apollonios permanent auf einer Meta-Ebene die zeitgenössische philologische Debatte um die Bedeutung ‚homerischer Wörter' miteinbezieht. Vielleicht geht D. dabei noch immer nicht weit genug, da er für jede Instanz die einzige richtige Bedeutung sucht, anstatt gerade die durch dieses Verfahren oft erzielte Mehrdeutigkeit auszukosten. Das wäre allerdings auch kaum wiederzugeben, außer man wählt ein Verfahren wie Peter S t e i n in seiner Orestie-Übersetzung: bei ambivalenten Ausdrücken einfach doppelt oder mehrfach zu übersetzen. Andererseits wäre damit natürlich die Intention des Apollonios erst recht nicht getroffen: Dieser will ja mit den Signalen der Ambivalenz auf eben diese hinweisen und seine Leser dazu auffordern, die Sache als ein Rätsel zu betrachten, das von ihnen gelöst werden soll, und dann eben doch mittels einer Entscheidung für die eine oder die andere Variante. Ich führe dafür ein Beispiel an, das die Nöte des Übersetzers verdeutlichen kann.

In 1, 12 heißt es von Iason, der soeben im Anauros einen Schuh verloren hat, ἵκετο δ' ἐς Πελίην αὐτοσχεδὸν ἀντιβολήσων / εἰλαπίνης. Αὐτοσχεδόν wird von allen Übersetzern mit „sofort" wiedergegeben. F r ä n k e l (Noten zu den Argonautika, 37) erklärt so: „Ein nachdenklicher Leser fragt sich: ‚Welchen Umweg hat Jason unterlassen?', und damit ist auch die Antwort gegeben: ‚Er wäre gern erst nach Hause gegangen um sich ein vollständiges Paar Sandalen zu holen, aber weil er durch den geschwollenen Fluß aufgehalten worden war und nicht zu spät kommen wollte, kam er *direkt*'." Ich glaube, dass damit das Verhältnis zwischen Apollonios und seiner intendierten Leserschaft gründlich missverstanden ist. Doch wie sollen wir die Stelle sonst verstehen?

Αὐτοσχεδόν steht laut R e n g a k o s (1994, 62) bei Homer nur in der lokalen Bedeutung ‚in (aus) unmittelbarer Nähe', und wird von den Scholien in der Regel durch ἐκ τοῦ σύνεγγυς erklärt; die temporale Bedeutung ‚sofort' wird nur für Π 319f. in den D-Scholien vorgeschlagen (ἑτοίμως, παραχρῆμα). Rengakos folgert daraus, Apollonios habe eine den D-Scholien ähnliche Sammlung zu Rate gezogen und daraus die bei ihm überwiegende temporale Bedeutung von αὐτοσχεδόν abgeleitet (164f.). Das passe gut zu der Tendenz, im Sinne einer „lexikographischen Technik" „alle möglichen Bedeutungen einer Homerglosse an verschiedenen Stellen auftreten zu lassen" (175).

Αὐτοσχεδόν als typisches Homer-Vokabel will somit bei Apollonios in Bezug auf seine epischen Belege verstanden sein. Blickt man nun nicht nur auf unsere Zeugnisse der antiken Homererklärung, sondern auf die Homer-Stellen selbst, so steht αὐτοσχεδόν oft im Kontext von Kampf, mit der Bedeutung ‚dicht auf dicht' (LSJ ‚hand to hand'), und generell in aggressiven Kontexten. Ein solcher Zusammenhang ist gelegentlich auch bei Apollonios unübersehbar: 1, 1349 ἐπηπείλησε … γαῖαν … ἀναστήσειν αὐτοσχεδόν; 3, 398 ἤ σφεας ὁρμηθεὶς αὐτοσχεδὸν ἐξεναρίζοι (an beiden Stellen fassen die Erklärer αὐτοσχεδόν rein temporal!). Dieser Kontext scheint auch hier suggeriert, kann doch Apollonios bei seinen Lesern die feindselige Konfrontation zwischen Iason und Pelias, d. h. die Version, die Pindar in der 4. Pythie erzählt, als bekannt voraussetzen. Dann ergibt sich an unserer Stelle aus der ambivalenten Bedeutung von αὐτοσχεδόν eine Pointe: Iason erscheint zunächst, so wird dem Leser suggeriert, in aggressiver Absicht; darauf deutet auch das Verbum ἀντιβολήσων hin, das bei Homer oft in aggressiven Kontexten steht (R e n g a k o s 1994, 52 Anm. 155, erklärt: „teilnehmen" und sieht keine Spur einer gelehrten Debatte in den Scholien). Erst nach dem Enjambement wird dieser Eindruck durch die Ergänzung von ἀντιβολήσων mit dem Objekt εἰλαπίνης korrigiert. Der Text suggeriert also zunächst die pindarische Variante des Mythos, wonach Iason vor Pelias erscheint, um die ihm rechtmäßig zustehende Königswürde einzufordern; diese Erwartung wird vom Text dann dahingehend korrigiert, dass Iason vielmehr zu dem traditionellen Opferfest erscheint. Iason ist also (so kann der Leser, wenn er will, ergänzen) von Pelias selbst eingeladen worden und hat völlig harmlose Absichten.

Auch wenn wir keine unmittelbaren Reflexe in den Homer-Scholien finden, darf man eine alexandrinische Diskussion zur Bedeutung von αὐτοσχεδόν schon allein aufgrund des Kontexts bei Apollonios stipulieren. Oder sollen wir daraus schließen, dass Apollonios gelegentlich sich seine ‚gelehrte Diskussion' selbst konstruiert, d. h. dass er seine Leser manchmal nicht (nur) auf eine zeitgenössische Diskussion der alexandrinischen Philologen über die Bedeutung von homerischen Wörtern verweist, sondern vielmehr auf diese Wörter, und damit auf den Homertext selbst?

D. druckt den Text mit Komma zwischen αὐτοσχεδόν und ἀντιβολήσων und übersetzt: „Und er ging auf der Stelle zu Pelias, um zu einem Festschmaus eben zurecht zu kommen …". Der Text wird damit eindimensional, die Ambivalenz geht verloren, doch wüsste ich auch nicht, wie man sie retten soll: Kann man Apollonios übersetzen?

Die übrigen Teile des Bandes entsprechen dem bewährten Reclam-Stil: Die sehr kurz gehaltene Einleitung (Nachwort) liefert eine vorzügliche Charakterisierung des Ausdrucks- und Stilwillens des Apollonios und verrät D.s langjährige intensive Auseinandersetzung mit dem Dichter. Auch hier referiert D. seine These vom Groll des Zeus, der das von Apollonios beharrlich unausgesprochene und somit als Rätsel für seine Leser im Hintergrund belassene Leitthema der Argonautika bilde. D. hat diese These erstmals in seinem Buch Argo pasimelousa (Stuttgart 1993; vgl. die Besprechung in WSt. 112, 1999, 246f.) vorgestellt und jetzt in Die Argonautika des Apollonios Rhodios: Das zweite Zorn-Epos der griechischen Literatur (München-Leipzig 2001) ausführlich argumentiert. Die These wurde abgetan oder erst gar nicht zur Kenntnis genommen, jedoch stimmen die knapp aufgeführten Verweise auf Indizien und Anspielungen im Text (die bisher meist weg-erklärt wurden) auch hier nachdenklich: Der Zorn des Zeus als Motor für die Fahrt der Argonauten sollte als Möglichkeit der Erklärung nicht vom Tisch gewischt werden.

Der Kommentarteil ist für einen Reclam-Band ungewöhnlich ausführlich; dem Autor ist offensichtlich für seine Hartnäckigkeit gegenüber dem Verlag zu danken. Apollonios ist nur an der Oberfläche leicht verständlich und bedarf der intensiven Interpretation. D. liefert vorzügliche Sacherklärungen, die für ein erstmaliges Leseverständnis ausreichen, und erklärt alles, was erklärungsbedürftig sein könnte, naturgemäß

primär auf der inhaltlichen und erzähltechnischen, weniger auf der sprachlichen Ebene.
Alles in allem: Wer erstmals mit Apollonios Bekanntschaft machen will, erfährt mit
diesem Band, dass es sich keineswegs um einen einfachen Autor handelt; aber auch der
avancierte Leser erhält eine verlässliche Hilfe zur Erschließung des Textverständnisses.

Georg Danek

A Companion to Apollonius Rhodius. Edited by Theodore D. P a p a n -
g h e l i s and Antonios R e n g a k o s. Leiden: Brill 2001. XIII, 362 S.
(Mnemosyne. Suppl. 217.) ISBN 90-04-11752-0

In diesem schönen Band, der die Beiträge einer Reihe der namhaftesten Apollonios-
Forscher vereint, sind Themen, die bis vor kurzem noch die Forschung dominiert
haben, sichtlich von vornherein ausgeklammert: philosophische Aspekte im weiteren
Sinn (Heldenbild, ideologische Zeitbezüge, Iason als Anti-Held, Medea als neue
epische Heldin …); nicht berührt ist auch die Manipulation des traditionellen Mythos
durch Apollonios, ein Thema, das zuletzt durch die Forschungen von Paul D r ä g e r
fast monopolisiert wurde. Stattdessen findet sich eine Konzentration auf die
Erzähltechnik respektive Poetik; als Zentralthema könnte man formulieren: ‚Apollonios
als hellenistisch-alexandrinischer Dichter‘. Die Titel der einzelnen Kapitel (und die
Namen der prominenten Autoren) sprechen für sich: "The Poetics of Narrative in the
Argonautica" (R. H u n t e r), "A. Rh. as Inventor of the Interior Monologue" (M.
F u s i l l o), "The Similes of A. Rh.: Intertextuality and Epic Innovation" (B. E f f e),
"'Homeric' Formularity in the Argonautica of A. Rh." (M. F a n t u z z i), "A. Rh. as a
Homeric Scholar" (A. R e n g a k o s), und "A. as a Hellenistic Geographer" (Doris
M e y e r). Auch die zwei Kapitel "Myth and History in the Biography of A." (Mary R.
L e f k o w i t z) und "Hellenistic Chronology: Theocritus, Callimachus, and A. Rh." (A.
K ö h n k e n) kreisen um die Position des Dichters im Kreise seiner hellenistisch-
alexandrinischen Dichter-Konkurrenten, und damit um die zentrale Frage, worin das
Wesen hellenistischen Dichtens eigentlich bestehe.

Wie derzeit üblich, finden sich auch Kapitel zur Rezeption des Epikers: „Apollo-
nios and Virgil" (D. P. N e l i s), „ ‚Est deus in nobis …‘: Medea meets her Maker" (zu
Ovid: E. J. K e n n e y), „Echoes and Imitations of A. Rh. in Late Greek Epic" (F.
V i a n) und „The Golden Fleece. Imperial Dream" (J. K. N e w m a n: ein frei
assoziierender Gang durch die Geschichte des Mythos von Homer bis zum Orden vom
Goldenen Vlies im Habsburgerreich).

Das Einleitungs-Kapitel „Outlines of Apollonian Scholarship 1955–1999" (R.
G l e i) lässt die Tendenzen der Forschung, die gewaltigen Fortschritte in der Würdigung des hellenistischen Dichters Apollonios von Rhodos, aber zugleich auch die nach
wie vor bestehenden Defizite im Verständnis der Argonautika gut hervortreten: So sehr
sich heute Einigkeit darin abzeichnet, dass ein auch nur ansatzweises Verständnis von
Intention und Wirkweise der narrativen Struktur der Argonautika nur über die Ent-
schlüsselung des Verhältnisses zu dem zentralen Vorbild und Ur-Muster Homer erzielt
werden kann, so wenig kann man behaupten, dass auf diesem Weg schon konsensfähige
Ergebnisse erreicht wären. So existiert nach wie vor kein einziger Kommentar zum 2.
Buch der Argonautika; und man würde sich wünschen, dass das gesamte Epos unter
Einbeziehung der wichtigen Erkenntnisse von Antonios R e n g a k o s neu kommentiert
wird, wonach das ‚homerische‘ Formulieren unseres Dichters durchgehend ein Sprechen auf einer Meta-Ebene ist, ein Sprechen mittels ‚homerischer Wörter‘ über ‚home-

rische Wörter'; noch kein Kommentar hat dieses Prinzip bisher in irgendeiner Weise berücksichtigt. Dasselbe gilt für die Erzähltechnik, etwa die einsträngige bzw. mehrsträngige Handlungsführung, auch dies in Auseinandersetzung mit Homer (dazu jüngst der wegweisende Aufsatz von A. R e n g a k o s, Die Argonautika und das ‚kyklische Gedicht'. Bemerkungen zur Erzähltechnik des griechischen Epos, in: A. Bierl - A. Schmitt - A. Willi (Hg.), Antike Literatur in neuer Deutung. FS J. Latacz, München-Leipzig 2004, 277–304). Mag das daher rühren, dass Apollonios-Forschung und Homer-Forschung nach wie vor getrennt agieren?   *Georg Danek*

Kallimachos. Werke. Griechisch und deutsch. Herausgegeben und übersetzt von Markus A s p e r. Darmstadt: Wissenschaftliche Buchgesellschaft 2004. X, 548 S. ISBN 3-534-13693-4.

Mit einigem Recht lässt sich sagen, dass A. mit diesem Buch den ersten ‚deutschen Kallimachos' vorlegt: Die bisher einzige nennenswerte deutsche Übersetzung (H o - w a l d - S t a i g e r, 1955) ist eine „elegante metrische Übersetzung einer Auswahl mit griechischem Lesetext", kann aber dem Dichter, mit seiner Fülle von kleinen und kleinsten Fragmenten und seiner Liebe zum sprachlichen, sachlichen und poetischen Detail, notwendigerweise nur bedingt gerecht werden. Das zeigt auch schon, worin die Stärken von A.s Ausgabe liegen sollen – und tatsächlich liegen: Die nicht zu knapp bemessene, lebendig und persönlich geschriebene Einleitung gibt ein gutes Bild des Dichters Kallimachos, einen Überblick über die Werke und einen Einblick in die Schwierigkeiten, die der Leser auf allen Ebenen vorfindet. A. bietet naturgemäß nur eine Auswahl aus den in der Pfeifferschen Ausgabe aufgeführten Fragmenten, erfasst damit aber sämtliche Texte, deren Zuschreibung wahrscheinlich ist und deren Textzustand ein sinnvolles Übersetzen zulässt (inkludiert ist eine Auswahl aus Kallimachos' Wissenschaftsprosa, die einen reizvollen Einblick in die Werkstatt des hellenistischen Dichter-Gelehrten ermöglicht). Der griechische Text „erhebt den Anspruch, grundsätzlich zitierfähig zu sein". Die Übersetzung „beansprucht … lediglich, recht genau zu sein", folgt Schadewaldts Kriterien des „dokumentarischen Übersetzens", verzichtet aber auf die Wiedergabe der „Sekundärebenen des kallimacheischen Textes" (sprachliche Experimente, intertextuelle Bezüge): „Dies wäre Aufgabe eines Kommentars."

Tatsächlich wird A.s Übersetzung diesen Intentionen voll und ganz gerecht: Sie ist präzise, klar und um den exakten Wortsinn bemüht, erhebt aber schon aufgrund ihres prosaischen Klanges nicht den Anspruch, den poetischen Ebenen des Dichters nahe zu kommen. Damit ist aber das zentrale Problem einer jeden Übersetzung eines hellenistischen Autors berührt: Wie kann man Kallimachos übersetzen, ohne einen ausführlichen Kommentar beizufügen? A. beschränkt sich meist auf knappe Anmerkungen, oft nur auf Erläuterungen der Sach-Ebene, lässt weitgehend die Texte für sich sprechen und gibt nur knappe Hinweise auf die Überleitungen zwischen einzelnen Fragmenten. Man kann A.s Verfahren vergleichen mit der zweisprachigen Ausgabe von G. B. d ' A l e s s i o (1996), wo der Anteil an kommentierenden Erläuterungen deutlich höher ist, oft verbunden mit dem Anspruch, neue Deutungen schwieriger Textpassagen vorzulegen, was jedoch bisweilen auf Kosten der Übersichtlichkeit geht; den gegenteiligen Weg wählt F. N i s e t i c h in seiner englischen Übersetzung (2001), der auch für die fragmentarisch erhaltenen Werke mittels kommentierender Überleitungen einen durchgehenden Lesetext herstellt, vergnüglich zu lesen, doch gelegentlich an der Grenze zwischen Rekonstruktion und Spekulation. A. wählt einen Mittelweg, der bei ausführlicher

Lektüre überzeugt: Die Erläuterungen bleiben immer im Hintergrund, lassen den Leser aber nie im Stich und verweisen auf das Wesentliche: den Text (bzw. die Übersetzung). Kallimachos ist ein schwieriger Dichter und ein für das Verständnis der römischen Dichtung zentraler Autor. Das gilt gerade für jene Werke, die nur in Papyrus-Fragmenten überliefert und daher auch Spezialisten nur schwer zugänglich sind. A.s Ausgabe soll „diesem Zustand abhelfen und es jedem Interessierten ermöglichen, relativ unbeschwert die Intelligenz dieser Texte zu genießen (und damit auch seine eigene)." Dies ist in bewundernswerter Weise gelungen. Man würde sich aus der Hand des Autors noch jenen „konzisen Kommentar" wünschen, der hier nicht beigefügt werden konnte.

Georg Danek

Markus A s p e r, Onomata allotria. Zur Genese, Struktur und Funktion poetologischer Metaphern bei Kallimachos. Stuttgart: Franz Steiner Verlag 1997. 291 S. (Hermes Einzelschriften. 75.) ISBN 3-515-07023-0

Der Band (ursprünglich eine Freiburger Dissertation bei Wolfgang K u l l m a n n) bietet nach einer präzisen Einleitung (1.) in Wirklichkeit nicht mehr und nicht weniger als eine intensive Diskussion zu ausgewählten Aspekten der Bildersprache im Aitia-Prolog des Kallimachos in vier Kapiteln: (2.) „‚Weg' und ‚Wagen' als Dichtungsmetaphern" (mit intensivem Rückgriff auf die poetische Tradition dieses Bildbereichs, vor allem bei Pindar); (3.) „Wassermetaphorik" (in Verbindung mit dem Apollon-Hymnus); (4.) „Quantifizierende Antithesen" (mit einer erfrischend neuen Diskussion zum Bedeutungsspektrum des hellenistischen Zentralbegriffs λεπτός); und (5.) „Aitienprolog und poetologische Theorien". Daraus abgeleitet sind (6.) knappe Schlussfolgerungen zu Traditionalität und Rezipienten poetologischer Metaphorik und, erfrischend in seiner Nüchternheit, „Zum ‚Programm' des Kallimachos" (246f.): der Begriff ‚Programm' ist zur Klassifikation der poetologischen Äußerungen des Kallimachos ungeeignet; es handelt sich bestenfalls um eine „metaphorische Reaktion auf eine poetologische Debatte", die einer terminologischen Fixierung (wie sie im Peripatos schon versucht war) bewusst ausweicht. „Kallimachos will also nicht abstrakt über literarische Kunstformen diskutieren … Die kallimacheische Metaphorik zielt über konnotativ gelenkte Rezeptionsprozesse auf den Effekt einer konkreten poetologischen *captatio benevolentiae*. Bei der Lektüre des Aitienprologs spürt das Publikum schon vor der Rezeption des eigentlichen Werks, wie gut es ihm gefallen wird. Dieser Effekt ist eingetreten und tritt noch heute ein, wie verschiedenste Rezeptionszeugnisse zeigen."

Es versteht sich, dass mit der Formulierung dieser Position nicht das letzte Wort gesprochen sein wird. Rückblickend betrachtend zeigt sich jedoch, wie fruchtbar dieser Zugang zumindest für den Umgang des Autors selbst mit Kallimachos sein sollte: Er hat die Vollendung einer Kallimachos-Übersetzung ermöglicht, die uns den Text erschließt, besser verständlich macht, Dunkles klärt, ohne die Schwierigkeiten zu verschweigen, die der voraussetzungsreiche Text heute dem Verständnis bereitet.

Georg Danek

Hans B e r n s d o r f f, Hirten in der nicht-bukolischen Dichtung des Hellenismus. Stuttgart: Franz Steiner Verlag 2001. 222 S. (Palingenesia. 72.) ISBN 3-515-07822-3

Dieses Buch liefert, was der Titel verspricht: eine Behandlung der Hirtenwelt in der hellenistischen Dichtung als Hintergrund für die Thematik in der Bukolik Theokrits, ein bislang wenig erforschter Bereich, während der Einfluss der früheren Dichtung, vor allem Homers, auf Theokrit schon ausgiebig untersucht wurde. Bernsdorffs Arbeit bietet somit eine willkommene Sammlung des relevanten Materials und eine solide Aufarbeitung und Einordnung der unterschiedlichen Tendenzen und Traditionsströme, aufgeteilt in vier Kapitel: Neue Komödie, Apollonios Rhodios, Epigramm, Andere Dichter. Für jede dieser Gruppen analysiert B. den gattungsspezifischen Traditions-Hintergrund und arbeitet das Spezifikum der jeweils dargestellten bzw. konstruierten ‚Hirtenwelt‘ heraus: Die Nea hebt in der Tradition der Alten Komödie die Armut und Härte des Hirtenalltags hervor, wobei Menander vornehmlich die moralischen Aspekte des Verhältnisses zwischen Stadt und (moralisch überlegenem) Land beleuchtet. Bei Apollonios erscheinen Hirten wie bei Homer vor allem in sekundären Handlungsebenen (Gleichnis, Aition, Ekphrasis …), mit daraus resultierender paradeigmatischer Aussage (Gegensatz zwischen Hirten-Idylle und Welt der Helden). Die Hirtenwelt wird dabei im Vergleich zu Homer entheroisiert, doch könnte man das auch mit der Tendenz des Dichters in Verbindung setzen, die Darstellung des Heldenmythos insgesamt zu ent-heroisieren. Für das Epigramm weist B. nach, dass die realistisch-ironischen Züge, die in der Behandlung der Hirtenwelt durch Theokrit gesehen wurden (E f f e), auch hier vorhanden sind, so dass die Ausnahmestellung Theokrits nicht aufrecht erhalten werden kann. Die Theokrit-Forschung wird für die Aufarbeitung des Themas dankbar sein.

Georg Danek

Zur südslawischen Epik

Zlatan Č o l a k o v i ć - Marina R o j c - Č o l a k o v i ć, Mrtva glava jezik progovara. Podgorica: Almanah 2004. VII, 672 S. (Verlagsadresse: ALMANAH, S. M. Ljubiše 11, Podgorica)

Der Band enthält die Erstedition von 11 epischen Liedern der bosnisch-moslemi-schen Heldenlied-Tradition sowie mehrere Kapitel zur Beleuchtung von deren Hinter-grund, mit besonderem Interesse an den theoretischen und praktischen Grundlagen der Parry-Lord-Theorie (‚Oral poetry-Theorie‘). Darin besteht auch die Relevanz des Buches für die Klassische Philologie: Die Oral poetry-Theorie ist heute noch eines der einflussreichsten Paradigmen in der Homer-Forschung; sie wurde von Milman P a r r y in intensiver Auseinandersetzung mit der jugoslawischen, vor allem der bosnischen Heldenepik entworfen und nach seinem Tod von Albert B. L o r d regelrecht zu einer komparatistischen Disziplin weiter entwickelt. Viele der Thesen, die für manche Homer-Forscher fast dogmatische Geltung erlangt haben, wurden ausschließlich auf der Grundlage des von P a r r y in Bosnien gesammelten Materials (Liedertexte, Interviews mit Sängern) formuliert. Der Vergleich von Homer mit dem Ausnahmesänger Avdo Međedović (P a r r y s ‚jugoslawischem Homer‘) wird noch immer diskutiert, befür-wortet oder abgelehnt (meist mit wenig Kompetenz, wie zuletzt R. F r i e d r i c h, Oral composition-by-theme and Homeric narrative. The exposition of the epic action in Avdo Medjedovic's Wedding of Meho and Homer's Iliad, in: F. Montanari [Hg.], Omero tre mila anni dopo, Roma 2002, 41–72). Das Ehepaar Č o l a k o v i ć (feder-führend sichtlich Zlatan Č., der meist im Singular formuliert) ediert nicht nur neue Texte, darunter auch solche von Međedović selbst, sondern diskutiert, von diesen und von eigenen Erfahrungen der Feldforschung ausgehend, die Tragfähigkeit der in L o r d s Buch The Singer of Tales (1960) festgeschriebenen und seitdem oft wiederholten Grundthesen. Die Auseinandersetzung mit diesem Buch erscheint mir für die Homer-Forschung wichtig; ich versuche im Folgenden ausführlicher als üblich den Inhalt zu referieren.

Nach einer kurzen Einleitung folgt die Textedition mit knappen Anmerkungen (meist textkritischer Natur) von 9 Liedern des Murat Kurtagić aus dem Jahre 1989 (insgesamt 16.614 Verse) sowie von zwei bislang unveröffentlichten Liedern des Avdo Međedović (2626 und 4088 Verse lang; zusammen 345 Druckseiten). Hinzu kommt ein „Tagebuch der Aufzeichnungen", ein „Gespräch über das Repertoire des Murat Kurtagić", das „Repertoire des Murat Kurtagić", sowie die analytischen Kapitel „Die heroische mythische Erzählung" (Wiederabdruck aus dem Buch Tri orla tragićkova svijeta, Zagreb 1989), „Milman, Nikola, Ilija und Avdo Međedović" und der Abdruck eines Zeitschriften-Interviews mit dem Titel „Die bosnische Epik ist ein stärkeres Zeugnis als die Geschichtsschreibung". Hinzugefügt sind drei Kapitel in englischer Sprache: Die Übersetzung eines der Lieder des Kurtagić, das oben genannte Buchkapitel von 1989, sowie „Bosniac Epics. Problems of Collecting and Editing the Main Collections". Die theoretischen Kapitel sind zumeist in einem stark assoziativen Stil gehalten, deren Stärke in Einzelbeobachtungen besteht, an die Č. Reflexionen grundsätzlicher Natur anschließt. Ebensolche reflektierenden Bemerkungen verstecken sich auch in den erläuternden Anmerkungen zu den Liedtexten, im ‚Tagebuch' und im Interview mit dem Sänger Kurtagić. Wir erhalten also kein durchlaufendes diskursives Argument, sondern einen weitgehend narrativen Text, der auf seine literaturtheoretisch relevanten Aussagen hin durchforstet werden muss.

Die hier erstmals edierten Texte sind für den Experten wertvoll: Für Međedović ist jede Erweiterung des Corpus wichtig, und wir finden hier zwei Lieder, die deutlich kürzer sind als die bisher publizierten, in denen Međedović also viel mehr einem ‚traditionellen' Sänger ähnelt als in seinen Großepen. Mit dem Sänger Murat Kurtagić hat Č. noch im Jahr 1989 einen großen, ästhetisch begabten Dichter vorgefunden und dokumentiert.

In den Anmerkungen finden sich (so wie schon im Parry-Material) weitere Belege für die Tatsache, dass die Sänger selbst nicht immer über die Bedeutung der von ihnen aus der Tradition übernommenen und weiter verwendeten ‚epischen Wörter' Bescheid wissen, sondern sie aus dem Kontext zu erraten versuchen (146: Kurtagić erklärt *eš*, ‚Gegenstück' als ‚Schönheit'; 82, *binevsile*, ‚spontan' als ‚Wahrheit'). Wir erhalten damit eine gute Parallele zum Überlieferungsvorgang der ‚Homerischen Wörter' in der mündlichen Überlieferung: Die Sänger merken sich archaische Wörter in ihrem formelhaften Kontext, können sie aber davon isoliert nicht mehr richtig anwenden.

Ins Grundsätzliche gehen Č.s Bemerkungen über die Geschichte der Oral poetry-Theorie, die sich teilweise in nicht nachprüfbaren Andeutungen ergehen. Č. selbst hat mehrere Jahre im Parry-Archiv in Harvard verbracht und kennt die Verhältnisse gut. Er hat zweifellos recht damit, dass es völlig unverständlich sei, warum das von P a r r y in Bosnien gesammelte Material an Liedtexten und Interviews nicht schon längst in umfassender Weise der Öffentlichkeit zugänglich gemacht wurde, und warum nicht in großem Stil native speakers für die Erschließung der Texte herangezogen wurden. Č. weist darauf hin, dass die Bearbeiter der bisher erschienenen Texteditionen und Übersetzungen ausschließlich auf die Transkriptionen von Parrys Schreiber Nikola Vujnović angewiesen waren und nicht über die nötige Kompetenz verfügten, um eigenständig Tonaufnahmen zu transskribieren. In den letzten Jahren hat man in Harvard begonnen, ausgewählte Texte in das Internet zu stellen, so dass auch einige weitere Epen des Međedović zur Verfügung stehen. Es bleibt zu hoffen, dass diese Arbeit fortgesetzt wird und dass sich Harvard doch zu einer internationalen Kooperation entschließt.

Besonders wichtig erscheinen mir Beobachtungen zu intertextuellen Querbezügen in der bosnischen Epik. Die homerischen Epen schwelgen bekanntlich in Verweisen, Referaten und Anspielungen auf andere Erzählstoffe, wie z. B. im mythologischen Exemplum. Č. verweist auf eine Bemerkung von L o r d (1960, 159), wonach diese homerische Manier untypisch für mündliches Erzählen sei, da in der jugoslawischen Tradition Sänger niemals in einem Lied einen Querverweis auf ein anderes Lied einbauen. Ich habe diese Meinung für die bosnische Tradition bisher ebenfalls vertreten und nur darauf verwiesen, dass es in der serbischen Tradition sehr wohl mythologische Querzitate gebe. Č. führt jetzt mehrere Beispiele für seinen Sänger Kurtagić an, die als Kurz-Referate von eigenständigen Liedern aufgefasst werden müssen, und fügt hinzu: „Die mythische Welt des bosnischen epischen Liedes war bei weitem ausgedehnter und besser organisiert als man voraussetzt. Die Lieder sind miteinander verflochten und fest verknüpft. Viele Lieder sind komplett unverständlich, sofern man nicht viele andere Lieder innerhalb der betreffenden Region kennt. Das fällt vor allem ins Auge, sofern man die traditionellen Lieder eines einzigen Sängers oder innerhalb einer enger begrenzten Region in Betrachtung zieht." (310). „Kurtagić verweist, spielt an oder bezieht sich häufig auf Ereignisse aus anderen Liedern, Legenden und Erzählungen, wodurch sein Lied einen zusätzlichen Sinn erhält und er, was noch wichtiger ist, sein Lied in den weiten Rahmen der mythischen Welt, die er besingt, einfügt." (311). Für Č. steht fest, dass der Sänger bei seinem Publikum die genaue Kenntnis der nur in Anspielungen zitierten Lieder voraussetzen kann – nicht anders, als wenn in der Ilias auf das Parisurteil angespielt wird. Dies kann man allerdings nur erkennen, wenn man möglichst das komplette Repertoire eines Sängers studiert oder sämtliche Lieder innerhalb einer engeren Region, also den für das jeweilige Publikum relevanten Rezeptionshorizont. Man wird dann feststellen, dass man einer mündlichen Tradition – sowohl den Sängern als auch dem Publikum – mehr an Wissen, Vernetzung und Komplexität zutrauen kann, als es viele Homer-Forscher einzugestehen gewillt sind.

Č. setzt sich wiederholt mit den Sammelmethoden Milman P a r r y s auseinander und diskutiert vor allem die Qualität des Sängers Međedović und die von P a r r y vorgegebenen Bedingungen, unter denen er seine Lieder vortrug. Hier finden wir eine Notiz, die in der relevanten Literatur bislang immer nur als unbestätigte Vermutung auftaucht: L o r d habe gegenüber Č. in einem Interview geäußert: „Parry fragte die Sänger immer: Welches ist das längste Lied, das du kennst? Und die Sänger sangen ihm dann das längste Lied, das sie kannten ...". Č. kritisiert folglich die künstlerische Qualität der berühmten ‚Hochzeit des Smailagić Meho', da dieses Lied das Resultat eines Experiments und das Ergebnis „unnatürlich, untraditionell, un-mythisch und ästhetisch schwach, weil einfach langweilig" sei (166). P a r r y wollte sichtlich erproben, wie ein Sänger innerhalb einer lebendigen Tradition motiviert werden könne, ein Großepos vom Format der Ilias oder Odyssee vorzutragen; das Resultat spricht tatsächlich gegen P a r r y, doch merkt Č. an: „Međedović hat Gott sei Dank auch Besseres als die mastodontischen Großepen hinterlassen, neben der ‚Hochzeit des Vlahinjić Alija' weitere Spitzenprodukte der bosnischen Epik ... . Die Ausnahmestellung des Međedović besteht nicht in der Länge seiner Lieder, sondern in der Präzision der Charakterzeichnung, dem Reichtum der Formelsprache und der phänomenalen Strukturierung der Handlung." (Ich bin zu ähnlichen Schlüssen gelangt und habe deshalb in meiner Ausgabe: Bosnische Heldenepen, Klagenfurt 2002, das Epos ‚Die Hochzeit des Vlahinjić Alija' übersetzt, das auch Č. für besonders gut gelungen hält.)

Viele Homer-Forscher werden auch mit dem folgenden Urteil übereinstimmen: „Die Schwäche der Parry-Lord-Theorie, und jedenfalls ihrer Nachfolger, erkenne ich darin, dass sie kein Gefühl für einen ästhetischen Zugang zur Epik hatten und nicht die Tiefe der Erkenntnisse ihrer Vorgänger Schmaus, Gesemann, Bowra etc. erfasst haben. Ich glaube, der Begriff ‚Episierung' war sehr interessant und zweifellos exakt … Man müsste von Neuem die deutsche Theorie der ‚Episierung' und die Ideen von Alois Schmaus wiederbeleben, weil diese grundsätzlich korrekter sind als der Ansatz von Lord …" (169).

Die Frage, wie ein mündlicher Sänger arbeitet, wie er den Text seiner Lieder erlernt, memoriert bzw. im Vortrag improvisierend vorträgt, ist für die Oral poetry-Theorie von entscheidender Bedeutung. Č. bringt hier seine Erfahrungen mit dem Sänger Kurtagić ein, und es scheint sinnvoll, die entsprechenden Passagen in Übersetzung auszuschreiben, ohne sie weiter zu kommentieren (293f.):

„Als Kurtagić mit seiner Frau Amira unser Gast in Zagreb war und wir Gelegenheit hatten, ihn den ganzen Tag zu beobachten, begriffen wir, dass Kurtagić völlig unablässig an seinen Liedern arbeitet. Lautlos, ganz deutlich, trug er Teile des Liedes vor, das er zu singen vorhatte. Er murmelte leise, ganz ohne Bewusstsein der Geschehnisse rund um ihn. Wenn wir ihn fragten, worüber er singt, sagte er, dass er über Teile des Liedes nachdenke, welches wir vorhatten aufzunehmen, und dass er einige Teile davon ‚erneuere'.

Da meine verstorbene Mutter Pianistin war und mein Vater Autor und Dichter, lernte ich mit ihnen viele Musiker, Autoren und Dichter kennen. Ich möchte betonen, dass mich Kurtagić überhaupt nicht an einen Autor erinnerte, und kaum an einen Dichter, sondern viel eher an einen reproduzierenden Musiker. Mich erinnerte Kurtagićs Art der Vorbereitung zum Singen auffällig an das ‚Repetieren' von schwierigen Teilen einer Komposition bei meiner Mutter, und der Aufbau des Repertoires eines Sängers erinnert ebenfalls an das Lernen und den Aufbau des Repertoires eines reproduzierenden Musikers. Schließlich erinnert das intensive Üben, ständige Ausweiten des Gedächtnisses, die mit Mühe erreichte technische Virtuosität, und die Bewusstheit der Interpretation und das Auswendiglernen tausender und tausender Noten auffällig an die Bewusstheit der bosnischen epischen Sänger.

Die Modalitäten der Schöpfung epischer Lieder sowie der Hauptwerke der Mythologie stellen noch immer ein völlig unerforschtes Problem dar! Die Oral poetry-Theorie, die naiv annimmt, dass der Sänger das Lied von Thema zu Thema komponiert, hat von Grund auf das Wesen dieses Materials verfehlt. Denn auf diese Weise schaffen in Wahrheit nach meiner unmittelbaren Erfahrung nur ungelernte und untalentierte Sänger. Auf ähnliche Weise plagen sich auch schwache Schüler mit dem Klavier ab. So weit ich bisher diese Frage ergründet habe, scheint mir, dass jedes individuelle Lied sich zusammensetzt aus großen thematischen und mythischen Blöcken, unter denen einige ‚frei', andere ‚versteinert' bearbeitet werden. Der Sänger erschafft diese großen Blöcke."

Und zuletzt noch dieses Zitat (299): „Jeder fähige Sänger malt seine Erzählung auf seine eigene persönliche Weise aus. Eine intensive Erforschung des Stils eines bestimmten Sängers bietet dem Forscher die Möglichkeit, unfehlbar den Autor des Liedes zu erkennen. In dieser Hinsicht gibt es zwischen schriftlicher und mündlicher Dichtung keine wesentlichen Unterschiede."

Damit ist nur ein Teil der originellen Beobachtungen wiedergegeben, die in diesem Buch, einer wahren Fundgrube für wertvolle Details, enthalten sind. Man wird nun nicht sagen können, dass die Homer-Forschung in allen diesen Fragen seit den Tagen von Milman P a r r y untätig geblieben ist. In vielen Punkten ist man unabhängig von dem komparatistischen Ansatz durchaus zu ähnlichen Ergebnissen gelangt, wie sie hier in unsystematischer Form vorgetragen sind. Sobald man aber über Fragen der Mündlichkeit und der Traditionalität der homerischen Epen nachdenkt, sollte man sich Beobachtungen zu Herzen nehmen, die an mündlichen traditionellen Sängern vorgenommen werden konnten. Das Buch von Č. liefert dazu zahlreiche äußerst wertvolle Beobachtungen, und es verdient auch außerhalb von Bosnien mehr Aufmerksamkeit, als es in der vorliegenden Form erhalten wird.

Georg Danek

Zu bildliterären Kunstformen der frühen Neuzeit

Im Rahmen der Emblemforschung, die sich in den letzten Jahrzehnten zu einer eigenen Disziplin, zugleich aber zu einem Paradigma interdisziplinärer Frühneuzeitforschung entwickelt hat, ist neben verstärkter Internetpräsenz – unter anderem der von einem Team um Dietmar P e i l, Institut für Deutsche Philologie an der Ludwig Maximilians Universität München betreuten Digitalisierung Münchener Emblembücher an der Bayerischen Staatsbibliothek (http://www.bsb-muenchen.de/mdz/emblem.htm) – auf zwei Neuerscheinungen in Buchform hinzuweisen, die in den von ihnen abgedeckten Bereichen Pionierarbeit leisten und die Geltung von Standardwerken erlangen werden:

Éva K n a p p - Gábor T ü s k é s, Emblematics in Hungary. A study of the history of symbolic representation in Renaissance and Baroque literature. Tübingen: Niemeyer 2003. 322 S. 80 Abb. (Frühe Neuzeit. 86.) ISBN 3-484-36586-2.

Im Zusammenwirken der bibliothekswissenschaftlichen, kunsthistorischen und literaturwissenschaftlichen Kompetenzen des Autorenduos bietet das Buch einen Einblick in die vielfältigen Formen und Einsatzbereiche der Emblematik in einer von der Forschung bisher wenig beachteten europäischen Region. Ungarn ist dabei im Sinne des alten Königreichs Ungarn verstanden, d. h. der berücksichtigte geographische Raum umfasst neben dem heutigen Ungarn auch die Slowakei und Teile Rumäniens.

Die Einleitung bietet, abgesehen von einer Skizze der spezifisch ungarischen Forschungssituation, eine klare Analyse des Forschungsgebietes ‚Emblematik', wobei sich K. und T. nicht scheuen, die schwierige Abgrenzung bzw. Überschneidungen zu allegorischer Literatur bewusst zu machen. Emblematik wird programmatisch als kulturelles Phänomen im gesellschaftlichen Kontext und in steter Wechselwirkung mit „mainstream literature" verstanden. Als Voraussetzung für die Bedeutung der Emblematik in der späthumanistischen und barocken Kultur Ungarns wird ihre Präsenz in der literarischen Theorie, besonders in rhetorischen Handbüchern, sowie ihre Rolle im Unterricht an den Jesuitenschulen als den wichtigsten Bildungsinstitutionen des Königreichs nachgezeichnet. Dabei ist auf die Grundbedingung der Verfügbarkeit nicht vergessen: K. und T. beschreiben die emblematischen Buchbestände der etwa 50 Jesuitenniederlassungen, womit auch die Rezeption internationaler Emblematik im Raum Ungarn beleuchtet wird.

Der folgende von K. und T. erarbeitete Überblick bespricht ausgehend von Proto-
emblematik (im Wesentlichen Drucke der tabula Cebetis) die wichtigsten Typen emblematischer Publikationen: Fürstenspiegel und didaktische Literatur (Philosophie- und
Ethikhandbücher), sowie religiöse Gebrauchsliteratur in Gestalt von Meditationsanlei-
tungen; besonders reich vertreten sind enkomiastische Emblematik bzw. emblematische
Gelegenheitsschriften. Eigene Kapitel sind dem Einsatz von Emblematik in Predigten
und im Schuldrama gewidmet: Obwohl die Forschung durch die geringe Zahl vollständig überlieferter Dramentexte erschwert wird, lassen sich allegorische Stücke und
emblematische Szenendekorationen nachweisen; stumme ‚emblematische‘ Szenen
verdienen besondere Hervorhebung.

Diesen Abschnitten, die sich in erster Linie um Materialerfassung bemühen, stehen
repräsentative Einzelstudien gegenüber, wobei auch bereits Publiziertes nun (in über-
arbeiteter Form) in einen größeren Rahmen gestellt werden kann, etwa das Genre
emblematischer Hagiographie (vgl. Emblematische Viten von Jesuitenheiligen im 17./
18. Jh., Archiv für Kulturgeschichte 80, 1998, 105–142). Ein eigenes Kapitel ist der
Rezeption des berühmtesten „ungarischen" Emblematikers, des Tyrnauer Polyhistors
Johannes Sambucus (1531–1584), bei Geoffrey Whitney (A choice of Emblems,
Leiden 1586) gewidmet (vgl. Imitation and adaptation in Late humanist emblematic
poetry: Zsámboky (Sambucus) and Whitney, Emblematica 11, 2001, 261–292). Der
Bereich der „Emblematik außerhalb des Buchs" (S c h i l l i n g) ist exemplarisch vertreten durch den mariologischen Zyklus im Stiegenhaus des Jesuitenkollegs von Györ/
Raab: Für das als Anregung für die tägliche Meditation der Bewohner konzipierte Programm kann der prägende Einfluss Jacob Masens aufgezeigt werden, dessen emblematische Kompositionen einerseits übernommen, andererseits im Sinne seiner eigenen
Theorie transformiert werden (vgl. Rhetorisches Konzept und ikonographisches Programm des Freskenzyklus in der Prunkstiege des Raaber Jesuitenkollegs, in: Polyvalenz
und Multifunktionalität der Emblematik, hg. v. W. H a r m s - D. P e i l, Frankfurt am
Main 2002, Mikrokosmos 65, 949–975).

Das in einer Pionierarbeit gerechtfertigte Streben, eine möglichst breite Palette
emblematischer Formen vorzustellen, erforderte notwendigerweise den weitgehenden
Verzicht auf Detailanalysen einzelner Schriften oder Embleme (für Volltexte der
Embleme ist der Leser fast durchwegs auf den Abbildungsteil verwiesen): Als exemplarische Textinterpretation wird János Rimays (1573–1631) ungarisches (in englischer Übersetzung vorgelegtes) Gedicht Fortuna / Occasio vorgestellt, das nach K. und
T. jedoch nicht einfach als ‚emblematische‘ subscriptio einer Fortunadarstellung
gesehen werden darf, sondern als komplexe Verschmelzung ausgewählter Elemente des
emblematischen Fortunabildes durch den manieristischen poeta doctus gewürdigt
werden will. Angesichts des reichen von K. und T. erschlossenen Materials sind ähnliche Einzelinterpretationen freilich ein Desiderat der künftigen Forschung.

Eine Bibliographie von in Ungarn gedruckten Emblembüchern, emblematischen
Druckwerken ungarischer Autoren bzw. Drucken mit Bezug zur ungarischen Geschichte rundet die literaturwissenschaftlichen Studien ab; in dieser Liste hätten durchgehende direkte Angaben der Standorte (anstelle von Verweisen auf ungarische Kata-
logwerke) weitere Forschungen bequemer gestalten können, auch hätte sich das
Material wohl durch eine konsequente Benützung von A. Z e l l i g e r, Pantheon Tyrna-
viense, Trnava 1931, noch vermehren lassen. Eine Erwähnung hätten etwa die schwer
zu klassifizierenden emblematischen Illustrationen, u. a. emblematische Schmuckiniti-
alen, in einem der bedeutendsten Werke zur historischen Geographie Ungarns, der
Notitia Hungariae des Matthias Bel, verdient. Eine analoge Zusammenstellung für

Emblematik außerhalb des Buches, d. h. in erster Linie emblematische Dekorationen sakraler und profaner Repräsentationsräume, fehlt; die Schwierigkeit systematischer Recherchen auf diesem Gebiet hat die Autoren wohl davon Abstand nehmen lassen. Neben die Marienembleme von Györ könnte ein emblematischer Zyklus in der Universitätskirche von Trnava treten, in dem Kirche und Jesuitenkolleg als Haus Gottes und neues Jerusalem gefeiert werden.

Die Studien werden durch einen reichen Abbildungsteil illustriert; dabei ist zu bedauern, dass den (z. T. ungarischen) Texten keine englische Übersetzung beigegeben wurde. Auch hätte eine Synopse der oft viersprachigen (lateinisch-ungarisch-deutsch-slowakischen) Ortsbezeichnungen des alten Ungarn die Benützerfreundlichkeit des Buches für ein internationales Publikum erhöht. Die Umsicht und Sorgfalt der Autoren bei den reichen bibliographischen Angaben lässt allerdings vermuten, dass das Fehlen derartiger Teile wohl eher der knappen Kalkulation des Verlags zuzuschreiben ist.

Elisabeth Klecker

Anja W o l k e n h a u e r, Zu schwer für Apoll. Die Antike in humanistischen Druckerzeichen des 16. Jahrhunderts. Wiesbaden: Harassowitz 2002. 451 S. 91 Abb. (Wolfenbütteler Schriften zur Geschichte des Buchwesens. 35.) ISBN 3-447-04717-8

Aus Bild und Text(en) zusammengesetzte Markenzeichen, wie sie von Druckern der frühen Neuzeit geführt wurden, entziehen sich durch ihre Bimedialität, aber auch durch ihre ökonomische bzw. kommunikative Ausrichtung modernen Disziplingrenzen: Buch- und Medienwissenschaften, Kunstgeschichte und Ikonographie sowie Literaturwissenschaft und Klassische Philologie sind in gleicher Weise für eine adäquate Erforschung heranzuziehen: Die von Walther L u d w i g als Dissertation betreute Arbeit kommt diesen Anforderungen in exemplarischer Weise nach und demonstriert eindrucksvoll, welche Resultate bei interdisziplinärer, v. a. aber philologisch exakter Behandlung bildliterärer Kunstformen der Frühen Neuzeit zu erzielen sind.

Untersuchungsgegenstand sind „humanistische" Signets, die sich im Bildmotiv und/oder ihren Motti auf die Kultur der klassischen Antike (unter Verbindung von heidnisch-antikem und christlichem Gedankengut) beziehen; der regionale Schwerpunkt der Arbeit liegt im Gebiet des humanistischen Buchdrucks nördlich der Alpen, dem oberen Rheintal sowie Handels- und Universitätsstädten Südwestdeutschlands. Ausgehend von italienischen Vorbildern wird der zeitliche Rahmen mit 1560 abgesteckt, da danach kaum mehr originelle Tendenzen auftreten. Die um die Jahrhundertmitte zu beobachtende Reduktion der Motti wird von W. als interessante mediengeschichtliche Entwicklung vom bimedialen, gewollt rätselhaften Kunstwerk zur bildorientierten Werbebotschaft gedeutet.

Ausgehend von einem Überblick über die bisherige unbefriedigende (meist einseitig buchwissenschaftlich oder kunsthistorisch geprägte) Forschung werden zunächst Produktionsabsichten und Bedingungen der Rezeption, sowie – unter fruchtbarer Einbeziehung der Kategorien Gérard G e n e t t e s – die Erzeugung von und der Umgang mit intertextuellen Bezügen im Signet als Leitfragen entwickelt. Die Motti als deutlichste Rückbindung an die Antike stammen meist aus dekontextualisierten Sammlungen, an erster Stelle Erasmus' Adagia. Die Mehrsprachigkeit (lateinisch, griechisch, hebräisch) dient entsprechend dem Leitbild des *homo trilinguis* der Demonstration (z. T. freilich nicht gegebener) typographischer Fähigkeit und philologischer Kompetenz.

Bei der Konzeption der Signetbilder nehmen die Adagia dieselbe Spitzenposition ein wie bei den Motti; zusätzlich ist der Komplex der Renaissancehieroglyphik zu berücksichtigen. Die ikonographischen Themen – antike Götter bzw. allegorische Figuren, Motive aus Mythologie und Naturgeschichte – werden von W. nicht nur auf ihre Quellen bzw. Künstler / humanistische Vermittler untersucht, sondern auch in Hinblick auf die in ihnen erkennbaren gesellschaftlichen Leitbilder befragt: Die im Signet vorgeführte Antike dient nicht nur als spielerischer Bildungsausweis, sondern wird auch als Selbstdefinition und Legitimationshilfe zur Beanspruchung einer spezifischen sozialen Position genutzt; sie ist im Rahmen der zeitgenössischen Diskussion über die Stellung der Druckerkunst, ihre Zugehörigkeit zu den artes liberales oder mechanicae, zu sehen.

Eine eingehende Untersuchung ist der Entstehung, Interpretation und Rezeption des berühmtesten Signets, der Anker-Delphinkombination des Aldus Manutius, gewidmet. Erasmus' Deutung des aldinischen Signets im Adagium 1001 *Festina lente*, zugleich die umfangreichste erhaltene Signetinterpretation überhaupt, erlaubt es, das Verhältnis von Produktion und Rezeption paradigmatisch zu analysieren: Zugunsten der Antikizität wird die unmittelbare zeitgenössische Quelle des Signets, die Hypnerotomachia Polifili, bewusst verschwiegen; Erasmus' betonter Bezugnahme auf Münzbilder und antike Hieroglyphen kommt gattungsbildende Wirkung zu.

Besondere Aufmerksamkeit gilt dem Verhältnis von Emblematik und Signet: Die frühere Ansicht einseitiger Beeinflussung von Seiten der Emblematik muss revidiert werden; insbesondere wird die Bedeutung von Alciatos Brief an Francesco Calvo herausgearbeitet, in dem Signets (unter Hinweis auf Aldus und Froben) als potentielle Rezeptionsweise seiner Epigramme/Emblemata genannt sind. Eine Emblemserie in Rollenhagens Nucleus emblematum (Arnheim, Köln, Utrecht 1611/1613), in der bekannte Druckerzeichen zu Emblemen ergänzt werden, zeigt, wie die Druckerzeichen im stärker moralisierenden und weniger individuell ökonomisch orientierten Kontext der Emblematik gedeutet werden konnten. (Vgl. auch A. W., Druckerzeichen und Embleme von Alciato bis Rollenhagen, in: Polyvalenz und Multifunktionalität der Emblematik, hg. v. W. H a r m s - D. P e i l, unter Mitarbeit v. M. W a l t e n b e r g e r, 2 Bde., Frankfurt am Main 2002, Mikrokosmos 65.)

Ein eigenes Kapitel versammelt die zur Signettheorie greifbaren Texte (darunter einen Signetkatalog im poetischen Encomion Chalcographiae des Johann Arnold Bergellanus, Mainz 1541, auf dem der Titel der Arbeit basiert); W. bietet so Vergleichsmaterial zur Emblemtheorie und umreißt mit Textzeugnissen zu einzelnen Signets den Horizont zeitgenössischer Rezeption.

Der Katalogteil bietet eine Aufstellung humanistischer Druckerzeichen in chronologischer Reihenfolge von Baptista de Farfengo (Brescia 1489) bis Peter Schmid (Mülhausen 1558). Dabei ist es W. gelungen, verschiedene Aspekte der Produktion und Rezeption der untersuchten Signets in knapper, strukturierter Form darzustellen (Daten zum Signet selbst, u. a. Bildvorlagen, Quellen der Motti; zum Verlag, bes. zur humanistischen Bildung des Signetführers bzw. zu Schwerpunkten seiner Produktion) und kunsthistorische (v. a. ikonographische), philologische und buchgeschichtliche Daten in einen übersichtlichen Zusammenhang zu bringen und in einem Kommentarteil synthetisierend auszuwerten.

W.s methodisch durchdachte, aber auch optisch ansprechende und benützerfreundliche Präsentation eines zunächst spröde scheinenden Gegenstands gewährt überraschende Einblicke in die Rahmenbedingungen humanistischer (Sprach- und Bild-)Kultur, ebenso wie in die Entwicklung des frühneuzeitlichen Medienwesens. Die in jeder

Hinsicht mustergültige Arbeit setzt Standards, die in der künftigen Erforschung bildlite-rärer Gattungen, in erster Linie der Emblematik, fruchtbar gemacht werden sollten.

Elisabeth Klecker

Lexikon, Sammelwerke, Lehrbücher

Diccionario Griego-Español (DGE), Volumen VI (διωξικέλευθος – ἐκπελεκάω). Redactado bajo la dirección de Francisco R. A d r a d o s. Madrid: Consejo Superior de Investigaciones científicas, Instituto de Filología 2002. XLVI pp. + p. 1135–1386. ISBN 84-00-06318-X (Obra completa) ISBN 84-00-08050-5 (Vol. VI)

Dieser 6. Band des DGE informiert wiederum, wie zuletzt auch der 5. Band (ange-zeigt WSt. 112, 1999, 230/231), über den Fortschritt des Unternehmens, das sich auch in seinen Grundlagen stetig erweitert hat. Die modernen Mittel der Erfassung sind dabei konsequent verwendet, sodaß das auch das mykenische Griechisch, das Namengut, Fremdwörter und viele bisher wenig berücksichtigte Autoren aufnehmende Werk für den von διωξικέλευθος bis ἐκπελεκάω gehenden Teil von Vol. VI etwa den dreifachen Umfang des entsprechenden Teils bei LSJ gewonnen hat. Das betrifft in den letzten drei Spalten der S. 1386 immerhin zehn Lemmata, beginnend mit ἐκπαθαίνομαι („*dar curso, entregarse* o *rendirse a las pasiones*") bei Clemens Alex. (Protr. 4, 61) sowie weiter ἐκπαιδαγωγέω, ἐκπαιδόθεν, ἐκπαρέχω, ἐκπαροινέω, ἐκπασσαλεύω, ἔκπεισμα, ἐκπεκτέω. Dagegen sind die bei LSJ erscheinenden ἐκπάλαιστα (ci. Meineke bei Hesych) und ἔκπαππος („*great-great-grandfather*" nach IG Rom. 3, 474) eliminiert. Hervorgehoben seien diesmal außerdem noch die von A. B e r n a b é beigesteuerten knappen etymolo-gischen Angaben, so zu δμῴή und δμώς (das eher mit δόμος als mit δάμνημι zusam-mengestellt wird) oder zu ἔκπαγλος (das ebenso wie von A. Heubeck, Gymnasium 92, 1985, 542 als dissimiliert aus *ἔκπλαγλος ‚einer/etwas, vor dem man sich entsetzt' erklärt wird). Alle Artikel, die ich betrachtet habe, scheinen auf das sorgfältigste ge-staltet, an Druckfehlern habe ich nur s. l. δμῳαί die Entstellung des Namens Helena im Zitat von Hom. Il. 6, 323 gefunden. Bei einem Falle wie myk. *δοσμός frage ich mich, ob man nicht auch den Verweis auf das für Arkadien belegte ἀποδοσμός geben sollte, und schließlich ist (vielleicht aus gutem Grund) das ZPE 30 (1978), 269 nr. 17, Z. 11 erscheinende δοιάκι(ς) = δίς weggeblieben. – Möge dieses wichtige spanische Unter-nehmen glücklich vorankommen und der angekündigte Band VII bald erscheinen.

Hans Schwabl

Zbornik Matice Srpske za Klasnične Studije / Journal of Classical Stu-dies Matica Srpska. Vol. 2 (2000). 3 (2001). 4–5 (2002–2003). Novi Sad: Matica Srpska (МАТИЦА СРПСКА, 21000 Нови Сад, Матице српске 1 – Matice srpske 1, SCG 21000 Novi Sad, Serbia). 260. 195. 229 S.

Man freut sich, den Fortgang dieser in Novi Sad redigierten neuen serbischen Zeit-schrift für Klassische Studien anzuzeigen. Mitgearbeitet haben daran nicht nur die serbischen Kollegen, denen wir ein weiteres Gedeihen ihres Unternehmens wünschen, sondern auch eine Reihe von Beiträgern aus anderen Ländern. Die Hefte haben jeweils einen Teil mit „Studies and Articles", einen weiteren zur „Classical Tradition in

Serbian Culture" (mit stark philologiegeschichtlicher Ausrichtung) und Berichte über laufende Arbeiten, Rezensionen und Nachrufe. Dabei sind auch die serbisch geschriebenen Artikel durch Zusammenfassungen (meist auf englisch) zugänglich gemacht.

Ein Überblick über die „Studies and Articles" mag eine Vorstellung geben. Im Heft 2 folgt auf den serbischen Text des um die Antike auch sonst verdienten Belgrader Philosophen Mihailo D j u r i ć (über „Ethik und Politik bei Aristoteles") ein griechischer von D. N. M a r o n i t i s über „Asien und Europa im Altertum" (wobei vor allem Homer und Herodot im Blick sind). Die Fortsetzung bieten auf englisch der Amerikaner Victor C a s t e l l a n i (zu Phaidon und Symposion Platons) und der Grieche L. C. B a r g e l i o t e s zum Einfluß der Kosmologie des Gemistos Plethon im Westen, dann auf deutsch der Serbe A. L o m a zu einer vermuteten griechisch-iranischen Parallele (bezüglich Amymone und Anāhitā als „die Tadellose und die Unbefleckte") und auf französisch die Griechin Eleni P a t r i k i o u zu den rechtlichen Voraussetzungen der Situation Elektras in Euripides' Drama. Schließlich stellt A. J o v a n o v i ć in einem serbisch geschriebenen Beitrag archäologische Zeugnisse aus Moesia Superior zusammen, die sich auf den Triumph über die Daker beziehen lassen.

Heft 3 beginnt mit einem Beitrag des Schweizers F. P a s c h o u d zu möglichen lateinischen Quellen des Zosimos, es folgt der Artikel „Pindar und das dichterische Schaffen" des Ungarn Zs. R i t o ó k, dann ein griechischer Text von L. B a r g e l i o t e s über Elis und sein Verhältnis zu den olympischen Spielen, ein Beitrag von V. C a s t e l l a n i zum Fr. B 8 des Parmenides und zuletzt ein serbischer Text von Irina J. K o v a l e v a zur Herkunft des Typus der Vorstellung von Eros und Himeros als Trabanten der Aphrodite bei Hesiod.

Heft 4 – 5 beginnt mit dem sehr lesenswerten „Why Classics today?" von C. J. C l a s s e n, es enthält ferner drei Beiträge von Emilia M a s s o n und einen nachgelassenen von Olivier M a s s o n (mit Problemen der Hethitologie, der griechisch-semitischen Sprachbeziehungen und der Entzifferung der kypro-minoischen Schrift und des Eteokyprischen). Behandelt sind auch die Anfänge der Kommentierung Homers im Altertum durch Franco M o n t a n a r i, die verschiedenen Aspekte der Athena in Aristophanes' Lysistrata durch V. C a s t e l l a n i, mögliche archäologische Belege für bildliche Darstellung von drei verschiedenen Heraklitfragmenten durch A. J o v a n o v i ć, Probleme des slawischen Verbalsystems in indogermanistischer Perspektive (J. G r k o v i ć - M a j o r) und schließlich durch E. F r e y „Besitz und Eigentum in der ‚Sektenregel' (IQS) der Essener".

Das Unternehmen dieser Hefte verdient Interesse und Förderung auch außerhalb von Serbien.   *Hans Schwabl*

Filologia e storia. Scritti di Enzo D e g a n i, a cura di Maria Grazia A l b i a n i - Giovanna A l v o n i - Andrea B a r b i e r i - Gabriele B u r - z a c c h i n i - Francesco B o s s i - Francesco C i t t i - Federico C o n d e l l o - Elena E s p o s i t o - Alberta L o r e n z o n i - Massimo M a g n a n i - Ornella M o n t a n a r i - Simonetta N a n n i n i - Camillo N e r i - Vinicio T a m m a r o - Renzo T o s i. Hildesheim - Zürich - New York: Georg Olms Verlag 2004. 2 Bde. XXXV, 1353 S. 10 Abb. (Spudasmata. 95.I. 95.II.) ISBN 3-487-12572-02 12573-0

Die Redaktion der von Enzo D e g a n i (1934–2000) im Jahre 1990 gegründeten und bis zu seinem Tod geleiteten Zeitschrift Eikasmos hat die vorliegende Sammlung ‚kleiner Schriften' des italienischen Gräzisten zusammengestellt und bewusst unter einen Gesamttitel gestellt, der das Werk Giorgio Pasqualis in Erinnerung ruft, in dessen wissenschaftlicher Nachfolge D. sich verstanden hat. Die neun Abteilungen der auf zwei Bände verteilten Schriften sind von den einzelnen Bearbeitern jeweils mit einem Vorwort und einer kurzen Charakteristik der Intentionen D.s versehen (Nachweis der Autoren: X). Die Titel der ‚sezioni' verweisen auf den Umfang und die Intensität der Erkenntnisse, die D. hinterlassen hat: (1.) „Giambo ed elegia", (2.) „Tragedia e dramma satiresco", (3.) „Commedia", (4.) „Parodia e gastronomia", (5.) „Epigramma", (6.) „Bizantinistica", (7.) „Lessicografia", (8.) „Varia", (9.) „Storia della filologia classica"; ergänzt wird die unveränderte Wiedergabe nach den Erstpublikationen durch eine Liste von Addenda et Corrigenda und ausführliche Register. Ein gewichtiges, ein wichtiges Lebenswerk ist hier hervorragend dokumentiert und zugänglich gemacht.

Herbert Bannert

Hartmut E r b s e, Studien zur griechischen Dichtung. Stuttgart: Franz Steiner Verlag 2003. 306 S. ISBN 3-515-08266-2

Der Band versammelt Arbeiten von Hartmut E r b s e (1915–2004) zu Homer, Hesiod, zur Lyrik und zur griechischen Tragödie in unverändertem Nachdruck. Es sind dies zwölf Beiträge zu Homer aus den Jahren 1980 bis 2000, die zumeist im Hermes erschienen sind (bisher unveröffentlicht: ‚Beobachtungen über die Struktur der Odyssee'), Aufsätze zu den Epigrammen des Simonides (1998), zum Pindartext (1997) und zu Pindars Mythen (1999); wieder abgedruckt sind auch klärende Untersuchungen zu zwei umstrittenen Textstücken des Aischylos und des Euripides: ‚Zur Exodos der Sieben: Aisch. Sept. 1005–78' (1974) und ‚Medeias Abschied von ihren Kindern' (1992).

Herbert Bannert

Altera Ratio. Klassische Philologie zwischen Subjektivität und Wissenschaft. Festschrift für Werner S u e r b a u m zum 70. Geburtstag. Hg. von Markus S c h a u e r und Gabriele T h o m e unter Mitwirkung von Eric D a n a y. Stuttgart: Franz Steiner Verlag 2003. 175 S. 1 Porträtabb. Ill. ISBN 3-515-08315-4

Der Band enthält folgende Beiträge zu Ehren und zu Interessen des Münchener Latinisten: Thorsten B u r k a r d, Sallust als Klassiker; Siegmar D ö p p, Ein Satiriker porträtiert seinen Lehrer. Zu Persius sat. 5, 1–65; Martin H o s e, Das lyrische Ich und die Biographie des Lyrikers. Überlegungen zu einem alten Problem und seinem Nutzen; Harald K l o i b e r, Der Affe als Richter – ‚Verkehrte Welt' bei Phaedrus I 10?, oder: Warum Fabeln als Schullektüre nicht zu unterschätzen sind; Eckard L e f è v r e, Dichter und Zeisig (Jakob Balde, Lyr. 3, 27); Detlef L i e b s, Mein Ulpian; Friedrich M a i e r, Sonne. Gottheit, Lebenskraft, Symbol; Andreas P a t z e r, Beim Hunde! Sokrates und der Eid des Rhadamanthys; Hubert P e t e r s m a n n (†) - Astrid P e t e r s - m a n n, Sprache und Stil als ein Mittel der Personencharakterisierung in den Komödien des Plautus; Renate P i e c h a, Wenn Frauen baden gehen … Agrippinas Ende bei Tac. Ann. 14, 1–13; Georg R e c h e n a u e r, Leben, Angst und Tod bei Lukrez und Epikur; Gabriele T h o m e, Virides Nereidum comas (Hor. carm. 3, 28, 10). Wie ich zu Sinnen kam; Ernst V o g t, Von den Möglichkeiten der Dichtung und den Aufgaben der Philologie. Zu Dagmar Nicks Gedicht ‚Ich bin nicht Äneas‘; Alfons W e i s c h e, Cur Exercitationes Latinas diligam. – In allen Beiträgen ist, dem Untertitel der Festschrift entsprechend, der persönliche Zugang der Verfasser und die subjektive Wirkung der Texte zur Grundlage der Darstellung gemacht. *Herbert Bannert*

Hermann M e n g e, Lehrbuch der lateinischen Syntax und Semantik. Völlig neu bearbeitet von Thorsten B u r k a r d und Markus S c h a u e r. Wissenschaftliche Beratung: Friedrich M a i e r. Darmstadt: Wissenschaftliche Buchgesellschaft 2000. XXXVIII, 1017 S. ISBN 3-534-13661-6

Seit mehr als 100 Jahren kennt jeder Philologe, in der ersten Hälfte dieser Zeit wohl auch noch so mancher Schüler, ‚den Menge‘, mit seinen niemals gestellten Fragen und den umso eifriger studierten Antworten: die von Hermann M e n g e (1841–1939) aus der Schulpraxis entwickelten Fragen hatten, soweit es die Grammatik betraf, schließlich die Funktion von erweiterten Überschriften angenommen. Dieses Prinzip wurde in dem vorliegenden neuen Werk, das Titel und Systematik, nicht aber Anspruch und Ziele geändert hat, verständlicher Weise aufgegeben. Das ‚Lehrbuch‘ sucht, in der Neubearbeitung ebenso wie zu M e n g e s Zeiten, eine Lücke zu füllen zwischen den großen wissenschaftlichen Grammatiken mit ihren Belegstellensammlungen und den notwendig verkürzenden Schulgrammatiken. Die Auswahl der den Sprachgebrauch dokumentierenden Sätze ist daher auf Cicero und Caesar beschränkt, auf Späteres wird nur gelegentlich verwiesen, auf Früheres nie; es ergibt sich eine ausschließlich synchrone Darstellung der Sprache, des klassischen Lateins zwischen den Jahren 80 und 43 v. Chr. (XVII), mit bewusster Vermeidung aller diachronen, also historischen Erklärungen (XVIIIff.). „Unser Anliegen war es nun, die Grammatik auf ihre Quellen zurückzuführen: die Texte der Klassiker. Die deskriptive Darstellung der Sprache von Cicero und Caesar war der Ausgangspunkt: jedes Wort, jeder Ausdruck und vor allem jede Regel wurden nach Möglichkeit belegt.“ (XI/XII).

Der Aufbau der Kapitel, gemäß den Regeln der lateinischen Schulgrammatik, ist übersichtlich und leicht zu überblicken: Inhaltsangaben, kurze Einleitungen, eine Zusammenstellung der Unterkapitel am Beginn eines jeden Abschnitts erleichtern die Orientierung. (Einzig die Paragraphenziffern sollten noch zusätzlich gut sichtbar am oberen Außenrand jeder Seite aufscheinen.) Auf besonders aufwändig gestaltete Hervorhebungen, wie man sie aus Schulbüchern kennt, wurde wohl bewusst – und zu Recht – verzichtet; das Vorhandene dient der Orientierung gut (auch der alte Menge war ohne derlei ausgekommen).

Es besticht die klare, angenehm und, um es so zu sagen, vertraut sachliche Fachsprache der Verf., die neuere Erkenntnisse zwar in ihre Darstellung einbringen, diese aber nicht in den Vordergrund stellen (abgesehen von einigen wohl präzisierenden, dennoch aber sehr gewöhnungsbedürftigen Neologismen in der grammatischen Terminologie). Wenn das Wort ‚Repetitorium‘, ebenso übrigens wie das auch von M e n g e gebrauchte ‚Repertorium‘, auch vermieden wird (XIII): das Buch erfüllt dennoch genau dies, ein Nachschlagewerk zu sein, Referenzen zu bieten zur Einübung des Lateinischen ebenso wie zur Weiterbildung in Phraseologie und Stilistik (im alten Sinne), ganz gleich, ob diese Fähigkeiten nun gerade gefragt sind oder nicht; auch der ‚lateinische Schulaufsatz‘ wurde ja eingeengt auf das Einüben von Texten, wie sie das Verfassen von praefationes oder die Beschreibung von Handschriften und sprachlichen Erscheinungen erfordert. Das Beherrschen der Sprache an sich ist ein Wert, der immer außer Streit steht und dem die Verf., entgegen oder mit dem Zeitgeist, mit diesem umfassenden und sorgfältig ausgearbeiteten Kompendium selbstlos dienen.   *Herbert Bannert*

Zu Texten aus Spätantike, Mittelalter und Neuzeit

Cornel Heinsdorff, Christus, Nikodemus und die Samaritanerin bei Juvencus. Mit einem Anhang zur lateinischen Evangelienvorlage. Berlin - New York: Walter de Gruyter 2003. VIII, 494 S. (Untersuchungen zur antiken Literatur und Geschichte. 67.) ISBN 3-11-017851-6

Das vorliegende Buch gliedert sich, wie auch dem Titel zu entnehmen ist, in zwei stark voneinander verschiedene Teile. Der erste stellt einen philologisch über die Maßen detailreichen und auch theologischen Fragen und Problemen nicht aus dem Weg gehenden Kommentar zu Iuvenc. 2, 177–327 dar, einer Passage also, die durch ihre aus dem Johannesevangelium bezogenen Stoffe, das Gespräch zwischen Christus und Nikodemus sowie die Szene am Jakobsbrunnen, in gewisser Weise eine Sonderstellung im allgemein am Matthäusevangelium orientierten Werk des Iuvencus einnimmt. Vorausgeschickt ist diesem Kommentar eine allgemeine Einleitung, die sich mit der Stellung dieser wie auch der übrigen Johanneseinschübe innerhalb der *vitalia gesta Christi* und ihrer Bedeutung für das Gesamtkonzept des Iuvencus, das damit ebenfalls zum Gegenstand der Analyse wird, auseinandersetzt. Einleitung wie Kommentar lassen in ihrer hohen Qualität darauf hoffen, daß diesem doch nur einem begrenzten Thema gewidmeten Buch womöglich in absehbarer Zeit ein Gesamtkommentar zur Evangeliendichtung des Iuvencus – ein solcher existiert bedauerlicherweise bis heute nicht, und auch die letzte Textedition (CSEL 24, 1891) liegt weit zurück – folgen könnte.

Der zweite Teil weitet das auch im Kommentarteil erkennbare Interesse des Autors für die Problematik der dem spanischen Dichter vorgelegenen Variante des lateinischen Bibeltextes auf das gesamte Epos aus und bietet auf über 100 Seiten eine mit höchster Präzision erstellte und mit nahezu unglaublichem statistischem Aufwand aufgearbeitete Materialsammlung zur lateinischen Evangelienvorlage des Iuvencus, die die Grenze zur Überfeinerung nicht immer zu scheuen scheint: Wenn etwa, um wahllos zwei Beispiele aus dem auch vom Kommentar abgedeckten Bereich herauszugreifen, Iuvenc. 2, 185 *conscendere regnum* näher an die Varianten *introire/intrare/ingredi in regnum Dei* denn an die Form *videre regnum Dei* in Ioh. 3,3 gerückt wird, ist dem zweifellos zuzustimmen; hingegen scheint es doch bedenklich, aus Iuvenc. 1, 182 *nec quisquam*, einem immerhin seit der Klassik beliebten Versanfang, ein Naheverhältnis zu einem in Ioh. 3,2 die Variante *et nemo* im Gegensatz zu *nemo enim* enthaltenden Typus der Vetus Latina zu erschließen. Vorausgeschickt ist diesem Abschnitt eine in der Tat notwendige Einführung in die angewandte statistische Methodik. Nicht ganz im Verhältnis zu dieser steht freilich – was an sich nicht gegen ihre Richtigkeit spricht – das Resultat der Untersuchung, das ältere Analysen insoferne korrigiert, als im Gedicht des Iuvencus offenbar Einflüsse eines europäischen, genauer noch gallisch(-irischen), aber auch eines afrikanischen Bibeltextes nachweisbar sind, und der vom Dichter gebrauchte Text, falls es sich dabei überhaupt um nur einen einzigen handelte, mit keiner der erhaltenen Varianten ausreichend in Deckung gebracht werden kann. Damit ist für dieses Problem, da eine weitere Verfeinerung der Analyse nicht mehr denkbar erscheint, wohl Endgültigkeit erreicht.   *Gottfried Kreuz*

La Catena Palestinese sui Salmi graduali. Introduzione, edizione critica, traduzione, note di commento e indici, a cura di Carmelo C u r t i. Catania: Centro di studi sull'antico Cristianesimo presso l'Università di Catania 2003. 265 S. (Saggi e Testi, Classici, Cristiani e Medievali. 18.)

Nach jahrelangem Bemühen und einigen Vorarbeiten gelang es dem bekannten Patristiker aus Sizilien, die Reste der in der berühmten *Catena Palaestinensis* erhaltenen Auslegungen zu den *Psalmi Graduales* (Ps. 119–133) in Druck zu geben und den Druck auch noch zu betreuen; das Erscheinen des Bandes erlebte er allerdings nicht mehr (der letzten Revision haben sich seine Frau, seine beiden Töchter und seine Schwester angenommen – was für eine Familie!). Die Erläuterungen sind vor allem aus Eusebius und Theodoret genommen (wie üblich in gekürzter Form), dazu kommen noch Stellen aus Apollinaris, Didymus, Johannes Chrysostomus, wenige nur in dieser Catena erhaltene Erklärungen des Origenes und manches Anonyme. Vollständig ist diese *Catena* in zwei verwandten Handschriften überliefert, Mailand Ambros. F 126 und Patmos Johanneskloster 215 aus dem 13. bzw. 12./13. Jh., wobei dem Mailänder Codex der Vorzug zu geben ist (da er keine Texteingriffe, sondern nur Abschreibfehler aufweist); die in vier anderen Handschriften erhaltenen Reste tragen zur Texterstellung wenig bei (anders verhält es sich bei den von M. H a r l 1972 edierten Erläuterungen zu Psalm 118), sie helfen jedoch, manche falsche Zuordnung zu korrigieren. Der sorgfältig erstellten Edition sind drei Indices beigegeben (Indice dei passi biblici, Indice dei nomi greci antichi, Indice delle parole notevoli nei frammenti).   *Michaela Zelzer*

Simone L o l e i t, Ritual und Augenschein. Zu Gedächtnis und Erinnerung in den deutschen Übersetzungen der *Navigatio Sancti Brendani* und der deutsch-niederländischen Überlieferung der *Reise*-Fassung. Aachen: Shaker 2003. 180 S. (Essener Beiträge zur Kulturgeschichte. 3) ISBN 3-8322-0844-5 ISSN 1438-812X.

Schon der Titel der Arbeit ist seltsam, und seltsam in höchstem Maße ist das ganze Buch. Die Autorin – der als beste Magisterarbeit des WS 1999/2000 am Fachbereich Literatur- und Sprachwissenschaft der Universität-Gesamthochschule Essen ausgezeichneten Studie (4) – vergleicht darin zwei der überlieferten Fassungen der Legende von ‚Brendan dem Seefahrer': die lateinische sog. *Navigatio Sancti Brendani*, die sie nach Selmers Edition ins 10. Jh. setzt (die in der vorliegenden Form jedoch wohl karolingisch ist), und die sog. ‚Reise-Fassung' aus der Mitte des 12. Jh., erhalten in mittelniederländischen Hss. des 14. und 15. Jh. Der Vergleich, der nicht vom lateinischen Original, sondern von späten Übersetzungen ausgeht, zielt auf die Unterschiede der Motivik und Struktur der beiden Texte: in der *NSB* reist Brendan mit seinen Gefährten sieben Jahre über den Ozean auf der Suche nach der *terra repromissionis sanctorum* und erweist sich dabei als ein auf Gottes Fürsorge vertrauender, neugierig staunender, aber auch klug vorausschauender Führer, in der ‚Reise-Fassung' werde ihm die Fahrt als Strafe für seinen Unglauben auferlegt, da er ein Buch über Gottes Wunder auf dem Ozean ihrer Absonderlichkeit wegen verbrannt habe und diese nun neu erleben und neu aufzeichnen müsse; L. spricht vom „Spannungsfeld zwischen Erleben und Empirie" (10). So weit so gut.

Die verglichenen Fassungen, erfährt man jedoch staunend, „operieren beide mit theoretischen, technischen und metaphorischen Aspekten aus dem Bereich der Mnemonik" (14), daher geht L. nicht etwa von irischen oder karolingischen Formen von Reiseerzählungen oder Heiligenviten aus oder von Aspekten der karolingischen Klösterreform, wie es zumindest für die *NSB* sinnvoll erschiene, sondern von drei Werken zum Themenkreis ‚Art of Memory, Ancient and Medieval Memories' und ‚Studies of Memory in Medieval Culture and in the Reconstruction of the Past' (vgl. Anm. 32), daneben von Bibelkommentaren und einer Reihe theologischer und religionswissenschaftlicher Arbeiten zu Kirchenjahr, monastischem Kontext, typologischem Denken, zur patristisch-exegetischen Tradition, zu Sakramentenlehre, Fegfeuerglauben und Häresie und zum kanonischen Recht (14); sie bewegt sich also reichlich auch in der (außerhalb des genannten Fachbereichs liegenden) Theologie – und dies, wie sich zeigt, recht unhistorisch.

Was man dabei zu erwarten hat, umschreibt L. wie folgt: „Während die Reise-Fassung … den theoretischen Einfluß der antiken und mittelalterlichen mnemotechnischen Tradition erkennen läßt und dadurch die Nähe zum scholastischen Bereich, sind die Gedächtnisthematik und die damit zusammenhängenden Bereiche in der *Navigatio* im Kontext monastischer Erinnerungstätigkeit zu sehen" (14f.) – was immer man unter dieser zu verstehen hat. Solcherart vorgewarnt, erfährt man zur *Navigatio* (die die Rez. doch einigermaßen zu kennen glauben), es handle sich dabei „zum einen um eine Thematisierung der monastischen Erinnerungstätigkeit, hauptsächlich am Beispiel der Liturgie, wobei eine Gedächtnismetaphorik entfaltet wird, deren Funktion vor allem darin besteht, an das monastische Erinnern zu erinnern. Zum anderen kann man, über den ganzen Text ausgespannt, ein Netz von Erinnerungszeichen festmachen, die nicht an das Erinnern selbst, sondern an eine Botschaft erinnern. Die damit einhergehende Gedächtnis-‚Theorie' funktioniert nicht nur analog zur Sakramentenlehre, sondern kann zudem als allegorisches System zur Erinnerung an Sinn und Funktion der Sakramente gelesen werden" (24). Daher „ist" für L. die Reise Brendans auch „als eine Allegorie des sakramentalen Geschehens im allgemeinen und der beiden bedeutsamsten Sakramente, Taufe und Eucharistie, im besonderen zu lesen" (27); „der ständige Wechsel von Meer und Inseln … kann als ‚elementarer' Symbolismus für die christliche Vorstellung der Taufe als «Reinigung von allen Sünden», als «Tod und Neugeburt in Christus, Heiligung im Geiste» angesehen werden" (33), die „fischreichen Bäche sind als Allegorie der Taufe bzw. des Taufgeschehens zu lesen und somit im Rahmen des mit dem Gründonnerstag bevorstehenden Ostertriduums, als eine Metonymie von Ostern" (39). Doch genüge es nicht, „die Motiv- und Ereignisketten der *Navigatio* gemäß ihrem allegorischen Sinngehalt zu erfassen und zu deuten. Wesentlich ist vor allem, daß diese Allegorik einer komplexen typologischen Struktur folgt, die als eine erzählerische Verbindung von Sakramententheologie und Gedächtnistheorie gelesen werden kann" (37). „Die *Navigatio* entwirft, so kann man zusammenfassend sagen, eine allegorische Darstellung monastischen Lebens als eine Manifestation der Kirche in ihrer österlichen Dimension. … Die Sakramente, die typologisch, historisch und liturgisch mit dem Osterfest verbunden sind, stiften zugleich die Kirche, d. h. die Existenzform des Christentums in der Welt, und erhalten sie am Leben" (woran wir durchaus nicht zweifeln, doch was hat das mit der *NSB* zu tun?). „In Hinsicht auf die … Funktion der Gedächtnismetaphorik in der *Navigatio* scheint sich ein weiterer Bezug zwischen der aus dem mnemonischen Bereich entlehnten ‚reinen' Metaphorik und dem an eine Botschaft erinnernden sakramentalen Geschehen zu ergeben: Darf die dynamische, flatternde Assoziationstätigkeit … der Bienen- und Vogelmetaphorik … nicht auch als mnemonischer Verweis auf die zwei Bezugspunkte sakramentalen Geschehens gelten?" (53). Dies bezieht sich wohl auf den „Vergleich der herbeilaufenden Mönche mit ausschwärmenden Bienen" bei der Ankunft auf Mernocs Insel, dieser „verzeichnet, als Gedächtnismetaphorik gelesen, den Prozeß aktiven Erinnerns und kann somit mit der Liturgie in Verbindung gebracht werden, die zu großen Teilen aus dem auswendigen Rezitieren der Psalmen und Gebete besteht" (25). Wir brechen hier ab, überlassen die Diskussion der uns weniger geläufigen Reise-Fassung Verständigeren und flattern dynamisch zur Schlußbetrachtung.

Diese betont, soweit sie die *NSB* betrifft, nochmals, „daß die Meerfahrt in der *Navigatio* als allegorische Darstellung des Glaubens in seiner monastischen Verortung und Ausprägung aufzufassen ist" (101); daß irische Mönche auf der Suche nach Einsamkeit gelegentlich recht ausgiebig zur See gefahren sind, wie Dicuil um 825 bezeugt, berührt L. offenbar wenig oder hat sie nie bedacht. Was den Titel der Arbeit betrifft, verordnet einerseits die ‚Reise-Fassung' den ‚Augenschein', wie erwähnt, Brendan als Strafe für die Verbrennung des Buches der Wunder, andererseits orientiere sich die *Navigatio* an zentralen ‚Ritualen' des monastischen Lebens in der Strukturierung der Meerfahrt. Allein: „Hinzu kommt eine Nähe zur patristischen Sakramententheologie sowie zum nautischen Symbolismus der Patristik. Insgesamt kann die Navigatio ... als Allegorie der Sakramente in ihrer österlichen und kirchlichen Verankerung gelesen werden" (103). Und gegen Schluß entläßt uns die Autorin mit der sinnschweren Aussage: „Wichtig für die implizite Gedächtnisthematik der *Navigatio* ist ... die Unterscheidung zweier Arten des Erinnerns, desjenigen an das Erinnern als monastische Praxis selbst und des Erinnerns an die Botschaft der Sakramente" (105).

Dem Vergleich der beiden Fassungen legt L. für die *NSB* nicht den lateinischen Text aus karolingischer Zeit zugrunde, sondern, wie der Titel sagt, drei deutsche Übersetzungen des 15. und eine des 17. Jh., was zwar den Hss. des 14./15. Jh. der ‚Reise-Fassung' in etwa entspricht, die *NSB* aber ihrem irisch-karolingischen Ambiente sehr stark entfremdet: dies ist nur ein Kennzeichen ihrer durchwegs unhistorischen Betrachtungsweise des Textes. Es ist selbstverständlich und unbestritten, daß die *NSB* neben ihrer Verwurzelung in irischer Seefahrertradition, kombiniert aus echter nautischer Erfahrung (Fahrten des historischen Brendan im 6. Jh.; Nachrichten über irische Mönche auf Island und auf den Färöern – die auch in der *NSB* nur durch enge Wasserstraßen voneinander getrennt und reichlich von Schafen und Vögeln besiedelt sind – und über ihre Vertreibung durch die ‚Nordmänner' bei Dicuil, Begegnungen mit vulkanischen Erscheinungen ebendort, mit Wetterkapriolen und unwirtlichen Küstenformationen) und alter Mythologie (Paradies- und Wunderlandfahrten der irischen *echtrai-* und *immrama*-Literatur, Motive der Zeitverschiebung, des Altersverzugs und der ‚Goldenen Äpfel') auch christliche Symbolik und Allegorie enthält (vor allem den siebenjährigen zyklischen Ablauf des Festkalenders vor Erreichen des Zieles, die wunderbaren Speisungen und den Nahrungsverzicht in der Nähe des ‚Paradieses'), doch überwuchert bei L. einerseits die oben zitierte, seltsame ‚mnemonische' (der Philologe verstünde darunter etwas anderes), andererseits eine der Entstehungszeit des Textes keineswegs angemessene theologisch-dogmatisch-allegorische Betrachtungsweise (Stichwort ‚Sakramententheologie') seine Aussage in hemmungsloser Spekulation.

Vielleicht wird man den Text der *NSB* für das Spätmittelalter, nach Scholastik und hochmittelalterlicher Ordenstheologie, in der von der Autorin intendierten Weise theologisch allegorisieren können, solchem Tun sind offenbar keine Schranken gesetzt, und es wird nicht klar, ob sie das nicht auch tatsächlich beabsichtigt hat. Doch spricht sie immer nur von *Navigatio*, nicht vom geistigen Umfeld der von ihr zitierten, ein halbes

Jahrtausend jüngeren Übersetzungen; daher ist offensichtlich doch die *NSB* als solche intendiert, deren ursprünglicher ‚Sitz im Leben‘ dann aber gründlich verfehlt: dergleichen mnemotechnische oder sakramententheologische Vorstellungen sind zeitgenössisch zumindest in dem sehr ausführlichen (und in einer Fassung durchaus auch auf monastischen Unterricht eingehenden) Kommentar des Hildemar von Corbie zur Regula Benedicti, aus der Mitte des 9. Jh., nicht zu erkennen. Auch mit der von L. betonten ‚Eucharistie-Symbolik‘ könnte es manches Problem geben: das vielfach erwähnte Singen von *missae* während der Seefahrt mag – aber dem wird noch nachzugehen sein – ursprünglich viel eher die Liturgie des Psalmgesangs betroffen haben als die einer echten Meßfeier: Mönche waren in den ersten Jahrhunderten viel häufiger Laien als Priester (vgl. auch Benedikts Kloster, RBen 60. 62), und von Wein zum Zelebrieren ist in der ganzen *NSB* niemals die Rede: die Überformung des Textes im Sinne von Priestertum (auch des Brendan?) und Meßfeier könnte erst ein Resultat der karolingischen Bearbeitung gewesen sein. Also etwas Vorsicht bei allzu intensiver theologischer Spekulation!

Unseres Erachtens kam vielmehr eine im irischen Bereich entstandene, auf gewissen historischen Daten beruhende, vielfach ausgeschmückte Legende vom seefahrenden Abt Brendan wohl im Zuge der Normannenstürme von Irland in den karolingischen Raum und wurde dort im Dienst der karolingischen Klösterreform im Sinne geregelten koinobitisch-monastischen Lebens bearbeitet: daher die Darstellung der ‚Musterklöster‘, etwa des Abtes Ailbe; die dort vollzogene Fußwaschung ist aber weniger „Zeichen der Taufe“, sondern einzuprägende klösterliche Norm für die Aufnahme von Gästen (RBen 53,13), wie manch andere Vorschrift analog der Benediktregel (Gebot des Schweigens und des Abschlusses der Mahlzeiten bei Tageslicht, ib. 6; 41,8f.), und die warme, aufgewühlte und kalte, klare Quelle entsprechen eher dem geologischen Befund eines vulkanischen, doch wasserreichen Landes (wohl im Bereich von Island, von Dicuil für irische *papae* bezeugt) als einem „Sinnbild für die Heilige Schrift“ (50). Und der für das Verständnis der karolingischen Textfassung sehr wesentliche Hinweis des Einsiedlers Paulus auf den höheren Wert des klösterlichen Gemeinschaftslebens gegenüber der orientalisch-irischen Hochschätzung des Eremitentums wird von der Autorin nicht einmal erwähnt!

Zu Einzelnem: Barrind ist (zumindest in der *NSB*) nicht ‚Vetter‘ Brendans (9. 22); die Vögel auf der Insel sind nicht schwarz (26), sondern strahlend weiß (*candidissimis avibus*); es kann nicht ‚Insel der Ailbe‘ heißen (21. 47 – 50), sondern ‚des Ailbe‘, des Abtes der von ihm seinerzeit gegründeten Gemeinschaft (dem man sein *genus* auch im Deutschen lassen sollte); auch mit dem Begriff des ‚Ordens‘ sollte man vorsichtiger sein (Mernoc hat keinen ‚Orden‘ gegründet, sondern ein Kloster, 22, ebenso Benedikt, 51). Auch ist der Wal Iasconius, der im Zusammenhang der *NSB* die Gemeinschaft vor dem Aufbruch zur *terra repromissionis* fried- und freundlich zum *procurator* führt, kaum ‚ein Symbol des Teufels‘, trotz mancher Analogien, etwa zum Physiologus: oder möchte die Autorin, bei all ihrer Sakramententheologie, auf dem Rücken des Teufels Ostern feiern? (Daß er auf seinem Rücken nicht gern Feuer brennen läßt und daher abtaucht, wer möchte ihm das verargen?, 37.)

In der Literaturliste vermißt man vieles zur *NSB*, etwa die ausführliche (wenn auch in manchen Einzelheiten überholte) Einleitung von G. Orlandi zu seiner geplanten Edition, Milano-Varese 1968; auch Dicuils *De mensura orbis terrae* hätte manche Anregung gebracht. Für die Druckfassung der Arbeit wäre daher ein Blick in die umfangreiche Bibliographie von G. S. Burgess und Clara Strijbosch, The Legend of St Brendan, A Critical Bibliography, Dublin 2000, von Vorteil, die ‚Neutestamentlichen

Apokryphen in deutscher Übersetzung', 2, von Hennecke-Schneemelcher wären statt als [4]1971 (praktisch gleich [3]1964) zumindest als Neubearbeitung [5]1989, wenn nicht als [6]1997 zu zitieren gewesen (163).   *Klaus & Michaela Zelzer*

* * *

Achilles in Tirol. Der „bayerische Rummel" 1703 in der „Epitome rerum Oenovallensium", eingeleitet, übersetzt und kommentiert von Florian S c h a f f e n r a t h und Stefan T i l g. Innsbruck: Universitätsverlag Wagner 2004. 126 S. (Commentationes Aenipontanae. 35. Tirolensia Latina. 5.) ISBN 3-7030-0386-3

Nach einer Epigrammserie zu Fürstenbildnissen (Walter D i e t l, Die Elogien der Ambraser Fürstenbildnisse. Die Kupferstiche des Dominicus Custos [1599] / Leben und Werk ihres Autors Marcus Henning, 2000), einem Kasualcarmen (Martin K o r e n j a k, Johannes Leucht, Epithalamium Heroicum. Ein lateinisches Hochzeitsgedicht für Erzherzog Ferdinand II. und Anna Caterina Gonzaga, 2002) und einem Huldigungsdrama (Stefan T i l g, Spes aurei saeculi / Hoffnung auf ein Goldenes Zeitalter oder Tyrolis pacifica. Ein Innsbrucker Jesuitenschauspiel zur Hochzeit Erzherzog Ferdinand Karls mit Anna von Medici [1646], 2002) wird mit dem 5. Band der Serie Tirolensia Latina ein lateinischer Prosatext zur Geschichte Tirols vorgelegt: die Epitome rerum Oeno-vallensium, eine Darstellung der Kriegsereignisse des Jahres 1703, die unter der Be-zeichnung Bayerischer Rummel in die Tiroler Geschichtsschreibung eingegangen sind.

Die anonym ohne Orts- und Jahresangabe gedruckte Schrift wird nach Hinweisen in älterer Literatur dem Jesuiten Ignatius Reydax (Amberg 1652 – München 1718) zuge-wiesen und im Vergleich mit dessen zweitem Werk, der Flugschrift Antiquae Boiorum gloriae sepulchrum (1704), auf (frühestens) 1704 datiert; eine kurze Einführung infor-miert über den historischen Hintergrund, den Einfall des mit Frankreich verbündeten bayerischen Kurfürsten Max Emanuel, der seine Ansprüche im spanischen Erbfolge-krieg geltend zu machen versuchte. Dem Text der Epitome ist synoptisch eine deutsche Übersetzung beigegeben, der angeschlossene Kurzkommentar bietet weitere historische Details und identifiziert literarische Anspielungen (bei dem *tritum adagium* XXXII 3, *facilem tandem esse in Lotyri ingressum, ast regressum perquam difficilem*, handelt es sich wohl um Aen. 6,126ff. *facilis descensus Averno ... sed revocare gradum ... hoc opus, hic labor est* – der Misserfolg des Kurfürsten lässt Tirol für seine Truppen bei-nahe zum unentrinnbaren Hades werden). Der Kommentar ist wegen der kaum allge-mein bekannten historischen Vorgänge, vor allem aber aufgrund von deren literarischer Präsentation unentbehrlich: Es handelt sich um eine Art Schlüsselroman, in dem die historischen Namen teils anagrammatisch verfremdet (z. B. Lotyris für Tyrolis), teils durch antike (Achilles für Max Emanuel von Bayern) ersetzt sind; die handschriftlich in das Exemplar des Franziskanerklosters Schwaz eingetragenen Identifikationen eines zeitgenössischen Lesers haben Aufnahme in die vorangestellte clavis gefunden. (Da entsprechend gängiger trojanischer Habsburger-Genealogie Aeneas für Kaiser Leopold I. steht, muss mit Ascanius dessen für den spanischen Thron vorgesehener Sohn Erz-herzog Karl gemeint sein und nicht der Enkel des französischen Königs, Philipp von Anjou.)

Eine gattungsmäßige Einordnung der Schrift wird nicht versucht, ein Gegenstück lässt sich jedoch in einem Promotionsdruck der Tyrnauer Jesuitenuniversität finden: Der Aeneas Habsburgus aus dem Jahr 1695 präsentiert in vergleichbarer anagrammatischer bzw. antikisierender Verschlüsselung die Auseinandersetzung zwischen Rudolf von Habsburg und Ottokar von Böhmen (vgl. E. K l e c k e r, Neulateinische Habsburg-Panegyrik in Drucken der Jesuitenuniversität Tyrnau, Kniha 2001/2002, 95–109). Die vorgelegte Edition hat also nicht nur das Verdienst, der historischen Forschung einen (prohabsburgischen) Zeitzeugen zugänglich zu machen, sie bereichert auch unsere Kenntnis des weiten Gattungsspektrums der Barockliteratur im habsburgischen Einflussbereich.

Elisabeth Klecker

Hans H e l a n d e r, Neo-Latin Literature in Sweden in the Period 1620–1720. Stylistics, Vocabulary and Characteristic Ideas. Uppsala: Uppsala Universitet 2004. 628 S. (Acta Universitatis Upsaliensis. Studia Latina Upsaliensia. 29.) ISBN 91-554-6114-X

Der derzeit beste Kenner der neulateinischen Literatur Schwedens eröffnet mit dem vorliegenden Buch einen Einblick in das poetische und prosaische Literaturschaffen des unter Gustav Adolf zur europäischen Großmacht aufgestiegenen Landes. Dabei hat sich H. zum Ziel gesetzt, die in langjähriger Lektüre gesammelten Primärtexte in einen weiteren geographischen Kontext einzuordnen, den Entstehungsbedingungen neulateinischer Literatur sowohl im akademischen Milieu als auch im Spannungsfeld gesellschaftlicher, konfessioneller und politischer Auseinandersetzungen nachzugehen und so die Rolle des Lateinischen bei der Gestaltung des modernen Europa zu beleuchten.

Nach einer Einleitung zu den historischen Voraussetzungen, etwas knapp geratenen Bemerkungen zur lateinischen Literatur im Umkreis von Gustav Adolf und seiner Tochter Christina und einem Überblick über die universitären Bildungszentren Schwedens versucht H., die ihm vorliegende Materialfülle in drei Großabschnitten zu bewältigen: Stilistik, Vokabular und „characteristic ideas", worunter im wesentlichen Motivtraditionen verstanden werden. Angesichts des Fehlens eines umfassenden neulateinischen Wörterbuchs ist es zweifellos der Mittelteil, der Pioniercharakter hat und größten praktischen Wert beanspruchen darf: Neben wissenschaftlicher Terminologie, technischen Ausdrücken der zeitgenössischen Kriegführung und Amtsbezeichnungen wird – für ein internationales Publikum besonders interessant – eine Zusammenstellung von geographischen Bezeichnungen aus dem Norden Europas geboten; darüber hinaus enthält eine allgemeine „word-list" zahlreiche für die Beschäftigung mit schwedischer Geschichte relevante Ausdrücke. Auch im dritten Teil gebührt dem Autor das Verdienst, regional unterschiedlich vertrautes Material aufbereitet zu haben: Topoi der konfessionellen Polemik, Stereotype der Ethnographie und ihre politische Instrumentalisierung, stehende Elemente der Huldigungsdichtung für Gustav Adolf. Diese Abschnitte bilden eine solide Basis, auf der jede weitere Beschäftigung mit der neulateinischen Literatur des Nordens aufbauen muss.

Die Problematik der Arbeit ergibt sich in erster Linie daraus, dass H. über die spezifisch schwedische Thematik hinausgreifen wollte und die Auswahl v. a. der im dritten Abschnitt behandelten Punkte sehr von persönlichen Leseeindrücken bestimmt ist. Die Zusammenstellungen zur Bescheidenheits- und Überbietungstopik, zur goldenen Zeit und – weit davon getrennt – zum Kulturpessimismus (*mundus senescens*) entbehren nicht einer gewissen Willkür; der großen Gefahr eines Abgleitens ins Banale ist H.

nicht immer entgangen: so wenn im Kapitel „Apollo and the Muses" die von H. selbst als „automatic" bewertete Gleichsetzung Musen = akademische Bildung mit der Feststellung eingeleitet wird: „an Apollinian spirit pervades the literature of the period". Auch in den Kapiteln zur Konsolationstopik wird im wesentlichen Geläufiges mit „schwedischen" Beispielen illustriert, ohne dass versucht würde, eine spezifische Akzentuierung oder individuelle Gestaltung nachzuweisen – wie es H.s programmatischen Ankündigungen entsprechen würde. Hier wird deutlich, dass Motivgeschichte fruchtbar eben nur in einem weiteren Kontext diachron und überregional betrieben werden kann, bzw. dass einzelne Motive stets im Rahmen von Werkinterpretationen unter Berücksichtigung von Umfeld und Intention des jeweiligen Autors und seines literarischen Gestaltungswillens zu untersuchen sind; insbesondere sind viel differenziertere Analysen zur Rezeption der antiken und neuzeitlichen Vorbilder gefordert, als sie in H.s Auflistungen geleistet werden können.

Eben dieser komparatistische Blick über das schwedische Material hinaus fehlt der Arbeit jedoch weitgehend, und hier müsste H.s bewundernswerte Kenntnis der schwedischen Primärquellen ergänzt werden – auch durch sorgfältigere Nutzung der zumindest für einzelne der behandelten Punkte durchaus vorhandenen Sekundärliteratur. Als Beispiel sei für den Bereich des Vokabulars der grundlegende Aufsatz H. W i d - m a n n s zur Terminologie des Buchdrucks genannt (Die Übernahme antiker Fachausdrücke in die Sprache des Frühdrucks, A&A 20, 1974, 179–190), für die ausführlich ausgebreitete Motivik von Gelegenheitsgedichten wäre auf die Arbeit von J. E s t e v e - F o r r i o l (Die Trauer- und Trostgedichte in der römischen Literatur untersucht nach ihrer Topik und ihrem Motivgehalt, Diss. München 1962) zu verweisen, die gerade in ihrem schulmäßig schematischen Vorgehen die antiken Vorbilder übersichtlich für Vergleiche zusammenstellt. Die mangelnde Kenntnisnahme moderner Forschungsliteratur fällt nicht zuletzt dort auf, wo schwedische Literatur in dem von H. beschworenen europäischen Kontext gesehen werden müsste: Die Bewertung eines Václav Clemens Zebracenus, eines böhmischen Autors mit z. T. schwedischer Thematik, scheint ohne Blick auf sein reiches durch das unübertroffene Humanistenlexikon von A. T r u h l á r - K. H r d i n a erschlossene Gesamtwerk (Enchiridion renatae poesis Latinae in Bohemia et Moravia cultae, Praha 1966–1982) problematisch, aus dem immerhin die Lechias in einer modernen Edition vorliegt: J. S t a r n a w s k i - J. I j - s e w i j n, Clemens Venceslaus Zebracenus a Lybeo monte, Lechiados libri (ca. 1632–1635). An Unedited Poem on the Accession to the Throne of Ladislaus IV of Poland. Humanistica Lovaniensia 21, 1972, 281–384. Auch dass für die immer wieder herangezogene Gustavis bereits versucht wurde, das Verhältnis zu den lateinischen epischen Vorbildern näher zu bestimmen und in Hinblick auf das schwierige Projekt eines panegyrischen Bürgerkriegsepos auszuwerten, ist H. entgangen (E. K l e c k e r, Bella nullos habitura triumphos. Lukans Einfluß auf die Darstellung von Kriegen im Deutschen Reich, in: Die Wahrnehmung von Kriegen im Mittelalter und in der Frühen Neuzeit, Wiesbaden 2000 [Imagines medii aevi. 6.], 115–140).

Als auffällige Lücke im Primärmaterial verwundert schließlich H.s Desinteresse an Christina von Schweden, deren Regierung ja in den abgesteckten zeitlichen Rahmen fällt. Es bleibt unklar, ob der Autor vorliegende Studien, wie etwa die (von ihm nicht zitierte) I. K a j a n t o s (Christina heroina. Mythological and historical exemplification in the Latin panegyrics on Christina Queen of Sweden, Helsinki 1993), als erschöpfend ansah und den Bereich daher ausgespart hat. Die für Christina entstandene Huldigungsliteratur hätte es wohl verdient, neben die Panegyrik für ihren Vater gestellt zu werden, und gerade der Sonderfall der Herrscherin hätte Gelegenheit geboten, an einem konkreten Beispiel aufzuzeigen „how Neo-Latin texts were generated by the needs and demands of the society in which they were written" (so der Umschlagtext).

Insgesamt beeindruckt H.s staunenswerte Belesenheit, gerade deshalb bedauert man freilich, dass er seine Kenntnisse nicht nach anderen Kriterien geordnet systematischer und übersichtlicher zugänglich gemacht hat: Empfindet man es schon als wenig glücklich, dass ausgewählte stilistische Phänomene (Antithese, Hyperbole, Kataloge) noch vor dem Wortmaterial besprochen und von Stilfiguren wie metaphorischer Ausdrucksweise getrennt werden, so stellt sich noch vor einer genaueren Lektüre die grundsätzliche Frage, ob die gewählte Disposition den explizit angekündigten weiten geistesgeschichtlichen und soziokulturellen Perspektiven günstig sein kann. Auf dem derzeitigen Stand der Forschung wäre der Wissenschaft wohl mit einer konventionellen Literaturgeschichte, einer nach literarischen genera geordneten annotierten Bibliographie oder einer kommentierten Textsammlung zur neulateinischen Literatur Schwedens mehr gedient gewesen als mit derart „impressionistischen" Einzelbeobachtungen.

Elisabeth Klecker

* * *

Manuel B a u m b a c h , Lukian in Deutschland. Eine forschungs- und rezeptionsgeschichtliche Analyse vom Humanismus bis zur Gegenwart. München: Verlag Wilhelm Fink 2002. 320 S. (Beihefte zu Poetica. 25.) ISBN 3-7705-3597-9

Der Titel verspricht ein Werk, das eine große Lücke schließt: diejenige, die Christopher R o b i n s o n in seinem Überblick ‚Lucian and his influence in Europe' u. a. für den deutschen Sprachraum ließ und auf die Niklas H o l z b e r g s Klage über das antisemitisch begründete lange Aussetzen deutschsprachiger Lukian-Forschung (‚Lucian and the Germans', 1988) nur noch stärker hinwies – auf die Frage nämlich, was denn vor, trotz und nach diesem Aussetzen entstand. In seiner Antwort spannt B. einen weiten Bogen: Nach einem Blick auf antike und spätantike Lukian-Spuren beginnt er mit Erasmus und dem Aufblühen der Gesprächsliteratur etwa bei Ulrich von Hutten, führt über die Wege der verschieden starken Rezeption im protestantischen bzw. katholischen Raum durch das eher Lukian-ferne 17. Jh. bis zum starken Einfluss Frankreichs und zur dortigen Konjunktur des Totengesprächs im 18. Jh. Ein Höhepunkt ist mit Christoph Martin Wieland erreicht, nach dessen Übersetzungen, lukianischen Dialogen und Romanen B. auch kaum mehr künstlerische Verarbeitungen präsentiert. Sehr ausführlich stellt er dafür in der zweiten Hälfte seines Buches den Kampf um Lukians Platz im Schulkanon dar, welcher von philologischer, theologischer und unterrichtsministerieller Seite das ganze 19. Jh. hindurch geführt wurde. In unterhaltsamer und beunruhigender Weise zeigt sich dabei der Rollenwechsel, den Lukian mehrmals durchzumachen hatte: als bildungspolitische Autorität in der Art eines „Humboldt der zweiten Sophistik" und als Sittenverderber, als mehr oder weniger bewusster Verbündeter des Christentums und als Christenhasser, gegen Ende des Jahrhunderts jedenfalls immer stärker als „nihilistisch öder", „gesinnungsloser", allzu kritischer und daher im Grunde „dummer Geist". Ein für das späte 19. Jh. nicht untypisches, für Lukians Ruf und schulische Verwendung schließlich vernichtendes Zusammenspiel der immer stärkeren Hierarchisierung literarischer Epochen und der Ablehnung von Satirischem (wobei die weit verbreitete Wut auf Heinrich Heine auch Lukian, jener Heine des 2. Jh., zu spüren bekommen konnte – et vice versa) zeigt sich dabei um eine doppelte missgünstige Einschätzung von Lukians ‚Herkunft‘ verstärkt: Erstens und dem Kampf gegen Heine entsprechend, durch die Abwertung seiner ‚ekelhaft‘ orientalischen Abstammung – hier stößt man auf die Argumentationsweise, die Niklas H o l z b e r g beklagt, und hört mit Staunen und Erschrecken viele Große der Philologie des 19. Jh. ähnliche Töne anstimmen wie einen der Urväter des Rassismus, Houston S. Chamberlain. – Zweitens durch die vor allem von Rudolf H e l m eingeführte, bis weit ins 20. Jahrhundert gültige Einschätzung der literarischen Wurzeln Lukians: Bloß auf das Erbe des Menipp gestützt, seien seine Werke (weil ohnehin von fragwürdiger Qualität) bloße Kopien (und daher von fragwürdiger Qualität). Detailliert, oft spannend, schließlich erschreckend, ist die Analyse dieser Demontage eines Autors das große Verdienst von B.s Studie. Kontrast und Trost bietet sie noch mit einem kurzen Blick auf jüngere philologische Arbeiten und auf ältere Texte, die ohne denjenigen Anspruch auf ‚Ernst‘ und ‚Gesinnung‘ entstanden, dessen Verteidigung gegen Lukian die Philologie so lange für ihre Aufgabe hielt. Hier ist etwa seine bewundernde Eingemeindung in die Zunft der Journalisten durch Kurt Tucholsky zu nennen.

Gerade an solchen Stellen fällt aber auch die fast völlige Ausblendung aller nicht / nicht allein philologischen Rezeption im zweiten Teil des Buches auf. Nicht aus bloßer Lust auf Vollständigkeit, sondern der Ausgewogenheit des Bildes von „Lukian in Deutschland“ wegen hat man von dieser Seite für das 19. und 20., in geringerem Maß auch schon für das 18. Jh. noch zu wünschen übrig. Wenn auch wohl bloß ein Detail: dass der ‚Zauberlehrling‘ einfach nicht vorkommt, ist hier doch symptomatisch, auch für die Vernachlässigung aller Motive, die nicht aus den Dialogi Deorum oder den Dialogi Mortuorum stammen. Allein auf diese Bezogenes wird auch innerhalb des Werks Wielands behandelt, nicht also die Frage, „wie oft“ auch sonst „Freund Lucian aus unserm Munde spricht“ (so Wieland im komisch-phantastischen Versepos ‚Der neue Amadis‘). Die Rezeption mit Blick auf Kunstgeschichte und Tanz etwa bei Lessing fehlt, damit ein Bezugspunkt der Lukianverteidigung im 19. Jh. Neben diesen Autoren wären etwa Heinse, Wezel, Immermann, Jean Paul als teils manifeste, teils mutmaßliche Rezipienten zu untersuchen, für das 19. Jh. auch die Konjunktur des Timon-Menschenfeind-Themas auf dem Theater, ‚Momus und sein Guckkasten‘ etc. Einmal mit Nachforderungen beschäftigt, könnte man B.s Auflistung von Werken der bildenden Kunst für das 16. Jahrhundert zum Anlass nehmen, Ähnliches doch auch für spätere Epochen zu erwarten – bis zu Gustav Klimts Illustrationen der Hetärengespräche. Bei all dieser Maßlosigkeit ist aber festzuhalten: Ein beträchtlicher Teil der Lücke um Lukian ist durch B.s etwas einseitig gewichtende, aber genaue und stoffreiche Arbeit geschlossen worden.

Bernhard Kreuz

* * *

Wolfhart U n t e, Heroen und Epigonen: Gelehrtenbiographien der klassischen Altertumswissenschaft im 19. und 20. Jahrhundert. Herausgegeben von Christiane R e i t z. St. Katharinen: Scripta Mercaturae Verlag 2003. V, 496 S. Ill. (Itinera Classica. 2.) ISBN 3-89590-134-2

Mit dem Titel dieses Sammelbandes wird Adolf K i r c h h o f f zitiert, der auf solche Weise die Leistung seiner Generation von der der Vorgänger und Begründer der neuen klassischen Altertumswissenschaft in Deutschland abheben wollte. Für Wolfhart

U n t e, den um die Wissenschaftsgeschichte sehr verdienten Verfasser der hier zusammengetragenen Gelehrtenbiographien, geht es mehr um den Zusammenhang einer bis in unsere Zeit wirkenden Tradition, und es ist William C a l d e r III zu verdanken, daß die Herausgabe dieser Sammlung möglich geworden ist.

Den Anfang bildet der (zuerst 1979 erschienene) umfangreiche Beitrag „Berliner klassische Philologen im 19. Jahrhundert", welcher von der Gründergeneration der Berliner Universität bis hin zu dem gemeinsamen Wirken von Hermann D i e l s und W i - l a m o w i t z führt. Er enthält neben anderem Lebensbilder von Friedrich August W o l f, Philipp B u t t m a n n, August B o e c k h und Immanuel B e k k e r; Charakteristiken von Wilhelm v o n H u m b o l d t, N i e b u h r und S c h l e i e r m a c h e r; ebenso von K. O. M ü l l e r, L a c h m a n n, Moriz H a u p t, Theodor M o m m s e n und Otto J a h n; und schließlich auch noch biographische Darstellungen zu der Generation von K i r c h h o f f, V a h l e n und B o n i t z. Weitere Beiträge behandeln gesondert den für die griechische Lexikographie besonders wichtigen Franz P a s s o w, Karl L a c h - m a n n, Eduard G e r h a r d, K. O. M ü l l e r und dessen Geschichte der griechischen Literatur, Gustav F r e y t a g und Moriz H a u p t, auch Richard F o e r s t e r sowie schließlich W i l a m o w i t z, Eduard M e y e r und Georg W i s s o w a. Die Wissenschaftsgeschichte Schlesiens ist dabei ein besonderer Aspekt, und so bildet „Das Werk Ludolf M a l t e n s", eine würdige Erinnerung an den für Religionsgeschichte und Mythologie bedeutenden Gräzisten der Universität Breslau, den Abschluß. Gegeben sind auf den letzten Seiten auch 30 Abbildungen von behandelten Gelehrten. *Hans Schwabl*

Carl Werner M ü l l e r, Wilamowitz und Ferdinand Dümmler. Eine schlimme Geschichte. Mainz-Stuttgart: Akademie der Wissenschaften und der Literatur - Franz Steiner Verlag 2005. 40 S. 1 Porträtabb. (Abhandlungen der Geistes- und sozialwiss. Klasse 2005, 1.) ISBN 3-515-08672-2

„Da die Herrn Collegen, welche vor mir votirt haben, dem Gesuche des Herrn Dr. Dümmler geneigt sind, so will ich nicht widersprechen; ich werde aber das Colloquium durchaus nicht als eine Formalität betrachten, sondern nach seinem Ausfall und dem Eindrucke, den ich von der mir zur Zeit ganz unbekannten Persönlichkeit des Dr. Dümmler dann genommen haben werde, mein endgültiges votum einrichten." (13 mit Anm. 31). Und dieses war eine Ablehnung der Habilitation, die freilich schon vorher feststand, denn Wilamowitz handelte, um Theodor Mommsen einen Gefallen zu erweisen.

Eine Intrige der Göttinger Fakultät aus dem Jahre 1886, aus Universitätsakten und Briefen sorgfältig recherchiert, und ein Hinweis auf das Wirken des jungen Wilamowitz (1848–1931), der 1883 von Greifswald nach Göttingen gekommen war und oft demonstrativ Stellung gegen alte Gebräuche bezog und, bei der Ablehnung der Habilitation von Ferdinand Dümmler (1859–1896), damit auch noch kaschieren konnte, dass er so einen (nicht näher erkennbaren) Wunsch seines Schwiegervaters erfüllte. Ein Streiflicht auf Interna, auf die Anwendung und Ausnützung von Macht, γιγνόμενα μὲν καὶ αἰεὶ ἐσόμενα, ἕως ἂν ἡ αὐτὴ φύσις ἀνθρώπων ᾖ. Doch dies ist nicht alles. Überraschend vielleicht, doch sehr bezeichnend ist die Offenheit, mit der Wilamowitz später die nach dem frühen Tode Dümmlers in drei Bänden publizierten Kleinen Schriften (Leipzig 1901) mit Hochachtung für die Leistungen des Autors bespricht und ihm so die verdiente Anerkennung zukommen lässt. *Herbert Bannert*